Carmen Gatto

PROGETTIAMO *e* REALIZZIAMO

La relazione d'aiuto nelle Metodologie operative

A Giulia, Gabriele e ai miei alunni

"Se l'opportunità non bussa,
costruisci una porta."
Milton Berle

Per sapere quali risorse digitali integrano il tuo libro, e come fare ad averle, connettiti a Internet e vai su:

http://my.zanichelli.it/risorsedigitali

Segui le istruzioni e tieni il tuo libro a portata di mano: avrai bisogno del codice ISBN*, che trovi nell'ultima pagina della copertina, in basso a sinistra.

- L'accesso alle risorse digitali protette è personale: se ne fai uso, non potrai poi condividerlo o cederlo.
- L'accesso a eventuali risorse digitali online protette è limitato nel tempo: alla pagina http://my.zanichelli.it/risorsedigitali trovi informazioni sulla durata della licenza.

* Se questo libro fa parte di una confezione, l'ISBN si trova nella quarta di copertina dell'ultimo libro nella confezione.

CLITT

Si ringraziano per la collaborazione: l'Associazione Gabriele Inguscio e la professoressa Antonietta Orrico per l'aiuto nella selezione dei filmati, le amiche Nicoletta Balzaretti e Patrizia Bessi.

Si ringraziano per aver autorizzato l'utilizzo dei loro cortometraggi i registi o produttori:
Simone Paralovo per "DinDalò"; Carlo Dicillo per "Volo con la donna cannone"; l'istituto Comprensivo Polo 3 di Galatina per "Il cerchio della vita"; Mario Blasi per "Spottiamoci"; Paolo Zanotti produttore di "Punto di vista"; Tarcisio Martella e dirigente Maria Rosaria Manca dell'Istituto Comprensivo "E.Springer" di Surbo (LE) per "Cuore in gola"; Lucio Laugelli per "Ancora cinque minuti"; Simone Barbetti per "Blush"; l'Istituto Scolastico Statale Comprensivo Polo 3 di Gallipoli per "Facebook... attenti alla rete"; Davide Salucci per "La Quarta Dimensione" e "Il Principe".

Si ringraziano inoltre:
il fotografo Emanuele Weichenberger per le foto tratte dal film "La Quarta Dimensione".
Nicoletta Balzaretti per gli approfondimenti: "La società nella prospettiva sociologica di Émile Durkheim" e "I minori stranieri non accompagnati in Italia".
Paride Lorenzini per i documenti in Powerpoint: "La governante del sistema sociale e sanitario in Emilia Romagna" e "L'accreditamento dei servizi socio sanitari per persone anziani e disabili"; la professoressa Catia Meneguz per il documento in PowerPoint "Dal Welfare State al Welfare Community".

Realizzazione editoriale:
- Coordinamento editoriale e redazione: Giovanna Mancini
- Progetto grafico: Carla Rocca (Bianca&Volta)
- Impaginazione: Francesco Loiacono (Bianca&Volta)
- Ricerca iconografica: Bianca&Volta

Copertina:
- Progetto grafico e realizzazione: Bianca&Volta

Prima edizione: marzo 2016

Ristampa:
5 4 3 2018 2019 2020

Zanichelli garantisce che le risorse digitali di questo volume sotto il suo controllo saranno accessibili, a partire dall'acquisto dell'esemplare nuovo, per tutta la durata della normale utilizzazione didattica dell'opera. Passato questo periodo, alcune o tutte le risorse potrebbero non essere più accessibili o disponibili: per maggiori informazioni, leggi my.zanichelli.it/fuoricatalogo

File per sintesi vocale
L'editore mette a disposizione degli studenti non vedenti, ipovedenti, disabili motori o con disturbi specifici di apprendimento i file pdf in cui sono memorizzate le pagine di questo libro. Il formato del file permette l'ingrandimento dei caratteri del testo e la lettura mediante software screen reader.
Le informazioni su come ottenere i file sono sul sito
http://www.zanichelli.it/scuola/bisogni-educativi-speciali

Suggerimenti e segnalazione degli errori
Realizzare un libro è un'operazione complessa, che richiede numerosi controlli: sul testo, sulle immagini e sulle relazioni che si stabiliscono tra essi. L'esperienza suggerisce che è praticamente impossibile pubblicare un libro privo di errori. Saremo quindi grati ai lettori che vorranno segnalarceli. Per segnalazioni o suggerimenti relativi a questo libro scrivere al seguente indirizzo:

clitt@tin.it

Le correzioni di eventuali errori presenti nel testo sono pubblicate nel sito www.zanichelli.it/aggiornamenti

Zanichelli editore S.p.A. opera con sistema qualità
certificato CertiCarGraf n. 477
secondo la norma UNI EN ISO 9001:2008

Questo libro è stampato su carta che rispetta le foreste.
www.zanichelli.it/la-casa-editrice/carta-e-ambiente/

Stampa: Grafiche Zanini
Via Emilia, 41/E - Anzola Emilia (Bologna)
per conto di Zanichelli Editore S.p.A.
Via Irnerio 34, 40126 Bologna

Presentazione

Questa nuova edizione di **Progettiamo e Realizziamo** si è arricchita per contenuti ed è un testo multimediale che contiene esercizi interattivi, cortometraggi, PowerPoint e approfondimenti in Pdf.
Gli approfondimenti e i PowerPoint hanno la finalità di ampliare gli argomenti affrontati, mentre i cortometraggi facilitano la comprensione delle varie tematiche trattate.

Il testo parte da un ripasso degli apprendimenti fondamentali del primo biennio per affrontare i punti chiave della materia: l'integrazione sociale delle persone con disagio o con disabilità e delle loro famiglie al fine di migliorare la qualità della vita. Argomento cardine del testo è la relazione d'aiuto e le tecniche per poterla attuare nel migliore dei modi.
I capitoli che trattano il disagio e l'immigrazione presentano uno schema riassuntivo molto utile agli studenti con bisogni educativi speciali e uno schema in lingua inglese per facilitare lo studio agli alunni stranieri.
Sempre al fine di aiutare i ragazzi in difficoltà d'apprendimento o che hanno bisogno di semplificazione dei contenuti, una parte del testo si sviluppa su lezioni di due pagine, con glossario e piccoli riassunti dei paragrafi.

Il capitolo sulla relazione d'aiuto è operativo e presenta una ricca appendice con casi ed esempi per la loro risoluzione dettagliata.
La finalità del testo è quella di aiutare i ragazzi a trasformare il sapere in abilità e competenze essenziali per lavorare in ambito socio-sanitario e trovare soluzioni per migliorare la qualità della vita sia dell'operatore che dell'utente.

Il volume si è inoltre arricchito di un capitolo, il sesto, dal titolo "L'operatore socio sanitario" rivolto a tutti gli studenti che hanno deciso di affrontare la qualifica regionale di OSS. In questo capitolo vengono approfonditi argomenti già trattati nel testo, ma con un taglio sanitario, sociale e operativo.

La Guida docente fornisce la soluzione degli esercizi presenti nel testo, vari casi professionali e ulteriori esercitazioni.

INNOVAZIONI DIDATTICHE DI QUESTA EDIZIONE

Tipo di innovazione	Dove si trova	Perché è necessaria
Didattica. Introduzione di video di supporto e riflessione sull'argomento trattato. PowerPoint e pdf di approfondimento.	Nell'ebook	Per consentire allo studente di gestire in autonomia le competenze necessarie ad affrontare la corretta relazione d'aiuto in ambito socio-sanitario.
Didattica. Lo studente è aiutato a costruire i saperi e a mettere a fuoco le conoscenze che possiede. Vengono approfonditi argomenti tipici della disciplina tenendo conto dei continui mutamenti del Welfare.	Nel primo capitolo e in ogni lezione	Segue l'abitudine dei docenti di introdurre gli argomenti seguendo un percorso ben definito che va dalla conoscenza di base a quella complessa e articolata su collegamenti anche trasversali. Alla fine dei capitoli gli esercizi per competenze aiutano a consolidare i saperi.
Didattica. Si propongono tipologie differenti di approccio ai capitoli in base alla complessità e operatività dei contenuti affrontati. Gli esercizi, alla fine di ogni lezione e capitolo, stimolano la riflessione sulle proprie competenze e la capacità di mettersi in gioco.	In tutti i capitoli	Lo studente è in grado, utilizzando le competenze e conoscenze acquisite, di lavorare in modo autonomo, con approfondimenti presenti nell'ebook e con spiegazioni di raccordo da parte del docente.

Capitolo 1
Riprendiamo i punti più importanti

Capitolo 2
Il disagio

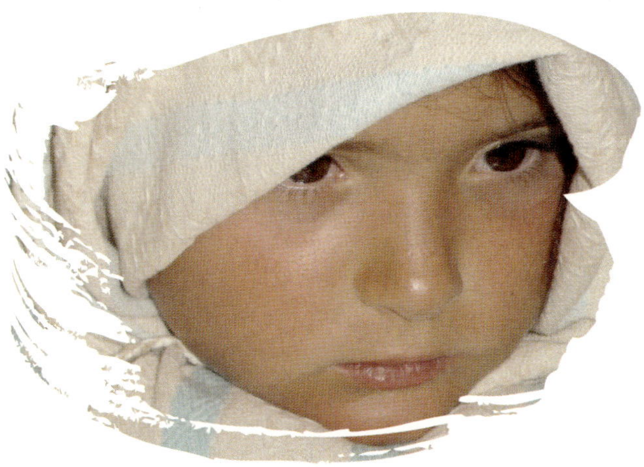

Capitolo 3
L'immigrazione

Capitolo 4
La relazione d'aiuto ... 141

Capitolo 5
Il tirocinio e l'animazione 249

Capitolo 6
L'Operatore Socio Sanitario 289

COME È FATTO L'EBOOK MULTIMEDIALE

L'**eBook multimediale** contiene tutte le pagine del corso. Con l'eBook potrai:

- leggere sul **tablet**, sul **computer** e sul **netbook** le pagine digitali del libro
- svolgere gli **esercizi interattivi**
- ascoltare tutti gli **audio**
- guardare i **video**
- ritagliare **immagini** e importarle negli appunti
- consultare lo **schedario grammaticale**

Vuoi sapere di più sul tuo eBook? Visita il sito del libro: www.clitt.it/libri/progettiamo-e-realizziamo-2/

1. Dal menu iniziale dell'**eBook** puoi accedere ai contenuti del corso.

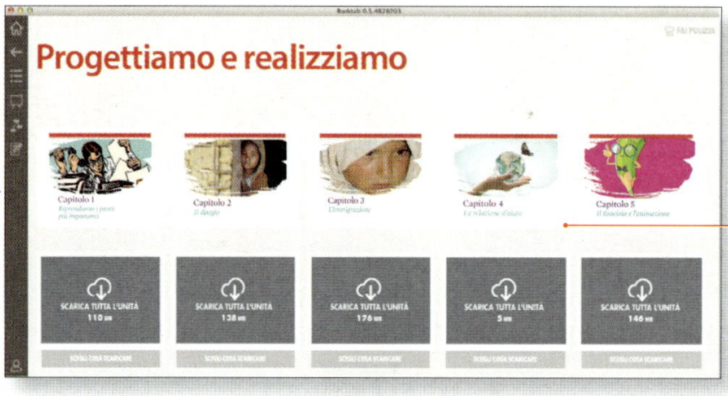

Ogni immagine corrisponde a un'unità: fai clic su quella che ti interessa.

2. Nell'indice dell'unità puoi vedere le pagine che la compongono.

Fai clic sulle doppie pagine: si apriranno a tutto schermo.

3. Le icone sulla pagina segnalano i contenuti interattivi e multimediali.

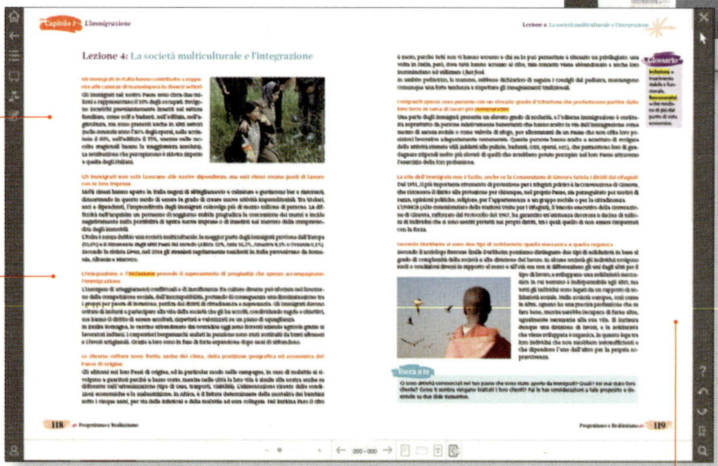

Guarda i video.

Guarda i PowerPoint

Guarda gli approfondimenti.

- Tutti questi contenuti sono disponibili anche su **tablet**, con l'applicazione Booktab.

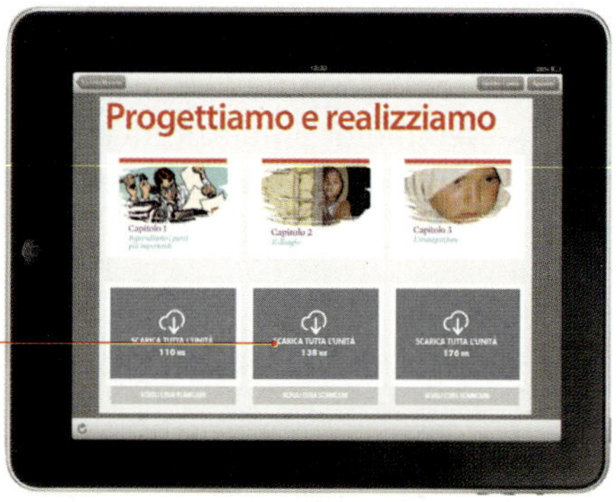

Fai clic sui capitoli per scaricarli sul tablet: quelli già scaricati appaiono colorati.

Puoi visualizzare l'eBook su computer e tablet. Con la funzione di sincronizzazione, gli appunti presi o le modifiche effettuate con un dispositivo saranno automaticamente visibili anche su tutti gli altri dispositivi.

Capitolo 1

Riprendiamo i punti più importanti

- Questo capitolo ha il compito di riprendere in modo schematico gli argomenti trattati nel precedente libro e che serviranno nel corso dell'anno.
  Ogni buon operatore deve avere capacità e abilità tali che gli permettano di lavorare in modo sereno ed efficace.
  Tutti i suoi sforzi devono essere finalizzati a una relazione d'aiuto seria e responsabile.

Nell'eBook, oltre agli esercizi interattivi, puoi trovare i seguenti approfondimenti:

- **PDF**: Le sigle; Il Terzo settore; Sintesi del cortometraggio "Blush"
- **Cortometraggi:** Blush

Lezione 1: L'operatore socio sanitario

L'operatore socio sanitario lavora in campo socio assistenziale, in strutture pubbliche, private o al domicilio dell'utente (assistenza domiciliare). Deve avere delle competenze specifiche che gli permettono di lavorare, dietro indicazioni del team di lavoro, in modo autonomo o in gruppo. L'operatore socio sanitario promuove interventi rivolti alla salute dei soggetti che presentano particolari bisogni e che chiedono aiuto ai servizi socio-sanitari.

L'accesso ai servizi da parte dell'utente avviene dopo che egli ha fatto richiesta al Segretariato sociale o all'URP. Tale richiesta viene esaminata dall'assistente sociale, che valuta le reali necessità e in base alla valutazione espressa dall'UVG/UVH/UVM propone l'intervento più idoneo.

Una volta stabilito l'intervento idoneo per l'utente, l'operatore partecipa alla realizzazione dello stesso.

L'operatore socio sanitario deve avere delle competenze, che sono:

- Psico-pedagogiche: deve capire il carattere dell'utente e trovare strategie adeguate per creare con lui un rapporto empatico. È essenziale che operatore e cliente entrino in sintonia fra loro.
- Animazione: deve saper proporre delle attività finalizzate allo svago degli ospiti che fruiscono del servizio. L'animazione si basa sul cambiamento, sulla fantasia e sul far esprimere il soggetto stimolando la fiducia in sé.
- Giuridiche: deve conoscere le leggi in campo socio-assistenziale e l'organizzazione dei servizi, deve conoscere anche i suoi diritti e doveri e quelli dell'utente.
- Riabilitative: deve essere in grado di reinserire nella società le persone che, per qualche motivo, si sono estraniate e vivono particolari situazioni di disagio. Nelle competenze riabilitative si cura anche la comunicazione tra gruppi diversi al fine di migliorare i rapporti relazionali. Persone che hanno bisogno di essere reinserite nella società sono: ex tossicodipendenti, ex carcerati, persone che presentano disagio psichico o psico-fisico.
- Informatiche: deve essere in grado di registrare sul pc i dati rilevati, oltre a raccogliere ed archiviare le informazioni. L'archiviazione dei dati raccolti permette di analizzare le attività svolte al fine di valutare gli interventi.
- Organizzative-gestionali: deve essere in grado di programmare le attività da svolgere nell'anno e di gestire le finanze che gli vengono concesse per realizzarle. Per tale competenza sono necessarie, oltre a buone capacità organizzative, spirito d'iniziativa, creatività e fantasia.

L'operatore socio sanitario deve essere in grado di:

- Partecipare alla rilevazione dei bisogni socio-sanitari del territorio.
- Lavorare a sostegno della comunità al fine di salvaguardare l'autonomia di tutti i cittadini.
- Evitare o ridurre i rischi di isolamento e di emarginazione delle fasce deboli della popolazione (anziani, disabili, emarginati, tossicodipendenti, poveri, ecc.) e di tutti quelli che presentano disagio.
- Applicare la normativa relativa alla privacy e alla sicurezza sanitaria e sociale.
- Interagire con gli utenti del servizio, predisporre piani d'intervento e ipotizzare corrette soluzioni a sostegno del cliente e della famiglia.
- Verificare le attività programmate, utilizzando strumenti di valutazione adeguati al servizio.

Dopo anni di lavoro l'operatore socio sanitario può incorrere nel *burn-out* causato dal massimo stress lavorativo, tipico dei lavori usuranti.

Lezione 2: I gruppi

Il gruppo è formato da un insieme di persone che hanno qualcosa che li accomuna. Perché il gruppo funzioni deve essere piccolo (4-5 membri) in modo che tutti i componenti abbiano parte attiva all'interno di esso. Fattore importante è la coesione dei membri del gruppo, perché se i componenti non si trovano bene a lavorare fra loro i risultati che si ottengono non sempre risultano adeguati ai reali bisogni.

Nei servizi socio-sanitari ha grande rilevanza il gruppo, solitamente formato da un insieme di persone che lavorano in équipe e che insieme si propongono l'obiettivo da raggiungere.
Se i componenti di un gruppo hanno lo stesso interesse danno origine al gruppo di lavoro; se hanno lo stesso problema danno origine al gruppo di auto-aiuto, e se vogliono migliorare la qualità della propria vita danno origine al gruppo di auto-mutuo-aiuto.
Il gruppo spontaneo o tradizionale si discosta dal *Cooperative learning* per il modo in cui si conduce il lavoro e per la valutazione. Il gruppo spontaneo o tradizionale ha una struttura omogenea, il tutor è unico, l'obiettivo è indipendente dalla relazione dei componenti, la valutazione è globale.
Il *Cooperative learning* è formato da persone con diverse competenze, e i problemi si risolvono con il contributo di tutti i componenti; la leadership è condivisa e distribuita, i membri collaborano tra loro e ognuno viene valutato per il lavoro svolto.
I gruppi si classificano in base alla loro forma associativa. Abbiamo così:

- gruppo primario, basato su relazioni dirette e sull'identificazione reciproca;
- gruppo secondario, basato su rapporti meno diretti e più formali;
- gruppo di appartenenza, a cui l'individuo adatta il proprio comportamento;
- gruppo di riferimento, con cui identifichiamo i nostri comportamenti e che coincide con quello di appartenenza;
- gruppo autocentrato, che si forma per il piacere di stare insieme con gli altri componenti;
- gruppo eterocentrato, finalizzato al raggiungimento di un obiettivo ben preciso.

A capo del gruppo di lavoro c'è il tutor, che forma i gruppi, organizza gli incontri e facilita le discussioni, distribuisce i compiti, pianifica il lavoro, aiuta nella scelta dell'argomento, definisce l'obiettivo da raggiungere, verifica i risultati ottenuti.
Il tutor sociale è una figura nata in ambito sociale per aiutare i più deboli. Prende spesso il nome di facilitatore e forma i gruppi, effettua la vigilanza, facilita l'integrazione del gruppo e la comunicazione circolare.
Il leader è il capo indiscusso di un gruppo spontaneo e riesce a focalizzare su di sé l'attenzione di tutti i componenti; inoltre con le sue idee influenza il comportamento degli altri.

Il leader può essere carismatico, se viene seguito per le sue idee, oppure istituzionale, se viene eletto dagli altri membri per capacità e competenze.
La leadership rappresenta le idee del leader e può essere:

- democratica, quando il leader ascolta il parere degli altri e decide in gruppo;
- autoritaria, quando il leader impone le sue idee e non ammette iniziative personali;
- permissiva/lassista, quando il leader lascia fare a ognuno ciò che vuole senza alcun tipo di regola.

Lezione 3: La progettazione

Progettare vuol dire raggiungere un obiettivo, un fine, uno scopo.

La progettazione ha sempre un committente (colui che la richiede) e un ricevente (colui che la riceve), che possono essere la stessa persona (progetto per me stesso) o persone diverse (esempio: chiedo aiuto per la nonna che sta male).

Le fasi della progettazione sono:

1. ***Analisi del problema***. Si analizza il bisogno/problema del committente e del ricevente. Si valutano i reali bisogni del ricevente, le necessità del committente e con l'aiuto dell'assistente sociale, che è colui che prende in carico l'utente, si trovano soluzioni adeguate ai bisogni.
2. ***Analisi del contesto***. Per contesto intendiamo tutto ciò che è necessario per arrivare a raggiungere l'obiettivo. Del contesto fanno parte: mezzi, strumenti, tempo, finanze, vincoli, limiti e risorse. Le risorse e i vincoli da analizzare sono riferiti all'utente, ai familiari e al territorio.
3. ***Definizione degli obiettivi***. Dopo aver analizzato in modo approfondito le prime due fasi della progettazione, vanno definiti gli obiettivi in modo appropriato, tenendo conto di tutte le variabili emerse dall'esame della situazione. La definizione degli obiettivi deve essere realistica, controllabile e finalizzata a determinare un cambiamento. Gli obiettivi devono essere controllabili e realizzabili.
4. ***La scelta degli interventi***. Una volta stabilito il reale bisogno del ricevente, bisogna scegliere gli interventi più idonei. Per aiutarci in questo compito c'è l'osservazione, che ci permette di conoscere le precise necessità dell'utente e di scegliere l'intervento più appropriato.

Nella scelta dell'intervento bisogna tener conto anche della personalità dell'utente. Nella relazione d'aiuto è giusto seguire la tassonomia di Bloom, che prevede sei livelli di classificazione e riguarda gli obiettivi intellettivo-cognitivi, che sono: conoscere o ricordare, capire, applicare, analizzare, sintetizzare, valutare.

1. ***Verifica***. La verifica serve a controllare se tutto sta andando come previsto o si devono apportare modifiche a quanto è stato stabilito. Può essere fatta più volte durante l'intervento.
2. ***Valutazione***. È il giudizio finale del progetto e si ottiene esaminando ciò che è stato ottenuto o realizzato e ciò che ci eravamo prefissati di raggiungere. In un servizio si valuta anche se gli obiettivi sono stati raggiunti da un singolo soggetto o da tutti i componenti del gruppo.

I bisogni degli ospiti all'interno di un servizio vengono esaminati dall'équipe, che compila il PAI.
L'équipe multidisciplinare è formata da: direttore di struttura, direttore sanitario, fisioterapisti, équipe socio-educativa e operatori socio-sanitari. L'équipe si riunisce al momento dell'ingresso nel servizio di un nuovo ospite al fine di analizzare la situazione e programmare l'intervento.
A intervalli regolari l'équipe si incontra per monitorare la situazione, valutare i risultati, apportare eventuali modifiche al progetto d'intervento.

Lezione 4: La famiglia

Nonostante le contraddizioni tipiche della nostra società, la famiglia resta la principale istituzione sociale e un valido punto di riferimento.
La famiglia viene definita un oggetto sociale multidimensionale perché è in continuo cambiamento, ha varie caratteristiche che la differenziano dalle altre e non è facile trovare oggi una definizione soddisfacente.
La nostra è una cultura complessa, nella quale le persone hanno diverse esigenze, e anche pluralistica, ovvero ci porta ad accettare le opinioni di tutti e il modo di vita di ciascuno.
Attualmente non esiste un unico modello di famiglia, come era invece la famiglia patriarcale; ora ci sono famiglie di fatto, allargate, unipersonali, monogenitoriali, ecc.
Una delle principali funzioni della famiglia è quella di seguire l'evolversi della vita: nascita, crescita, riproduzione e morte attraverso la funzione dell'educazione e dell'elaborazione del lutto.
Nella vita dell'individuo un ruolo importante viene svolto dalle tradizioni e dal trovare un senso alla storia; ciò porta la famiglia ad educare il figlio alla memoria del passato e aiutarlo nel progettare il proprio futuro.
La famiglia garantisce la crescita culturale, la socializzazione, l'acquisizione dei valori e delle norme della società. Per questo motivo essa deve essere in grado di cambiare a seconda dei mutamenti della società, degli usi e dei costumi.
All'interno della famiglia i membri devono mantenere la propria identità personale pur costituendo un sistema di relazioni. Essa garantisce lo scambio di informazioni, genetico, parentale ed economico.
All'interno della famiglia vige un sistema di relazioni che aiuta e sostiene tutti i componenti.
La famiglia patriarcale, diffusa nelle campagne nel settentrione già nel 1300, presentava una struttura complessa, a differenza di quelle urbane borghesi, che erano nucleari. La famiglia patriarcale infatti era strettamente legata al mondo contadino e all'economia agricola. Il patriarca svolgeva un ruolo di assoluta preminenza nei confronti di tutti i membri, con l'assoggettamento della moglie e dei figli al suo volere. Le figlie sposate andavano a vivere a casa del marito e a loro spettava la dote, mentre erano escluse dall'eredità.
Nella prima metà del 1900 sono presenti ancora in Italia famiglie patriarcali estese con più di tre generazioni e più unità coniugali.
Il punto di forza della famiglia patriarcale era che tutto si svolgeva al suo interno, mentre quello di debolezza era l'assenza di apertura verso l'esterno.
La famiglia nucleare, già presente nella borghesia, si sviluppa nella seconda metà del 1900 ed è composta da marito e moglie, legalmente sposati, più gli eventuali figli. La famiglia nucleare, esistente tutt'ora, è stata affiancata, dopo il divorzio (dicembre 1970) da altre tipologie di famiglie fino ad allora non riconosciute. I punti di forza della famiglia nucleare è che si apre all'esterno e chiede aiuto ai servizi, mentre il punto di debolezza è che viene a mancare una figura di riferimento.

Lezione 5: La comunicazione

La comunicazione ha sempre bisogno di un emittente (colui che manda il messaggio) e un ricevente (colui che lo riceve). Le persone comunicano verbalmente attraverso codici linguistici molto complessi, che sono anche mezzo di trasmissione culturale.
Il linguaggio ci permette di tradurre in parole emozioni ed esperienze, e di comunicarli ad altre persone; esso è anche il mezzo per risolvere i problemi. Le strutture grammaticali consentono di unire una serie di parole in una frase dotata di significato. Un linguaggio non basato su parole è quello del corpo: infatti comunichiamo stati d'animo sia positivi che negativi con lo sguardo, con l'espressione del volto, con movimenti o posture.
L'emissione del messaggio avviene attraverso codice, canale e filtro.
Il messaggio è circolare o a due vie quando parte e torna indietro, cioè c'è del feedback fra emittente e ricevente.
Il messaggio è lineare quando non c'è possibilità di rispondere a esso. Esempio: il lettore del telegiornale RAI comunica le notizie a chi guarda quel telegiornale.

I registri comunicativi che regolano la comunicazione possono essere:
- ***Molto formale***: utilizza parole ed espressioni molto eleganti e raffinate. Si utilizza quando ci rivolgiamo a persone molto importanti o a noi estranee, usando il voi.
- ***Formale***: utilizza espressioni eleganti, si usa rivolto a persone estranee dando del lei.
- ***Medio***: utilizza parole ed espressioni cortesi, si usa con persone con cui si ha un rapporto di semplice conoscenza e si può usare il lei o il tu.
- ***Informale***: utilizza espressioni di tipo familiare e si utilizza con amici, con membri della famiglia e si usa il tu.

Nella comunicazione si possono adottare tre stili diversi di linguaggio, a seconda del carattere dell'emittente e del peso che si intende dare all'informazione. Gli stili sono:
- ***aggressivo***: l'emittente impone le proprie opinioni;
- ***assertivo***: l'emittente cerca trovare soddisfazione alle proprie e altrui esigenze;
- ***passivo***: l'emittente accetta passivamente tutto quello che gli viene detto.

La risposta a un messaggio può essere di:
- ***conferma***: esprime accettazione verso chi ha passato il messaggio;
- ***rifiuto***: manifesta una non accettazione;
- ***disconferma***: esprime disinteresse verso il messaggio.

La comunicazione si basa su cinque assiomi che sono verità inconfutabili.
1. Non si può non comunicare.
2. La comunicazione non solo trasmette informazioni, ma condiziona il comportamento.
3. La comunicazione dipende dall'interpretazione soggettiva che si dà a un messaggio e che condiziona i rapporti con gli altri.
4. La comunicazione può essere verbale o non verbale.
5. La comunicazione può essere fatta agli stessi livelli o a livelli diversi.

Lezione 6: Il processo comunicativo nella relazione d'aiuto

La caratteristica principale dei processi di comunicazione è che la presenza del ricevente non implica per forza l'assunzione completa dell'informazione.
La prossemica studia cosa è lo spazio personale e sociale e come l'uomo li percepisce. Il termine, coniato dall'antropologo Edward T. Hall, indica lo studio delle relazioni di vicinanza nella comunicazione interpersonale. La comunicazione non verbale di internet ci porta alla percezione mentale dello spazio. Internet tende ad annullare le distanze fisiche e mentali, liberando l'individuo dall'obbligo di comunicare "faccia a faccia".
Secondo Guilford, le attività di pensiero possono essere di due tipi distinti.

1. Pensiero convergente: è l'attività mentale che offre la risposta giusta per risolvere un problema.
2. Pensiero divergente: è l'attività mentale in cui si produce liberamente il maggior numero possibile di risposte, un pensiero che non pone limitazioni alle possibilità mentali. La fantasia e l'immaginazione sono forme di pensiero divergente.

Tutti dobbiamo risolvere dei problemi e prendere delle decisioni. In certi casi siamo ansiosi, in altri dobbiamo fare del nostro meglio per giungere a una soluzione.
La risoluzione dei problemi e il prendere delle decisioni sono molto collegati tra loro; per risolvere i problemi dobbiamo prendere numerose e importanti decisioni.
I problemi possono essere di varia natura, e la risoluzione di essi riguarda gli sforzi attivi per scoprire il modo di raggiungere un obiettivo non facilmente raggiungibile.
Per risolvere un problema dobbiamo comprendere il problema, trovare le soluzioni da mettere in pratica e infine valutare i risultati.
La flessibilità è un requisito del pensiero adulto. Quando cerchiamo risolvere un problema possiamo tornare indietro per controllare il lavoro svolto e verificare se abbiamo fatto errori.
Il pensare in modo rigido può essere definito abitudine ed è tipico delle persone che, per risolvere un problema nuovo, continuano ad usare delle strategie dimostratesi valide precedentemente.
Altro fattore che disturba l'efficienza nel risolvere i problemi è l'impulsività ed un debole controllo personale.
Un linguaggio verbale ben sviluppato permette al pensiero di manifestarsi in modo preciso e articolato.
La comunicazione utilizza un linguaggio che per essere compreso ha bisogno di essere decodificato.

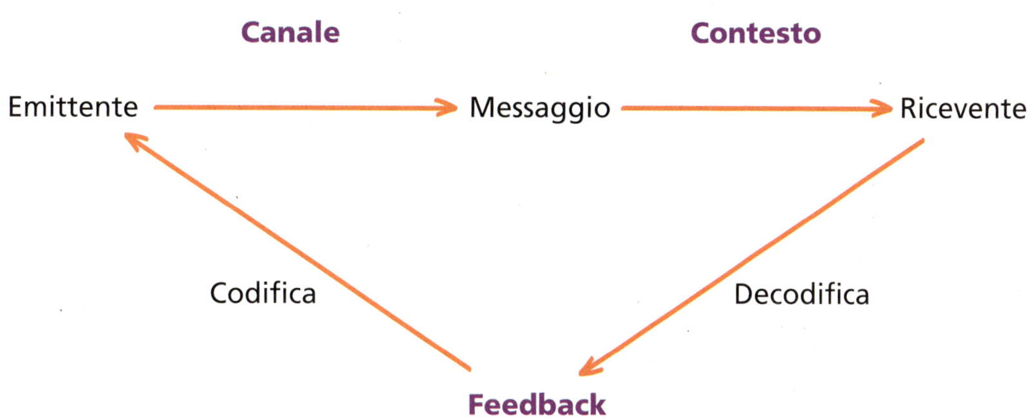

Lezione 7: L'empatia

La parola empatia deriva dal greco εμπαθεία (empatéia) ed è composta da *en* (dentro) e *pathos* (sentimento o sofferenza); indica la capacità di sentire l'altra persona mettendo da parte i pensieri personali.
L'empatia permette di cogliere non solo la parte superficiale dell'esperienza dell'altro ma anche i suoi contenuti più profondi. Essa si basa sull'ascolto non valutativo e sulla comprensione dei sentimenti e dei bisogni essenziali per l'altro.
Il contrario di empatia è dispatia, ossia l'incapacità o il rifiuto di condividere i sentimenti e le sofferenze altrui. La causa della dispatia può essere legata a una sofferenza personale che non permette di instaurare un rapporto empatico.
Nel rapporto empatico siamo in grado di comprendere appieno lo stato d'animo altrui, che si tratti di gioia o di dolore; esso è fondamentale nella relazione di aiuto in quanto il ricevente mette in secondo piano il suo modo di percepire la realtà per cercare di comprendere meglio le esperienze e le percezioni dell'interlocutore.
Essere empatici nel lavoro sociale vuol dire essere in grado di restare emotivamente con l'utente pur mantenendo le distanze.
Una persona non può apprendere l'empatia, ma può sviluppare la capacità empatica.
Ogni relazione richiede un approccio diverso a seconda della persona che si ha di fronte e del problema di cui è portatrice.
Ogni persona ha in sé grandi capacità di cambiamento ed è in grado di risolvere i problemi.

La relazione empatica si basa su:
- saper ascoltare;
- saper colloquiare;
- saper gestire le distanze;
- saper evitare gli ostacoli della comunicazione;
- analizzare il contesto;
- apprendere dagli errori.

La capacità di saper ascoltare è fondamentale in ambito sociale. Tale capacità comprende anche l'attenzione a ciò che non viene detto con le parole ma viene manifestato con l'espressività.
Il silenzio riveste particolare importanza perché può significare: ansia, paura, disagio, ecc.

Il colloquio è il processo attraverso il quale due o più persone entrano in rapporto tra loro esprimendo una per l'altra quello che vogliono dire o hanno bisogno di manifestare.

Nella relazione d'aiuto è importante saper gestire la distanza, che può essere:
1. Distanza fisica: è quella che mantiene la distanza corporea nelle varie situazioni della vita quotidiana.
2. Distanza sociale: è quella che riguarda l'operatore sociale ed è in relazione con la sua professionalità. La relazione tra operatore e utente deve essere contraddistinta da una chiarezza dei rispettivi ruoli.
3. Distanza emotiva: il livello delle emozioni si stabilisce in base al vissuto dei due soggetti e al rapporto che si determina tra loro.

Lezione 8: L'ascolto attivo

Nell'ascolto attivo si possono compiere degli errori che compromettono la relazione, e che sono:

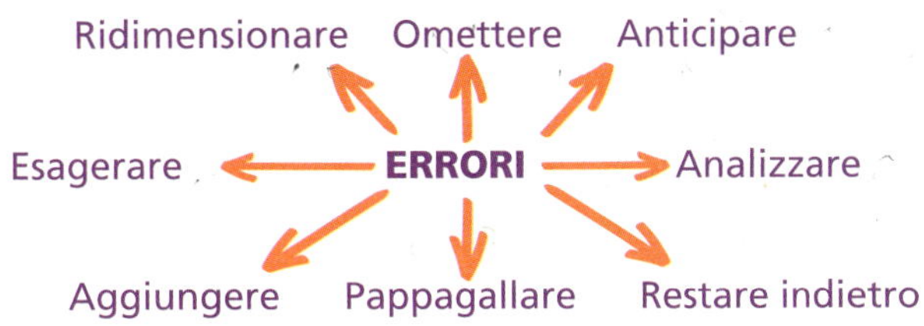

L'empatia si basa su costrutti (situazioni) funzionali (che permettono di realizzare la comunicazione empatica) e disfunzionali (che impediscono la comunicazione empatica).

Costrutti funzionali:
- fiducia;
- apprendere dagli errori;
- fare il meglio;
- ristrutturare costrutti.

Costrutti disfunzionali:
- perfezionismo;
- catastrofismo;
- dipendenza;
- onnipotenza;
- non ho diritto.

L'ascolto empatico si basa su tre punti:
1. ascolto ciò che la persona mi sta comunicando;
2. ascolto anche i suoi sentimenti;
3. ascolto il valore che la persona dà a tutto ciò.

L'empatia è condizionata dall'intelligenza emozionale e dall'intelligenza critica.

Utilizzando la gerarchia dei bisogni secondo Maslow avremo:
1° livello: Coercizione → Sopravvivenza;
2° livello: Manipolazione → Sicurezza;
3° livello: Competizione → Bisogni sociali e di relazione;
4° livello: Educazione → Stima di sé, Successo, Produttività;
5° livello: Collaborazione, Sinergia → Autorealizzazione.

Il primo e secondo livello sono la base della piramide e rappresentano i bisogni di conservazione e di mantenimento. Il bisogno di sicurezza viene minacciato dalla manipolazione.
Il terzo livello comprende lo stare insieme, il dialogare, il comunicare affetto.
Il quarto livello comprende la stima di se stessi e il successo che si raggiunge.
Il quinto livello, cioè l'apice della piramide, comprende l'autorealizzazione, cioè il condividere sé stesso con gli altri (gruppi di ascolto).

Lezione 9: Le figure professionali

In sociologia il termine "professione" descrive quei lavori che si basano su una particolare abilità intellettuale.

Spesso i professionisti sono iscritti ad associazioni che li tutelano e controllano il loro comportamento (esempio: l'ordine dei medici, degli psicologi, ecc).

Si parla di attività professionali quando si fa riferimento ad attività lavorative per il cui svolgimento si richiedono delle conoscenze, delle abilità, delle competenze e dei comportamenti tipici di esse. Per esempio le educatrici di un asilo nido possiedono delle conoscenze e abilità in ambito pedagogico, psicologico, medico, didattico, artistico, ecc. a livello tale da permettere loro di risolvere problemi che si creano o di riconoscere se il problema emerso è superiore alle loro capacità o non è di loro competenza.

Ciascuna attività professionale si può sviluppare:
- in forma libero professionale o autonoma;
- in organizzazioni professionali o cooperative;
- in organizzazione complesse o multiprofessionali.

I professionisti, per svolgere la loro professione, devono avere i titoli richiesti, essere iscritti all'albo professionale e corrispondere a profili prestabiliti.

Il profilo professionale indica, per ogni lavoratore, qual è la caratteristica della sua professione, cioè:
- chi è;
- dove può lavorare;
- con quali metodi;
- per chi;
- con chi;
- a quale scopo.

Avremo così che il profilo professionale dell'operatore socio sanitario (OSS) corrisponde a:
- Chi è = un individuo che ha varie competenze e che lavora con persone che presentano bisogni particolari.
- Dove può lavorare = in case protette, comunità, centri diurni, ecc. (i contesti).
- Con quali metodi = progettazione, documentazione del lavoro, gestione delle risorse (i modi).
- Per chi = per anziani, disabili, minori a rischio, ecc. (i destinatari).
- Con chi = con l'assistente sociale, col responsabile del servizio, ecc. (i collaboratori).
- A quale scopo = per facilitare l'integrazione sociale, per mantenere l'anziano al proprio domicilio, offre aiuto e sostegno agli utenti come supporto alle mansioni quotidiane, ecc. (i compiti in relazione agli obiettivi).

Le figure professionali nei servizi socio-sanitari, socio-assistenziali e socio-educativi hanno come obiettivo quello di aiutare le persone che presentano un bisogno.

Lezione 10: L'operatore sociale

Le figure professionali che lavorano in ambito socio-assistenziale vengono generalmente definite operatori sociali. Esaminiamo di seguito cosa comprende il termine operatore sociale.

Le sigle

OPERATORE SOCIALE

- Operatore socio sanitario
- Assistente sociale
- Psicologo
- Educatore professionale
- Animatore sociale
- RAA
- Altre figure

Il termine "operatore sociale" indica una figura professionale che ha delle competenze in ambito sociale; la sua professione si basa sulla relazione d'aiuto.

Il termine operatore sociale comprende:

- ***OSS (operatore socio sanitario)*** = qualifica che viene ottenuta, dopo la maggiore età, con un percorso di 1000 ore e con il conseguimento dell'esame per accertare le competenze raggiunte.
- ***Assistente sociale*** = titolo che si consegue con una laurea triennale in Servizio Sociale ed il superamento dell'Esame di Stato che abilita alla professione. Se si vuole continuare il percorso è possibile iscriversi ai corsi di laurea specialistica in Programmazione e Politica dei Servizi Sociali o in Sociologia, oppure a un Master di I livello. È obbligatoria l'iscrizione all'Albo degli Assistenti sociali.
- ***Psicologo*** = titolo che si consegue con una laurea triennale in Scienze Psicologiche. Successivamente è possibile iscriversi ai Master di I livello e alla laurea biennale specialistica in Psicologia. Per essere abilitati alla professione è essenziale aver superato l'Esame di Stato, la cui ammissione è subordinata al completamento dell'attività di tirocinio. Il superamento dell'Esame di Stato consente l'iscrizione all'Albo degli Psicologi.
- ***Educatore professionale*** = titolo che si consegue con la laurea in Educatore professionale ed una specializzazione (per esempio logopedia). Alla categoria di Educatore professionale appartengono: Logopedisti, Fisioterapisti, Terapisti della Neuro e Psicomotricità, ecc.
- ***Animatore sociale*** = qualifica di 2° livello, si consegue dopo il diploma di maturità con la frequenza di un corso di specializzazione per Animatore sociale.
- ***RAA (Responsabile Attività Assistenziali)*** = è un corso di tre mesi alla cui iscrizione può accedere chi ha la qualifica di OSS o un Diploma di Scuola Secondaria Superiore e lavora come responsabile di nucleo all'interno di strutture socio sanitarie. Il Responsabile Attività Assistenziali svolge funzioni di supporto agli OSS nella realizzazione del piano di lavoro, nell'organizzazione e nel coordinamento degli OSS, nella consulenza agli Assistenti sociali, nell'individuazione dei bisogni assistenziali.

Lezione 11: L'assistente sociale

La più vecchia figura di riferimento in ambito sociale è quella dell'assistente sociale, che nel corso degli anni ha cambiato connotazione. Con il Welfare State l'assistente sociale ha smesso di prestare aiuto solo in caso di emergenza, ma è diventato una figura importante per la nostra società.
Attualmente il suo ruolo è quello di valorizzare le risorse umane e del territorio.
L'assistente sociale esamina le domande presentate al Segretariato sociale o all'URP (Ufficio relazioni pubbliche).
Il Segretariato sociale ha il compito di aiutare il cittadino nella richiesta di aiuto e per gli ausili.
L'assistente sociale verifica se il soggetto ha i requisiti idonei per richiedere un servizio o un intervento, e convoca il soggetto e/o un suo familiare per verificare i reali bisogni; insieme all'utente e/o familiare decide l'intervento più idoneo da attuare anche in relazione ai servizi del territorio.
Se si tratta di adozione, affido o grave disagio sociale, l'assistente sociale si reca a casa dell'utente per verificare che tutto sia in regola e osservare la situazione familiare.
Se il soggetto non è autosufficiente o è disabile è prevista una visita presso l'UVG/UVH/UVM al fine di definire il reale grado di invalidità.
La visita collegiale dell'UVG/UVH/UVM attribuisce al soggetto un punteggio di invalidità che gli permette di essere inserito in specifiche graduatorie e di avere eventuali aiuti economici.

L'UVG/UVH/UVM è formata principalmente da:
- assistente sociale;
- medico specialista;
- infermiere.

Se l'utente viene inserito in un servizio, l'équipe della struttura che stila il PAI è formata da:
- assistente sociale;
- operatori sociali;
- responsabile di struttura;
- responsabile di area;
- infermieri;
- medico.

L'assistente sociale svolge il suo intervento in tre aree:
1. ***ripartivo-curativa***, nei confronti di persone in situazioni di disagio o con particolari patologie sociali, al fine di sviluppare l'autonomia dell'utente;
2. ***organizzativa e gestionale***, finalizzata al controllo e scelta delle risorse per l'aiuto all'utente;
3. ***promozionale e preventiva***, con il fine di reperire le risorse sociali e modificare il comportamento dell'utente.

Lezione 12: Il *burn out*

Con il termine inglese *burn out* si indica lo stato psicologico dell'operatore che, a causa del forte stress causato da un lavoro sociale emotivamente coinvolgente, finisce col perdere l'entusiasmo e il senso di responsabilità nei confronti della sua occupazione.
Nel suo lavoro, l'operatore socio-sanitario entra in relazione con tante tipologie di utenza che richiedono una forte carica di energia che se si esaurisce porta ad una minore disponibilità al contatto e all'ascolto, con conseguente distacco professionale e apatia.
Avremo così:

Richiesta
↓
Risorse

Lo squilibrio tra richiesta e risorse porta allo stress lavorativo, che genera:
- esaurimento;
- tensione;
- fatica;
- irritabilità.

Lo stress lavorativo a sua volta porta:
- conclusioni difensive;
- distacco emotivo;
- cinismo;
- rigidità;
- fuga.

L'insorgere del *burn out* negli operatori socio sanitari passa attraverso quattro fasi.

- Fase idealistica. In questa fase l'operatore ha entusiasmo, motivazione, sicurezza, aspettative, ecc. che lo portano ad affrontare con successo ed energia il suo lavoro;
- Fase della stagnazione. L'operatore incomincia a rendersi conto che il lavoro che svolge non soddisfa pienamente i suoi bisogni;
- Fase della frustrazione. L'operatore in questa fase è convinto di non essere in grado di aiutare qualcuno e si sente inutile.
- Fase della morte professionale. L'operatore è completamente disinteressato e per niente coinvolto dalle situazioni, e può assumere un atteggiamento cinico.

Entusiasmo → Idealismo → Stagnazione → Frustrazione → Apatia → *Burn out*

Lezione 13: I bisogni

I bisogni sono delle necessità che devono trovare soddisfazione, altrimenti si trasformano in problemi. I bisogni cambiano da persona a persona, da sesso a sesso, da età a età, a seconda degli stati d'animo, della cultura, della posizione geografica, del periodo storico, della razza, ecc.

I bisogni trovano primaria soddisfazione:
- in noi stessi;
- nella famiglia;
- nella rete parentale e amicale;
- nel territorio;
- nello Stato;
- all'estero.

Marlow ha suddiviso i bisogni in modo gerarchico: alla base si trovano quelli fondamentali, indispensabili per la sopravvivenza, mentre quelli posti al vertice (metabisogni) possono essere rimandati nel tempo. I bisogni di base, che si trovano alla base della piramide, sono essenziali per vivere.
Avremo così i bisogni:
- fisiologici, che comprendono i bisogni essenziali per l'individuo;
- di sicurezza;
- di amore e appartenenza;
- di stima;
- di autorealizzazione.

Sentirsi amati e apprezzati porta ad avere stima in se stessi e fiducia nelle proprie capacità.

In ambito sociale i bisogni sono legati ai criteri di individuazione dei bisogni reali e dei servizi con cui possono essere soddisfatti.

In ambito sociale i bisogni vengono suddivisi in:
- ***bisogni di sussistenza***, legati alle semplici ed essenziali necessità;
- ***bisogni di assistenza***, legati ai bisogni di assistenza e sostentamento;
- ***bisogni vitali***, rivolti alla vita dell'individuo e finalizzati ad aumentare il benessere personale e sociale.

Lezione 14: Le politiche sociali dalle origini al 2015

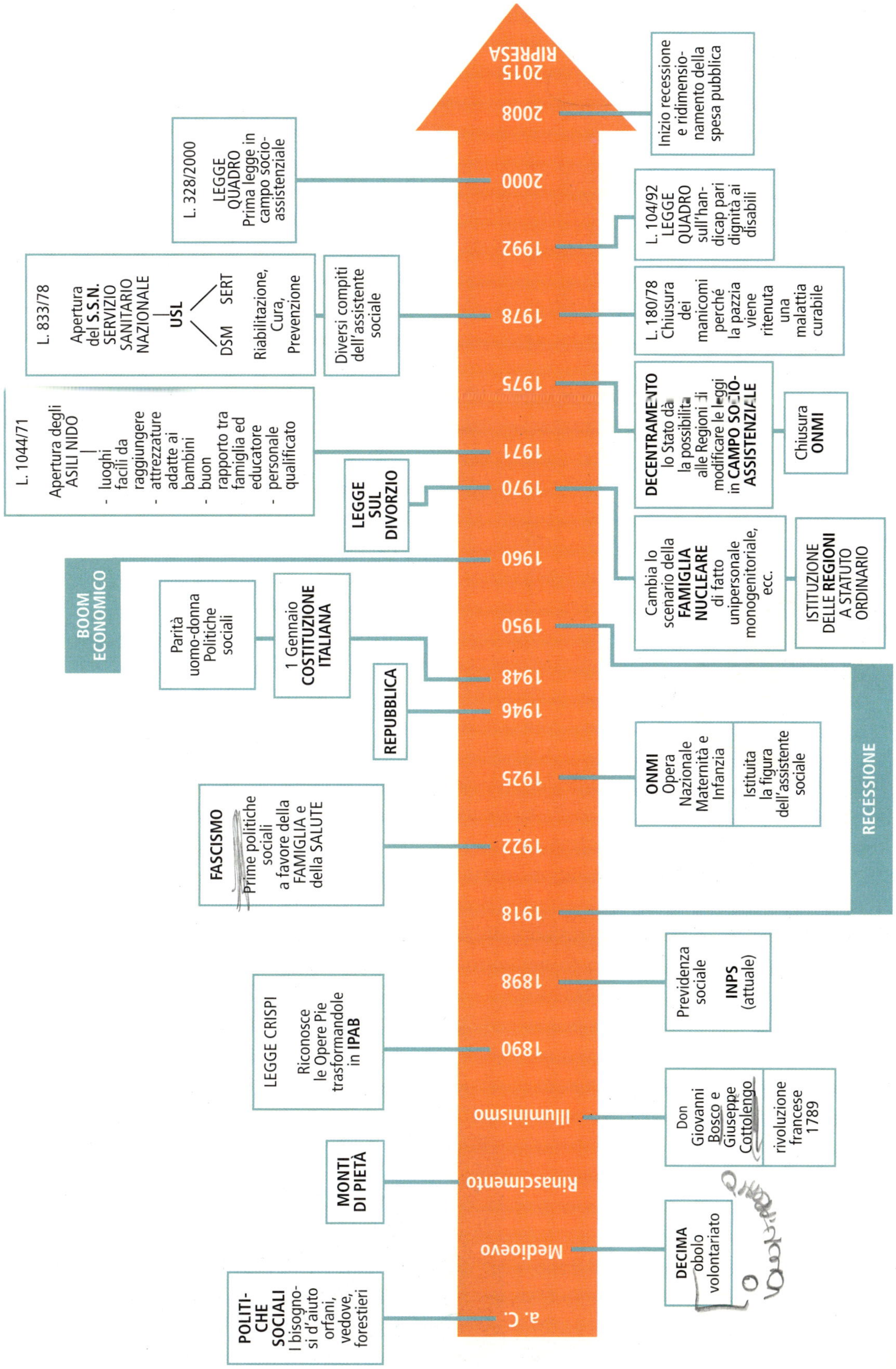

Lezione 15: L'inizio del Welfare nella vita degli italiani

Gli avvenimenti principali che hanno modificato le abitudini degli italiani ed hanno contribuito a cambiare la società dal 1900 a oggi sono:

Nelle telecomunicazioni

1949 L'11 settembre ci fu la prima trasmissione televisiva sperimentale, dalla Triennale di Milano, presentata da Corrado. La programmazione regolare cominciò cinque anni dopo.
1954 Il 3 gennaio nasce la TV con la programmazione RAI-Radiotelevisione.
1962 Primo collegamento via satellite.
1967 Produzione della televisione a colori.
1974 Nascono le emittenti private.
1973 Martin Cooper, direttore della Motorola, fece la prima telefonata da un cellulare.
1983 Viene messo in commercio il primo telefonino della Motorola, a 4000 dollari.

Negli elettrodomestici

1913 Si producono i primi frigoriferi.
1946 Si ha la diffusione dei frigoriferi.
1955 il 60% delle famiglie possiede il frigorifero.
1959 Prodotta la prima lavatrice automatica.

Nelle auto

1886 La Mercedes-Benz presenta il primo brevetto automobilistico.
1947 Viene prodotta dalla Fiat la Topolino, mentre la Volkswagen produce il Maggiolino.
1953 La casa automobilistica Lancia produce il modello Appia.

In ambito sociale

1948 Il 1° gennaio entra in vigore la Costituzione Italiana.
1970 Viene approvata la legge sul divorzio.
1970 Vengono attuate le regioni a statuto ordinario.
1971 Vengono aperti gli asili nido.
1975 Inizia il trasferimento di alcune funzioni dallo Stato alle Regioni.
1978 Viene approvata la legge sull'aborto, vengono chiusi i manicomi e aperto il SSN.
2008 Inizio della grande crisi economica che porta negli anni a far ridisegnare il *welfare*.
2015 Le nuove Province delle Regioni a statuto ordinario passano da 86 a 51, incluse le 10 città metropolitane; vengono istituite 10 città metropolitane (Torino, Milano, Venezia, Genova, Bologna, Firenze, Bari, Napoli, Reggio Calabria), che subentrano alle province omonime.
2015 Inizio della ripresa economica dopo anni di recessione.

Sergey Kohl / Shutterstock.com

Lezione 16: Il Welfare

WELFARE

- Città metropolitane, Comuni, Province, Regioni, ASL, Comunità Montane
- WELFARE FOR PROFIT
  Imprese, Società, Liberi professionisti
- WELFARE NO PROFIT
- TERZO SETTORE (NO PROFIT)
  Associazioni, Volontariato, Fondazioni, ASP, Cooperative sociali, ONLUS

BISOGNI

- No disuguaglianze sociali
- Bisogni legati alla "fragilità fisica" (anziani, disabili).
  Bisogni legati alla "fragilità complessa" (disagio, senza lavoro, casa, ecc.)

SOCIETÀ

DECENTRAMENTO

- Provvedimenti legislativi in campo assistenziale finalizzati al benessere sociale Legge 3/2001 politiche sociali differenziate su base regionale
- Nuovo sistema socio-sanitario
- Legge 833/78 e 328/2000
  Interventi non solo al singolo individuo ma a:
  Individuo/Famiglia/Comunità

WELFARE MIX

- Insieme di soggetti che danno origine alla Partnership
- Soggetti misti (Comuni, Province, ASL, ecc) che agiscono all'interno del territorio con collaborazione fra pubblico e privato in grado di affrontare i nuovi bisogni della cittadinanza
- Le nuove Province delle Regioni a statuto ordinario passano da 86 a 51, incluse le 10 città metropolitane
- Benessere personale
  +
  Benessere del mercato
  +
  Benessere dello Stato
  =
  Benessere della società
  La qualità della vita è data da:
  Fattori qualitativi e quantitativi

SERVIZIO

- Residenziale, non residenziale, pubblico, privato, privato convenzionato, for profit, no profit
  - Residenziale permanente, residenziale temporaneo
  - Non residenziale cioè l'utente la sera torna al proprio domicilio

Lezione 17: Il Welfare Mix

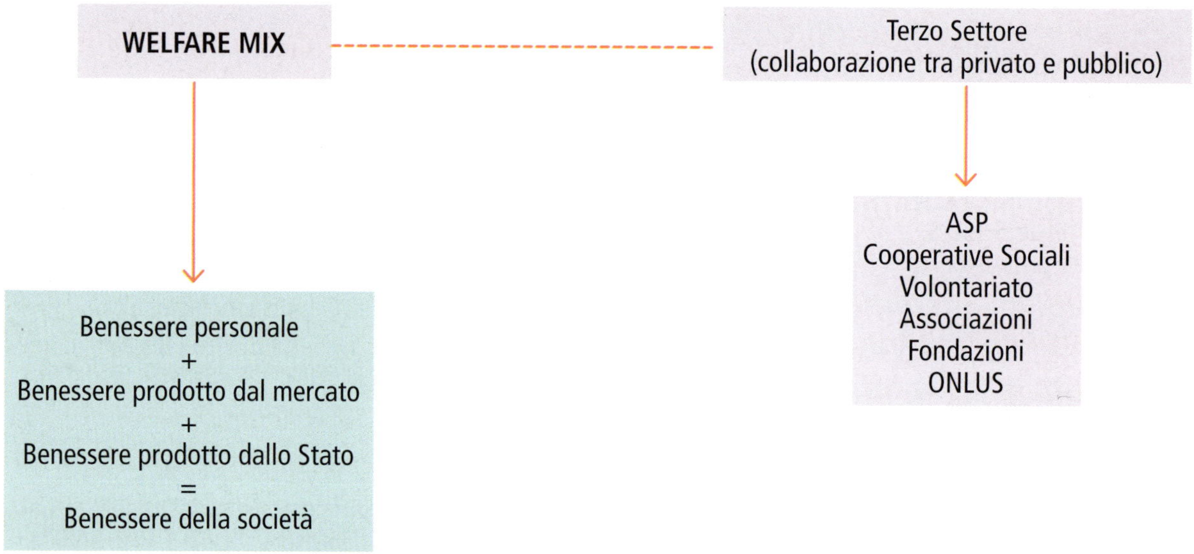

Istituzioni pubbliche di *Welfare*: Comune, Provincia, Città metropolitana, Regione, Stato, Comunità montana.

Welfare privato *for profit*: imprese, società, liberi professionisti.
Welfare privato sociale *no profit*: Terzo settore.
Il *Welfare Mix* viene chiamato anche *Welfare Plurale* perché entrano a farne parte anche Istituzioni private.

I servizi possono essere:

- residenziali, che possono essere temporanei o permanenti;
- non residenziali;
- pubblici;
- privati;
- privati convenzionati;
- profit;
- no profit.

I servizi no profit sono contraddistinti dal fatto che gli utili relativi alla gestione annuale vengono reinvestiti all'interno del servizio.

Lezione 18: Il *Welfare* d'aggancio e il Terzo settore

Il Terzo settore

Quando parliamo di *Welfare* intendiamo una serie di politiche atte a favorire il benessere dei cittadini. Il *Welfare* è legato ai momenti storici, economici e politici, e pertanto è mutevole.
Con il *Welfare mix* abbiamo visto affiancare allo Stato gli Enti privati, con il *Welfare privato* abbiamo visto inserirsi oltre il pubblico e il privato anche la famiglia, che è chiamata spesso ad affrontare da sola situazioni di non sempre facile gestione. Per esempio, una nonna con gravi problemi di salute all'interno del nucleo familiare porta problemi di gestione al nucleo stesso, che si deve attivare per trovare soluzioni alla gestione familiare.
Nel 2015, dopo anni di recessione, si è iniziato a parlare del "*Welfare dell'aggancio*", progetto portato avanti dal comune di Cervia per sostenere persone in difficoltà. L'idea è quella di coinvolgere, oltre ai servizi sociali, chiunque in città possa dare una mano non solo per segnalare i bisogni, ma anche per intervenire. Il risultato più importante di questo tipo di *Welfare* è quello di aver fatto crescere una cultura di coesione dinanzi alle problematiche sociali, di aver creato una rete di affiancamento a quella dei servizi sociali che vede coinvolte tutte le categorie di individui che vogliono aiutare le persone in difficoltà, come l'accoglienza dei richiedenti asilo del nord Africa. Il progetto prevede una serie di azioni finalizzate a far superare l'individualismo, la solitudine e l'esaltazione dei valori materiali tipici della nostra società. Il Welfare è un valore di tutti, così come la salute e il vivere bene lo sono di una comunità.

La nascita del Terzo Settore è dovuta all'incapacità dello Stato e del *Mercato delle prestazioni e dei servizi* di soddisfare i vecchi e i nuovi bisogni, quelli cioè legati alla fragilità fisica e alla fragilità complessa.

Gli Enti del Terzo Settore sono *No profit* ed hanno come fine la solidarietà, cioè l'aiuto verso le persone.

Il termine *No profit* (senza fine di lucro) indica che gli utili dell'azienda (i guadagni netti di un anno, tolte le spese di gestione) vengono utilizzati solo per gli scopi organizzativi dell'azienda stessa.

La gestione dei servizi può essere:
- *diretta*, se fatta direttamente dal personale del Comune;
- *indiretta*, se fatta tramite consorzi o convenzioni.

I rapporti tra pubblico e privato vengono gestiti da:
- *accordi di programma*, in cui vengono descritti e messi per iscritto i compiti e i diritti delle parti coinvolte;
- *protocolli d'intesa*, cioè patti precedentemente stabiliti, della durata di almeno due anni;
- *convenzioni*, accordi firmati da entrambi i partner con il fine di realizzare valide attività nel settore interessato;
- *accreditamento*, cioè riconoscimento della struttura da parte degli Enti pubblici. I servizi accreditati devono rispettare gli standard richiesti per l'accreditamento e devono avere credibilità in campo sociale.

Lezione 19: La legge n. 833 del 1978

SSN (Servizio Sanitario Nazionale)

Raggruppa tutte le precedenti mutue in una unica **USL** (Unità Sanitaria Locale)
Con la privatizzazione (decreto legislativo 502/92) le USL diventano **ASL** o **AUSL** (Azienda Sanitaria Locale).
Per facilitare le pratiche per l'accesso alle prestazioni sanitarie, è stato istituito il **CUP** (ufficio prenotazioni).

I compiti del SSN sono:
- prevenzione;
- cura;
- riabilitazione.

Il SSN si articola a livello:
- zonale;
- regionale;
- nazionale.

Fanno parte del SSN:
- ospedali;
- medici di famiglia;
- medici specialisti;
- SerT (Servizio Tossicodipendenze), rivolto alle persone che presentano qualsiasi tipo di dipendenza e in alcune regioni ha assunto il nome di UODP (Unità Operativa Dipendenze Patologiche);
- DSM (Dipartimento Salute Mentale), che prede in carico le persone con turbe psichiche.

Il Servizio Sanitario Nazionale appartiene per competenza al Ministero della Salute, ex Ministero della Sanità.
La legge 833 del 78 rafforza la legge 180 del 1978 (legge Basaglia) che chiuse i manicomi in quanto la follia venne riconosciuta come malattia.

Il DLgs del 19 giugno 1999 n. 229 ribadisce l'eliminazione di disuguaglianze nella fruizione dell'assistenza sanitaria sul territorio nazionale. Vengono fissati degli standard assistenziali da erogare obbligatoriamente in tutto lo Stato, al di sotto dei quali le Regioni non possono operare. Le Regioni che ne hanno la disponibilità economica possono aumentare i livelli minimi di prestazioni finanziandoli con i loro fondi.

Lezione 20: "La legge Quadro per la realizzazione del sistema integrato di interventi e servizi sociali" 328/2000

La Legge Quadro è la prima legge in campo socio-assistenziale e si aggancia alla legge 833/78.
La legge 328/2000 viene aggiornata ogni tre anni; vediamo nella tabella che segue cosa prevede, oltre a fornire informazione e consulenza.

DI CHI SI OCCUPA	COSA PREVEDE
Minori problematici	Inserimento nelle scuole in base all'età. Sostegno alla responsabilità familiare. Sostegno per i minori in situazione di disagio.
Anziani	Sostegno alla domiciliarità dell'anziano.
Immigrati	Corsi di alfabetizzazione. Presenza del mediatore culturale negli ospedali, nelle scuole, ecc. Aiuto economico, se presenti bambini piccoli, per momentanea situazione di disagio.
Poveri Nuovi poveri	Contrasto alla povertà. Aiuto economico per chi ha un reddito sotto il minimo vitale. Aiuti nel pagamento di bollette, libri, per vacanze, ecc.
Giovani e giovani coppie	Tasso agevolato per l'acquisto della prima casa. Aiuto economico per l'apertura di un'attività socialmente valida.
Donne in difficoltà	Sostegno alle donne in difficoltà.
Disabili	Maggiore integrazione delle persone disabili.
Tossicodipendenti	Prevenzione, recupero e reinserimento di persone in dipendenza da alcol, droghe e farmaci.

La Legge Quadro comprende:
- il Segretariato sociale (sportello informativo che raccoglie le richieste d'aiuto);
- il Piano di Zona (mette in evidenza i bisogni della popolazione ed integra ciò che manca);
- la Carta dei Servizi (illustra ciò che offre il servizio).

La legge apre:
- *centri protetti* per anziani non autosufficienti;
- *centri diurni* per persone parzialmente autosufficienti o autosufficienti che vivono sole e presentano fragilità sociale;
- *assistenza domiciliare*, servizio rivolto agli utenti o alle famiglie di soggetti con grave disabilità;
- *centro di pronto intervento sociale*, rivolto alle persone che presentano un bisogno improvviso;
- *centri di accoglienza*, rivolti a tutti i cittadini.

Lo Stato si impegna a sostenere le famiglie al cui interno sono presenti situazioni problematiche.

Lezione 21: La legge n. 104 del 1992

La legge 104 del 1992, cioè la "Legge Quadro per l'assistenza, l'integrazione sociale e i diritti delle persone handicappate", definisce persona disabile colui che ha una menomazione fisica, psichica o sensoriale che a causa di una difficoltà di apprendimento, di relazione o di integrazione lavorativa, è tale da determinare un processo di svantaggio sociale o di emarginazione.
La disabilità viene considerata grave quando la persona ha bisogno di un intervento assistenziale continuo.
Il riconoscimento della disabilità si richiede all'INPS del Comune o territorio. La valutazione viene effettuata da un'apposita commissione presso l'ASL.

I principali benefici lavorativi in favore del soggetto che ha ottenuto il riconoscimento di grave disabilità sono:

- permessi di due ore al giorno oppure tre giorni al mese (art. 33, VI° comma);
- priorità nella scelta della sede lavorativa e limiti al trasferimento (art. 33, V° comma).

La legge 104, fra le varie funzioni, ha anche quella di:

- valorizzare e sostenere la responsabilità familiare (art. 16);
- riconoscere il sostegno domiciliare per le persone anziane non autosufficienti (art. 15).

Integrazione scolastica del disabile

↓

Individuazione dell'alunno in situazione di disabilità (ASL)

↓

Diagnosi funzionale DF (ASL)

↓

Profilo dinamico funzionale PDF (scuola, genitori, ASL)

↓

Piano educativo individualizzato PEI (scuola; genitori; ASL)

↓

Assegnazione insegnante di sostegno (Ufficio Scolastico Regionale)

↓

Costituzione gruppi di lavoro e studio nelle scuole (scuola)

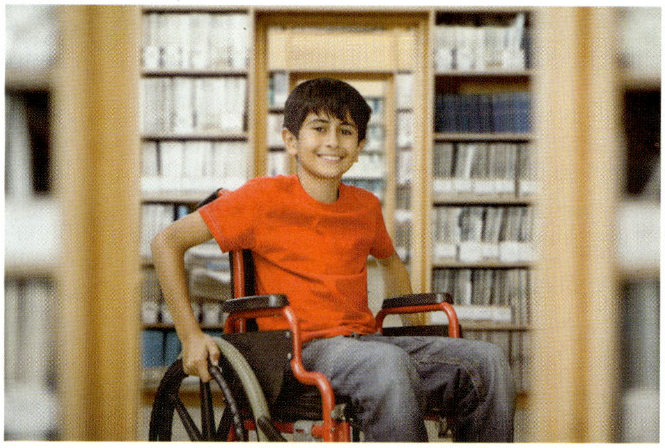

Lezione 22: Unità Valutazione Handicap (UVH)

L'Unità di Valutazione Handicap (UVH) è una commissione multidisciplinare formata da operatori sanitari e sociali con lo scopo di effettuare una valutazione sanitaria e assistenziale dei progetti individuali rivolti a persone disabili e finalizzati ad attivare interventi socio-sanitari con il coinvolgimento del Comune e dell'ASL.
L'Unità di Valutazione Minori (UVM) ha il compito di esprimere pareri su progetti individualizzati relativi a minorenni con disabilità o con problematiche relazionali.
La valutazione garantisce al disabile la presa in carico integrata tra i servizi sociali e sanitari all'interno di un progetto individuale che risponde ai bisogni del disabile e della famiglia.

Fra gli interventi socio-sanitari soggetti alla valutazione dell'UVH abbiamo:
- assistenza domiciliare;
- assegno di cura;
- interventi educativi a domicilio e sul territorio;
- inserimento in: centro diurno, comunità alloggio, gruppi appartamento e residenze assistenziali.

Per la valutazione socio-sanitaria non è previsto un accesso diretto all'UVH; la domanda deve essere presentata al servizio sociale di residenza, che valuterà i reali bisogni e l'eventuale attivazione dei servizi e sostegni. La valutazione dell'UVH non comporta necessariamente una visita medica per il disabile, ma spesso si limita all'analisi della documentazione socio-sanitaria e a un colloquio per acquisire ulteriori elementi.

La valutazione dell'UVH è obbligatoria per usufruire del pagamento della quota della retta a carico del SSN.

Il percorso valutativo dell'UVH si conclude con la definizione del Progetto Individualizzato e con l'individuazione delle risorse necessarie per rispondere ai bisogni della persona e della famiglia. Progetto e risorse sono verificati costantemente al fine di cogliere i cambiamenti del disabile e della sua famiglia.

I membri permanenti dell'UVH per i soggetti in età evolutiva sono:
- neuropsichiatra infantile;
- fisiatra;
- psicologo;
- responsabile area disabilità;
- assistente sociale referente;
- educatore professionale.

Lezione 23: Unità di Valutazione Geriatrica (UVG)

L'Unità di Valutazione Geriatrica è un servizio che il Comune, tramite gli assistenti sociali, effettua in collaborazione con l'ASL allo scopo di pervenire ad una valutazione multidisciplinare dei bisogni degli anziani.

Ha la funzione di valutare le condizioni psico-fisiche e ambientali della persona anziana e il suo grado di autonomia, tenendo conto delle esigenze di ciascuno, della famiglia, delle risorse dei servizi, al fine di elaborare un progetto di assistenza.

Tale valutazione ha come obiettivo un miglioramento della diagnosi dello stato dell'anziano, della scelta del luogo di cura, dello stato affettivo e cognitivo, nonché una riduzione del consumo dei farmaci, dei costi di gestione, degli accessi all'ospedale e una diminuzione della mortalità.

La valutazione è determinata mediante visita effettuata dalla commissione dell'UVG, che individua il percorso di salute maggiormente rispondente alle esigenze dei singoli utenti.

Propone preferibilmente cure domiciliari o presso un Centro diurno; se non utilizzabili indica ricovero in Residenza Assistenziale e/o Residenza Sanitaria Assistenziale.

La persona anziana solitamente presenta varie patologie, un elevato rischio di danni causati dall'uso di farmaci e la possibilità di incorrere in condizioni di parziale o totale non autosufficienza.

Alla base della non autosufficienza della persona anziana concorrono quattro fattori che interagiscono tra loro:
1. la salute fisica;
2. la salute mentale;
3. la condizione socio-economica;
4. la situazione socio-ambientale.

L'UVG valuta globalmente lo stato di salute e le potenzialità residue della persona anziana, ha come obiettivo la programmazione di un piano di intervento personalizzato teso a mantenere il più a lungo possibile l'autosufficienza dell'utente.

Se l'UVG propone il ricovero in una struttura, assegna alla persona anziana un punteggio che tiene conto, oltre al grado di salute e di autonomia, anche della situazione abitativa e socio-familiare.

Il punteggio attribuito regola l'accesso ai posti disponibili nelle strutture convenzionate e dà diritto al richiedente di godere della partecipazione dell'ASL al pagamento della retta.

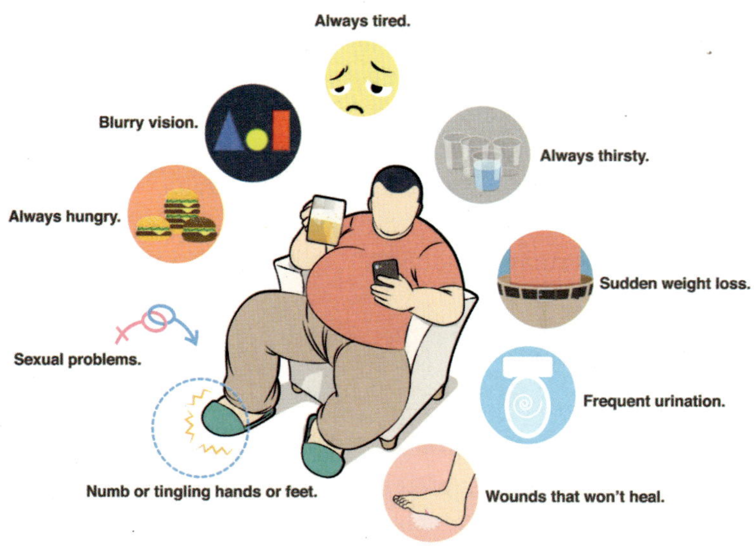

Lezione 24: I compiti dell'UVG

I compiti dell'UVG sono:
- individuazione e programmazione di tutti gli interventi destinati agli anziani;
- attuazione dell'integrazione tra i servizi sanitari e sociali;
- realizzazione e omogeneizzazione degli interventi per ottenere il migliore utilizzo della rete dei servizi socio-assistenziali e sanitari;
- controllo e vigilanza sulle attività delle case di cura e di riposo per utenti anziani.

L'équipe multidisciplinare è costituita da un nucleo base formato da:
- un medico geriatra, con funzione di coordinatore;
- un medico fisiatra;
- un infermiere professionale;
- un assistente sociale.

A queste figure se ne possono affiancare altre, come un medico di medicina generale, medici specialisti, terapisti della riabilitazione e psicologi in relazione alle necessità e alle caratteristiche del singolo caso clinico.

L'accesso all'UVG può avvenire sia direttamente che tramite il medico di base (medico di famiglia) o dello specialista ospedaliero. Solitamente lo sportello di riferimento è all'ASL.

Il servizio erogato dall'UVG è a totale carico del Servizio Sanitario Nazionale.

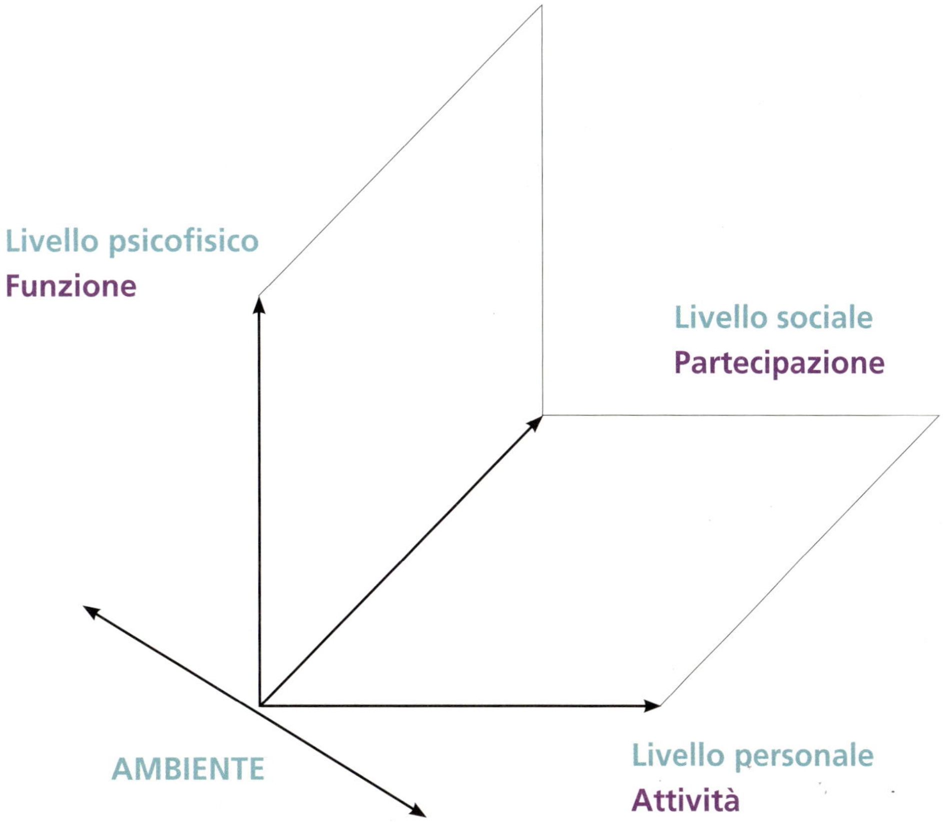

Lezione 25: Varie tipologie di Assistenza economica

ASSISTENZA ECONOMICA = viene erogata dal Comune al nucleo familiare che non raggiunge il reddito minimo vitale. Per ottenerla vanno presentati una richiesta specifica e il reddito ISEE.

ASSEGNO DI INVALIDITÀ ORDINARIO = viene dato dall'INPS, dietro presentazione di domanda e in seguito alla visita da parte dell'UVM (UVG, UVH) direttamente alla persona che ne ha diritto. L'assegno viene erogato se la capacità lavorativa viene riconosciuta come ridotta a meno di un terzo a causa di infermità fisica o psichica. È compatibile con l'attività lavorativa ed ha validità triennale. Può essere confermato dietro domanda. Dopo 9 anni è confermato automaticamente. Al compimento dell'età pensionabile viene trasformato d'ufficio in Pensione di inabilità. L'assegno di invalidità mensile è una prestazione economica, erogata a domanda, in favore dei soggetti ai quali sia riconosciuta una riduzione della capacità lavorativa parziale, cioè compresa tra il 74% e il 99%.

ASSEGNO DI ACCOMPAGNAMENTO = viene dato dall'INPS, dietro presentazione di domanda e in seguito alla visita da parte dell'UVM (UVG, UVH) alla persona che ne ha diritto. L'assegno viene erogato se il richiedente presenta un'invalidità pari al 100%. L'indennità di accompagnamento è a totale carico dello Stato ed è dovuta per il solo titolo della minorazione. Con la legge di Stabilità 2013 il beneficiario deve avere un reddito Irpef lordo annuo non superiore ai 60.000 euro, se coniugato non deve superare gli 80.000 euro lordi.

PENSIONE DI INABILITÀ = viene concessa alle persone alle quali sia stata riconosciuta una percentuale di invalidità del 100% in età compresa tra i 18 e i 65 anni.
Questo sussidio è rivolto alle persone che vivono in stato di bisogno economico, prendendo in considerazione il solo reddito personale, che deve essere molto basso. La pensione viene erogata dall'INPS.

INDENNITÀ DI FREQUENZA = è un assegno erogato dell'INPS a favore degli invalidi civili minori di 18 anni per aiutare l'inserimento dei ragazzi nelle scuole, nei centri di formazione, di addestramento professionale e nelle strutture educative, riabilitative e terapeutiche accreditate. Questi minori devono avere difficoltà che impediscono loro di svolgere le funzioni proprie tipiche dell'età. Requisito fondamentale per percepire l'indennità è la frequenza continua o periodica di un centro di riabilitazione, di centri di formazione professionale, di centri occupazionali o di scuole di ogni ordine e grado a partire dagli asili nido.

ASSEGNO DI CURA = varia da Regione a Regione, può essere chiamato anche Assegno Terapeutico o *Voucher*; è un sussidio economico mensile per l'assistenza e la cura a domicilio di persone che hanno bisogno di un'assistenza continua, evitando così il ricovero in strutture residenziali. La somma varia a seconda del reddito ISEE, del bisogno assistenziale, della presenza di demenza o del ricorso all'ausilio di badanti. L'assegno di cura viene erogato dal Comune o dall'ASL alla persona che si prende cura dell'ammalato, dura 6 mesi ed è rinnovabile.

Lezione 26: Servizi a sostegno della famiglia

I servizi sociali in rapporto al territorio

SERVIZI SOCIALI

↓

FAMIGLIA

NEUROPSICHIATRIA INFANTILE

DSM (SERVIZI PSICHIATRICI)

ASSOCIAZIONI DI VOLONTARIATO (rivolte a chiunque presenti uno stato di bisogno)

COOPERATIVE SOCIALI (di tipo A e B)

SERT o UODP (SERVIZIO TOSSICODIPENDENZE) (SERVIZIO DIPENDENZE PATOLOGICHE)

CENTRO DI FISIOTERAPIA, DI RIEDUCAZIONE MOTORIA E DEL LINGUAGGIO

CONSULTORIO (Familiare e Giovani)

CENTRI DI ACCOGLIENZA (Minori, donne maltrattate, immigrati, ecc.)

TELESOCCORSO

ISTITUZIONI GIURIDICHE (Tribunale minori, ecc.)

SCUOLA

Lezione 27: La presa in carico dell'utente

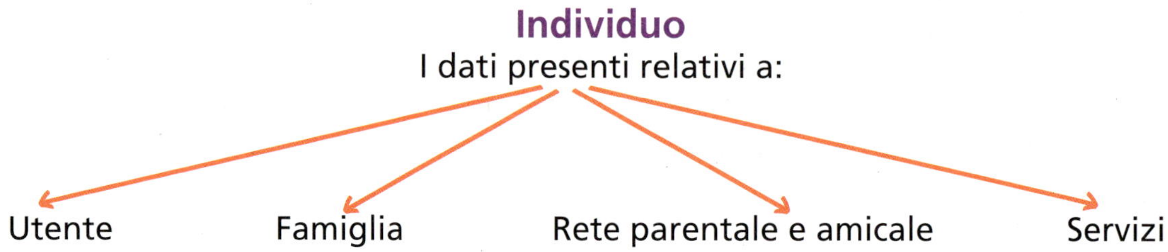

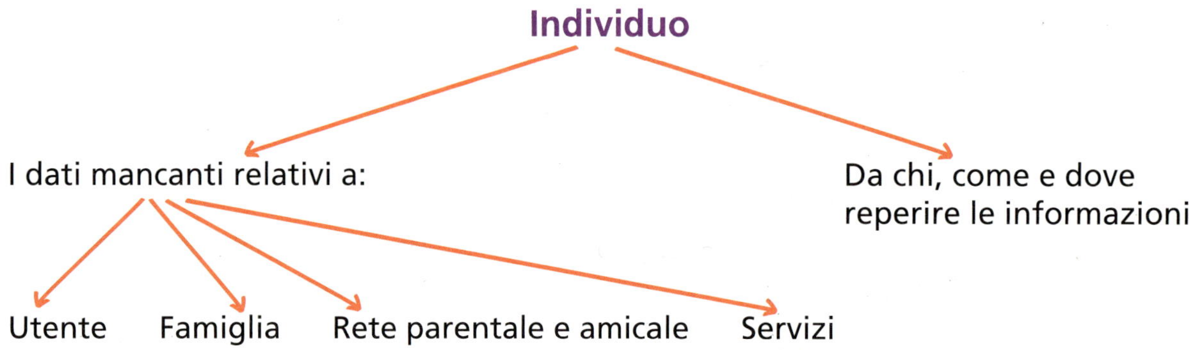

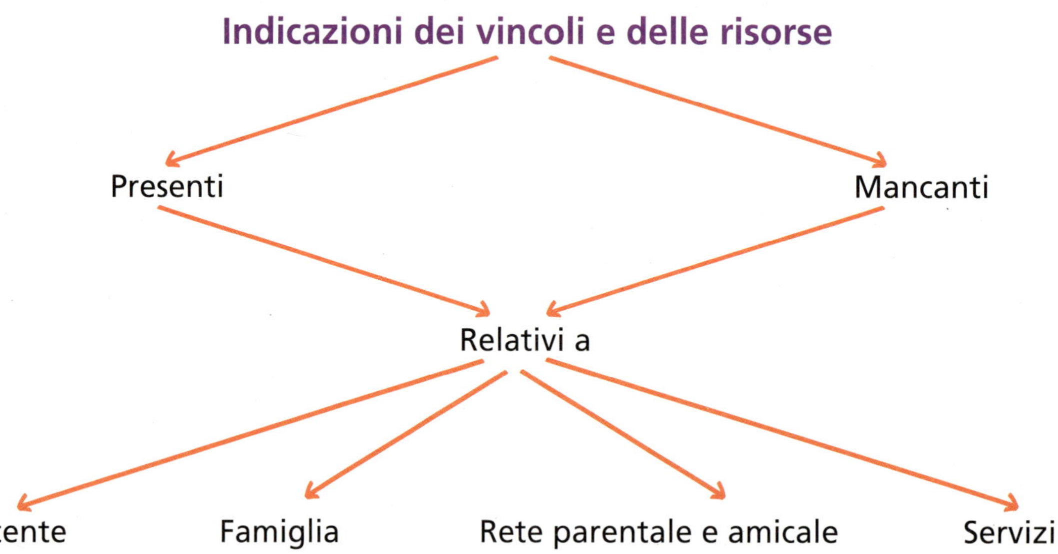

Lezione 28: I minori

L'individuo attraversa durante la sua vita delle fasi tipiche di ciascun periodo.
Il bambino apprende attraverso gli stimoli che gli vengono dati dall'ambiente circostante, e una volta memorizzati essi costituiscono il suo vissuto.
È molto importante per la sua crescita il contesto familiare nel quale vive, in quanto la famiglia condiziona l'apprendimento e ne stimola l'intelligenza.
Ogni bambino nasce con delle potenzialità che vengono sviluppate anche grazie all'ambiente circostante: la famiglia riveste infatti un ruolo fondamentale nell'apprendimento del bambino. Se la famiglia non lo stimola adeguatamente, la sua personalità rimane turbata, lui diventa insicuro e rifiuta il contatto con l'esterno.
L'asilo nido, istituito con la legge n. 1044 del 1971, accoglie i bambini fino a tre anni d'età.
Inizialmente la sua funzione era di accudimento; ora ha una riconosciuta valenza educativa che viene svolta in collaborazione fra educatrici, pedagogista e famiglia.
Nell'asilo i bambini vengono accolti in spazi e strutture appositamente predisposte per loro, ove apprendono l'autonomia. Le attività mirate all'interno del nido interessano la manipolazione, la pittura, l'area logico-linguistica e psicomotoria.
Attività molto importante nella vita dell'individuo è il gioco, che si evolve a seconda dell'età della persona. L'attività ludica aiuta la vita sociale, facilita le relazioni, sviluppa la creatività.
A volte anche i bambini si ammalano, e per coloro che presentano malattie rare o congenite è necessaria l'ospedalizzazione.
La *Clown Therapy* e la *Pet Therapy* aiutano il piccolo paziente ad affrontare meglio il dolore. Il ricovero crea in lui sentimenti contrastanti; pertanto, si deve usare un linguaggio molto semplice e chiaro, in modo che possa capire ciò che sta accadendo.
Il lavoro minorile è diffuso in tutto il mondo, anche se in modo diverso. Le esperienze lavorative si differenziano a seconda della cultura di appartenenza. Nei Paesi meno sviluppati i bambini piccoli vengono dati in prestito, in cambio di denaro, dai loro genitori ai proprietari di fabbriche.
Le definizione "minori problematici" indica quei minori che presentano situazioni familiari o personali complesse, tanto che il Tribunale dei Minori e l'assistente sociale intervengono per trovare loro una sistemazione momentanea all'esterno della famiglia d'origine.
L'affido è un intervento temporaneo rivolto ai minori che presentano una famiglia inidonea alla loro crescita armonica. Durante l'affido il bimbo continua ad avere contatti con la famiglia d'origine.
L'adozione è un intervento definitivo, poiché il minore non è stato riconosciuto dalla famiglia di origine o essa è stata dichiarata non idonea dal giudice minorile, che ha ritenuto importante allontanare il minore dalla famiglia in modo definitivo. Il bambino adottato non mantiene i contatti con la famiglia d'origine.
Le adozioni internazionali si basano sugli stessi principi di quelle nazionali, ma per ottenerle bisogna rivolgersi all'Ente accreditato presso lo Stato in cui si vuole adottare il bambino.

Blush

Sintesi del cortometraggio "Blush"

Lezione 29: L'anziano

Il termine "anziano" indica la persona che ha raggiunto l'età pensionabile. Il pensionamento viene considerato l'inizio del ruolo di vecchio, mentre l'abbandono obbligatorio del posto di lavoro significa per molte persone sentirsi inutili e andare incontro a depressione e solitudine. Più il soggetto si è impegnato nel proprio lavoro, meno è riuscito a crearsi una vita sociale soddisfacente al di fuori del posto di lavoro e più si sente solo e inutile se non trova altri interessi e nuovi stimoli.

Non sempre l'anziano è tutelato in modo adeguato nel soddisfacimento dei bisogni essenziali.

Nell'anziano si hanno delle trasformazioni che avvengono in modo graduale.

Con il passare degli anni la persona anziana tende a chiudersi in se stessa, compromettendo le sue possibilità di vita e le sue autonomie.

La casa rappresenta per l'anziano il punto di riferimento della sua vita. In essa sono racchiusi i suoi ricordi e il suo vissuto. Allontanare una persona anziana dalla propria casa vuol dire disorientarlo e compromettere le sue capacità psicologiche.

A volte il termine "anziano" è collegato a pregiudizi poco consoni alla vita attuale.

La vecchiaia è influenzata dal vissuto dell'individuo e dal ruolo svolto all'interno della famiglia.

L'anziano autosufficiente tende a realizzare quello che non è riuscito a fare durante l'attività lavorativa per mancanza di tempo o per accudire i figli, con l'aumento del tempo libero coltiva hobby, viaggia, si impegna nel volontariato, frequenta corsi all'università aperta, usa i centri sociali per gli scambi fra amici e coetanei, ecc.

Per gli anziani in difficoltà economica o personale il Comune interviene con l'assistenza abitativa, assistenza economica, con i centri diurni, i condomini solidali, ecc.

Nell'anziano il bisogno primario è la salute; la mancanza di essa lo rende fragile e se in età avanzata lo fa regredire. Le famiglie che non vogliono affrontare il ricovero dell'anziano non autosufficiente ricorrono alle badanti che si prendono cura del soggetto garantendo anche un'assistenza notturna.

Le badanti fanno parte del Welfare privato, il quale prevede che ad accollarsi la spesa dell'anziano non autosufficiente sia la famiglia, seguita dalla rete sociale e informale ed infine dallo Stato.

Per accedere a un centro protetto o a una RSA l'anziano o un suo familiare deve presentare richiesta all'assistente sociale che, sentiti gli interessati, valuta insieme a loro la soluzione migliore e programma l'intervento.

Per essere riconosciuto inabile e godere degli aiuti appropriati, l'anziano deve sottoporsi a una visita presso l'UVG che decide il grado di inabilità della persona. Tale dichiarazione di inabilità può portare all'assegno di invalidità, di accompagnamento, a un punteggio per la graduatoria relativa all'assegnazione di un posto presso un servizio socio assistenziale, ecc.

Lezione 30: I disabili

Si definisce disabile colui che ha una menomazione che lo discosta dalla normalità; tale disabilità può derivare da problemi genetici, prenatali, perinatali e postnatali.
La disabilità può derivare da più tipi di menomazioni e rappresenta la perdita o la diminuzione delle capacità di una persona. Essa dipende dalle attività che la persona deve svolgere ed esprime lo svantaggio nei confronti degli altri individui.
I termini menomazione, disabilità e handicap, sebbene abbiano caratteristiche diverse, molte volte vengono usati come sinonimi.
La disabilità può essere fisica, psichica, psico-fisica, sensoriale; può comprendere il ritardo mentale, che a sua volta può essere lieve, medio, grave e gravissimo.
L'accettazione della persona disabile è legata a vari fattori, fra cui la cultura, il tipo di educazione ricevuta, il carattere, la disponibilità ad aprirsi verso gli altri.
Il soggetto che nasce con una disabilità vive serenamente la sua situazione, al contrario della persona che diventa disabile negli anni. La persona adulta che diviene disabile in seguito a un incidente è inizialmente adirata con il mondo intero, solo se riesce ad elaborare il lutto per la nuova situazione ritrova la gioia di vivere.
L'accettazione o il rifiuto da parte della famiglia verso l'handicap aiuta od ostacola il disabile a costruire la propria autonomia.
La legge 104 del 1992 aiuta il disabile ad integrarsi nella società e lo tutela nei suoi diritti.

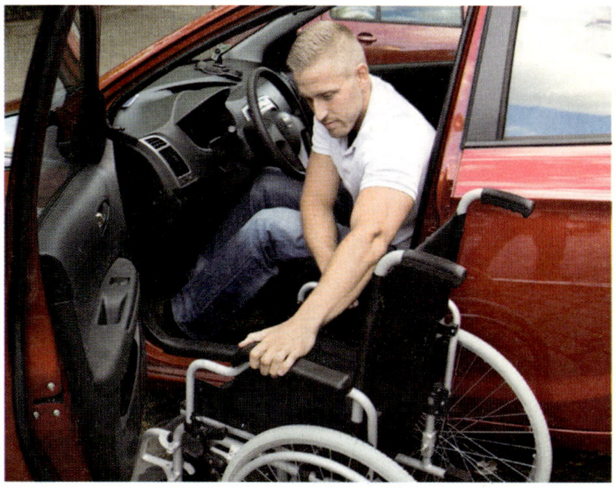

Partendo dal concetto che ogni individuo è diverso dall'altro, egli viene considerato una risorsa e viene aiutato nel processo di apprendimento. Il disabile, all'interno della scuola, segue un programma semplificato, se la sua disabilità è lieve, o differenziato se la disabilità è media o grave. Per lui viene attuato un piano educativo individualizzato (PEI) con il quale i docenti stabiliscono, in rapporto alle abilità del soggetto, gli obiettivi che devono essere perseguiti.
L'abbattimento delle barriere architettoniche contribuisce all'autonomia del disabile, che è sempre più inserito nella società. Tutti i disabili possono fare sport, la categoria a cui partecipare deve essere scelta in accordo con il medico curante. L'attività sportiva aumenta la coordinazione dei movimenti, la resistenza fisica, combatte la noia e il senso di inferiorità.

La musicoterapia è una tecnica che usa la musica come strumento terapeutico al fine di promuovere il benessere psico-fisico della persona.
I genitori dei bambini disabili, con l'avanzare degli anni, si preoccupano di quello che succederà al figlio quando loro non ci saranno più.
L'assistenza alle persone disabili viene fatta in rete tra servizi sociali, famiglia, volontariato, associazioni e singole persone.
Sono previsti per il disabile aiuti economici a seconda del tipo di invalidità. Il grado d'invalidità viene accertato tramite l'UVH o UVM.

Servizi per gli anziani

TIPO DI SERVIZIO E/O DI INTERVENTO	ENTE GESTORE EROGATORE	DESTINATARI SPECIFICI	FINALITÀ	PERSONALE
ATTIVITÀ AGGREGATIVE, CULTURALI, OCCUPAZIONALI AGEVOLAZIONI NELL'USO DEI SERVIZI	• **Comune** • **Cooperative sociali** • **Volontariato**	Anziani autosufficienti	• Evitare l'isolamento e la demotivazione delle persone anziane, attraverso: - inserimenti lavorativi - organizzazione di conferenze, dibattiti, seminari su argomenti individuati dagli utenti - l'accesso ai centri sociali, nei quali si organizzano attività ricreative e culturali - organizzazione di soggiorni climatici - attività motorie (ginnastica dolce, nuoto) - agevolazioni nell'uso dei servizi (trasporti, cinema, teatri, musei, ecc.)	• **Responsabili** • **Personale amministrativo** • **Animatori/Operatori**
ASSEGNO DI CURA	• **Comune** • **ASP**	Persona che si fa carico dell'assistenza al proprio domicilio di un anziano temporaneamente in situazione di non autosufficienza	• Aiutare economicamente la persona a curare il soggetto inabile • Migliorare la qualità della vita	
ASSISTENZA DOMICILIARE (AD) ASSISTENZA DOMICILIARE INTEGRATA (ADI)	• **ASL** • **Comune** (i Comuni spesso si avvalgono di cooperative sociali e associazioni di volontariato)	• Persone o nuclei familiari non in grado di garantire il soddisfacimento delle esigenze personali e domestiche per: - anziani non autosufficienti - anziani parzialmente autosufficienti - anziani soli - "grandi vecchi"	• Consentire all'utente di restare nel proprio domicilio • Promuovere, o conservare le capacità di autonomia • Sostenere i familiari che assistono un congiunto • Ridurre la necessità di ricovero (Aiuto domestico/Assistenza alla persona/ Prestazioni infermieristiche e riabilitative Prestazioni complementari – manutenzione alloggio, fornitura pasti, servizio trasporti ,ecc.)	• **Assistente sociale** (per l'organizzazione e il coordinamento del servizio) • **Assistenti domiciliari:** OSS • **Medico di base** • **Infermieri professionali** • **Tecnici della riabilitazione**
TELESOCCORSO	• **Enti privati in convenzione con l'Ente pubblico** (Comune, ASL)	Anziani, in discrete condizioni di salute e autonomia, che per lo più vivono soli	• Garantire un sostegno psicologico • Dare tranquillità agli anziani e ai familiari • Intervenire tempestivamente in casi di urgenza	• **Operatori della centrale operativa** in collegamento con i servizi socio-sanitari, con i volontari.
CENTRO DIURNO	• **Comune** • **ASL** • **Enti privati**	• Anziani totalmente o parzialmente autosufficienti che vivono soli nel proprio domicilio • Anziani che vivono in famiglia, con problemi di non autosufficienza o di isolamento sociale	• Favorire la permanenza dell'anziano nel proprio nucleo familiare o nella propria abitazione • Favorire un successivo intervento in un centro protetto • Colmare le eventuali carenze relazionali dell'anziano ed evitare l'isolamento sociale • Mantenere e sviluppare l'autonomia, contrastare il decadimento psicologico	• **OSS** • **Animatori** • **Assistente sociale (esterna)** • **Responsabile del servizio**

COMUNITÀ ALLOGGIO	• **Comune** • **ASL**	• Soggetti anziani autosufficienti o parzialmente autosufficienti non più in grado di vivere da soli, e in grado di fornirsi vicendevolmente un sostegno e disposti a farlo con il supporto dei servizi di base. - Paura di vivere soli - Motivi economici	• Evitare il ricovero in servizi di tipo residenziale • Risolvere il problema abitativo e la paura di vivere soli • Stimolare l'autonomia e l'aiuto reciproco • Favorire l'integrazione ed evitare la solitudine • Evitare problemi economici	La comunità alloggio è in parte autogestita dagli utenti stessi. Un supporto è fornito da: • **Servizio sociale di base** • **Assistenza domiciliare** • **Servizi sanitari territoriali** • **Volontariato**
CASA ALBERGO	• **Comune** • **Enti privati**	Anziani totalmente o quasi autosufficienti che scelgono di vivere una vita autonoma in una residenza comunitaria	• Fornire un sostegno per il soddisfacimento dei bisogni primari, assistenziali e sanitari • Favorire le relazioni tra gli ospiti e l'esterno • Stimolare, tramite attività di animazione, i rapporti sociali e gli interessi degli ospiti	• **Direttore responsabile** • **Personale amministrativo** • **Personale addetto ai servizi generali** • **Assistente sociale** • **OSS**
CASA DI RIPOSO O CONDOMINIO SOLIDALE	• **Comune** • **Enti privati** • **ASL** • **Volontariato**	Anziani autosufficienti o parzialmente autosufficienti che scelgono tale sistemazione per sentirsi sicuri e protetti	• Garantire ospitalità e aiuto nelle pratiche quotidiane • Conservare e promuovere l'autonomia • Combattere l'isolamento e l'emarginazione	• **Direttore responsabile** • **Personale amministrativo** • **Personale addetto ai servizi** • **Infermieri professionali** • **OSS**
RESIDENZA SANITARIA ASSISTENZIALE	• **ASL** • **Comune** • **Enti privati**	Anziani non autosufficienti con prevalenti bisogni sanitari	• Fornire prestazioni sanitarie, di recupero funzionale, assistenziali • Evitare ricoveri ospedalieri impropri	• **Infermieri professionali** • **Operatori tecnici assistenziali** • **OSS** • **Terapisti della riabilitazione** • **Addetti alle pulizie e ai servizi** Possono essere previste visite periodiche di medici e psicologi
ASSEGNO O INDENNITÀ DI ACCOMPAGNAMENTO	• **INPS**	Invalidi al 100%	• Aiutare l'anziano non autosufficiente a vivere una situazione di minore disagio	
OSPEDALIZZAZIONE A CASA	• **ASL** • **Volontariato**	Malati terminali	• Mantenere il malato nel proprio ambiente e vicino ai suoi cari	• **Medici** • **Infermieri** • **Volontari**

Servizi per i disabili

TIPO DI SERVIZIO E/O DI INTERVENTO	ENTE GESTORE EROGATORE	DESTINATARI SPECIFICI	FINALITÀ	PERSONALE
INSERIMENTO NELLE STRUTTURE SOCIO-EDUCATIVE SCOLASTICHE	• Comune • ASL • Cooperative sociali	Tutti i soggetti disabili	• Garantire la socializzazione con i coetanei • Stimolare lo sviluppo psicomotorio, affettivo, cognitivo • Potenziare l'autonomia personale • Favorire l'acquisizione di strumenti culturali di base	• Assistenti sociali • Educatori • Psicologi • Insegnanti di sostegno
SOGGIORNO ESTIVO	• Comune • Cooperative sociali • ASL	Piccoli gruppi che vengono inseriti nelle normali strutture turistiche	• Divertimento ed integrazione sociale • Acquisizione delle nuove capacità • Consolidamento di quelle possedute	• Direttori • Educatori/operatori • Addetti ai servizi generali
INSERIMENTO NEL MONDO DEL LAVORO	• Comune • ASL • Cooperative sociali	Disabili con una certa autonomia che necessitano di inserimento protetto perché provvisti di invalidità superiore al 40%	• Evitare la dipendenza dei disabili dal sistema assistenziale • Valorizzare le risorse personali, umane e professionali dei soggetti disabili • Favorire la socializzazione	• Operatori • Responsabile-Coordinatore
RESIDENZA SANITARIA ASSISTENZIALE	• Comune • Cooperative sociali • ASL	• Disabili che non possono essere assistiti a casa e necessitano di cure	• Attività di mantenimento delle abilità	• Direttore • Coordinatore • Animatore • Educatore
COMUNITÀ ALLOGGIO	• Comune • ASL	• Disabili, giovani o adulti che: - hanno discrete condizioni di autonomia psicofisica - hanno problemi abitativi o una condizione di solitudine o di limitata autosufficienza relazionale, familiare o sociale	• Evitare il ricovero in istituto a soggetti con problemi psicofisici non gravi, privi di rete parentale o la cui famiglia di origine si rivela inadeguata • Mantenere i soggetti nell'ambiente a cui appartengono (paese, quartiere) • Risolvere il problema abitativo • Stimolare l'autonomia o l'aiuto reciproco	• La comunità alloggio è in parte autogestita dagli utenti stessi. • Un supporto è fornito da: servizio sociale di base, assistenza domiciliare, servizi sanitari territoriali, volontariato
CENTRI SOCIO-EDUCATIVI	• Comune • Enti privati	• Disabili dai 14 anni in poi, con specifiche esigenze assistenziali, per i quali non sia possibile un inserimento scolastico o lavorativo: - soggetti che hanno disabilità tali da compromettere in modo notevole l'autonomia nelle funzioni elementari della vita quotidiana	• Sostenere la famiglia nel peso dell'assistenza • Mantenere e sviluppare, con programmi educativi personalizzati, l'autonomia e le abilità intellettive, psicomotorie, relazionali del soggetto • Favorire la socializzazione con l'ambiente esterno	• Responsabile-Coordinatore • Educatori professionali • Personale addetto ai servizi generali • Animatori

CENTRI DIURNI PER DISABILI GRAVI E GRAVISSIMI (CDD)	• **Comune** • **ASL** • **Enti privati**	Disabili per lo più dai 18 anni in su in condizioni tali da richiedere interventi intensivi e continuativi per il soddisfacimento dei bisogni e che non possono essere assistiti in famiglia	• Integrare l'opera della famiglia e degli altri servizi • Mantenere il soggetto nel proprio contesto socio-ambientale • Offrire assistenza specializzata in grado di rispondere ai bisogni di ciascun utente • Mantenere i livelli acquisiti, stimolare le capacità residue, favorire la vita di relazione con l'esterno	• **Educatori professionali** • **OSS** Saltuariamente: • **medici specialisti** • **terapisti**
ISTITUTO O CENTRO RESIDENZIALE PER DISABILI	• **Comune** • **ASL** • **Cooperative sociali** • **Istituzioni laiche**	Disabili di varia età, privi di nucleo familiare o con famiglia fortemente inadeguata, con disabilità tali da compromettere l'autonomia nelle funzioni di base (alimentazione, igiene personale, relazioni interpersonali) Disabili adulti e anziani non più trattabili in strutture di riabilitazione	• Rispondere soprattutto nei casi più gravi alle esigenze del soggetto e della famiglia, in modo temporaneo o definitivo • Garantire al soggetto momenti di socializzazione, con la famiglia e/o con l'ambiente sociale • Garantire interventi sanitari ed educativi finalizzati al mantenimento e alla nuova acquisizione di capacità psico-fisiche	• **Direttore responsabile** • **Educatori professionali** • **Insegnanti specializzati** • **Animatori** • **OSS** • **Personale amministrativo** • **Personale addetto ai servizi generali** • **Personale medico e paramedico**
ASSISTENZA DOMICILIARE ASSISTENZA DOMICILIARE INTEGRATA (ADI)	• **Comune** • **ASL** il Comune a volte delega il servizio alle: • **Associazioni di volontariato** • **Cooperative sociali**	Disabili gravi o gravissimi le cui famiglie ne fanno richiesta	• Alleviare le famiglie, favorendo il mantenimento delle relazioni personali • Aiutare i disabili nelle normali azioni quotidiane	• **OSS** • **Tecnici della riabilitazione** • **Medico di base** • **Infermieri professionali** • **Volontari**
SERVIZIO TRASPORTO	• **Comune** • **Volontariato**	Disabili gravi, gravissimi	• Accompagnare ai centri di terapia, scuola ed ai centri ricreativi il disabile	• **Operatori** • **Volontari**
ASSEGNO DI ACCOMPAGNAMENTO	• **INPS**	Invalidi al 100%	• Contribuire al mantenimento ed alle spese a cui il disabile deve far fronte.	
INTERVENTI ABITATIVI	• **Comune**	Disabili gravi e gravissimi	• Eliminazione delle barriere architettoniche nella propria casa	
ATTIVITÀ INTEGRATE	• **Comune** • **Associazioni**	Disabili di qualsiasi tipo	• Attività personalizzate e propedeutiche all'integrazione	• **Insegnanti** • **Medici** • **Responsabili**
LABORATORIO PROTETTO	• **Comune** • **ASL**	Disabili di tipo lieve e grave	• Svolgere attività di tipo artigianale per il mantenimento dell'autonomia e delle abilità raggiunte	• **Operatori** • **Responsabili**
CENTRO AMBULATORIALE DI RIABILITAZIONE	• **ASL** • **Centri privati convenzionati**	Disabili con menomazioni fisiche, sensoriali e psichiche	• Migliorare le capacità motorie e psichiche	• **Medici** • **Terapisti**

SVILUPPA LE COMPETENZE

▶ **Rispondi alle seguenti domande**

A cosa serve la comunicazione?

SERVE A TRASMETTERE INFORMAZIONI. DEVE AVERE UN CODICE CONOSCIUTO DALL'EMITTENTE E DAL RICEVENTE. PUÒ ESSERE LINEARE O CIRCOLARE

A cosa serve la progettazione?

LA PROGETTAZIONE PERMETTE DI RAGGIUNGERE UNO SCOPO. HA UN COMMITTENTE E UN RICEVENTE, che possono essere la stessa persona o persone diverse. In AMBITO SOCIO-ASSISTENZIALE SERVE A PROGETTARE UNA RELAZIONE D'AIUTO.

Le fasi della progettazione socio-assistenziale sono:

1. ANALISI del PROBLEMA
2. ANALISI del CONTESTO
3. DEFINIZIONE DEGLI OBIETTIVI
4. SCELTA DEGLI INTERVENTI
5. VERIFICA
6. VALUTAZIONE

Come può essere la leadership?

1. AUTORITARIA
2. PERMISSIVA / LASSISTA
3. DEMOCRATICA

Cosa significa Welfare? (BENESSERE)

WELFAR SIGNIFICA BENESSERE. IL BENESSERE È DATO DAL BENESSERE DELLA PERSONA + BENESSERE DEL MERCATO + BENESSERE DELLO STATO + BENESSERE DELLA SOCIETÀ

SVILUPPA LE COMPETENZE

Cosa comprende la rete sociale del Terzo settore?

1. ASP = ASSOCIAZIONI delle SOCIETÀ
2. COOPERATIVE SOCIALI = OCCUPAZIONI delle CASE FAMIGLIA
3. VOLONTARIATO
4. ASSOCIAZIONI
5. ONLUS
6. FONDAZIONI

Il termine UVG indica:

UNITÀ DI VALUTAZIONE GERIATRICA -> È UN SERVIZIO CHE IL COMUNE EFFETTUA INSIEME ALLE ASL PER VALUTARE LO STATO DELL'ANZIANO

La legge 1044 del 1971 apre GLI ASILI NIDI DA 0-3 ANNI

Il termine sussidiarietà indica:

L'AIUTO DELLO STATO VERSO I CITTADINI

Il Piano di Zona serve:

AI COMUNI PER METTERE IN SICUREZZA I QUARTIERI E LE PERSONE CON PROBLEMATICHE

Quando una famiglia viene definita problematica?

QUANDO AL SUO INTERNO SONO PRESENTI ANZIANI NON AUTOSUFFICIENTI, DISABILI, TOSSICODIPENDENTI, PIÙ DI UN BAMBINO PICCOLO

SVILUPPA LE COMPETENZE

▸ **Rispondi in modo attinente ai quesiti sottoelencati:**

1. Chi è l'assistente sociale?

É LA FIGURA di RIFERIMENTO IN AMBITO SOCIALE ed HA LA FINALITÀ di VALORIZZARE LE RISORSE UMANE e del TERRITORIO

2. Chi usufruisce della casa famiglia?

I MINORI ALLONTANATI dalla PROPIA FAMIGLIA

3. Come si articola il SSN e quali sono i suoi obiettivi?

IL SSN SI OCCUPA del RECUPERO E MANTENIMENTO della SALUTE dei CITTADINI. SI ARTICOLA SU 3 LIVELLI ZONALE - REGIONALE - STATALE.

4. In cosa consiste l'assistenza domiciliare e a chi è rivolta?

SERVE A COLORO CHE NON SONO AUTOSUFFICIENTI PER RIMANERE NELLA PROPIA CASA

5. Perché sono nati i servizi?

PERCHÉ CON LA FAMIGLIA NUCLEARE LE PERSONE SI RIVOLGONO AI SERVIZI PERCHÉ CI SONO MENO COMPONENTI ALL'INTERNO della FAMIGLIA

6. Come può essere la gestione dei servizi?

- PUBBLICA, - PRIVATA - PRIVATA CONVENZIONATA

ESERCIZI INTERATTIVI

▸ Individua il significato dei seguenti acronimi

PEI indica PIANO EDUCATIVO INDIVIDUALIZZATO

ASP indica AZIENDA SERVIZIO ALLA PERSONA

RSA indica RESIDENZA SANITARIA ASSISTENZIALE

PAI indica PIANO ASSISTENZIALE INDIVIDUALIZZATO

OSS indica OPERATORE SOCIO SANITARIO

AD indica ASSISTENZA DOMICILIARE

OMS indica ORGANIZZAZIONE MONDIALE DELLA SANITA

▸ Individua la risposta esatta

1. La fiabazione serve a:
- a. far superare le paure al bambino;
- b. aiutare il bambino nella comprensione del racconto;
- c. sollecita il narratore a trovare soluzioni appropriate.

2. La risposta a un messaggio può essere:
- a. causale;
- b. ragionata;
- c. di rifiuto.

3. Per pregiudizio si intende:
- a. giudizio espresso prima di conoscere una persona;
- b. accettazione di ciò che non si condivide;
- c. una violenza psicologica.

4. L'educatore professionale è una figura istituita:
- a. durante la crisi economica;
- b. dalla legge 328 del 2000 con il Piano di Zona;
- c. dalla legge 833 del 1978.

5. Il Terzo settore è:
- a. incentivato della raccolta di fondi per i cittadini bisognosi;
- b. l'insieme di enti e organizzazioni che si collocano fra Stato e privato;
- c. l'insieme di enti pubblici e privati.

6. La rete sociale garantisce:
- a. condizioni di vita adeguate a ogni cittadino e la soddisfazione dei bisogni essenziali;
- b. condizioni di vita adeguate a ogni cittadino;
- c. assistenzialismo individuale.

7. Il Consultorio familiare è un servizio di:
- a. prevenzione, assistenza e consulenza;
- b. prevenzione e assistenza;
- c. informazione per i cittadini che vogliono utilizzare il servizio.

ESERCIZI INTERATTIVI

▸ Collega i servizi ai destinatari

SERVIZIO /INTERVENTO	DESTINATARI
1. Asilo nido	**a.** Persone parzialmente autosufficienti o soggette ad isolamento sociale.
2. Centro diurno	**b.** Anziani in discrete condizioni di salute che vivono soli.
3. Casa protetta	**c.** Bambini di età compresa fra 0 e 3 anni.
4. Gruppo appartamento	**d.** Disabili o anziani che hanno bisogno di aiuto nelle azioni quotidiane e di prestazioni sanitarie.
5. Assegno di accompagnamento	**e.** Anziani non autosufficienti o parzialmente autosufficienti che vivono soli o che hanno bisogno di protezione.
6. Telesoccorso	**f.** Adolescenti che non possono permanere, per un periodo di tempo, nella loro casa.
7. Assistenza domiciliare integrata	**g.** Chi ha un'invalidità pari al 100%.

▸ Individua la risposta esatta

	V	F
1. Il gioco proietta il bambino in un mondo fantastico.	☐	☐
2. Lo sfruttamento minorile è presente solo nei Paesi in via di sviluppo.	☐	☐
3. La Banca del Tempo è un'associazione per anziani non autosufficienti.	☐	☐
4. I Condomini solidali sono rivolti ai giovani che vogliono gestire la loro vita in gruppo.	☐	☐
5. Le badanti fanno parte del Welfare privato.	☐	☐
6. La disabilità intellettiva è collegata al QI.	☐	☐
7. La Costituzione italiana tutela le fasce deboli della popolazione.	☐	☐
8. Il PEP corrisponde al piano educativo personalizzato.	☐	☐
9. La musicoterapia si basa sull'ascolto di musica e mira a sviluppare le funzioni residue di un individuo con disabilità.	☐	☐
10. Il benessere che vi è all'interno della famiglia è legato alla posizione economica.	☐	☐
11. Il benessere dell'individuo è condizionato dalla posizione economica, dagli amici, dalla salute, ecc.	☐	☐

Capitolo 2
Il disagio

Competenze

- Distinguere i vari tipi di disagio sociale.
- Individuare gli interventi per soddisfare i bisogni dell'utente.
- Utilizzare i servizi necessari per soddisfare i bisogni dell'utente.
- Conoscere il lavoro di rete.
- Applicare le risorse del territorio per stilare relazioni d'aiuto.

Abilità

- Descrivere i bisogni socio-assistenziali legati ai vari tipi di disagio sociale.
- Riconoscere i diversi bisogni legati ai vari disagi.
- Utilizzare le conoscenze per creare un'adeguata relazione d'aiuto.

Nell'eBook, oltre agli esercizi interattivi, puoi trovare i seguenti approfondimenti:

- **PDF**: Riflessioni sulla droga; Il disagio nella cinematografia; Sintesi del cortometraggio "La Quarta dimensione"; Il welfare; La sicurezza sociale; L'OPG.
- **PowerPoint**: Welfare Community.
- **Cortometraggi**: La Quarta dimensione; Il cerchio della vita; Spottiamoci; Cuore in gola; Facebook… attenti alla rete.

Lezione 1: Il disagio

Con il termine "disagio" si descrive una condizione psicologica legata soprattutto a percezioni soggettive di malessere scaturite dalle difficoltà familiari, relazionali o scolastiche

Il termine disagio è formato dal prefisso *dis-*, che ha valore negativo (come in: disgrazia, disordine, ecc.) e dal sostantivo *agio*, che significa comodità, conforto. La parola disagio indica una situazione opposta all'agio e cioè mancanza di benessere; pertanto se una persona è a disagio vuol dire che non vive in quel momento una situazione di adeguatezza al contesto. Solitamente il termine disagio si riferisce a un insieme di elementi che una persona prova e che possono scatenare una situazione di non agio. Una persona può essere a disagio perché in un luogo non conosce nessuno o perché non ha l'abito adatto, oppure sono gli altri a metterla a disagio con discorsi che non condivide, che la imbarazzano o le danno fastidio.

Il cerchio della vita

In un mondo in rapida evoluzione sono sempre più i giovani a sentirsi a disagio di fronte alle regole della società degli adulti, che sembrano a loro incomprensibili

La mancanza di punti di riferimento crea nel bambino dei disagi che non sempre manifesta, ma che con il passare del tempo possono trasformarsi in malattie psicosomatiche (anoressia/bulimia nervosa, cefalee, bruxismo, insonnia, ecc.).

Un'emozione può riflettersi positivamente o negativamente sul fisico e creare un disagio psicologico che può a sua volta causare una malattia organica.

Lo stress può influenzare il sistema endocrino, provocare un esaurimento delle risorse personali e facilitare l'insorgere di patologie.

Le attuali problematiche sociali influiscono negativamente sull'individuo e si riflettono sulla famiglia finendo con il mettere in discussione i rapporti all'interno della stessa. I momenti difficili della vita di un adulto, come ad esempio episodi di violenza oppure un lutto, influenzano la vita dei bambini, a volte spettatori involontari di litigi che difficilmente riescono a capire.

I bambini manifestano il proprio disagio in modo diverso a seconda dell'età; i più piccoli dimostrano iperattività o mancanza di sonno, i più grandi presentano disturbi alimentari e del comportamento, come disattenzione e introversione.

Il disagio è la manifestazione della difficoltà a vivere serenamente con sé e con gli altri. A volte il disagio è fisiologico

Il disagio che possiamo avvertire in base alle circostanze che si presentano non deve essere confuso con quello legato all'adolescenza o a un lutto. Entrambi questi disagi sono legati a fattori esterni e presentano un fattore scatenante. Quello adolescenziale è legato all'età, al bisogno di crearsi un proprio spazio e di autoaffermarsi. Il passaggio dall'infanzia all'età adulta esprime una sofferenza psichica dovuta alla lotta tra il bisogno di affermarsi e la voglia di restare bambino. La solitudine degli adolescenti può essere causata dal conflitto generazionale e/o dalla mancanza di solidi punti di riferimento all'interno della famiglia. I primi ostacoli si presentano quotidianamente e spesso i giovani non sono pronti e preparati ad affrontarli e a superarli.

Il lutto, inteso come mutamento di una propria situazione, deve essere elaborato, altrimenti il soggetto potrebbe incorrere in tendenze depressive

Il lutto, termine molto ampio e che indica sofferenza, è legato a un cambiamento avvenuto nella propria vita e nella propria condizione sociale. Una separazione, un divorzio, creano sempre situazioni di disagio, e scatenano nel soggetto una serie di conflittualità che devono portare all'elaborazione del cambiamento. Elaborare il lutto è un percorso lungo e a volte complesso che deve essere affrontato dal soggetto con determinazione; alla fine di tale percorso si raggiunge il piacere e la gioia di vivere. Se il soggetto non riesce a trovare la forza interiore per elaborare la nuova situazione, può incorrere nella depressione.

I fattori socio-ambientali determinano marginalità sociale e conseguente ansia con dinamiche aggressive

Tali fattori socio-ambientali possono essere determinati da:

- precaria situazione economica;
- disoccupazione;
- condizioni abitative inadeguate, perché fatiscenti o inidonee al nucleo familiare.

L'accentuazione delle diverse culture provoca emarginazione e produce frustrazioni e reazioni violente.

Il disagio adolescenziale, insieme ad altri fattori, può portare a comportamenti a rischio

Nel passato l'atteggiamento educativo si fondava sul senso del dovere, e spesso nel minore, quando le richieste non erano rispettate, subentrava un senso di colpa. Le punizioni diventavano la risposta educativa a comportamenti sbagliati. Oggi sono le aspettative dei genitori nei confronti dei figli a dare il senso del dovere: le punizioni non servono più, perché non spaventano, e il mezzo educativo usato è quello di suscitare nel ragazzo la vergogna. Stimolare il senso di vergogna in se stessi e negli altri può suscitare desiderio di vendetta, e innescare così situazioni pericolose. La strategia migliore per affrontare il disagio rimane quella di instaurare dei buoni rapporti relazionali attraverso il dialogo e l'ascolto.

Tocca a te

Crea tre slide che mettano in evidenza la tua idea di disagio. Discuti con la classe il lavoro presentato.

Lezione 2: Il disagio adolescenziale e scolastico

Il disagio nella cinematografia

Negli ultimi decenni si è registrato un incremento del disagio nei minori

Un ragazzo per crescere deve mettere in discussione le regole che gli adulti gli hanno insegnato, per poterle farle proprie, rifiutarle o modificarle. Negli ultimi anni si è abbassata l'età in cui i minori avvertono disagio e voglia di trasgressione.

Situazioni di prolungato disagio, di ingiustizie ripetute possono portare alla perdita dell'autostima e della sicurezza, all'abbandono scolastico, ad attacchi di ansia e a reazioni di tipo depressivo

Il disagio è dovuto al sentirsi soli e inadeguati rispetto alle aspettative; ciò dipende dalla difficoltà a raggiungere giusti equilibri con se stessi e con gli altri e/o dalla frequente incapacità degli interlocutori di entrare in rapporto con le altre persone e ad accettare ognuno per le proprie caratteristiche.

Il disagio scolastico è dovuto al sentirsi continuamente inadeguati rispetto alle richieste

Il disagio scolastico è rappresentato da una vasta gamma di problematiche diverse tra loro e che non si sovrappongono; esso infatti è una condizione legata a percezioni soggettive di malessere, poiché il disagio si sente ma non necessariamente si vede.

Spesso per gli studenti il disagio è una spirale progressiva che va da un malessere psicologico nei confronti dell'esperienza scolastica, alla difficoltà di raggiungere gli obiettivi formativi, alla bocciatura, all'abbandono e alla dispersione scolastica.

Il disagio scolastico è uno stato emotivo che si manifesta attraverso una serie di comportamenti di rifiuto delle attività didattiche tali da impedire l'utilizzo delle proprie capacità affettive e relazionali.

Esso può manifestarsi in vari modi, come: comportamenti di disturbo durante le lezioni, scarsa motivazione, irrequietezza, difficoltà di concentrazione e di apprendimento.

I termini disagio, disadattamento e devianza vengono spesso usati come sinonimi

I concetti disagio, disadattamento e devianza sono spesso erroneamente impiegati come sinonimi; in realtà essi devono essere interpretati e usati in modo differente.

- *Disagio non grave*: porta a stati di malessere dovuti a esperienze di insuccesso e a problemi relazionali. Si manifesta con comportamenti di chiusura verso gli altri e di mancanza di stima di se stessi.
- *Disagio intermedio*: si manifesta in comportamenti trasgressivi all'interno del gruppo (bullismo, appartenenza a bande, uso di sostanze stupefacenti).
- *Disagio grave*: consiste in comportamenti autolesivi (fuga, tossicodipendenza) o illegali, tanto da far assumere al soggetto un comportamento antisociale che lo porta a commettere veri e propri reati.

Il disagio dell'età evolutiva si manifesta talvolta in disadattamento e devianza

Il disagio evolutivo è tipico dei Paesi industrializzati, nei quali l'adolescente cerca affermare la consapevolezza di appartenere a se stesso, e da "cosa" si trasforma in persona. La famiglia, fino a quel momento protettrice, diventa "nemica" perché ritenuta un ostacolo al suo bisogno di affermazione.

Il disadattamento esprime una relazione disturbata con uno specifico ambiente ed è un fenomeno molto articolato che coinvolge vari processi sociali e culturali comuni tra loro.

A creare situazioni di disadattamento possono essere carenze nella famiglia, nella scuola, nell'ambiente di lavoro o mancanza di sostegno psicologico.

La devianza si manifesta con un comportamento che infrange una norma giuridica o culturale e determina l'emarginazione sociale.

Il disadattamento adolescenziale è dovuto a un'inadeguatezza ad affrontare situazioni tipiche dell'età

Il disadattamento adolescenziale è un'incapacità momentanea a superare i compiti di sviluppo propri dell'età, e le cause possono essere:

- limitata attenzione da parte dei genitori alla personalità del figlio;
- scarsa abitudine da parte dei genitori a discutere con benevolenza, qualsiasi scelta faccia il figlio;
- mancata attribuzione di compiti di responsabilità all'interno della famiglia;
- mancanza di dialogo stimolante da parte degli adulti.

Il disagio si manifesta con dei comportamenti che fanno emergere il bisogno di attenzione da parte dell'adulto e di sfida verso la società, come fughe, suicidi, tossicodipendenza, criminalità e violenza

Fenomeni legati al disagio sono:

- Il *teppismo*, comportamento che porta a compiere atti di violenze e vandalismo. Il 10% degli adolescenti è tentato dall'idea di compiere atti di teppismo. La voglia di trasgressione aumenta se tra i genitori e il figlio non c'è un rapporto soddisfacente.
- Il *furto*, comportamento frequente, che assume diversi significati a seconda delle motivazioni che spingono il ragazzo a farlo. Gli adolescenti amano sfidare il mondo dell'adulto e le sue regole. Nel rubare, essi non sfidano solo gli adulti ma anche se stessi, in quanto mettono alla prova le loro capacità trasgressive.
- La *violenza* è spesso influenzata dai mass media. Nei ragazzi più fragili essa diventa un modo per mascherare la fragilità o il disagio scaricando sugli altri la propria difficoltà esistenziale.
- Il *tentativo di suicidio* è finalizzato a chiedere aiuto in una situazione di difficoltà e a richiamare su di sé l'attenzione dell'adulto. I destinatari di tale gesto sono generalmente i genitori, che il ragazzo, con tale atto, vuole colpevolizzare.
- La *depressione* può essere causata da un evento anche irrilevante che porta alla solitudine e a un'eventuale crisi depressiva. Un giusto sostegno familiare aiuta il ragazzo ad affrontare le crisi esistenziali senza entrare nella depressione.
- Il *linguaggio volgare*, ormai in uso fra i giovani, è un **gergo** se viene usato tra coetanei, mentre se usato con i genitori o con gli adulti manifesta disagio e insofferenza.
- L'*anoressia e la bulimia* sono disturbi del comportamento alimentare che denotano disagio.
- Le *fughe da casa* sono sinonimo da parte del ragazzo di inadeguatezza rispetto alle aspettative della famiglia, mancanza di stima di se stessi e delle proprie capacità.
- La *tossicodipendenza* è causata da un disagio esistenziale e dalla fragilità psicologica di chi affronta i problemi della propria vita e tende a confortarsi con mezzi pericolosi come alcol e droga.

Glossario

Gergo = linguaggio fondato su parole specifiche allo scopo di garantire l'identità del gruppo.

Tocca a te

I suicidi avvenuti in questi ultimi anni mettono in evidenza un disagio giovanile esistenziale che sottolinea come le nuove generazioni non sono pronte e preparate ad affrontare e risolvere i problemi che si incontrano nella vita. Annota sul quaderno la tua opinione a tale proposito.

Lezione 3: Il disagio relazionale e il bullismo

Cuore in gola

L'adolescenza è una fase piena di contraddizioni, che rende difficile il dialogo tra fanciullo e adulto

L'adolescenza è contraddistinta dalla ricerca della propria identità al di fuori del nucleo familiare, dall'esplorazione del corpo, dalle emozioni, e in tale fase il dialogo tra fanciullo e adulto diventa difficile. I genitori sono portati a pensare che il proprio figlio sia ribelle, impaziente, incomprensibile. Il ragazzo pensa che solo un coetaneo possa capirlo e che gli adulti siano invadenti e incapaci di ascoltare. Con queste basi nel rapporto educativo si può sviluppare un atteggiamento di rinuncia da parte dei genitori a far rispettare le regole e di eccessiva tolleranza. I genitori devono riuscire a stabilire un rapporto empatico con i figli, attraverso l'accettazione incondizionata del loro modo di comunicare, onde evitare nel ragazzo atteggiamenti di aggressività, trasgressività, intolleranza verso il diverso.
I giovani che vivono una situazione di disagio non hanno le abilità cognitive "trasversali" necessarie per un utilizzo adeguato delle conoscenze acquisite e che risultano indispensabili per l'inserimento positivo nella società.

Il bullismo è dovuto a un malessere personale causato da un adattamento all'ambiente non adeguato

L'Italia, come molti Paesi europei, registra tra i giovani atteggiamenti aggressivi, trasgressivi e di **prevaricazione**; tale fenomeno prende il nome di bullismo. Il bullismo può essere compiuto da un singolo individuo o da un gruppo a danno di un singolo o di un gruppo.

Glossario

Prevaricazione = prevalere sugli altri, abusando della propria forza; scavalcare gli altri a vantaggio personale.
Omertà = consuetudine di carattere malavitoso che induce a mantenere il silenzio su ciò che si è visto o sentito. Lo slogan che rappresenta tale concetto è: "Non vedo, non sento, non parlo".

Il bullismo scolastico è una forma particolare di violenza, che si svolge in ambito scolastico

Il bullismo scolastico è dovuto a episodi di prevaricazione nelle scuole; per prevenirlo è giusto stabilire con i ragazzi regole contro le prepotenze.

A livello della classe:
- non si deve prevaricare;
- si devono aiutare gli studenti che subiscono prevaricazioni;
- si devono coinvolgere coloro che si isolano;
- non ci deve essere partecipazione passiva dei componenti del gruppo classe;
- bisogna dimostrare solidarietà e rispetto delle regole.

È essenziale:
- non avere atteggiamenti di **omertà**;
- non reggere il gioco al bullo;
- non isolare un compagno per i suoi difetti;
- non approfittarsi dei soggetti più deboli;

- non offendere gli altri.
- Bisogna:
- denunciare tutti gli atti di prepotenza a cui assistiamo;
- cercare di difendere la persona sottoposta a prepotenze;
- reagire o cercare aiuto se un compagno attua delle minacce.

La scuola e la famiglia, ritenute agenzie di socializzazione, sono state affiancate da servizi e figure professionali

La scuola, ritenuta insieme alla famiglia agenzia di socializzazione, è stata affiancata da nuove figure professionali con il compito di intervenire nei luoghi di aggregazione. Una di esse è l'educatore di strada (vedi volume precedente), che si inserisce nella dinamica delle relazioni umane e sociali e nei luoghi in cui i giovani trascorrono il loro tempo libero. La prevenzione si è dimostrata una valida soluzione contro ogni forma di disagio e disadattamento.

Servizi idonei ad aiutare l'adolescente ad affrontare le sue conflittualità sono:

- servizio di medicina scolastica;
- consultorio giovanile e familiare;
- servizi di informazione e di orientamento;
- servizi di prevenzione del disagio;
- centri di aggregazione giovanile.

Tutti questi servizi sono molto diversi sia sul piano organizzativo sia per l'offerta e l'impegno di ascoltare e di accogliere chi ha bisogno di aiuto ma è reticente verso l'adulto.

Tocca a te

Realizza un piccolo elaborato che metta in evidenza i problemi che possono manifestarsi in un individuo che ha subito atti di bullismo.
Crea uno slogan contro ogni forma di violenza.

Lezione 4: Il *cyberbullismo*

I "nuovi media" rappresentano un nuovo modo di comunicare con gli altri e sono parte integrante della vita quotidiana dei giovani

Internet e cellulari rappresentano un aspetto importante nella vita dei giovani e nella società di oggi.
Gli *smartphone* e i *social network* rappresentano un modo nuovo di relazionarsi con gli altri, di esprimere emozioni, scambiarsi informazioni, apprendere nuove cose, dando opportunità di crescita e di costruire valori attraverso i quali si interpreta la realtà.

I nuovi media, se usati male, possono creare frustrazione, depressione e portare il ragazzo a gesti estremi

I nuovi media possono presentare problemi di sicurezza in quanto i ragazzi e le ragazze tendono a non cogliere le implicazioni dei loro comportamenti. Gli adolescenti spesso diffondono in rete informazioni personali, come l'indirizzo di casa, la scuola che frequentano, il numero di cellulare e foto di sé o con amici che possono finire in mani sbagliate e diventare possibili armi di ricatto.
Per questo motivo è necessario saper gestire la propria *privacy* che, oltre a dare sicurezza, salvaguarda anche la reputazione propria e altrui. A volte postare foto o frasi particolari può negli anni compromettere la possibilità di trovare lavoro in quanto possono rimanere tracce della precedente pubblicazione *online*.

Il *cyberbullismo* è una forma di prepotenza virtuale attuata attraverso l'uso dei nuovi media e di tutto ciò che ha una connessione ad internet

Il cyberbullismo, come il bullismo tradizionale, è una forma di provocazione e oppressione ripetuta nel tempo, perpetrata da una o più persone nei confronti del più debole.
Le caratteristiche tipiche del bullismo sono l'intenzionalità, la persistenza nel tempo, l'asimmetria di potere e la natura sociale del fenomeno. I cyberbulli non si rendono conto dei danni e delle sofferenze che causano. Nel cyberbullismo intervengono anche:

- *l'impatto*: la diffusione tramite internet è incontrollabile, video e immagini possono restare *online* per un tempo imprevedibile;
- *l'anonimato*: chi scrive o offende *online* può nascondersi dietro un *nickname* o falsa identità ("fake");
- *la mancanza di confini spaziali*: il fenomeno può avvenire ovunque e invadere gli spazi personali, e la "vittima" può essere raggiunta facilmente tramite apparecchiature connesse a internet;
- *l'assenza di limiti temporali*: per i cyberbulli e per le loro vittime il giorno e la notte hanno lo stesso valore.

Esistono vari modi per attuare il cyberbullismo

Ci sono vari modi per attuare azioni di cyberbullismo, e cioè:

- *esclusione*: escludere deliberatamente una persona da un gruppo *online* per provocare in essa un sentimento di emarginazione;
- *cyberstalking*: molestie, persecuzioni e denigrazioni ripetute mirate ad intimorire altri utenti;
- *impersonation*: farsi passare per un'altra persona per spedire messaggi o pubblicare testi offensivi o volgari;

- *denigrazione*: sparlare di qualcuno per danneggiare con cattiveria e gratuitamente la reputazione del soggetto tramite e-mail, sms, *social network*;
- *flaming*: messaggi online violenti o volgari mirati a suscitare liti verbali;
- *harassment*: spedizione ripetuta di messaggi offensivi mirati a molestare e/o ferire i sentimenti di qualcuno;
- *exposure*: rivelare informazioni private e/o imbarazzanti su altre persone;
- *trickery*: ottenere la fiducia di qualcuno con l'inganno per poi condividere con altri le informazioni ricavate.

Facebook... attenti alla rete

Internet è ormai parte integrante di ogni aspetto della vita dei teenager, che spesso utilizzano la rete per avere informazioni sulla sfera sessuale.

A volte i teenager si rivolgono alla rete per avere risposte, non sempre adeguate e vere, sulla sessualità. Può capitare che le informazioni vengano prese da siti pornografici che finiscono con il disinformare invece di informare.

Il *sexting* (parola che unisce i termini *sex e texting*) rappresenta l'uso di inviare o postare sms e immagini a sfondo sessuale, come foto di nudo totale o parziale, via cellulare o tramite internet. Gli adolescenti producono, condividono e diffondono immagini sexy di se stessi o di coetanei, utilizzando la webcam del pc o la fotocamera degli smartphone.

L'adescamento (*grooming*, dall'inglese *groom* che vuol dire "prendersi cura") rappresenta una tecnica di manipolazione psicologica online. L'adescamento avviene attraverso alcuni passaggi essenziali:

- *Contatto*: l'adescatore crea una situazione che attivi la relazione, come ad esempio un commento carino a una foto postata.
- *Fiducia:* se al primo contatto l'adescatore riceve un riscontro positivo, passa agli step successivi, essenziali per raccogliere informazioni sulla privacy, e cerca di conquistare la fiducia dell'altro facendo leva su inesistenti interessi comuni, affrontando argomenti personali e scambiando foto.
- *Esclusività*: quando ha ottenuto la fiducia, l'adescatore si sente sicuro di sé e inizia la fase dell'esclusività, in cui avvengono i primi scambi di foto, spesso a sfondo sessuale, che potranno essere usate per ricattare la vittima.

Il 23 ottobre del 2012 nel Codice Penale il reato di adescamento di minori (art 609) è stato esteso a Internet (*grooming*) per cui le dinamiche che si innescano durante il percorso di adescamento ora sono legalmente perseguibili.

Tocca a te

Il video di Amanda Todd, visibile nel web, mette in evidenza i danni che può causare l'uso libero di internet.
I punti da tener presente nell'approccio con gli sconosciuti sono:

- Non fidarsi ciecamente dei sentimenti che può suscitare una persona conosciuta nel web.
- Cercate di essere consapevoli che una "cotta" presa nel web può bruciarvi.
- Se un amico o amica conosciuti in chat vi chiede un appuntamento non andate mai soli né in luoghi appartati.
- Evitate di divulgare i dati personali, comprese le foto.
- Se vi accorgete che un vostro amico/a si comporta in modo strano, si isola o è particolarmente attaccato allo smartphone, cercate di parlargli e capire il perché si comporta così.

Aprite una discussione in classe su episodi accaduti a voi o vostri amici cercando di annotare i comportamenti sbagliati che hanno provocato la situazione.

Il termine ***Oversharing*** indica l'abitudine di postare e di condividere tutto ciò che capita. Esprimi cinque motivi per cui si tratta di un comportamento non corretto.

Lezione 6: La povertà

La povertà è dovuta a un'insufficiente disponibilità economica che genera disagio sociale

Il centro studi di Unimpresa ha riportato nell'ottobre 2015, sulla base dei dati ISTAT, che oltre 9 milioni di italiani sono a rischio di povertà perché economicamente deboli. L'area del disagio sociale è sempre più estesa perché comprende non solo i disoccupati ma anche i lavoratori a tempo determinato, part-time, ecc., e i 9 milioni di persone in difficoltà economiche finiscono con spendere poco se vogliono arrivare alla fine del mese. Questa situazione crea effetti negativi sui consumi, sulla produzione e sui conti delle imprese; ciò genera un non adeguato benessere della maggior parte della popolazione.

Il disagio sociale è spesso dovuto a un limitato potere d'acquisto che, a sua volta, genera povertà

Il disagio sociale, dal punto di vista psicologico, consiste in un senso di inadeguatezza da parte dell'individuo rispetto al sistema sociale in cui vive che lo porta a uno stato di sofferenza e di assenza di benessere. Ogni individuo ha diritto a un tenore di vita sufficiente a garantire la salute e il benessere personale e della sua famiglia, con particolare riguardo all'alimentazione, al vestiario, all'abitazione, alle cure mediche e ai servizi sociali necessari.

Si delinea così un quadro più vasto dell'esclusione sociale, affiancando ai tradizionali indicatori di povertà monetaria altri segnali relativi alla zona in cui vive la famiglia.

La povertà è un fenomeno tipico non solo delle società passate, ma anche di quelle industrializzate

La povertà è un fenomeno complesso, legato ai cambiamenti storici, culturali, sociali delle società contemporanee.

Il fenomeno della povertà nelle popolazioni e le caratteristiche ad essa collegate può essere suddiviso in tre modelli che si sono succeduti nel tempo, e che si basano su diversi **approcci** (dati ISTAT):

- la povertà assoluta che nel 2014 coinvolgeva il 5,7% della popolazione;
- la povertà relativa che nel 2014 coinvolgeva il 10,3% della popolazione;
- la povertà soggettiva.

Il termine "povertà assoluta" indica la non soddisfazione dei bisogni primari, ed è quella sulla quale intervengono i servizi

La povertà assoluta è uno stato di privazione che rende il soggetto incapace di procurarsi dei beni essenziali al soddisfacimento dei bisogni primari.

I servizi affrontano il problema della povertà assoluta mettendola alla base delle politiche assistenziali che hanno il compito di garantire alle persone di non scendere sotto il livello considerato minimo vitale. La povertà assoluta individua una soglia minima economica, che viene integrata con aiuti adeguati da parte dei servizi.

Secondo l'Istat oltre 5 milioni di persone vivono in condizioni di povertà assoluta. Stabili gli indici della distribuzione della povertà sul territorio, con il 4,2% al Nord, il 4,8% al Centro e l'8,6% al Sud.

La povertà relativa tiene conto degli standard di vita legati ai consumi della popolazione

La povertà relativa tiene conto degli standard di vita, dei livelli medi del reddito, dei consumi di una

popolazione, dei concetti di disuguaglianza sociale, e mette in evidenza il fatto che essere poveri non significa essere privi di risorse ma averne in quantità ridotta rispetto agli altri.
La povertà relativa è da ritenersi la condizione di coloro che si trovano in una posizione inferiore rispetto alla media della società nella quale vivono.
La povertà assoluta e quella relativa sono concetti **unidimensionali**, in quanto vengono definiti rispetto a un'unica variabile che può essere il reddito o la spesa per i consumi.

Glossario

Approcci = metodi, contatti, punti di vista. Esempio: mi risulta difficile l'approccio alla matematica.
Unidimensionali = dotati di una sola dimensione. Viene presa in considerazione un'unica soluzione.

La povertà soggettiva è quella che viene percepita dal soggetto in rapporto alla salute, al reddito, alla casa, ecc.

La povertà soggettiva è quella soggettivamente percepita, cioè è la situazione di coloro che, nella percezione che hanno della propria vita, si sentono poveri.
Essa viene considerata, a partire dal grado di soddisfazione dei soggetti, in rapporto alla salute, alla casa, alla situazione economica, alla rete parentale e amicale, al tempo libero, ecc.
Il concetto tradizionale di povertà viene inserito in logiche più ampie, che comprendono la negazione dei diritti sociali e di cittadinanza.
La povertà soggettiva genera un disagio legato a:
- lontananza fisica e/o culturale delle opportunità della società di oggi anche a causa di una non omogenea distribuzione dei servizi sociali e sanitari;
- cattiva qualità dell'ambiente sociale;
- cattiva qualità del contesto ambientale nel quale la persona vive.

Il termine povertà è sinonimo di esclusione sociale ed è la somma di varie situazioni di disagio

Oggi il termine povertà lascia spazio al concetto di esclusione sociale; gli esclusi sono coloro che non hanno la possibilità di accedere alla vita sociale in termini di occupazione, istruzione, formazione, né la possibilità di formare una famiglia. L'esclusione sociale descrive una situazione economica non adeguata e all'isolamento sociale ed è la somma di più condizioni di disagio, dovute a risorse inadeguate e a un limitato accesso ai servizi (vedi Welfare sul primo volume).

La povertà è legata ai diversi bisogni, e su quelli relazionali si costituiscono le nuove povertà

La povertà oggi è formata da diversi livelli di bisogni:
- *bisogni primari*, relativi alla disponibilità di beni materiali essenziali alla sopravvivenza;
- *bisogni secondari*, la cui soddisfazione è legata alla responsabilità delle istituzioni, come scuola, assistenza, salute, ecc.;
- *bisogni di relazione,* legati alla mancanza di rapporti interpersonali importanti sul piano dell'affettività.

Tocca a te

In questo periodo le notizie che dominano la vita politica e sociale italiana sono legate a termini come corruzione, povertà, violenza, aggressività, stalking e instabilità. Dai a ogni termine quello che per te è il giusto significato e successivamente confrontati con il gruppo classe.

Lezione 7: I *clochard* o senzatetto

I termini "senzatetto", "senza fissa dimora", "*clochard*" o "*homeless*" indicano persone che non hanno una casa dove vivere
Il termine italiano "senzatetto", quello francese "*clochard*" e quello inglese "*homeless*" indicano tutte quelle persone che non hanno una fissa dimora e sono costrette a dormire per strada, nei parchi, sotto i ponti, ecc. Il termine "barbone" ha acquisito negli anni una connotazione negativa e pertanto è stato sostituito da senzatetto; descrive persone che per lungo tempo non hanno un luogo fisso di residenza. Il termine "senza fissa dimora" viene spesso usato ufficialmente come alternativa a "persone senza casa" o "senzatetto" (in inglese vengono definiti "*no fixed adobe*" e in francese "*sans domicile fixe*").

Le persone senza dimora in Italia sono lo 0,2% della popolazione e sono sparse su tutto il territorio, non più solo nelle grandi aree metropolitane
Un tempo quella dei senzatetto era una scelta di vita, un'opzione *bohèmienne* di pochi romantici; ora invece tale condizione è legata all'attuale assetto sociale ed economico, che sembra essere in grado di produrre solo emarginazione. Nella società di oggi i ricchi sono diventati sempre più ricchi, il ceto medio è sparito ed i poveri sono diventati sempre più poveri. Il fenomeno dei *clochard* italiani, lo 0,2 % della popolazione, è in linea con quanto accade nei principali Paesi sviluppati; negli USA tale condizione è descritta come *homelessness*. I *clochard*, *homeless* o senza tetto non sono da ritenersi più solo un fenomeno metropolitano, in quanto il problema sta dilagando inesorabilmente anche nelle province; non si tratta più un'esperienza tipicamente urbana e metropolitana, ma coinvolge anche i piccoli centri.

Varie sono le cause che portano a perdere la casa o a scegliere di abbandonare i condizionamenti legati ai beni materiali
Le cause che portano a diventare senzatetto possono essere:
- Fuga dalla violenza domestica, incluso l'abuso sessuale, fisico e mentale. Le vittime che scappano da questi tipi di abusi si ritrovano spesso senza una casa ed hanno maggiore possibilità di diventare tossicodipendenti; ciò non facilita lo stabilirsi in una residenza.
- Uscita dal carcere: molto spesso, al termine di un periodo di detenzione, le persone non trovano lavoro, hanno pochi soldi e nessun luogo dove andare.
- Casi di malagiustizia: le vittime vengono private dei loro beni da persone senza scrupoli e non ottengono giustizia e risarcimento.
- Le persone affette da turbe psichiche causanti psicosi non sempre riescono a mantenere il possesso di una casa. La chiusura degli istituti psichiatrici e la mancanza di adeguati servizi in alcune zone hanno creato un buon numero di senzatetto.
- Difficoltà economiche conseguenti alla perdita del lavoro.
- La tossicodipendenza o l'abuso di alcol portano la persona a diventare senzatetto. Si stima che il 38% degli *homeless* soffra di una dipendenza da qualche tipo di sostanza. È difficile stabilire se la dipendenza sia una causa o una conseguenza di tale stato.
- Crisi finanziaria e accumulo di debiti.
- Separazione coniugale: quando le spese di mantenimento lasciano scarsa disponibilità economica.
- Sfratto e alto costo dei canoni d'affitto.
- Mancanza di salari che consentono una vita dignitosa.

- Calamità naturali (smottamenti, terremoti, ecc.) che fanno perdere le case agli abitanti del posto.
- Minorenni che diventano genitori.

Vari sono i posti in cui un senzatetto trova rifugio

Un senzatetto può stabilire la propria dimora in diversi luoghi.

- All'aperto, sotto una tenda o fra i rifiuti.
- In auto o roulotte. Alcuni vivono in questo modo per scelta, altri perché sfrattati dalla propria casa.
- Nei parchi, nelle stazioni ferroviarie e negli aeroporti.
- In strutture abbandonate.
- In campi profughi.
- In dormitori. Coloro che usano i dormitori sono persone che cercano di uscire dalla condizione di senzatetto.

Papa Francesco ha cercato di alleviare i disagi dei senzatetto facendo installare delle docce in Vaticano, in quanto tutte le sistemazioni di chi vive al margine della società sono prive dei servizi igienici essenziali per la dignità dell'individuo.

Molte città hanno giornali di strada o riviste destinate a fornire opportunità d'impiego alla gente senza casa; tali riviste forniscono anche aiuto alle persone bisognose di quel poco denaro che si ottiene dalla vendita di detti giornali. In Italia il più importante *street magazine* è senza dubbio "Scarp de' tenis", il mensile della strada promosso da Caritas Ambrosiana e Caritas Italiana.

La storia ricorda casi di persone famose diventate senzatetto

Esistono alcuni casi di persone geniali ed eccentriche che hanno deciso di diventare *clochard*. Tra questi Tommaso Lipiri, che si presuppone possa essere il fisico Ettore Majorana; George Orwell e Pablo Picasso lo sono stati solo per un breve periodo.

Nel novembre 2013 le cronache riportavano: "Aiutare un senzatetto offrendogli lezioni di programmazione"

L'ingegnere americano Patrick McConlogue, 23 anni, fondatore di Echo Republic, un portale di musica, incontrando un *clochard* gli ha fatto una domanda: "Meglio 100 dollari oggi oppure delle lezioni di programmazione?". Il senzatetto, di nome Leo ed è di New York, ha deciso per la seconda opzione, così ha ricevuto da Patrick un Pc portatile a energia solare e tre libri sulla programmazione. Leo si è appassionato ed ha creato un'app sui cambiamenti climatici e un sito web dove far incontrare chi vuole imparare a programmare con chi vuole insegnarlo.

Tocca a te

Un giornale riporta la seguente notizia: Max dormiva alla Stazione Centrale di Milano con un cappotto blu troppo elegante e la fede ancora al dito. «Più di tutto, avevo paura dei poliziotti» racconta. «Mi avvolgevo dentro ai giornali per sembrare un barbone. Avevo il terrore che mi chiedessero di spiegare come fossi finito lì». Certe volte, bastano sette mesi rovinosi. [...] Lo ha notato Diego Alloni, 50 anni, presidente dell'associazione Padri Separati della Lombardia. «Non c'entrava nulla in quel contesto, aveva un cappotto troppo elegante, anche se incominciava ad essere un po' rovinato. Il fatto è che quella di essere attrezzati è proprio una mia fissazione. Chi si trova in uno stato di impoverimento improvviso, emotivo e materiale, deve attrezzarsi». [...] L'85% delle persone in Italia non arriva a 1500 euro al mese» dice Alloni. «dobbiamo ragionare su questa cifra. Togliendo 400 euro di mantenimento ai figli, ci si ritrova in condizioni di povertà relativa. Se togliamo altri 400 euro per il mutuo, si è proprio poveri. Poveri e basta». L'articolo ti porta a riflettere su tematiche sociali, a volte tabù per la società che preferisce far finta di non vedere. Qual è la tua opinione sui *clochard*? Crea tre slide esplicative su questa tematica.

Lezione 8: Le nuove povertà

La nuova povertà è data non solo dalla povertà economica, ma anche da quella relazionale

Con il termine "nuova povertà" si intende una povertà non più intesa come condizione economica, oggettivamente misurabile, ma una vasta area nella quale sono incluse anche fragilità relazionale, precarietà lavorativa, insicurezza sociale, malattia.
La nuova povertà si determina sulla base di fattori di cambiamento demografico e sociale che si sviluppano all'interno della società.

Il cambiamento della società ha portato al riconoscimento di nuove povertà

L'aumento delle famiglie monoparentali o single, l'innalzamento dell'età della prima maternità, l'incremento delle nascite fuori dal matrimonio, l'aumento dell'incompatibilità delle ore di lavoro con quelle di cura dei figli, il diffondersi delle famiglie monogenitoriali, l'innalzamento delle aspettative di vita e del numero di anziani sopra i 75 anni hanno portato al concetto di nuove povertà, che vengono classificate in cinque distinte categorie:

- anziani soli;
- giovani coppie;
- genitori single;
- migranti;
- disoccupati.

L'anziano solo si colloca al confine della marginalità sociale

Gli anziani soli rappresentano il 4,5% della media nazionale delle persone povere. I bisogni principali evidenziati dalle persone anziane riguardano: ricevere stimoli culturali, uscire dalla solitudine, comunicare con altre persone, sapere a chi rivolgersi in caso di bisogno, occupare il tempo libero in modo gratificante.

Le giovani coppie presentano molti bisogni materiali che le collocano a rischio di povertà

Le giovani coppie rientrano tra le tipologie di famiglie a rischio di povertà, in quanto presentano molti bisogni materiali, come la casa, il mantenimento del nucleo familiare e le relazioni. Il continuo stress quotidiano per far fronte alle spese e alle esigenze familiari indebolisce la possibilità di costruire reti di sostegno esterne, e una malattia, la perdita del lavoro, una gravidanza improvvisa possono produrre effetti devastanti sulla nuova famiglia, caratterizzata da fragilità dei legami e mancanza di sostegno da parte della rete amicale o della famiglia d'origine.

I genitori single presentano un isolamento sociale, poiché la rete informale di sostegno è più debole e può portare a emarginazione sociale

I cambiamenti sociali e culturali stanno modificando la fisionomia delle famiglie monogenitoriali. Esse si sono formate non più a causa della vedovanza ma per la separazione, il divorzio, la libera unione, ecc. La monogenitorialità è un fenomeno prevalentemente femminile, e le madri separate presentano un isolamento superiore a quello delle vedove poiché la rete informale di sostegno è più debole e può portare a una condizione di povertà. Divorziare è spesso causa di *crack* finanziario, che fa precipitare gli ex coniugi in condizioni di emarginazione sociale e povertà nelle quali l'uomo finisce con essere più povero della donna a causa degli alimenti da versare all'ex coniuge.

I migranti irregolari finiscono spesso con incrementare la schiera dei senza tetto

Gli immigrati irregolari, gli invisibili della società, nella speranza di un nuovo lavoro e di una nuova vita finiscono spesso per non vedere realizzato il loro sogno e incrementare la schiera dei poveri e dei senza fissa dimora.

I disoccupati legano la loro situazione alla crisi economica che sta attraversando il Paese e alla riduzione di posti di lavoro

Livelli di istruzione inadeguati, l'esclusione dal mercato del lavoro e bassi profili professionali vengono spesso associati alla condizione di povertà. Il livello di povertà dipende dall'intreccio della struttura produttiva. Il **declino** del capofamiglia lavoratore dipendente, la crescita dei lavori precari e poco pagati hanno creato presupposti per le condizioni di povertà, mentre l'esistenza di ammortizzatori sociali come: CIG (Cassa Integrazione Guadagni), il reddito minimo garantito e l'indennità di disoccupazione hanno impedito a molte persone di cadere nelle condizioni di povertà.

La principale causa di povertà è la mancanza di lavoro associata a una inadeguata politica di sostegno sociale

Il protrarsi della crisi economica ha impedito alla politica e le politiche sociali di elaborare una risposta adeguata ai reali bisogni. Dall'inizio della crisi i fondi nazionali per le politiche sociali sono stati drasticamente tagliati e non sono state attuate misure di sostegno alla povertà. La ripresa iniziata alla fine del 2015 non ha, per ora, modificato la situazione dei ricchi sempre più ricchi e dei poveri sempre più poveri. Attualmente la società italiana si è "operaizzata"; oltre il 52% degli italiani si colloca nei ceti popolari o nella classe operaia, e solo il 42 % si sente di appartenere al ceto medio. L'Emilia Romagna appare la regione con la più bassa incidenza di povertà.
Gli enti coinvolti nel *Welfare mix* hanno attuato varie strategie per uscire dalla crisi economica; la regione Emilia Romagna ha deciso di spostare una quota di fondi dal comparto socio-sanitario a quello sociale.
I Comuni stanno adottando varie strategie finalizzate a nuove forme di finanziamento.

Le istituzioni pubbliche del *Welfare* hanno deciso interventi che hanno portato a un netto peggioramento dei servizi pubblici

GOVERNO NAZIONALE = riduzione fondi per le politiche sociali; mancanza di iniziative per contrastare la povertà assoluta; incentivazione alle forme di Welfare privato (badanti).

ENTI LOCALI = riduzione della spesa sociale; diminuzione del personale e della qualità nei servizi sociali; aumento ricerca di fondi europei e privati.

TERZO SETTORE SOCIALE = ricerca e sviluppo di nuovi campi d'azione e di mercati privati; sostituzione all'intervento pubblico.

Glossario

Rete informale = per rete informale si intende quella familiare, dei componenti a noi più vicini.
Declino = decadenza, sparizione, il non essere più lavoratore dipendente.

Tocca a te

Elabora uno schema che metta in risalto la situazione socio-assistenziale del tuo territorio.

Lezione 9: Il caporalato

Il caporalato è un fenomeno che si basa sullo sfruttamento illegale della manodopera lavorativa

Il termine "caporalato" mette in risalto la figura del "caporale" cioè la persona che nelle primissime ore del giorno recluta manodopera giornaliera, solitamente non specializzata, per farla lavorare abusivamente ed illegalmente nell'agricoltura e nei cantieri edili abusivi.

Il "caporale" è il soggetto che funge da intermediario con l'azienda agricola, adescando i braccianti che vengono impiegati sfruttando il loro stato di bisogno e necessità.

In Italia il caporalato è diffuso principalmente al Sud, ma anche in altre Regioni, ed è spesso collegato alla malavita

Il caporalato è diffuso in tutto il mondo; le persone che vengono reclutate appartengono alla fascia più debole e disagiata della popolazione, che include gli immigrati. In Italia tali lavoratori vengono utilizzati nella raccolta dei pomodori, delle arance, nelle serre e per lavorare tutto il giorno sotto il sole cocente; guadagnano, per 12-16 ore lavorative, un massimo di 35€ al giorno anche se in busta paga, per quelli con contratto, ne risultano 50€.

Lo sfruttamento della manodopera a basso costo in agricoltura è diffusa anche in Toscana, in Emilia Romagna, Piemonte, Lombardia e nella provincia di Bolzano.

Questo fenomeno coinvolge anche le donne italiane durante la raccolta dell'uva e delle fragole.

Ogni anno, a Milano, con l'avvicinarsi del Salone del Mobile, Rho diventa la maggior piazza del caporalato a Milano.

Nardò, in provincia di Lecce, da luglio a settembre diventa una delle "capitali italiane" di questo traffico, per la raccolta dei cocomeri

Se si contano gli "**invisibili**" delle campagne **neretine**, il dato che emerge è che da giugno 2012 a giugno 2015 sono state circa 600 le cosiddette "movimentazioni" di braccianti; di essi solo una trentina era costituita da stranieri, pur essendoci state dal 2014 al 2015 oltre 400 iscrizioni di extracomunitari nelle liste di prenotazione per l'agricoltura. La maggior parte dei braccianti stranieri della zona proviene da Senegal, Marocco e Nigeria, ultimamente anche da Albania, Romania e Bulgaria: si tratta di persone che raggiungono mogli, compagne e sorelle che già lavorano qui come badanti.

Il fenomeno del caporalato è ancora più diffuso con i recenti movimenti migratori provenienti dell'Africa

Coloro che emigrano clandestinamente o scappano dal proprio Paese per la guerra finiscono facilmente nelle mani di persone che li riducono in schiavitù e alla disperazione. Spesso sono alloggiati in baracche fatiscenti o accampati in tende vicino al campo e vivono in situazioni di degrado.

Secondo il primo Rapporto su caporalato e **agromafie** realizzato da Flai-Cgil, si tratta di circa settecentomila lavoratori, tra regolari e irregolari, di cui circa quattrocentomila coinvolti in forme di caporalato. Braccianti che provengono da altre nazioni o da altre regioni italiane si riversano nelle campagne per soddisfare i picchi della produzione e della lavorazione di prodotti agro-alimentari su tutta la penisola.

In Italia il mondo del caporalato si è evoluto creando anche la figura del "sotto-caporali"

Secondo Yvan Sagnet, impegnato nella Flai-Cgil in Puglia, ci sono i caporali e i sotto-caporali. I capo-

rali non possono gestire da soli tutto in quanto spesso amministrano più campi, così mandano i loro assistenti a gestire i lavoratori che solitamente vengono caricati su pullman prima dell'alba e portati sul posto di lavoro, a volte anche in altra Provincia.

Le paghe per i lavoratori che finiscono nelle mani del caporalato sono bassissime e in nero

Un bracciante agricolo che lavora nelle campagne di Foggia (Puglia), Palazzo san Gervasio (Basilicata) e Cassibile (Sicilia) viene pagato a cottimo, cioè 3,50 € a cassone per la raccolta di pomodori e 4 € nelle campagne di Saluzzo (Piemonte), Padova (Veneto) e Sibari (Calabria) per la raccolta degli agrumi. Il tutto in nero, e alla somma devono essere detratti: 5 € per il trasporto, 3,50 € per un panino e 1,50 € per l'acqua, somme che vanno pagate al caporale, che a sua volta prende una tariffa (2€) da ogni bracciante.

Il caporalato è stato inserito nel codice penale nel 2011, ma fino ad ora sono state denunciate solo 42 persone, la metà al centro-nord

Il caporalato è un "reato spia" di infiltrazioni criminali nel settore. Si stima che il giro d'affari legato alle agro-mafie sia compreso tra i dodici e i diciassette miliardi di euro. Secondo Yvan Sagnet, l'agricoltura è anche un settore utilizzato per il riciclaggio di denaro delle organizzazioni criminali tradizionali (camorra, ecc.).

Purtroppo il fenomeno continua a crescere perché è legato all'omertà e alla grave crisi che ha reso la gente sempre più povera e disposta a tutto pur di avere dei soldi per sopravvivere. Nonostante nel luglio 2012 si sia deciso di concedere il permesso di soggiorno ai lavoratori che denunciano i propri sfruttatori, non si è ancora riusciti ad incidere significativamente sulla grave situazione della campagna. L'art. 12 del D.L. 13 agosto del 2011, n. 138, convertito con modificazione della legge 14 settembre 2011, n. 148 ha introdotto nel codice penale italiano il reato di intermediazione illecita e sfruttamento del lavoro. Le pene previste per i caporali sono la reclusione da cinque a otto anni e una multa da 1.000 a 2.000 € per ogni lavoratore coinvolto.

Il reato di "intermediazione illecita e sfruttamento del lavoro" o caporalato è sanzionato dall'articolo 630bis del codice penale e consiste nel reclutamento illegale di manodopera in agricoltura. Il Consiglio dei Ministri ha approvato il 13 novembre 2015 un disegno di legge contro il caporalato e lavoro nero in agricoltura. L'iniziativa legislativa ha l'obiettivo di rafforzare l'azione di contrasto alla diffusione del fenomeno criminale dello sfruttamento dei lavoratori con un intervento organico e coordinato delle Istituzioni. Il disegno di legge introduce strumenti operativi contro il caporalato sia a livello amministrativo che penale.

Glossario

Invisibili = vengono denominati così i braccianti non registrati o assunti con regolare contratto.
Neretine = di Nardò. Gli abitanti del paese di Nardò si chiamano infatti neritini.
Agromafie = agricoltura e mafia.

Tocca a te

Ricerca altre forme di sfruttamento e spiegale brevemente.
Crea uno schema riassuntivo dei vari ambiti di sfruttamento.

Lezione 10: La crisi economica e la povertà

PDF Il welfare

La crisi economica ha cambiato il volto della povertà

Secondo i dati della Caritas, prima che iniziasse la crisi economica (2007-2008), la povertà assoluta riguardava una fetta di popolazione abbastanza definita e con caratteristiche stabili nel tempo. Essa rappresentava il 3,1% della popolazione e comprendeva famiglie con almeno tre figli e genitori disoccupati, anziani e single.

Povertà relativa, impoverimento e rischio di povertà sono termini che descrivono ognuno una specifica condizione di deprivazione e incidono nei vari contesti creando disuguaglianza sociale

Secondo i dati della Caritas relativi al 2014, prima della crisi la povertà assoluta era raggruppata nel Sud Italia mentre oggi è diffusa su tutto il territorio nazionale ed è raddoppiata nel giro di sette anni, passando a interessare tra il 2007 e il 2014 da 1,8 milioni a 4,1 milioni di persone (dati ISTAT 2015). Il lavoro ha smesso di essere una garanzia contro la povertà, infatti è aumentato il numero dei nuclei familiari in povertà in cui almeno un componente risulta impiegato.

L'aumento di lavoratori poveri o a rischio di povertà era già presente in Europa a partire dalla fine degli anni '90.

La crisi economica ha determinato l'ampliamento dei gruppi sociali colpiti dalla povertà (dati CARITAS 2015)

La povertà prima della crisi economica	La povertà oggi
Diffusa nel Sud Italia	Diffusa sia nel Nord che nel Sud Italia
Un problema che coinvolgeva principalmente gli anziani	Un problema che riguarda giovani e anziani
Riguardava chi aveva almeno 3 figli	Riguarda chi ha almeno 2 figli
Non coinvolgeva chi aveva un lavoro	Coinvolge anche chi ha un lavoro

Gli anni della crisi economica sono stati anche gli anni dei tagli alla spesa pubblica e alle politiche sociali

Il *Welfare mix* in questi anni è stato interessato da tagli ai Fondi nazionali che finanziano le politiche sociali locali, sia per i servizi, sia per i contributi in denaro.

Si sono attualmente evidenziati limiti nel sistema italiano di *Welfare* che hanno avuto delle conseguenze:

- L'assenza di una misura universale contro la povertà ha generato la mancanza della certezza di un sostegno economico per i poveri.
- La frammentazione degli interventi di sostegno economico ha portato a una differente tutela dei poveri, a seconda della posizione geografica.
- L'incremento della spesa per i contributi economici in rapporto a quella per i servizi territoriali ha generato il concetto dei diritti come questione privata.
- L'insufficiente finanziamento pubblico ha causato l'inefficacia delle riforme e il rafforzamento dell'importanza delle forme private del *Welfare*.

- La crescita del Terzo Settore ha portato a un disinvestimento e a un indebolimento del Welfare pubblico.

Welfare Community

Per aiutare le persone che versano in condizione di povertà assoluta sono stati effettuati degli stanziamenti statali sul sociale ed è previsto un Tavolo sulla povertà

Per le persone prive di reddito sono stati effettuati finanziamenti come: bonus bebè, assegno per le famiglie numerose, ed è previsto un Piano nazionale per la lotta alla povertà e all'esclusione sociale.

La povertà crea una situazione di dipendenza, e il modo in cui viene vissuta varia secondo il tipo di società

Il sociologo Serge Paugam distingue tre tipologie di povertà:

- *povertà integrata*, che riguarda principalmente i Paesi poveri;
- *povertà marginale*, che riguarda i Paesi in cui i poveri sono meno numerosi;
- *povertà dequalificante*, che coinvolge i Paesi ricchi la cui economia è in crisi.

La crisi economica riporta in uso mestieri dismessi e lasciati, fino a poco tempo fa, agli stranieri

Le crisi economica cambia i modi di fare e di pensare delle persone, e i vecchi lavori, come quelli della colf e della badante, che sembravano prerogativa delle donne e delle straniere, tornano ad interessare gli italiani, sempre più costretti a confrontarsi con la dura realtà. Particolarmente allarmante è il dato sui "poveri per la prima volta", cioè su quelle famiglie del ceto medio-basso che la crisi ha fatto precipitare in condizioni di forte disagio. Donne straniere che erano venute per mantenere se stesse e i parenti rimasti in patria non riescono più a trovare un posto come badanti e colf nelle famiglie italiane, piccoli artigiani e lavoratori costretti a fallire per debiti: ecco quali sono, secondo la Caritas, le vittime della crisi economica.

La povertà è un fenomeno mondiale e quella rurale alimenta la povertà delle città

Il rapporto annuale pubblicato dall'ONU di Roma, dall'Organizzazione per l'Alimentazione e l'Agricoltura (FAO), dal Fondo Internazionale per lo Sviluppo Agricolo (IFAD) e dal Programma Alimentare Mondiale (PAM) ha confermato nel 2014 un trend positivo che vede la diminuzione del numero di persone che soffrono la fame nel mondo (100 milioni in meno negli ultimi dieci anni).

Il rapporto sulla povertà rurale del 2011 evidenzia che un miliardo e quattrocentomila persone vivono in condizioni di povertà estrema: oltre il 70% di loro si trova nelle aree rurali dei Paesi in via di sviluppo.

La crisi economica ha ridotto il potere d'acquisto e cercato altre forme di benessere legato alla qualità della vita

Il *Welfare community* rappresenta l'alternativa al modello di società basato sull'asse Individuo-Stato. Quando parliamo di *Welfare* di comunità intendiamo la costruzione di un tessuto sociale forte, fatto di reti di relazioni che sappiano fondere una buona convivenza e sostenere la fragilità. Si tratta di passare dal *Welfare* attuale, che raccoglie e ridistribuisce, a un *Welfare* che oltre a raccogliere e redistribuire rigenera le risorse, facendole rendere, grazie alla responsabilizzazione legata a un nuovo modo di intendere i diritti e doveri sociali.

Tocca a te

Schematizza sul quaderno i punti principali della lezione.
I dati del secondo semestre del 2015 mettono in evidenza che l'Italia è uscita dalla crisi in quanto vengono registrati dati di ripresa come diminuzione di disoccupati, incremento delle spese delle famiglie, ecc. Individua alcune situazioni che sottolineano la ripresa economica.

Lezione 11: La povertà e gli interventi a essa collegati

La povertà è un fenomeno circoscritto nel tempo, e prevede interventi di contrasto da parte dello Stato

Il termine povertà richiama altri termini, come disuguaglianza, marginalità, precarietà economica, deprivazione culturale, solitudine, carenza di legami familiari e sociali. Le politiche di contrasto della povertà e dell'esclusione sociale si rivolgono con particolare attenzione alla povertà giovanile, a quella degli anziani e degli immigrati, alle donne sole con figli a carico, tenendo presente il rapporto fra malattia ed esclusione sociale.

La forma più estrema di povertà presente nelle zone industrializzate è costituita dal fenomeno dei senza dimora, cioè di quelle persone che non solo fanno fatica a risolvere i problemi quotidiani di sussidiarietà, ma sono anche prive di un alloggio stabile e adeguato. La legge 328 del 2000 (vedi 1° volume) si occupa del contrasto alla povertà e dei fenomeni di esclusione sociale, tenendo conto dei bisogni della popolazione e del Piano di Zona attuato nel Comune di appartenenza.

Donne afghane espongono la loro merce in casa. Grazie al microcredito elargito da AfghanAid, un'organizzazione umanitaria britannica, hanno potuto avviare una piccola attività in proprio. Baharak, Afghanistan, 2010

Il microcredito, inventato in Bangladesh negli anni '70 da Muhammad Yunus, propone prestiti alle persone che le banche definivano "non bancabili" in quanto non in possesso di beni materiali da utilizzare come garanzia al prestito richiesto

Il ***microcredito***, adottato per la prima volta in Bangladesh da Muhammad Yunus e dalla sua Grameen Bank, è una concessione di prestiti di entità ridotta a piccoli imprenditori che non hanno accesso al tradizionale sistema finanziario. La difficoltà di accedere al prestito bancario, dovuta della povertà che non fornisce sufficiente garanzia alle banche tradizionali e non consente alla piccola impresa di svilupparsi o di liberarsi dall'usura, è stata affrontata dal microcredito, che propone piccoli prestiti a microimprenditori o gruppi che hanno la necessità di risorse finanziarie, al fine di migliorare la condizione di vita del proprio nucleo familiare.

L'assistenza economica è rivolta alle persone o ai nuclei familiari che non riescono a soddisfare i bisogni primari

L'***assistenza economica*** può essere erogata in forma continuativa o straordinaria, se la famiglia deve far fronte a un bisogno economico improvviso, urgente e di breve durata. Solitamente gli interventi economici sono collegati al "minimo vitale", cioè al reddito necessario per soddisfare i bisogni fondamentali della vita. L'assistenza serve a favorire il superamento di situazioni di bisogno, contrastare l'esclusione sociale, dare alle persone economicamente più deboli l'opportunità di autorealizzarsi, con l'obiettivo di favorire la loro autonomia. Viene erogata dal Comune sotto forma di sussidi economici o buoni spesa. Per ottenerla bisogna avere un reddito ISEE inferiore ai livelli stabiliti dal Comune di appartenenza, fare domanda per un colloquio con l'assistente sociale, e successivamente un'apposita commissione deciderà l'eventuale erogazione. L'Istituto per la Previdenza Sociale (INPS) eroga un ***Assegno a sostegno*** *delle famiglie* con redditi inferiori a una determinata cifra stabilita ogni anno dalla legge. L'assegno spetta a tutti i lavoratori dipendenti, ai disoccupati, ai **lavoratori in mobilità**, ai cassintegrati, ai pensionati e ai soci di cooperative.

Aiuti economici vengono erogati dal Comune alle famiglie meno abbienti a seconda dei fondi messi a disposizione dallo Stato tramite le leggi di stabilità. Gli aiuti economici vengono erogati con l'attestazione del modello ISE o ISEE

Alle persone che presentano gravi difficoltà economiche vengono erogati diversi tipi di aiuto.

- ***Family card***: è un progetto finalizzato ad offrire un sostegno alle famiglie numerose. Consiste nella distribuzione, a chi ne ha i requisiti, di una **tessera nominativa** che dà diritto ad usufruire di **sconti** di varia natura presso gli esercizi commerciali che aderiscono al progetto. Possono richiedere la Family card le famiglie residenti, nella Provincia che la prevede, con almeno tre figli fiscalmente a carico ed un reddito ISEE – calcolato dopo il 1° gennaio 2015 secondo la nuova normativa di riferimento– non superiore ai 15.000 euro.
- ***Assegno di maternità***: è un assegno che la madre non lavoratrice può chiedere al proprio Comune di residenza per la nascita del figlio oppure per *l'adozione o l'affidamento preadottivo* di un minore di età non superiore ai 6 anni (o ai 18 anni in caso di adozioni o affidamenti internazionali). La madre lavoratrice può chiedere l'assegno se non ha diritto all'indennità di maternità dell'Inps oppure alla retribuzione per il periodo di maternità. Se l'importo dell'indennità o della retribuzione è inferiore all'importo dell'assegno, la madre lavoratrice può chiedere al Comune l'assegno in misura ridotta. È rivolto a:
  - cittadine italiane o comunitarie residenti in Italia al momento del parto o ingresso in famiglia del minore adottato/affidato;
  - cittadine non comunitarie residenti in Italia al momento del parto o ingresso in famiglia del minore adottato/affidato in possesso di uno dei seguenti titoli di soggiorno: carta di soggiorno, oppure permesso di soggiorno CE per soggiornanti di lungo periodo;
  - il figlio di una cittadina non comunitaria nato all'estero deve essere in possesso dello stesso titolo di soggiorno della madre.

- ***Bonus bebè***: per i bambini nati o adottati dal 1° gennaio 2015 al 31 dicembre 2017 con l'obiettivo di incentivare la natalità e contribuire alle spese per il sostegno (legge 23/12/2014 n.190). È erogato ai genitori italiani o comunitari o extracomunitari con permesso di soggiorno UE. Al momento della domanda il richiedente deve essere residente in Italia e convivere con il figlio per il quale richiede l'assegno e avere un reddito ISEE non superiore ai 25.000 euro annui. L'assegno annuo è pari a 960 euro (80 euro al mese per 12 mesi), spetta a ogni figlio nato o adottato o in affido preadottivo per un massimo di 36 mensilità (3 anni) ed è corrisposto dall'Inps.

Glossario

Deprivazione culturale = mancanza di cultura legata a povertà e mancanza di mezzi.
Sussidiarietà = prestazioni sociali, integrazione fra Stato e privato.
ISEE = Indicatore Situazione Economica Equivalente; si ottiene valutando il reddito, il patrimonio e la composizione del nucleo familiare.
Lavoratori in mobilità = sono quei lavoratori che hanno perso il lavoro e vengono collocati in altri settori lavorativi conservando il proprio salario.
ISE = Indicatore Situazione Economica; si ottiene dalla somma dei redditi e dal 20% del patrimonio.

Tocca a te

Dopo aver letto la lezione, svolgi una ricerca sul tuo territorio relativa agli interventi che vengono erogati a favore dei meno abbienti.

Lezione 12: La povertà: interventi e servizi

La perdita del lavoro genera povertà e richiesta di interventi di sostegno alle famiglie in difficoltà

Con la Legge di Stabilità il governo italiano sta cercando di venire incontro ai bisogni dei cittadini che si trovano in situazione di disagio economico con nuove forme di sussidi di disoccupazione.

- ***Assegno di disoccupazione***:
  - NASpI: è il sussidio di disoccupazione universale che sostituisce dal 1° maggio 2015 l'assegno unico di disoccupazione introdotto dalla riforma Fornero. È erogato dall'INPS. Chiunque perde il lavoro a partire dal 1° maggio 2015 ha diritto a un assegno di disoccupazione se ha lavorato almeno tre mesi.
  - ASDI: introdotto in via sperimentale nel 2015, è un sostegno di durata limitata (massimo 6 mesi), corrisponderà al 75% dell'ultimo importo NASpI e non potrà superare l'assegno sociale di 448,52 euro, incrementato di 1/5 per ogni figlio a carico. È gestito dall'INPS ed è rivolto ai lavoratori con un figlio minore o ai lavoratori di età pari o superiore a 55 anni e che non hanno maturato i requisiti per il pensionamento di vecchiaia o anticipato. La condizione di povertà viene definita con l'attestazione ISEE inferiore a 5mila euro.

PDF La sicurezza sociale

Il volontariato e la Caritas aiutano le persone e le famiglie indigenti fornendo loro pasti caldi e pacchi alimentari

Joseph Sohm / Shutterstock.com

- ***Mensa dei poveri***: offre ogni giorno un pasto caldo a persone e famiglie indigenti attraverso la preparazione e somministrazione di pasti. È aperta tutti i giorni, comprese le festività, ed è gestita dalla Caritas, dal volontariato e enti religiosi.

- ***Banco alimentare***: è una fondazione, con sede a Milano, nata nel 1989 e rivolta alla lotta contro la fame e lo spreco alimentare attraverso la raccolta di derrate ancora commestibili ma non più commercializzabili. I prodotti vengono forniti attraverso donazioni delle agenzie che trattano le eccedenze comunitarie e quelle dell'industria agroalimentare, i resi della grande distribuzione e le donazioni raccolte con la Colletta Alimentare. I prodotti alimentari raccolti vengono distribuiti gratuitamente a enti benefici, case alloggio, comunità, gruppi Caritas e altri operatori sociali.

L'assistenza abitativa è un intervento rivolto ai cittadini a basso reddito ed in situazioni di disagio

L'assistenza abitativa è rivolta a nuclei familiari con difficoltà economica e/o disagio sociale, persone residenti in carico ai servizi sociali e socio-sanitari in temporanea emergenza abitativa. Vengono erogati contributi economici per il pagamento di canoni di locazione o canoni di utenza telefonica, per spese di ordinaria manutenzione, realizzazione di alloggi nell'ambito dei programmi di edilizia pubblica (case del Comune).
Per ottenere l'assistenza abitativa occorre presentare domanda all'URP o al Segretariato sociale o fissare un colloquio con l'assistente sociale. Si ha diritto a un'assistenza abitativa se in regola con i documenti richiesti, mentre per l'assegnazione di un alloggio di edilizia popolare occorre partecipare al bando di assegnazione indetto dal Comune a scadenza periodica. Ciascun assegnatario deve provvedere autonomamente al pagamento di un affitto mensile concordato in base alla superficie dell'appartamento e al reddito del nucleo familiare. Ad occuparsi dell'assegnazione degli alloggi è l'ufficio casa del Comune.

Il Centro di accoglienza notturna assicura un posto letto alle persone sprovviste di casa, senza fissa dimora, in gravi difficoltà finanziarie

Il ***Centro di accoglienza notturna*** assicura un posto letto, servizi igienici e, in alcune strutture, un pasto caldo alle persone sprovviste di alloggio o in gravi difficoltà finanziarie, residenti e non, stranieri, persone senza fissa dimora, ecc. È aperto dalle ore 20,00 alle ore 8,00. Le persone si possono recare al Centro di accoglienza notturna anche in modo abituale e continuativo ma non possono lasciare all'interno di esso gli effetti personali. A gestire i Centri di accoglienza notturna sono le associazioni private no profit, soggetti privati come laici, religiosi (Caritas), volontari.

Lo Sportello sociale è il punto di contatto e accesso ai servizi territoriali

Lo ***Sportello sociale*** è il punto di contatto, informazione, orientamento e accesso ai servizi territoriali alla persona e sociali in genere. È rivolto a nuclei familiari o single che si trovano in condizione di difficoltà o vivono situazioni di emarginazione per cause economiche, sociali, relazionali, di malattia e di mancanza di una rete familiare di aiuto. I destinatari sono anziani, disabili, adulti in situazione di povertà e disagio, famiglie con figli e stranieri che necessitano di informazioni.

Tocca a te

In Italia ci sono delle forme di microcredito, alcune delle quali sono state istituite come risposta concreta alla disoccupazione giovanile. Fai una ricerca su tale argomento e crea 2 slide riassuntive.

Lezione 13: Le dipendenze

La dipendenza è caratterizzata dal bisogno assoluto e irrefrenabile di una sostanza, di un oggetto o di una situazione

Il termine **"dipendenza"** sta ad indicare un legame molto forte che si instaura tra il soggetto e fattori a lui esterni. La dipendenza porta a un'alterazione del comportamento che, da semplice abitudine, diventa una ricerca esasperata fino a diventare patologica, cioè la persona perde ogni possibilità di controllo sull'abitudine. Varie sono le dipendenze, alcune delle quali non sono state considerate tali per molto tempo, come quelle da videogame, shopping, lavoro, Facebook, gioco d'azzardo, ecc.

La dipendenza può essere fisica o psichica, e nelle forme gravi porta a crisi di astinenza

È importante distinguere la dipendenza in:

- fisica, provocata essenzialmente da condizionamenti **neurobiologici**;
- psichica, provocata da un alterato stato psichico e comportamentale. Questo genere di dipendenza richiede interventi terapeutici lenti e ad ampio raggio, che coinvolgono spesso i familiari più vicini alla persona dipendente.

Le forme più gravi di dipendenza fisica e psichica portano a crisi di astinenza.

Le dipendenze patologiche possono essere di vario tipo, a seconda della sfera personale che coinvolgono e dei comportamenti che ne derivano

Si può dipendere patologicamente da varie cause, fra cui:

- sostanze stupefacenti, in cui rientrano alcol e fumo;
- cibo, con conseguente bulimia, dipendenza da zuccheri, ecc.;
- gioco d'azzardo;
- shopping;
- televisione;
- internet;
- altro.

Nel 2006 è stata pubblicata in Italia un'ipotesi di nuovi criteri diagnostici delle dipendenze patologiche, prese in carico dall'UODP (Unità Operativa Dipendenze Patologiche), che prende in esame vari punti, tra cui ossessività, impulsività, irrequietezza, ansia, problemi del sonno e irritabilità o agitazione quando non è possibile mettere in atto la propria dipendenza.

La dipendenza da Facebook sembra dovuta al forte senso di sicurezza e di socialità che tale sito è in grado di dare

Facebook, sito web di reti sociali di proprietà di Mark Zuckerberg, è stato fondato nel 2004 e nel 2015 conta oltre 1,4 miliardi di iscritti; l'applicazione Whatsapp ha 700 milioni di utenti registrati, Messenger 600 milioni, Instagram 300 milioni. Nel 2008 la diffusione di Facebook è stata enorme, tanto da portare l'Italia al primo posto della classifica mondiale dei Paesi con la maggior percentuale di nuovi utenti. In pochi anni Facebook è divenuto il secondo sito più cliccato del web (al primo posto c'è Google) e nel 2015 gli utenti italiani attivi erano 25 milioni.

Accanto alle caratteristiche del sito di condivisione, aggregazione, recupero di vecchie conoscenze e amicizie e nascita di nuove, sono comparse delle situazioni negative legate a veri e propri casi di dipen-

denza. In inglese vengono definite *Social Network addiction* e *Friendship addiction*, e sono dipendenze da connessione, aggiornamento e controllo della propria pagina web e da ricerca di nuove amicizie virtuali da poter registrare sul proprio profilo.
Le dinamiche psico-emotive personali e interpersonali si basano su situazioni virtuali, creando sicurezze e autostima fittizie che procurano in realtà isolamento sociale.

Tali dipendenze presentano sintomi di *craving*, tolleranza e astinenza come nella dipendenza da sostanze

La dipendenza, al di là della situazione, sostanza o oggetto che la provoca si manifesta con:

- continua ricerca della sostanza o situazione (*craving*) con incapacità di riuscire a gestire i pensieri e i comportamenti, che sono rivolti solo verso la **spasmodica** ricerca;
- necessità di aumentare la quantità della dose per ottenere il medesimo effetto (tolleranza o assuefazione);
- presenza di astinenza più o meno grave nel caso venga sospeso l'utilizzo di ciò che provoca dipendenza.

Il Gioco d'Azzardo (GA), o Ludopatia, coinvolge la famiglia provocando difficoltà alla stessa

Il gioco d'azzardo, a cui è stato tolto la qualifica di patologico, è stato spostato dalla sezione sul mancato controllo degli impulsi a quello delle dipendenze. Il GA rappresenta l'unica dipendenza non da sostanze inclusa nel **DSM V**. È caratterizzato dalla persistente incapacità di controllare e di resistere all'impulso di mettere in atto comportamenti legati al gioco d'azzardo, che mettono in difficoltà l'area familiare, sociale, affettiva e lavorativa. Il soggetto è totalmente assorbito dal gioco e spende a causa di esso molto tempo e ingenti somme di danaro; a volte scommette sul proprio appartamento e sui beni di famiglia facendo precipitare quest'ultima in situazioni di gravi difficoltà. L'assuefazione al gioco è data dalla necessità di aumentare la quantità di gioco d'azzardo per poter mantenere elevato il livello di euforia psico-fisica. Il gioco d'azzardo può aumentare la possibilità di sviluppare disturbi dell'umore, di attenzione e d'ansia.

La dipendenza da *videogame* sostituisce ogni forma di relazione sociale e favorisce l'isolamento

Il *videogame*, se usato in modo corretto, stimola la comprensione dei compiti da svolgere, abitua a gestire gli obiettivi, favorisce la gestione delle emozioni e l'abilità di prendere rapidamente delle decisioni. L'uso protratto nel tempo dei videogiochi, cioè la prolungata e ininterrotta esposizione ad un videogame, porta all'abuso e a condotte disturbate, come la sedentarietà (con rischio di sovrappeso), la sostituzione del videogioco ad ogni forma di relazione sociale favorendo l'isolamento e la tendenza all'introversione.
I giochi tradizionali stimolano l'identificazione con persone reali anche se interpretano ruoli diversi, mentre nei videogiochi si corre il rischio di identificarsi con personaggi virtuali, spesso dotati di poteri magici o violenti, che nei casi più gravi possono portare all'emulazione di azioni pericolose.
Esistono centri specializzati per la cura della ludopatia. Le ASL forniscono informazioni sui servizi per il trattamento del gioco patologico presenti nella propria zona di residenza o più facilmente raggiungibili. Si fanno carico di quest'attività il SerT/UODP o i servizi psichiatrici.

Glossario

Neurobiologico = è lo studio generale del sistema nervoso.
Craving = forte desiderio, frenesia
Spasmodica = affannosa, ansiosa
DSM V = Manuale diagnostico e statistico dei disturbi mentali. Il numero 5 sta ad identificare l'edizione; l'ultima ha introdotto nuove categorie di disturbi, come autismo, sindrome di Asperger, disturbi dell'umore, alimentari, ecc.

Tocca a te

Individua eventuali lati positivi e negativi delle dipendenze ed esponili motivandone le tue scelte.

Lezione 14: La dipendenza da alcol

Il termine "tossicodipendenza" sta ad indicare l'uso di sostanze tossiche per l'organismo e che danno assuefazione. Si occupa di tale dipendenza il SerT o UODP

Ad occuparsi di tossicodipendenze è il SerT, istituito con la legge 162 del 1990; è un servizio socio-sanitario delle ASL, atto ad affrontare le dipendenze come:

- eroina
- cocaina
- anfetamine
- allucinogeni
- hashish
- marijuana
- alcol
- psicofarmaci
- nuove droghe
- tabacco
- gioco d'azzardo

Il SerT garantisce l'anonimato e sostegno alle famiglie delle persone con dipendenze patologiche

Il SerT prende in carico le persone che si rivolgono al loro servizio garantendo l'anonimato e accerta il loro stato di salute sia psicologica che sociale, le orienta nella scelta di interventi e di recupero.

I compiti principali del SerT sono:

- definire i programmi personalizzati e realizzare programmi terapeutici in collaborazione con le Comunità terapeutiche;
- valutare periodicamente i programmi effettuati da tossicodipendenti e alcol-dipendenti;
- effettuare interventi di prevenzione dell'HIV, delle epatiti e da altre patologie correlate alla tossicodipendenza;
- svolgere attività di ricerca nel territorio nelle aree di intervento della prevenzione, cura e riabilitazione;
- attuare interventi di prevenzione nel territorio;
- svolgere interventi domiciliari.

L'OMS definisce alcoliste quelle persone che fanno uso continuo ed eccessivo di bevande alcoliche danneggiando la propria salute fisica e psichica e presentano difficoltà nei rapporti relazionali

La definizione di alcolismo messa a punto dall'Organizzazione Mondiale della Sanità (OMS) è la seguente: "Si definisce alcolista quella persona che fa uso continuo ed eccessivo di bevande alcoliche e nella quale la dipendenza dall'alcol è tale da portare ad alterazioni psichiche o danni della salute psichica e fisica fino a creare ulteriore difficoltà nei rapporti con gli altri e problemi sociali ed economici non indifferenti. Vengono inclusi in questa categoria anche coloro che già accusano i primi sintomi di tali alterazioni."

L'OMS classifica l'alcol fra le droghe e afferma che in Europa si ha il più elevato consumo alcolico del mondo

Secondo l'OMS l'alcol è una droga giuridicamente legale, ma è una sostanza molto tossica per la cellula

epatica, più di molte droghe illegali; crea inoltre una dipendenza superiore rispetto alle droghe più conosciute. Come le droghe, l'alcol modifica il funzionamento del cervello, l'uso prolungato nel tempo porta all'assuefazione e per ottenere lo stesso effetto bisogna aumentare la dose.
In Europa il consumo alcolico è il più elevato del mondo: quello per abitante è il doppio rispetto alla media mondiale.
Secondo l'OMS "è alcolista chi soffre di un disturbo comportamentale cronico, che si manifesta nell'ingestione ripetuta di bevande alcoliche in misura eccedente gli usi dietetici e speciali della comunità, e tale da interferire sia con la salute del bevitore che con le sue funzioni sociali ed economiche".

L'alcolismo dà dipendenza e ha origine da varie cause fra cui il disagio esistenziale

Un proverbio giapponese dice "Prima l'uomo beve un bicchiere, poi il bicchiere beve un bicchiere. Infine il bicchiere beve l'uomo". Nell'uso continuo delle sostanze ad un certo punto non è più l'uomo che regola il "gioco", ma a farlo è la sostanza.
Le cause scatenanti sono varie. Si beve per:

- imitazione di chi ci sta vicino;
- sentirsi grandi;
- essere accettati nel gruppo;
- contesto culturale e ambientale: nei paesi freddi l'alcolismo è molto diffuso;
- disagio esistenziale;
- fragilità psicologica.

A rifugiarsi nell'alcol sono persone che vogliono apparire diverse da quello che sono, si lasciano influenzare dalla pubblicità, si fanno affascinare dalla voglia del rischio o hanno difficoltà ad affrontare la propria vita e i propri problemi.

Il modo e la quantità del bere influiscono in modo diverso nel tempo e la dipendenza compare in modo **subdolo**

Spesso si inizia a bere il fine settimana con gli amici, poi si passa a bere anche durante la settimana, magari a casa e da soli, e a poco a poco la bottiglia diviene un'amica insostituibile che fa rinunciare a vita sociale e lavoro. I sintomi che danno il primo segnale di dipendenza sono a carico del sistema nervoso: tremore alle mani, malinconia e difficoltà a concentrarsi. Ad un certo punto della dipendenza fisica e psicologica da alcol insorgono l'insonnia, stati di ansia, attacchi di panico, difficoltà respiratorie.
Gli effetti inebrianti tipici del consumo di sostanze alcoliche a lungo andare provocano effetti negativi sulla vita sociale dell'alcolista, che spesso si trova isolato dagli affetti e può assumere atteggiamenti che lo portano a compiere reati.

Glossario

Subdolo – nascosto, che non si manifesta in modo chiaro, ambiguo

Tocca a te

Crea un dialogo immaginario fra te e i tuoi genitori quando torni a casa ubriaco dopo una sera trascorsa fuori con amici.

Lezione 15: L'abbuffata alcolica

Il termine abbuffata alcolica o Binge Drinking indica il bere troppo e in pochissimo tempo, un modo di fare che vede coinvolti principalmente i giovani tra i 18 e i 24 anni

L'abbuffata alcolica (dati ISTAT), è una moda dei giovani che bevono tanto a casa di amici o parenti (41,8%), al bar, al pub, in birreria (27,4%), al ristorante e in pizzeria (24,4%), a casa propria (23,8%), in discoteca (13,3%), all'aperto o in strada (4,7%). Il *binge drinking* indica il consumo di sei o più bevande alcoliche in un'unica occasione. Le persone che eccedono nel bere sono gli ultrasessantacinquenni, i giovani tra i 18 e i 24 anni e gli adolescenti tra gli 11 e i 17 anni. Ad influenzare il consumo smodato di alcolici da parte degli adolescenti è la presenza all'interno della famiglia di almeno un genitore che abusa dell'alcol.

È in aumento l'abitudine di consumare alcolici lontano dai pasti: l'aperitivo è ormai un rito irrinunciabile e coinvolge più i laureati dei meno istruiti.

Esagerare con l'alcol è un fenomeno in crescita che vede particolarmente coinvolte le Regioni del Nord Italia

Secondo l'ISTAT, nel 2014 a esagerare con l'alcol sono stati oltre 8 milioni di Italiani, di cui quasi 6 milioni sono uomini che hanno bevuto prevalentemente vino. Le Regioni più coinvolte sono quelle del nordest: Trentino-Alto Adige, Friuli-Venezia Giulia, Valle d'Aosta e Veneto. Una delle conseguenze di questo fenomeno sono gli incidenti stradali, che stando al rapporto ACI-ISTAT 2014 sono in Italia la prima causa di morte tra i ragazzi fino ai 24 anni.

Bere quando si guida può avere conseguenze dirette sulla vita delle altre persone. Superare l'astinenza causata dall'alcol non è facile e può addirittura risultare fatale. La diminuzione dell'assunzione dell'alcol deve essere graduale e progressiva.

L'alcol dà origine a varie fasi nella persona che lo assume, che vanno dall'euforia alla depressione

L'assunzione di dosi elevate di bevande alcoliche (vino, birra, liquori, ecc.) dà, come primo effetto, l'ubriachezza che rende l'uomo incosciente, ridicolo e talvolta pericoloso per se stesso e per gli altri. Una volta ingerito, l'alcol rimane nel sangue, che lo porta in circolo fino a raggiungere il cervello, i reni, i capillari e tutte le parti del corpo. Oltre ad alterare l'umore e il comportamento, questa sostanza esercita vari effetti sull'organismo; i danni peggiori sono quelli a carico del sistema nervoso centrale, su cui la sostanza ha effetto depressivo. Assunto in quantità moderata, l'alcol procura un senso di rilassatezza e di fiducia che può aiutare la persona timida a socializzare più facilmente. Una prolungata e abbondante assunzione di bevande alcoliche produce perdita della memoria, irritabilità, allucinazioni, tremore e tendenza al suicidio.

L'alcolizzato diventa insopportabile per la società e in particolare per i familiari poiché il carattere irascibile e irrazionale lo porta a polemizzare con tutti, a litigare fino a diventare aggressivo nei confronti delle persone che gli stanno vicino e perfino manesco con i familiari.

Nella cultura giovanile si riscontrano diversi stili del bere

I giovani attribuiscono al consumo di alcol diversi significati a seconda dello stile del bere:

- dissetante alimentare = legato alle abitudini alimentari e al gusto personale;
- consumistico-conformista = legato all'ambiente che si frequenta e alla disponibilità economica;

- conviviale = facilita le relazioni;
- rituale = si usa nelle feste;
- omologante = si beve per farsi accettare e per sentirsi adeguati;
- affermativo maschile = i ragazzi bevono per sentirsi più grandi e forti;
- affermativo femminile = le ragazze bevono per sentirsi più emancipate e disinvolte;
- trasgressivo = si beve per darsi un tono e dimostrare di essere grandi;
- sperimentale = nell'adolescenza il gusto e gli effetti possono essere oggetto di esplorazione;
- protagonistico = può essere usato per attirare l'attenzione di persone dell'altro sesso, per essere più disinvolti;
- dimenticare = bere serve a dimenticare fatti che ci hanno fatto soffrire, difficoltà personali.

L'uso smoderato di alcol porta danni all'apparato digerente, cardiovascolare, riproduttore e al sistema nervoso centrale e periferico.
Per smettere di bere è essenziale il sostegno continuo della famiglia e degli amici; occorre inoltre trovare le cause che hanno scatenato tale dipendenza, e che possono essere sociali, familiari o economiche.
L'intossicazione acuta da alcol provoca uno stato clinico complesso di intossicazione, coma, paralisi respiratoria, perfino la morte.

L'OMS indica quattro parametri per valutare le dimensioni dell'alcolismo in una nazione

L'OMS definisce quattro parametri per valutare l'alcolismo:
- la produzione di bevande alcoliche;
- il consumo pro capite;
- la mortalità per cirrosi epatica;
- la percentuale dei ricoveri ospedalieri per problemi e patologie correlate all'alcol.

Tocca a te

La dipendenza da alcol è insidiosa perché la persona si accorge di essere dipendente solo quando ha riportato danni al proprio organismo e ha compromesso la sua vita relazionale, affettiva, sociale e il lavoro. L'OMS considera l'alcol al pari delle droghe, con effetti peggiori e più devastanti, eppure è una sostanza legale. Alcol, fumo, gioco d'azzardo chiedono interventi massicci da parte del Servizio Sanitario Nazionale per cercare di curare e riabilitare i soggetti che si fanno coinvolgere in questo "giro" per gioco o curiosità. Qual è la tua opinione sul meccanismo perverso dello Stato basato sul monopolio e la sponsorizzazione, anche tramite pubblicità, di stili di vita errati che producono introiti allo Stato stesso ed esborso di spese di gran lunga superiori per la cura e riabilitazione di coloro che hanno "abboccato" ingenuamente a un messaggio fuorviante di chi dovrebbe tutelare il cittadino e preoccuparsi della sua integrità e moralità? Crea uno slogan che aiuti le persone a fermarsi ancor prima di iniziare a diventare dipendente da sostanze.

La "moda del momento" è legata all'uso sconsiderato di alcol nel fine settimana, sia che si vada in discoteca, sia che si esca con amici. A volte il bere scriteriato porta al coma etilico, che è vissuto come un normale avvenimento della vita.
Esprimi la tua opinione sull'uso di alcolici fra gli adolescenti e sul ruolo della famiglia che si trova a dover affrontare tali deleteri stili di vita.

Lezione 16: La dipendenza da alcol e i servizi

Molto spesso l'alcol crea problemi a se stessi e agli altri

Le cronache riportano molto spesso di incidenti stradali causati da abuso di alcol o droghe. L'euforia dovuta allo stato alcolemico fa credere al soggetto di potersi permettere qualsiasi cosa poiché non si rende conto che l'alcol rallenta i riflessi e distorce la realtà.

La lotta contro l'alcol va condotta con energia per evitare l'isolamento sociale; essa denota la fragilità psicologica dell'individuo che lo assume oltre misura

Il clima freddo può giocare un ruolo determinante nell'uso dell'alcol: in montagna diventa quasi naturale ricorrere a un bicchierino di grappa, "un ombre", per scaldarsi; la povertà e l'ignoranza, insieme alla mancanza di interessi culturali, sportivi e sociali, fanno il resto.

Un ruolo importante nel bere è rivestito da fattori personali, come l'insicurezza, le frustrazioni; anche i lavori ripetitivi e poco gratificanti inducono le persone deboli a bere.

Il vizio di bere, negli ultimi anni, si è esteso anche alle donne, ma è più difficile da individuare perché le donne preferiscono bere in solitudine, mentre gli uomini lo fanno preferibilmente in compagnia e nei locali.

Non esiste un unico tipo di terapia adatta a tutti gli alcolisti

In Italia presso i SerT/UODP sono attivi gruppi di auto-aiuto che si stanno diffondendo in molti ambiti, fra i quali:

- fumo;
- disturbi alimentari;
- donne maltrattate;
- separati e divorziati;
- tossicodipendenza;
- persone con depressione, ansia, attacchi di panico;
- familiari di persone con disagio psichico;
- altri disagi.

Un settore in cui i gruppi di aiuto si stanno particolarmente sviluppando è quello legato al disagio psichico

I gruppi di aiuto, che presentano al loro interno la figura del facilitatore, si stanno diffondendo a causa della:

- diffusione del disagio;
- durata nel tempo del disagio;
- "promozione" fatta da molti servizi.

I termini auto-aiuto, mutuo-aiuto, auto-mutuo-aiuto (AMA) sono spesso usati come sinonimi sebbene siano diversi

Spesso si tende a considerare i termini auto-aiuto, auto-mutuo-aiuto e mutuo-aiuto simili sebbene non lo siano. Il gruppo di auto-aiuto (*self-help*) si basa sul riconoscimento del problema e sull'attivarsi

in cerca di aiuto. Il gruppo di mutuo-aiuto (*mutual-help*) condivide l'esperienza al fine di ricavare reciproco vantaggio per i partecipanti. Nella pratica si passa solitamente dall'auto-aiuto al mutuo-aiuto, si passa cioè dall'aiutare se stessi all'aiutare gli altri, arrivando al darsi aiuto reciproco.
I gruppi di auto-mutuo-aiuto sono costituiti da un gruppo limitato di persone o famiglie e vi si accede per libera scelta. I partecipanti al gruppo condividono un problema, si incontrano per darsi sostegno reciproco, cercando in questo modo di migliorare la qualità della loro vita.

Il gruppo per il recupero degli alcolisti che ha avuto più successo è quello degli Alcolisti Anonimi (AA)

La forma che ha avuto più successo è quella detta degli Alcolisti Anonimi, un'associazione mondiale di persone che riconoscono di essere state alcoliste e si aiutano reciprocamente a rimanere sobrie. L'associazione fu fondata negli Stati Uniti nel 1935 da un agente di borsa di *Wall Street*, di origine serba, e da un chirurgo del luogo, entrambi alcolisti, e oggi comprende circa 10 milioni di persone sparse in tutto il mondo. Le riunioni sono di due tipi: aperte e chiuse. A quelle aperte può partecipare chiunque lo desideri, compresi i familiari, e chi interviene descrive la propria vita di alcolista o di parente dell'alcolista. Alle riunioni chiuse partecipano solo gli alcolisti membri dell'associazione, che raccontano l'aiuto avuto dall'associazione per rimanere sobri.

Negli ultimi anni si è diffuso anche il Club degli Alcolisti in Trattamento (CAT)

Negli ultimi anni si è diffusa una nuova organizzazione per il recupero e la cura degli alcolisti: il CAT (Club degli Alcolisti in Trattamento), aperto nel 1964. L'idea di sconfiggere l'alcolismo attraverso il principio dell'aiuto reciproco venne al neuropsichiatra *Vladimir Hudolin* (1922-96), dell'università di Zagabria. Il medico riteneva che l'alcolismo non fosse un vizio né una malattia, bensì uno stile di vita che può essere modificato con la volontà della persona direttamente interessata dal problema attraverso l'influenza della famiglia e del gruppo nel quale è inserita.

Il CAT e gli AA usano differenti forme di recupero ma hanno lo stesso fine

Le metodologie terapeutiche degli AA e del CAT sono differenti sia nella forma che nella sostanza. Il CAT non si occupa esclusivamente di recupero di alcolisti, ma assiste anche i soggetti con problemi correlati all'abuso di bevande alcoliche, come chi soffre di disturbi psichici.

Altra forma di aiuto per gli alcolisti è la Comunità terapeutica (CT)

I programmi farmacologici per uscire dall'alcol sono molto lunghi e rigidi e richiedono grande responsabilità da parte del soggetto che li deve seguire. Solitamente la famiglia sostiene l'alcolista in questo percorso, per cui il recupero può avvenire continuando a far permanere il soggetto all'interno della casa. Se la famiglia non c'è o non è in grado di aiutare l'alcolista, allora si rende necessario l'inserimento del soggetto in una Comunità terapeutica per attuare un orientamento e un rafforzamento delle motivazioni attraverso una serie di interventi ed un monitoraggio dal punto di vista sanitario, psicologico, educativo e riabilitativo.

Tocca a te

Esistono nel tuo territorio gruppi di auto-aiuto? Il SerT che lavoro di prevenzione svolge in ambito scolastico e sociale? Quali sono le figure che vi lavorano e qual è l'orario di apertura del servizio? Dopo aver raccolto tutti questi dati crea una presentazione del servizio e illustra le sue finalità.

Lezione 17: La dipendenza da droghe

La droga non si può ritenere un fenomeno contemporaneo perché ha origini molto antiche

Le prime notizie sull'uso di droga risalgono alla civiltà pre-cristiana e riguardano l'uso dell'**oppio**; solo nel 1790 in Cina si cominciò a supporre che l'uso di tale sostanza sia fonte di problemi, ma gli interessi economici sia cinesi che delle potenze coloniali (Francia e Inghilterra) ne tutelarono la produzione ed il commercio. Oggi i principali Paesi produttori di droga sono quelli che possiedono una situazione politica, economica e sociale disastrosa. Gli Stati principali produttori di droghe sono la Colombia, il Perù, la Bolivia, ma anche Paesi in via di sviluppo, come Afghanistan, Pakistan e Libano.

PDF Riflessioni sulla droga

Il termine "droga" si riferisce a sostanze, naturali e non, che creano dipendenza

Il termine "**droga**" fa paura in quanto chi decide di percorrere tale strada si ritrova poi a dover affrontare enormi problemi sociali come essere accettato dagli altri o trovare casa e lavoro.
Nella nostra cultura tale termine si riferisce a determinate sostanze, composti chimici e naturali, che hanno trovato diffusione nel nostro Paese dopo il 1970; allo stato attuale, il transito, il traffico e lo spaccio di droga sono pari a quelli di altre nazioni.

La prima legge italiana sulla produzione, spaccio e uso di sostanze risale al 1954

Con la legge 1041 del 1954, l'Italia considera il consumatore, lo spacciatore e il produttore di sostanze stupefacenti allo stesso livello, applicando così la disposizione della Convenzione di Ginevra del 1936, che reprimeva il traffico illecito degli stupefacenti con particolare riferimento all'oppio. Il fenomeno acquista proporzioni notevoli dopo che nel 1968, per contestazione ideologica, si diffonde la rivoluzione culturale degli Hippy o Figli dei Fiori, che diffondono tra i giovani l'uso "dell'erba" come simbolo di rottura con i vecchi stereotipi.

Il boom economico porta benessere a tutti ma, per cambio di costumi e/o tipologia familiare, anche momenti di vita **alienante** ed **emarginante**

Chi fa uso di droga? Il fenomeno e le cause sono molto più complessi di quello che, a prima vista, può sembrare. Non sempre il tossicodipendente è portatore di disagio; basti pensare a quanti attori, sportivi, persone con buon reddito e posizione sociale facciano uso di cocaina per reggere i ritmi stressanti o le performance che vengono loro richieste.
I "ricchi" si drogano per noia o per provare nuove ebbrezze (la cocaina del sabato sera fra gli uomini d'affari è in grande diffusione), i meno **abbienti** lo fanno per **contesto familiare** e socio-culturale.

I cambiamenti della società hanno inciso sull'uso delle sostanze e sull'età di chi le utilizza

È cambiata, negli ultimi anni, l'età dei tossicodipendenti. Ciò è dovuto a nuove forme di emarginazione e fallimenti personali, come la perdita del lavoro o la separazione coniugale e il conseguente allontanamento dei figli dalla propria casa. L'uso prolungato di droghe favorisce e **radica** processi di emarginazione già in atto e sviluppa comportamenti di criminalità semplice e quotidiana, come scippi e furti.

La società attuale ha portato, in alcuni contesti, ad assumere atteggiamenti devianti

La società attuale a volte porta la persona debole e insicura a voler apparire ciò che non è; il ritarda-

to ingresso nel mondo del lavoro, la mancanza, a volte, di figure di riferimento all'interno della famiglia, un profondo e sofferto senso di abbandono, le insicurezze ed incertezze che contraddistinguono certi caratteri, la spinta contrastante nell'adolescenza tra autonomia e dipendenza, i rapporti interpersonali trovano in alcuni individui terreno fertile e rendono prevedibili delle situazioni di devianza.
L'individuo, come per l'alcool, viene "iniziato" all'uso della droga da amicizie devianti o per curiosità; egli è fermamente convinto di poter smettere in qualsiasi momento lo voglia, nonostante le diffuse informazioni contrarie, sottovalutando il problema della dipendenza che certe sostanze danno, non considerando che chi ha cominciato a prendere una certa droga (cocaina, eroina, cannabis, ecc.) aumenta gradatamente la quantità poiché la capacità di risolvere i problemi diminuisce man mano che l'organismo si abitua alla presenza di sostanze chimiche. La droga diventa l'unica cosa importante della sua vita.

L'assuefazione fisica alla droga ha una durata limitata, a differenza di quella psicologica

La droga in sé dà un'assuefazione fisica relativa, in quanto nel giro di 15/30 giorni la dipendenza cessa: a scattare invece è la dipendenza psicologica dalla quale si esce con grande determinazione e stima di se stessi.

È stato dimostrato che minuscole quantità di alcol o droga provocano nell'organismo residui organici che vengono eliminati facilmente dalla maggior parte dei tessuti organici, ma possono rimanere intrappolati per anni nei tessuti grassi del corpo. Se un tossicodipendente cerca di smettere, tali depositi tossici possono entrare in circolazione, stimolando un desiderio irrefrenabile di droga e innescando i sintomi dell'astinenza.
La tossicità di una droga è strettamente connessa con la droga stessa e presenta molteplici variabili, che comprendono il danno fisico e psichico provocato direttamente o indirettamente dall'assunzione delle droghe. L'intossicazione acuta, od overdose, è l'assunzione in dose eccessiva della sostanza tossica, ed è una condizione legata all'assuefazione della persona.

La legge 685 del 1975 è la prima legge sulle sostanze psicotrope, cioè quelle sostanza che agiscono sulla mente

Le sostanze psicotrope sono quelle sostanze che influiscono sul pensiero del soggetto che le assume condizionandone le scelte.
Le droghe che possono dare dipendenza fisica e psichica sono:
- oppioidi naturali: morfina, eroina e codeina;
- oppioidi sintetici: metadone , alcol , barbiturici;

Danno solo dipendenza psichica ed in alcuni casi con non certa dipendenza fisica:
- Anfetamina e derivati, cocaina, Lsd e derivati, ecstasy, cannabis, tabacco, caffè e tè.

Tocca a te

Esprimi la tua opinione sulla droga e sulle motivazioni che portano all'uso di essa. Confrontale con quelle dei tuoi amici con la tecnica del circle time.

Glossario

Oppio = succo condensato ottenuto per incisione delle capsule ancora verdi dei frutti del papavero indiano. Può essere mangiato o fumato.
Droga = sostanza stupefacente, che altera temporaneamente le funzioni sensoriali dell'individuo.
Alienante = che estranea l'individuo dal suo mondo interiore.
Emarginante = che crea emarginazione, esclusione di un individuo rispetto a una comunità o una società e di conseguenza lo allontana dai benefici che esse garantiscono.
Abbienti = in condizioni economiche agiate.
Contesto familiare = l'insieme della realtà della famiglia nella quale vive un individuo.
Radica = inserisce profondamente.

Lezione 18: La classificazione delle varie droghe

Il termine "droga", dall'olandese *Droog* (secco) sta ad indicare una sostanza che provoca un'alterazione delle funzioni biologiche dell'organismo, modificando il comportamento di chi la assume
Secondo l'OMS, "Sono da considerare stupefacenti tutte quelle sostanze di origine vegetale o sintetica che agendo sul sistema nervoso centrale provocano stati di dipendenza fisica e/o psichica, dando luogo in alcuni casi ad effetti di tolleranza (bisogno di incrementare le dosi con l'avanzare dell'abuso) e in altri casi a dipendenza a doppio filo, e cioè dipendenza dello stesso soggetto da più droghe". La droga è dunque una sostanza psicoattiva di origine vegetale oppure sintetizzata chimicamente capace di provocare modificazioni più o meno temporanee e dannose sull'equilibrio psico-fisico di chi le assume.

Spottiamoci

L'OMS ha definito la tossicodipendenza come uno "stato di intossicazione periodico o cronico generato dal consumo ripetuto di una droga"
I consumatori di droga si suddividono in tre tipi:
- ***occasionale*** = colui che fa uso di droghe in modo non continuativo;
- ***abituale*** = colui che ha sviluppato una dipendenza psichica, ma è ancora in grado di integrarsi nella società e mantenere i propri interessi;
- ***tossicodipendente*** = colui che vive in funzione della droga e che impiega la maggior parte del tempo a cercare di procurarsela e ad assumerla.

Il tossicodipendente sviluppa:
- ***dipendenza***, cioè il bisogno di continuare a assumere la droga;
- ***assuefazione***, cioè la tendenza ad aumentare le dosi;
- ***dipendenza psicologica*** e fisica dagli effetti della droga;
- ***effetti nocivi*** per l'individuo e per la società.

Le droghe possono essere classificate in base ad alcuni criteri:
- legislativo = droghe leggere e illegali;
- preparazione = sostanze naturali e sintetiche;
- chimico = struttura chimica del principio attivo
- sintomatologico = modificazione psico-fisiche prodotte dalle droghe.

In base ai sintomi, si classificano in:
- ***Droghe deprimenti***, che comprendono oppio, morfina, eroina, metadone e farmaci come barbiturici e tranquillanti.
- ***Droghe stimolanti***, che comprendono cocaina, anfetamina e crack, ma anche caffeina e farmaci antidepressivi.
- ***Droghe allucinogene***, che comprendono mescalina, LSD, DOM (STP), ecstasy o MDMA.
- ***Cannabis e derivati***, che comprendono marijuana, hashish, olio di hashish.

Nella sindrome da astinenza si distinguono tre fasi.
- ***Crash (caduta)***, che si presenta dopo 30 minuti dall'assunzione. I sintomi sono: insonnia, inappetenza, stanchezza e agitazione.

- ***Craving* (intenso desiderio)**. Successiva alla prima fase, può durare fino a 5 settimane. I sintomi sono: sbalzi d'umore, grande sonnolenza, mancanza di energia, ansia, sintomi depressivi accompagnati da idee di suicidio.
- ***Estinzione***. È l'ultima fase, nella quale i sintomi delle prime due iniziano a scomparire. L'umore della persona diventa sempre più normale.

La droga è soprattutto fine della libertà e della dignità della persona

L'assunzione di droga è una potenziale scelta di morte per: overdose, AIDS, violenza, suicidio, incidenti e malattie.
La droga lede la dignità della persona e porta nell'individuo manifestazioni di:

- disagio nelle relazioni fra le persone;
- mancanza di comunicazione fra genitori e figli;
- miseria morale e culturale dei consumatori, molti dei quali sono costretti al crimine o alla prostituzione per procurarsi la dose quotidiana.

La cocaina, droga di grande diffusione, nasce dalla raffinazione della pianta di coca

Sebbene gli indigeni del centro e del sud America anticamente la usassero per alleviare gli effetti della fame e della fatica, la cocaina ottenuta dalla raffinazione delle foglie è stata scoperta da Albert Nieman nel 1860. Per il potere stimolante venne consigliata in Francia agli operai per aumentare la produzione nelle fabbriche, mentre negli USA si utilizzava per la disintossicazione degli alcolisti e dei morfinomani e in Germania fu somministrata di nascosto ai soldati per migliorare l'efficienza e la resistenza dell'esercito alla fatica e alla fame. Sigmund Freud nel 1880 l'ha sperimentata per curare i suoi frequenti stati depressivi. Il patologo Ernst Fleischl, che aveva sviluppato una fortissima dipendenza, incominciò ad avere spaventosi effetti paranoici, allucinazioni e deliri nei quali lottava contro morsi e aggressioni di insetti. Ciò fece spegnere l'entusiasmo sulla cocaina.
Il suo aspetto è simile allo zucchero o al sale fino, e viene "sniffata" (inalata), fumata o iniettata. Negli anni '50 veniva chiamata "neve" per il suo aspetto; oggi si trova anche in cristalli che si fumano, e prende il nome di crack. Gli effetti danno una sensazione di forza e di energia, euforia e scarsa sensibilità alla fame e al dolore. L'uso massiccio e continuo provoca insonnia e depressione. Tipici segni di intossicazione comprendono pupille dilatate, tremori, ulcere al naso e manie persecutorie. Non si ha la sindrome di astinenza, mentre è elevata la dipendenza psichica.

La droga più diffusa fra gli adolescenti è la cannabis, che apre spesso la strada a sostanze più pesanti

La cannabis è la prima sostanza assunta dagli adolescenti che successivamente hanno iniziato ad usare droghe quali la cocaina e l'eroina. L'ASL svolge un ampio servizio di prevenzione, anche se la prima agenzia di protezione rimane la famiglia. Per orientare meglio le strategie di prevenzione sui giovani è necessario considerare che le prime cause di morte e di invalidità, nella fascia d'età compresa tra i 14 e i 18 anni, sono da imputare all'uso di sostanze stupefacenti e agli incidenti correlati all'alcol e droga.

Tocca a te

Esprimi la tua opinione sulle affermazioni sotto riportate motivandone il perché.

- L'uso della droga toglie dignità alla persona.
- Il drogato crede di risolvere i propri problemi ma non fa altro che accentuarli.
- Non è la società a emarginare il drogato, ma è lui stesso ad emarginarsi.
- Le droghe leggere sono spesso l'anticamera delle droghe pesanti.

Lezione 19: La nuova legislazione sulla droga e i servizi collegati

La nuova legge sulle droghe ripristina la distinzione fra droghe leggere e pesanti

Il D.L. n. 34 del 20 marzo 2014 convertito in legge il 16 maggio 2014, n. 79, entrata in vigore il 21 maggio 2014, che prevede l'introduzione di nuove tabelle per la classificazione delle droghe e reintroduce la distinzione fra droghe leggere e pesanti abolita dalla legge Fini-Giovanardi.
Le tabelle I e III raggruppano le droghe pesanti, la II e la IV quelle leggere, la V le droghe a uso terapeutico.
Nella tabella I, relativa alle ***droghe pesanti***, rientrano gli oppiacei naturali o sintetici, le foglie di coca e gli alcaloidi derivati, le anfetamine, tutte le ***droghe sintetiche*** a base di Thc (principio attivo della cannabis) e tutte le sostanze che producono effetti sul sistema nervoso e determinano dipendenza fisica o psichica.
Nella tabella II, relativa alle ***droghe leggere***, rientra la cannabis senza distinzione tra indica, sativa, rudelaris o ibrida.
Lo spaccio di lieve entità prevede una reclusione da 6 mesi a 4 anni e una multa da 1.000 a 15.000 euro.
Il giudice ha la possibilità di applicare, al posto della detenzione e multa, la ***pena del lavoro di pubblica utilità,*** di durata equivalente alla condanna detentiva, nel caso di piccolo spaccio o reati minori commessi da un tossicodipendente.

Glossario

malattia cronica = malattia di lunga durata.

Lo Stato riconosce il drogato come persona affetta da malattia cronica e che necessita di cura

Il drogato viene ritenuto una persona affetta da **malattia cronica**, ma tale malattia risulta trattabile e guaribile. Il trattamento deve essere personalizzato e rispettare il cambiamento della persona, delle sue caratteristiche, della libera scelta del luogo e del modo di cura all'interno dei servizi offerti dai servizi sanitari. Il percorso di trattamento deve prevedere la soluzione dei problemi sanitari, sociali, educativi e legali.
Il recupero avviene solo se c'è una grande motivazione e determinazione. Solitamente le donne riescono a farcela da sole perché stimolate affettivamente, mentre gli uomini hanno bisogno di essere spronati da qualcuno di cui si fidano e ricorrono, per raggiungere lo scopo, alle Comunità terapeutiche.

Le Comunità terapeutiche, servizi no profit con finalità di recupero, sono un valido mezzo per aiutare il tossicodipendente ad uscire dal giro della droga

Nonostante le critiche che vengono rivolte alle Comunità terapeutiche (CT), esse rimangono la più valida risposta al problema delle droghe. Le comunità sono gestite a seconda delle correnti di pensiero e le valutazioni del fenomeno a cui si appoggiano; ci sono comunità che reputano il soggetto guarito se non fa più uso di sostanze ma rimane in terapia, altri lo ritengono tale anche se continua ad usare il metadone anche dopo la comunità. Allo stato attuale le percentuali di recupero rimangono più basse degli anni precedenti perché sono aumentate le utenze con turbe psichiche da danni da droga.
La CT fornisce un trattamento sistematico per il raggiungimento del recupero e riabilitazione in rapporto ad un modo di vivere corretto ed adeguato. Si cerca di rafforzare la conoscenza del proprio Io, si lavora sull'autostima, si definiscono routine essenziali nel rispetto di se stessi e degli altri e si cerca di insegnare un lavoro alle persone in terapia.
La Comunità terapeutica non solo è un servizio no profit ma si finanzia, oltre che grazie ai contributi dello Stato, con il lavoro delle persone che sono al suo interno. Rendere il tossicodipendente rispettoso delle regole comunitarie è un percorso lungo e difficile che a volte dura anni e che necessita di grande volontà e determinazione. La comunità viene intesa come il principale fattore terapeutico, e la disintossicazione dalla droga è una condizione per essere inseriti nella struttura, non l'obiettivo del trattamento. Il percorso, che varia a seconda delle comunità, si concentra sul mantenimento di

uno stile di vita caratterizzato da autonomia personale e di libertà dalla dipendenza. Importante è il processo di crescita della personalità e di risocializzazione.
I valori che vengono insegnati si basano sul rispetto degli altri e sulla lealtà, riutilizzando termini dimenticati, come onestà e verità. Viene incoraggiata la capacità di vivere il presente e si rafforzano le motivazioni all'autorealizzazione, infatti tutti gli utenti delle CT devono lavorare, non scegliendo un impiego scelto da loro ma assegnato dagli educatori e dal personale che lavora all'interno del servizio. All'interno della CT lavorano psicologi, educatori e volontari; le comunità sono gestite da laici, enti privati in collaborazione con l'ASL.

L'inserimento abitativo e lavorativo sono le prime tappe della reintegrazione sociale

Prima di completare il percorso di recupero, il soggetto viene avviato alla vita "normale" attraverso ***l'inserimento lavorativo e abitativo***. Poiché entrambi gli inserimenti fanno parte delle strategie di recupero, egli non riceve direttamente, fino a quando vive in comunità, i soldi del salario che percepisce con il suo lavoro, onde evitare tentazioni. I soldi vengono trattenuti dalla comunità e dati al ragazzo quando ha terminato il percorso.
Alle CT si accede per libera scelta, perché mandati dai genitori, se minorenni, perché inviati dal giudice come alternativa al carcere.
Altri servizi importanti sono il ***Centro crisi*** o ***Centro di primo intervento***, gestiti da SerT, ASL e Cooperative sociali che hanno il fine di aiutare i tossicodipendenti nei momenti di grave crisi e di primo approccio al recupero. In questi centri il tossicodipendente rimane per qualche mese. Terminato il soggiorno nel centro crisi, il soggetto viene orientato a iniziare il percorso di recupero presso la struttura ritenuta più idonea per lui.
Il ***Centro diurno*** è utilizzato dal SerT per le persone che rivelano una certa autonomia e hanno alle spalle famiglie collaborative.

Le vittime per incidenti causati da uso di sostanze sono passate da 81 nel 2014 a 120 nel 2015. In molti casi i guidatori avevano assunto sostanze sconosciute agli esperti di tossicologia

Negli ultimi tempi gli incidenti stradali mortali sono quasi raddoppiati a causa delle sostanze assunte da chi era al volante. Non è possibile dare un nome a quelle droghe come si fa con l'eroina o i cannabinoidi, perché sono sostanze sconosciute anche agli scienziati. Si presentano come Sali da bagno o fiori, si comprano online e non sono riconosciute dai test; per questo motivo è stata costituita da sette università la "*Life Street, No Drugs*" al fine di creare nuovi protocolli per intercettare le *smart drugs*, le droghe dei miscugli letali e finora imprendibili perché sono centinaia e sempre nuove. La cocaina rende spericolati, la cannabis modifica la percezione delle distanze, mentre le nuove sostanze entrano nel mercato in continuazione e altrettanto velocemente vengono sostituite. Dal 2009 al 2015 sono state registrate 456 nuove molecole a cui se ne sono aggiunte altre 100 da marzo o ottobre 2015. I giovanissimi le acquistano su internet, e ciò toglie loro l'idea di dipendenza. Il Cnr di Pisa ha stimato che in Italia nel 2013 circa 66 mila studenti hanno fatto uso di sostanze stimolanti, mentre quasi 30 mila avrebbero fatto ricorso alle *smart drugs*. Tali cifre sono sottostimate secondo l'ONU, che quantifica i dipendenti da queste molecole in 440.000 persone, per un fatturato italiano di tutte le droghe attorno ai 24 miliardi di euro. L'ASL di Milano, città il cui consumo è al di sopra della media nazionale, ha evidenziato tra i giovani il crescente uso di farmaci analgesici e oppiacei.

Tocca a te

È presente nel tuo territorio una comunità per il recupero dei tossicodipendenti? Quali sono i principi di base sui quali si basa il recupero? Ipotizza una visita e prepara una griglia osservativa.

Lezione 20: La salute mentale

Descrivi "un matto".

Descrivi una "persona normale".

Descrivi i comportamenti che secondo te sono tipici di "un matto".

Descrivi i comportamenti che secondo te sono tipici di una "persona normale".

La follia ha avuto nei secoli vari approcci, ma è diventata un problema sociale solo con la trasformazione della famiglia da patriarcale a nucleare

La follia nel corso della storia dell'uomo è stata interpretata come una condizione individuale caratterizzata da comportamenti contrari alla ragione e alle regole sociali, oppure come uno stato psicologico dominato dalla presenza della divinità.

La psichiatria nasce in Europa tra la fine del 1700 e la prima metà del 1800: prima di allora la follia non rappresentava un problema pubblico e gli interventi erano di competenza di medici, religiosi o filosofi. Le soluzioni che venivano prese nei confronti dei folli consistevano nella chiusura e l'isolamento dei soggetti in appositi istituti nei quali venivano inserite anche le persone incapaci di produrre, che infrangevano le regole e che disturbavano gli equilibri sociali. La funzione predominante della struttura manicomiale era la custodia dei soggetti; solo in un secondo tempo vi era la cura. Nel 1782 venne istituito a Firenze il primo reparto ospedaliero di "cura" del folle, liberato dalle catene.

Il manicomio come luogo di cura e di controllo sociale del folle è stato aperto nell'Ottocento

Verso la metà dell'Ottocento un gruppo di medici diede vita al "manicomio" come struttura fondamentale per la cura e il controllo sociale del folle. Molto usata era l'***idroterapia***, mentre nel 1830 entrò in funzione una *macchina rotatoria* che imprimeva un movimento rotatorio alla sedia su cui era seduto il paziente facendogli così perdere i sensi e l'orientamento. La *camera oscura* era una stanza priva di luci dove il paziente agitato veniva isolato, e vi rimaneva finché non si era calmato. Strumento principale era la *camicia di forza*, che viene utilizzata tuttora in forme diverse.

All'inizio del 1900 il manicomio raggiunse la massima espansione; vennero aperti anche i manicomi giudiziari

Verso i primi del Novecento il manicomio raggiunse la massima diffusione, mentre alla fine dell'Ottocento erano stati istituiti i manicomi giudiziari o criminali. Nei manicomi giudiziari venivano internati coloro che avevano commesso un delitto ed erano stati assolti perché infermi di mente, e pertanto non imputabili. I manicomi giudiziari sono stati chiusi nel 2014 e sono stati sostituiti dalle REMS.

Glossario

Approcci = modi di valutare la situazione, criteri diversi di valutazione della situazione.

Idroterapia = consisteva in getti d'acqua fredda che servivano a calmare il paziente.

Tocca a te

Esegui gli esercizi proposti nella prima pagina della lezione, confronta con i tuoi compagni le varie risposte e metti in evidenza chi è per il gruppo classe il folle e cosa lo contraddistingue. Utilizzando la tecnica del *brainstorming*, analizzate il termine "follia".

Lezione 21: La riforma Basaglia e i servizi

Negli anni 1960-1970 la psichiatria tradizionale entrò in crisi e si incominciarono ad attuare prime esperienze di rinnovamento

In Italia la psichiatria entrò in crisi verso gli anni '60-'70, quando emerse, fra gli operatori del settore, una critica generale al sistema psichiatrico in vigore e all'intero sistema socio-culturale che lo determinava. L'introduzione degli psicofarmaci per la cura delle malattie mentali trasformò radicalmente il sistema di approccio, assistenza e cura dei malati di mente. Le prime esperienze di rinnovamento si sono sviluppate nell'ospedale psichiatrico di Gorizia su iniziativa dello psichiatra Franco Basaglia. Uno degli strumenti utilizzati per avviare la trasformazione si fonda sulla ***Comunità Terapeutica* (CT)**: in essa l'organizzazione della vita quotidiana del paziente si avvicina alle sue esigenze e tende a responsabilizzare tutti coloro che partecipano alla vita interna. Le regole di vita nella CT sono frutto di discussioni fra tutti i membri; il ricovero ospedaliero diventa una soluzione estrema ed i pazienti non rappresentano più un "caso", ma una "situazione" complessa di cui fanno parte i loro problemi lavorativi, psicologici, familiari ed economici.

La Quarta dimensione

Sintesi del cortometraggio "La Quarta dimensione"

La legge 431 del 1968 introdusse cambiamenti importanti nella vita dei reparti

Una prima modifica della legislazione psichiatrica si ha con la legge n. 431 del 1968, che introdusse importanti novità:

- la malattia mentale non veniva più annotata nel casellario giudiziario del soggetto;
- vennero cambiate le modalità di ammissione e dimissione, in quanto un cittadino italiano poteva farsi curare volontariamente nell'ospedale psichiatrico, poteva uscirne per proprio desiderio e poteva conservare i propri diritti civili.

Negli anni '70 vennero incrementati i *centri di salute mentale* e l'apertura al territorio venne definita un momento fondamentale per la gestione delle risorse.

Nel 1978 viene approvata la legge 180, conosciuta anche come Legge Basaglia, che chiuse definitivamente i manicomi concedendo però un lasso di tempo necessario per la definitiva attuazione

La legge 180 del 13 maggio 1978 anticipa la legge sulla riforma sanitaria del 28 dicembre 1978 n. 833, con la quale si decreta che la psichiatria fa parte del servizio sanitario e non ha più alcun rapporto con la polizia e con la giustizia; anche il personale è prettamente sanitario. La legge 833 ha come fine la prevenzione, la cura e la riabilitazione, e si allaccia alla legge 180 che definisce i malati di mente curabili a meno che i loro problemi mentali non derivino da fattori genetici o da lesioni cerebrali. Il paziente non va più "segregato", ma curato attraverso i servizi che sono previsti dal Servizio Sanitario Nazionale. La riforma prevede che vengano aboliti gli istituti tradizionali di ricovero dei pazienti psichiatrici, gli ospedali perdono la loro funzione e devono essere **gradualmente superati**. Si passa dal controllo sociale del malato di mente alla promozione della salute e alla prevenzione dei disturbi mentali, spostando il punto focale dagli interventi fondati sul ricovero ospedaliero a quelli incentrati sui servizi territoriali: su una *rete di servizi* che permetta ai soggetti che necessitano di assistenza psichiatrica di potervi accedere. L'obiettivo primario di tale legge è quello di ridare dignità e diritti ai malati, fuori dai manicomi.

Le ASL programmano e gestiscono interventi finalizzati al superamento del disagio mentale

Le aziende sanitarie orientano i loro interventi attuando varie strategie, promuovendo:

- attività di "promozione" della salute quale strumento di prevenzione del disturbo mentale;

- attuazione di interventi mirati per particolari aree problematiche, con particolare attenzione all'età evolutiva;
- interventi assistenziali mirati al recupero della qualità della vita dell'assistito e all'attivazione delle sue risorse, anche attraverso progetti sperimentali;
- sviluppo dell'integrazione degli interventi sanitari e sociali;
- opportunità lavorative per gli utenti dei servizi;
- definizioni di criteri di verifica e di valutazione del grado di raggiungimento dei risultati, della qualità degli interventi e della soddisfazione degli utenti.

Il dipartimento Salute Mentale (DSM) e il Centro di Salute Mentale (CSM) sono i servizi che prendono in carico le persone che presentano turbe psichiche

A occuparsi delle persone che presentano turbe psichiche è il ***Centro di Salute Mentale*** che, con i suoi ambulatori, assicura la progettazione, l'attuazione e la verifica degli interventi di prevenzione, cura, riabilitazione, e reinserimento sociale del soggetto.
Il ***Servizio Psichiatrico di Diagnosi e Cura (SPDC)*** garantisce il trattamento sanitario in condizione di degenza ospedaliera, svolge le funzioni di ricovero in trattamento sanitario volontario (***TSV***) e trattamento sanitario obbligatorio (***TSO***), e gli utenti non possono lasciare la struttura per tutto il tempo della degenza. Il SPDC è situato presso il presidio ospedaliero di zona o presso il presidio che assicura, per la zona, le prestazioni di ricovero per l'area medica. Al suo interno vengono ricoverati i soggetti che manifestano al momento una fase acuta della malattia. Il soggetto che insegue la moglie con il coltello perché vuole ammazzarla, quello che sale sul tetto del campanile e minaccia di suicidarsi o quello che in un eccesso di ira distrugge le suppellettili di casa, sono persone che manifestano una fase acuta del loro stato di salute mentale. I malati di mente in fase acuta e quelli in fase cronica presentano due fasi differenti della malattia: è considerata acuta la fase in cui la malattia è al culmine, mentre si definisce cronica quella in cui la malattia si **stabilizza e cronicizza**. A rendere operativo il ricovero presso il SPDC in regime di TSO è, per soggetti maggiorenni, il sindaco, responsabile della salute dei cittadini, che firma l'atto di notifica del ricovero, viene attuato tramite i vigili urbani. Il ricovero tramite TSV non richiede nessun coinvolgimento istituzionale poiché è lo stesso paziente che lo decide di sua spontanea volontà. I pazienti rimangono ricoverati presso il SPDC vi rimangono per un minimo di dieci giorni ed un massimo di trenta.

I servizi che hanno sostituito i manicomi sono vari, e hanno tutti la funzione di reinserimento sociale

Il **CSM** è un servizio aperto ventiquattro ore al giorno e assicura al suo interno la presenza costante di psichiatri e psicologi.
Gli ***ambulatori*** presenti nel servizio forniscono supporto sia ai pazienti che ai familiari programmando anche *gruppi di auto-mutuo-aiuto*.
Il **Day Hospital** è rivolto a pazienti in fase acuta e subacuta che necessitano di interventi prevalentemente sanitari, intensivi, di breve durata, per i quali si preferisce non attuare l'ospedalizzazione.
A promuovere la cultura della guarigione e dell'auto-aiuto è stato *Ron Coleman*, il quale utilizzando la sua esperienza personale di malato di mente all'interno del sistema psichiatrico inglese ha sviluppato un approccio alla malattia mentale finalizzato a riprendere il controllo della propria vita e avviare un percorso verso la guarigione.

Tocca a te

Simula con un compagno un colloquio fra una persona con turbe psichiche e uno psichiatra al fine di calmare le ansie che fanno sentire il paziente inadeguato alla società.

Glossario

Gradualmente superati = sebbene la legge sancisca la chiusura dei manicomi, vennero concessi circa venti anni per renderla definitivamente operativa. Tale lasso di tempo era necessario per trovare per tutti i degenti delle varie strutture una diversa collocazione, poiché molte famiglie erano scomparse, o non erano disposte a farsi carico di un familiare istituzionalizzato da anni. Le persone che al termine del periodo non avevano trovato collocazione furono inserite nei Centri protetti.

Stabilizza e cronicizza = la malattia non progredisce né regredisce, rimane cioè stazionaria.

Lezione 22: Le turbe psichiche

Le cause principali del ritardo mentale sono legate a fattori ereditari e ambientali

Le turbe psichiche nell'uomo hanno varie origini: possono derivare da danni causati dall'uso di droghe, da ritardo mentale dovuto a fattori ereditari e non, da nevrosi, depressione, ecc.
Nell'individuo il ritardo mentale può essere causato da fattori ereditari, organici ed ambientali.
I fattori ereditari e le anomalie cromosomiche (50-60% dei casi) sono al primo posto nell'insufficienza mentale: la più diffusa delle anomalie è la sindrome di Down, o Trisomia 21.
I fattori organici (25-50% dei casi) comprendono i traumi da parto (durante il parto si possono verificare lesioni cerebrali, che provocano danni irreversibili) e la nascita prematura (il bambino nato prima del tempo può presentare organi non completamente formati).
I fattori postnatali possono essere responsabili di **disabilità mentale** e difficoltà di apprendimento, e consistono in una serie di condizioni in grado di colpire il bambino nel primo anno di vita (febbri molto alte in tale periodo possono portare a convulsioni, encefaliti, malattie infettive, denutrizione precoce, ecc.)
I fattori ambientali, legati alla famiglia e al contesto sociale e culturale in cui il ragazzo vive, possono incidere positivamente o negativamente sul suo sviluppo, colmando l'eventuale deficit intellettivo o accentuandolo.

Le insufficienze mentali vengono classificate in base alla loro gravità. La più diffusa è quella di grado lieve, ma gli utenti cui si rivolgono i servizi presentano un'insufficienza di grado medio e grave

L'insufficienza mentale viene classificata in ritardo lieve, medio e grave.
I soggetti con *insufficienza mentale lieve* (80-85% delle persone con ritardo mentale) presentano una sufficiente autonomia e da adulti possono raggiungere discrete capacità di adattamento sociale e professionale. La loro età mentale è riferibile agli 8-11 anni.
I pazienti con *insufficienza mentale di grado moderato* (10-14% della popolazione con ritardo mentale) presentano una memoria meccanica e una sufficiente autonomia. Da adulti presentano discrete capacità di comunicazione, autonomia sociale e adattamento alla vita comunitaria. La loro età mentale è riferibile ai 6-9 anni.
I soggetti con *insufficienza mentale di grado grave* durante il periodo scolastico possono apprendere autonomie relative alla vita quotidiana in ambienti protetti. Si esprimono attraverso la parola-frase. Da adulti presentano minime competenze di autonomia e possono svolgere semplici attività in ambienti protetti. La loro età mentale è riferibile ai 4-6 anni.

I casi gravissimi presentano un'età mentale inferiore ai 4 anni e necessitano di assistenza e sorveglianza anche da adulti.

I disturbi mentali vengono suddivisi in:

- Disturbi caratteristici dell'infanzia. Ne fanno parte i deficit di attenzione, i disturbi di ansia, gli attacchi di panico, l'autismo infantile, l'anoressia, la bulimia, i tic, la balbuzie e l'**enuresi**.
- Disturbi caratteristici dell'adulto. La demenza e le alterazioni ad essa collegate sono disturbi caratteristici dell'anziano.
- Disturbi organici. Comprendono danni cerebrali transitori o permanenti. I danni cerebrali possono derivare da malattie, come il restringimento delle arterie, o da sostanze (droga o altro) che distruggono le cellule cerebrali, ma anche da demenza e da delirio.

- Disturbi non organici, riferibili a cause psicologiche.
- Disturbi psicotici. Ne fanno parte l'autismo e la schizofrenia, caratterizzata da uno stato di disgregazione della personalità.
- Disturbi nevrotici. Comprendono fobie, attacchi di panico, depressione, disturbi del sonno, ecc.

La schizofrenia è contraddistinta spesso da deliri e allucinazioni

La *schizofrenia* è caratterizzata dall'inventarsi (fissarsi) e/o crearsi problemi che non esistono ("...lei mi guarda sempre male..."), al punto che il soggetto può arrivare a vendicarsi. I deliri e le allucinazioni accompagnano tale patologia, tanto che il soggetto sente sovente delle voci. La schizofrenia colpisce prevalentemente gli uomini in età adolescenziale e le donne in età adulta, ed è il più comune dei disturbi psicotici.

La schizofrenia porta alla dissociazione dei pensieri dalle emozioni, tanto da creare disturbi dell'affettività e l'estraniamento dall'ambiente circostante evitando lo scambio con la realtà (lo schizofrenico, nei casi più gravi può restare silenzioso ed immobile per giorni interi). Chi soffre di schizofrenia può essere in certi casi così immerso nel proprio mondo fantastico da perdere il senso dello spazio e del tempo; non sa che giorno e che ora siano, né dove si trovi.

L'autismo rappresenta un'estrema forma di distacco dalla realtà

L'*autismo* porta il soggetto a estraniarsi dalla realtà e a crearsi una vita interiore fantastica: colpisce 2-6 bambini su 1000 nati. *Autòs* è la parola greca da cui deriva il termine "autismo" che significa "se stesso", per sottolineare il ripiegamento su se stessi. Si manifesta nei primi tre anni di vita con deficit che coinvolgono l'immaginazione, l'interazione sociale e la comunicazione. Gli autistici evitano il contatto fisico e non vogliono essere presi in braccio. L'autismo è la peggiore delle disabilità, perché coinvolge diverse funzioni cerebrali e dura tutta la vita. Studi sui comportamenti dei bambini autistici hanno dimostrato che essi sono più disponibili a instaurare un rapporto se si trovano in acqua. Tale terapia prende il nome di TMA (Terapia Multisistemica in Acqua) ed è stata ideata dallo psicologo Giovanni Ippolito di Foggia: egli afferma che l'acqua è al tempo stesso fonte di gioia e di paura. Spesso è proprio la paura la molla che porta questi bambini a compiere il primo passo, e a scoprire che si possono fidare degli altri. Esiste anche una terapia chiamata ABA (Analisi Comportamentale Applicata), molto costosa e non alla portata di tutti. L'intervento deve essere precoce e intensivo e dura alcuni anni; l'ospedale Santa Croce di Fano da vari anni si occupa di autismo secondo i principi ABA. Altri progetti pilota sono, per esempio, quello dell'ANFASS-FOBAP di Brescia.

La terapia varia per ogni paziente, data la diversità dei sintomi e delle situazioni, e la **remissione totale** della patologia si ottiene molto raramente. I terapisti operano sullo sviluppo del linguaggio e delle capacità sociali mediante un **training** altamente strutturato. L'utilizzo dei farmaci ha l'obiettivo di ridurre o eliminare patologie associate, come l'epilessia e il deficit di attenzione.

Glossario

Disabilità mentale = ritardo/fragilità mentale. Le persone con disabilità mentale presentano una personalità non pienamente strutturata.

Enuresi = incapacità di controllare lo stimolo a urinare. Il bambino fa la pipì a letto durante il sonno.

Remissione totale = guarigione completa.

Training = presa in carico.

Tocca a te

Fai una ricerca sui servizi rivolti alla cura delle persone con turbe psichiche presenti nella tua città e crea uno schema che ne evidenzi compiti e finalità.

Lezione 23: Le turbe psichiche, l'inserimento lavorativo e le REMS

Esiste confusione su cosa sia il disagio psichico e come riconoscerlo

Lo stereotipo in base al quale il ricorso a uno psicologo sia legato alla malattia mentale è ancora molto diffuso; in realtà il disagio esistenziale e la sofferenza psichica sono sempre più diffusi.

Il pensionamento, l'insicurezza economica, l'instabilità nelle relazioni familiari, ecc., causano reali difficoltà di adattamento e di gestione delle emozioni. L'intervento dello psicologo consente di soddisfare il bisogno di ascolto e comprensione, e a livello cognitivo permette di individuare diversi modi di affrontare il problema e di trovare nuove soluzioni. A livello emotivo si prende carico delle emozioni difficili da gestire in modo da comprendere l'origine e utilizzarle come risorse anziché ostacoli.

Foto di Emanuele Weichenberger

La depressione nell'adolescenza è dovuta a una non elaborazione del dolore

L'adolescenza rappresenta un passaggio nel quale il soggetto non è più un bambino, ma non è ancora un adulto. Questo periodo è contraddistinto da cambiamenti, separazioni e perdite che il ragazzo deve saper elaborare. Il dolore mentale depressivo è un'emozione sana e adeguata che la persona sperimenta in seguito alla perdita di qualcosa di amato, di importante e buono; la depressione si manifesta nel momento in cui la persona non è in grado di vivere il dolore e lo evita, lo tiene lontano, rimanendone però dolorosamente coinvolto. Nell'adolescenza i sintomi di tale patologia possono essere poco evidenti, lasciando il posto a noia, dolori addominali, esibizionismo, ecc.

La depressione colpisce più le donne degli uomini poiché la dimensione femminile coinvolge gli aspetti ormonali, psicologici e sociali

Studi statistici sulla distribuzione del disturbo depressivo hanno messo in evidenza che tale patologia colpisce le donne con più frequenza rispetto agli uomini. Ciò può essere determinato da:

- motivi socio economici;
- maggiore disponibilità a parlare del disturbo della sfera emotiva;
- motivi biologici di tipo ormonale.
- la sindrome pre-mestruale, la gravidanza, il post-partum, la menopausa sono le situazioni in cui si può insinuare la depressione. A renderla un vero e proprio disturbo è la durata e l'intensità della manifestazione dello stato depressivo.

La psicoterapia di comunità ha il fine di mettere le persone in grado di affrontare i propri problemi con altre persone

La psicoterapia di comunità permette di affrontare insieme agli altri i propri problemi ragionando e riflettendo mentre si conversa, facilitando lo stare insieme e la fiducia reciproca. I progetti di inclusione lavorativa sono rappresentati dalle cooperative sociali di tipo B o dalle fattorie solidali, dove le persone, nonostante i loro problemi, hanno voglia di fare qualcosa assieme non solo per se stessi ma anche per gli altri membri della comunità.

I gruppi di auto-mutuo-aiuto hanno lo scopo di far sviluppare la consapevolezza che la malattia può essere curata

L'auto-mutuo-aiuto, attraverso la sua progettualità e il suo agire

concreto e quotidiano, porta alla consapevolezza che la malattia può essere emarginata per lasciare spazio alle potenzialità che vengono espresse e che richiedono maggiore attenzione.
Lo psicoterapeuta può condurre a cambiamenti stabili del proprio modo di pensare, della gestione delle emozioni e del proprio comportamento.

PDF L'OPG

L'inclusione socio-lavorativa è molto importante nel processo di guarigione della patologia mentale grave

La legge 180 ha sancito l'entrata nel mondo dei diritti da parte delle persone con sofferenza psichica. In Italia l'inserimento lavorativo, se gestito dal DSM, può avere diverse finalità ed è diversificato a seconda dei bisogni e delle caratteristiche dell'utente.
L'educatore professionale è la figura che fa da referente per i percorsi di formazione e inserimento lavorativo attivati da organizzazioni esterne al DSM. Con l'educatore professionale, l'infermiere e l'assistente sociale collabora personale di supporto all'assistenza e all'inserimento professionale, anche in assenza di una formazione adeguata, al fine di integrare il soggetto e limitare l'eccesso di assistenzialismo che non genera integrazione sociale.
Il contesto di assunzione privilegiata è la cooperativa sociale, seguita da piccola e media impresa.

Il Manuale diagnostico e statistico dei disturbi mentali, noto con la sigla DSM, è il sistema descrittivo della malattia e classificazione più utilizzato sia in ambito medico che nella ricerca

La sigla DSM, ossia Dipartimento Salute Mentale, indica il dipartimento che si occupa di persone affette da turbe psichiche.
Il Manuale diagnostico e statistico dei disturbi mentali, noto anch'esso con la sigla DSM (derivante dal titolo originale dell'edizione statunitense, *Diagnostic and Statistical Manual of Mental Disorders*) ha visto la sua prima edizione nel 1952 (DSM-I), mentre l'ultima edizione, la quinta, è del 2013 ed è intitolata DSM-V. In tale volume i disturbi mentali vengono definiti in base a sintomatologie e raggruppati su basi statistiche. Per esempio, la malattia dell'Alzheimer è inserita nel DSM-IV, mentre il Disturbo bipolare è stato inserito nel DSM-V.

L'Ospedale Psichiatrico Giudiziale, così denominato dal 1975, è stato chiuso definitivamente con la legge n. 81 del 30 maggio 2014; la data della chiusura è stata prorogata a maggio 2015 per permettere l'inserimento dei detenuti, che non possono essere dimessi, nelle REMS

La legge n.81 del 2014 chiude gli OPG e attiva le REMS (Residenze per l'Esecuzione delle Misure di Sicurezza). Si tratta di strutture ricettive a carattere sanitario che rispondono anche a criteri di custodia poiché rivolte a pazienti con turbe psichiche, autori di reati, ritenuti non dimissibili dagli OPG. Gli internati nelle REMS sono sottoposti a misure di sicurezza giudiziaria, ma la custodia passa dal DAP (Dipartimento dell'Amministrazione Penitenziaria) alla Sanità (Dipartimento Salute Mentale). La confusione tra competenze sanitarie e quelle giudiziarie, tra cura e custodia, rischia di modificare l'identità professionale dell'infermiere. Le Regioni, come previsto dalla legge, hanno organizzato percorsi di formazione per gli operatori delle REMS, i cui docenti sono medici psichiatri e criminologi. Le REMS sono istituite in ogni Regione. L'OPG di Castiglione delle Stiviere, che accoglie ml suo interno "mamme assassine", ha sempre avuto un'impostazione di cura più che di detenzione, tanto che si è trasformata essa stessa in REMS.

Tocca a te

Quali turbe psichiche conosci? Prepara tre slide in cui riassumi la caratteristica della turba psichica che più ti incuriosisce o spaventa.

Lezione 24: La demenza nell'anziano

La demenza si manifesta con la perdita di memoria e può insorgere nella vecchiaia

La demenza colpisce i sistemi integrativi del cervello e porta la persona a non essere più in grado di relazionarsi in modo adeguato con l'ambiente. Nella demenza si manifesta la perdita progressiva della memoria e di altre funzioni che l'individuo aveva acquisito durante la vita e che compromettono in modo significativo la sua vita professionale, sociale e relazionale.

Vi sono vari fattori che possono provocare la demenza

Le principali forme di demenza sono riconducibili a:

- *morbo di Alzheimer* (55-60% dei casi), di cui non si conoscono ancora le cause, e non esistono cure o terapie valide;
- *forme vascolari* (15-20% dei casi), conseguenti a infarti o ictus cerebrali;
- *forme miste* (15-20% dei casi), dovute a *Alzheimer* associato a demenza multinfartuale;
- *forme secondarie* (5-15% dei casi), causate da altre malattie come cancro, etilismo, demenza pugilistica, malattie parkinsoniane che evolvono spesso in demenza.

Esistono vari criteri oggettivi per valutare il grado di demenza

La demenza può essere suddivisa in:

- *Lieve*: il soggetto presenta attività sociali e lavorative compromesse. Rimangono presenti le capacità di vivere in modo autonomo ed è adeguata l'igiene personale.
- *Moderata*: è compromessa la vita indipendente, che risulta rischiosa e necessita di una supervisione da parte di altre persone.
- *Grave*: le attività di vita quotidiana sono ampiamente compromesse, tanto che è necessaria la continua supervisione (presenza di badante). Il soggetto appare ampiamente incoerente e con frequenti cambi d'umore.

La famiglia difficilmente accetta le turbe psichiche del proprio familiare e spesso si adira con lui perché delude le sue aspettative

La demenza può scatenare nei parenti dell'ammalato vergogna, rifiuto della diagnosi, ansia, stress, depressione e di conseguenza **segregazione** in casa, scarsa o nulla stimolazione, in alcuni casi anche percosse. L'accettazione della malattia richiede l'elaborazione del lutto. La durata media della sopravvivenza è di 10-12 anni. Le forme di demenza aumentano fra i 78-80 anni, e si riscontrano con maggiore frequenza nelle donne.

A prendersi carico dei soggetti con demenza sono i Servizi sociali o la famiglia stessa, che decide di occuparsi in prima persona della situazione o di rivolgersi a una badante. La badante, preferibilmente straniera perché garantisce assistenza continua anche nelle ore notturne, ha il compito di occuparsi della custodia dell'anziano. L'UVG/UVM garantisce l'assegno di accompagnamento al soggetto affetto da una forma di demenza che lo renda invalido al 100%.

Glossario

Segregazione = essere costretto a rimanere rinchiuso in casa contro la propria volontà.

La comunicazione nel soggetto affetto da demenza avviene anche quando l'anziano ha difficoltà di linguaggio

A volte si pensa che una persona che presenta difficoltà espressive non capisca; in realtà essa comunica in modo meno articolato e con strategie diverse.

La comunicazione nel soggetto con difficoltà espressive
▸ la persona demente comunica anche quando ha difficoltà di linguaggio; ▸ le capacità di comprensione superano normalmente quelle espressive; ▸ quando è possibile è importante far sedere la persona in modo da poterla guardare in faccia; ▸ occorre prestare attenzione all'emotività dimostrata durante il colloquio; ▸ occorre osservare le strategie di comunicazione; ▸ è meglio prediligere l'uso di parole concrete e familiari; ▸ va evitata la conversazione a più voci.

Lavorare con persone che presentano un disturbo mentale vuol dire creare opportunità utili a migliorare la qualità della vita

Lavorare per la promozione della salute mentale significa creare opportunità per migliorare la qualità della vita delle persone che soffrono di un disturbo mentale e tutelare la salute dei cittadini migliorando i contesti sociali nei quali vivono.

L'approccio con il "diverso" è regolato da procedure che facilitano e semplificano l'accesso

Il primo contatto per le persone che si rivolgono ai servizi del DSM è regolato da procedure che permettono:

- facilità di accesso;
- tempestività della risposta;
- rispetto, riservatezza e privacy;
- relazione di fiducia e di consenso.

L'unico punto di accesso ai servizi è il Centro di salute mentale (CSM), sia per le richieste urgenti che per quelle programmate.

Tocca a te

Le badanti in Italia sono quasi 2 milioni, il 77% è di origine straniera; esse aiutano le famiglie nella gestione di familiari non autosufficienti. Intervista una badante e cerca di capire ciò che l'ha spinta a svolgere questa attività e a cosa ha dovuto rinunciare per realizzare il suo scopo.

SCHEMA RIASSUNTIVO

IL DISAGIO

Il termine "disagio" indica una situazione di malessere che è transitoria e limitata all'evento che lo provoca.
Il disagio è la difficoltà di vivere con se stessi e con gli altri.
Mentre il disagio scolastico è dovuto al sentirsi inadeguati rispetto alle richieste, quello dell'età evolutiva si manifesta talvolta in disadattamento e devianza.
Il bullismo è dovuto a un malessere personale e a non adeguato adattamento all'ambiente.
La povertà è un fenomeno complesso legato ai cambiamenti sociali, culturali e storici delle società contemporanee.
La povertà può essere:

- assoluta, quando non vengono soddisfatti i bisogni primari, ed è quella sulla quale intervengono i servizi;
- relativa, che tiene conto degli standard di vita legati ai consumi della popolazione;
- soggettiva, quella che viene percepita dal soggetto in rapporto alla salute, al reddito e alla casa.

Le dipendenze sono caratterizzate dal bisogno irrefrenabile di una certa sostanza, oggetto o situazione.
Il termine "tossicodipendenza" sta ad indicare l'uso di sostanze che sono tossiche per l'organismo e danno assuefazione.
L'alcolismo ha varie cause, fra cui il disagio esistenziale. La dipendenza compare in modo nascosto e crea nella persona varie patologie.
Ad occuparsi di dipendenze è il SERT o UODP.
Il disagio psichico è stato definito come un problema sociale con la trasformazione della famiglia da patriarcale a mononucleare.
Nel 1978 è stata approvata la legge n. 180, che chiude i manicomi.
La follia viene definita curabile a meno che non derivi da fattori genetici o da lesioni cerebrali.
Ad occuparsi di salute mentale è il DSM, che coordina tutti gli interventi e i servizi rivolti ai soggetti con turbe psichiche.
La demenza nell'anziano si manifesta con la perdita della memoria e può insorgere nella vecchiaia.

THE DISADVANTAGE

The term disadvantage describes a state of discomfort that is transitory and limited to the event that provokes it.
Disadvantage is the difficulty to live with oneself and the others.
Scholastic disadvantage is due to one's feeling of inadequacy to fulfil expectations, evolution disadvantage may develop in maladjustment and deviance.
Bullying is due to a personal state of discomfort and incapacity to adapt to the environment.
Poverty is a complex event connected to social, cultural and historical changes of contemporary societies.

Poverty can be:
- absolute, when basic needs are not satisfied and social services intervene;
- relative, which takes into account living standards resulting from people's consumption;
- subjective, which is perceived by the subject as linked to health, income and housing.
- Addiction is characterised by the overwhelming need of a certain substance, object or situation.

The term drug-addiction describes the use of substances which are toxic for the human body and give addiction.
Alcoholism has various causes, among which existential angst. Addiction begins deceitfully and creates various pathologies.
SERT or UODP take care of addiction.
Psychic discomfort has been defined as a social problem with the transformation of the family from patriarchal to mono-nuclear.
In 1978 law n. 180 was approved, and mental hospitals were closed.
Madness is defined as curable unless it derives from genetic factors or brain damages.
DSM deals with mental health issues and coordinates all the interventions and services towards people with physics disorders.
Patients with senile dementia show memory loss; this disease may develop with age.

SCHEMA RIASSUNTIVO DEI SERVIZI E INTERVENTI

POVERTÀ				
TIPO DI SERVIZIO E/O INTERVENTO	ENTE GESTORE EROGATORE	DESTINATARI SPECIFICI	FINALITÀ	PERSONALE
ASSISTENZA ABITATIVA	Comune	Persone con gravi problemi economici e che presentano un reddito basso	» Assicurare una casa a chi vive situazioni di grave indigenza	
ASSISTENZA ECONOMICA	Comune	Persone con difficoltà economiche tali da non raggiungere il minimo vitale	» Facilitare l'integrazione sociale » Garantire il minimo vitale	
BUONI PASTO	Comune	Barboni Indigenti	» Permettere il soddisfacimento di un bisogno primario	
CENTRI DI ACCOGLIENZA NOTTURNA	Caritas Enti religiosi Associazione Volontariato	Barboni Diseredati Senza dimora	» Dare un posto letto ed un pasto caldo ai diseredati » Prevenire le morti per assideramento » Limitare il disagio	• Volontari
MENSA DEI POVERI	CRI Associazione Volontariato	Barboni Diseredati Senza dimora	» Fornire un pasto caldo a chi non ha la possibilità di soddisfare autonomamente il bisogno primario dell'alimentazione	• Cuochi • Volontari

SCHEMA RIASSUNTIVO DEI SERVIZI E INTERVENTI

TOSSICODIPENDENZE				
TIPO DI SERVIZIO E/O INTERVENTO	**ENTE GESTORE EROGATORE**	**DESTINATARI SPECIFICI**	**FINALITÀ**	**PERSONALE**
SERT o UODP	AUSL	Coloro che fanno uso di droghe, alcol	» Aiutare i tossicodipendenti ad uscire dalla droga	• Psicologi • Operatori sociali • Medico
CENTRO DI PRIMO INTERVENTO o CENTRO CRISI	SerT ASL Cooperative Sociali	Drogati che necessitano urgentemente di cure disintossicanti	» Disintossicare il soggetto liberandolo dalla dipendenza fisica » Aiutare il tossicodipendente nei momenti di crisi	• Psichiatri • Psicologi • Operatori
COMUNITÀ TERAPEUTICA	SerT ASL Cooperative Sociali	Drogati che hanno iniziato una terapia di disintossicazione	» Reinserimento nella società » Riacquisto dell'auto-stima » Svolgere attività lavorative	• OSS • Assistenti sociali • Psicologi • Responsabili • Personale amministrativo
INSERIMENTO LAVORATIVO	ASL Comune	Ex drogati usciti dalla comunità	» Reinserimento nel mondo del lavoro in modo protetto	• Assistenti sociali
INSERIMENTO ABITATIVO	ASL Comune	Ex drogati usciti dalla comunità e privi di famiglia idonea	» Fornire un'abitazione facilitando il recupero sociale	• Assistenti sociali
AMBULATORIO con: GRUPPI DI AIUTO GRUPPI DI AUTO-AIUTO ALCOLISTI ANONIMI	SerT ASL	Drogati e alcolisti che richiedono aiuto	» Recupero e superamento delle devianze	• Psicologi • Facilitatori • Operatori
CENTRO DIURNO	SerT	Drogati che stanno uscendo dalla dipendenza e che hanno una famiglia collaborativa	» Inserimento nella società attraverso attività lavorative » Socializzazione e potenziamento dell'autostima	• SerT

SCHEMA RIASSUNTIVO DEI SERVIZI E INTERVENTI

SALUTE MENTALE				
TIPO DI SERVIZIO E/O INTERVENTO	ENTE GESTORE EROGATORE	DESTINATARI SPECIFICI	FINALITÀ	PERSONALE
AMBULATORI	DSM	Persone che presentano disagio psicologico	» Prevenire e curare il disagio	• Psicologi • Psichiatri • Assistenti sociali • Educatori
CENTRO DIURNO	ASL Comune	Persone che presentano disagio psicologico	» Prevenire e curare il disagio » Svolgere attività ricreative finalizzate all'autoaffermazione e autostima » Superare l'isolamento » Socializzazione	• Psicologi • Educatori • Assistenti sociali
GRUPPI APPARTAMENTO E/O CASE FAMIGLIA	ASL	Persone che presentano gravi turbe psichiche Depressi Schizofrenici	» Acquisizione dell'autonomia personale cercando di superare o riuscire a controllare la diversità	• Con prestazione esterna e di controllo: • Assistenti sociali • Personale addetto ai servizi • Educatori • Psicologi
SPDC (Servizio psichiatrico di diagnosi e cura)	DSM	Persone che presentano turbe psichiche in fase acuta e vi accedono tramite trattamento di TSO e TSV	» Superare la fase acuta	• Medici • Infermieri • Psichiatri • Psicologi
DSM e CSM	ASL	Malati di mente e familiari	» Aiutare i malati nella cura della malattia, ridare loro fiducia nelle proprie capacità e sostenere le famiglie con gruppi di auto-aiuto	• Psichiatri • Psicologi • Infermieri
COMUNITÀ SOCIO RIABILITATIVE/ ASSISTENZIALI	DSM Cooperative sociali specializzate nel settore	Ex lungodegenti	» Dare una casa a chi non l'ha » Reinserire i soggetti con grave disagio	• Coordinatore • Educatori • OSS
DAY HOSPITAL	ASL	Malati in fase acuta ma non particolarmente gravi	» Permettere accertamenti diagnostici » Fornire trattamenti farmacologici » Ridurre il periodo di ricovero o eliminarlo completamente	• Psicologi • Psichiatri • Infermieri

SVILUPPA LE COMPETENZE

▶ **Spiega con parole tue quello che voleva comunicare l'autore del seguente messaggio, che era ricoverato in un manicomio.**

C'era una volta un mago che non faceva niente,
tutte le persone che passavano dicevano che era un vagabondo,
un giorno lo presero e lo portarono in ospedale perché non faceva niente.
Il mago vagabondo disse alle persone che lo presero in ospedale:
"Chi siete voi?"
Loro risposero: "Noi siamo i funzionari dello Stato, noi teniamo in ordine" [...].

....

....

....

....

....

....

....

....

....

....

....

▶ **Le droghe negli ultimi anni sono passate da una classificazione in leggere e pesanti ad un'unica categoria, per ritornare, nel 2014, alla precedente distinzione tra leggere e pesanti. Spiega quali droghe vengono definite leggere e quali pesanti.**

....

....

....

....

....

....

....

SVILUPPA LE COMPETENZE

- **La crisi economica ha riportato in auge vecchi mestieri e svuotato le Case Protette. Spiega questo fenomeno e motivalo.**

....

....

....

....

....

....

....

- **La frase detta da un'allieva "Lei appartiene a suo marito" cosa mette in risalto? Quali considerazioni ci fa fare? Riporta le tue riflessioni.**

....

....

....

....

....

....

....

- **Il bullismo è dovuto a un malessere personale causato da un non adeguato adattamento all'ambiente. Spiega perché l'ambiente in cui si vive può generare questo fenomeno.**

....

....

....

....

....

....

▸ Risolvi il cruciverba, le parole sono solo orizzontali

	1	2	3	4	5	6	7	8	9	10	11	12	13
A													■
B													
C	■	■	■				■	■					■
D	■												
E					■								
F										■			
G					■	■					■	■	■
H	■	■											
I									■				
L													

A 1 La legge che si occupa di follia.
B 1 Il termine tecnico per indicare la follia.
C 4 Ha raggruppato tutte le mutue (sigla).
C 9 Si occupa di tossicodipendenza (sigla).
D 2 Legge che dà pari dignità ai portatori di handicap.
E 1 Anno in cui è stata varata la legge che chiudeva i manicomi.
E 6 Sinonimo del termine diversamente abili.
F 1 Viene istituito nel 1971.
F 11 Il numero della legge che vara il Servizio Sanitario Nazionale.
G 1 Una finalità del Servizio Sanitario Nazionale.
G 7 Servizio psichiatrico diagnosi e cura.
H 3 Comprende il Piano di Zona.
I 1 In quale periodo furono aperte le colonie?
I 10 Anno in cui è stata varata la legge quadro sull'handicap.
L 1 Dà poteri alle Regioni.

▸ Associa i servizi agli interventi rivolti ai vari utenti

1 DEMENZA

2 POVERTÀ

3 TOSSICODIPENDENTI

a. SerT
b. SPDC
c. Comunità terapeutica
d. Caritas
e. Centro di accoglienza notturna
f. Gruppi di auto-aiuto
g. TSV

ESERCIZI INTERATTIVI

Individua la risposta esatta

1. **L'assegno di cura:**
   - a. È un intervento previsto per chi si prende cura di anziani parzialmente o totalmente non autosufficienti.
   - b. È un intervento finalizzato a sostenere chi decide di farsi carico personalmente di una persona che ha bisogno per un certo periodo di cure.
   - c. È un contributo economico dato alle famiglie povere che "adottano" un anziano.

2. **L'assistenza domiciliare è un servizio/intervento:**
   - a. Finalizzato a consentire la permanenza nel proprio domicilio a persone con gravi problemi di autonomia.
   - b. Rivolto a chi, facendone richiesta, ha bisogno, al proprio domicilio, di interventi anche di carattere sanitario.
   - c. Finalizzato esclusivamente a sostenere la famiglia nell'assistenza di anziani non autosufficienti.

3. **In Italia sono stati chiusi gli ospedali psichiatrici perché:**
   - a. I malati psichiatrici non venivano curati.
   - b. Sono stati sostituiti da una rete di servizi che meglio tutelano i diritti dei malati e la loro integrazione sociale.
   - c. La famiglia è ritenuta l'unico "luogo di cura" idoneo per i malati psichiatrici.

4. **Il Welfare State è:**
   - a. Precedente al Terzo settore.
   - b. Precedente al Welfare mix.
   - c. Successivo al benessere della società dovuto a fattori quantitativi e qualitativi.

5. **Per tossicodipendente intendiamo:**
   - a. Colui che fa uso saltuario di droghe che non danno assuefazione.
   - b. Colui che fa uso di sostanze che danno dipendenza.
   - c. Colui che spaccia ed usa sostanze stupefacenti.

Il femminicidio è frutto anche di un retaggio culturale che fa considerare la donna inferiore e a volte anche un oggetto. Secondo te quali di queste proposte possono servire alla donna per evitare tale situazione?

Proposte	Strumenti adeguati
Cultura	
Stima di se stessi	
Denuncia	
Persuasione	
Sopportazione	
Attivazione della rete familiare	

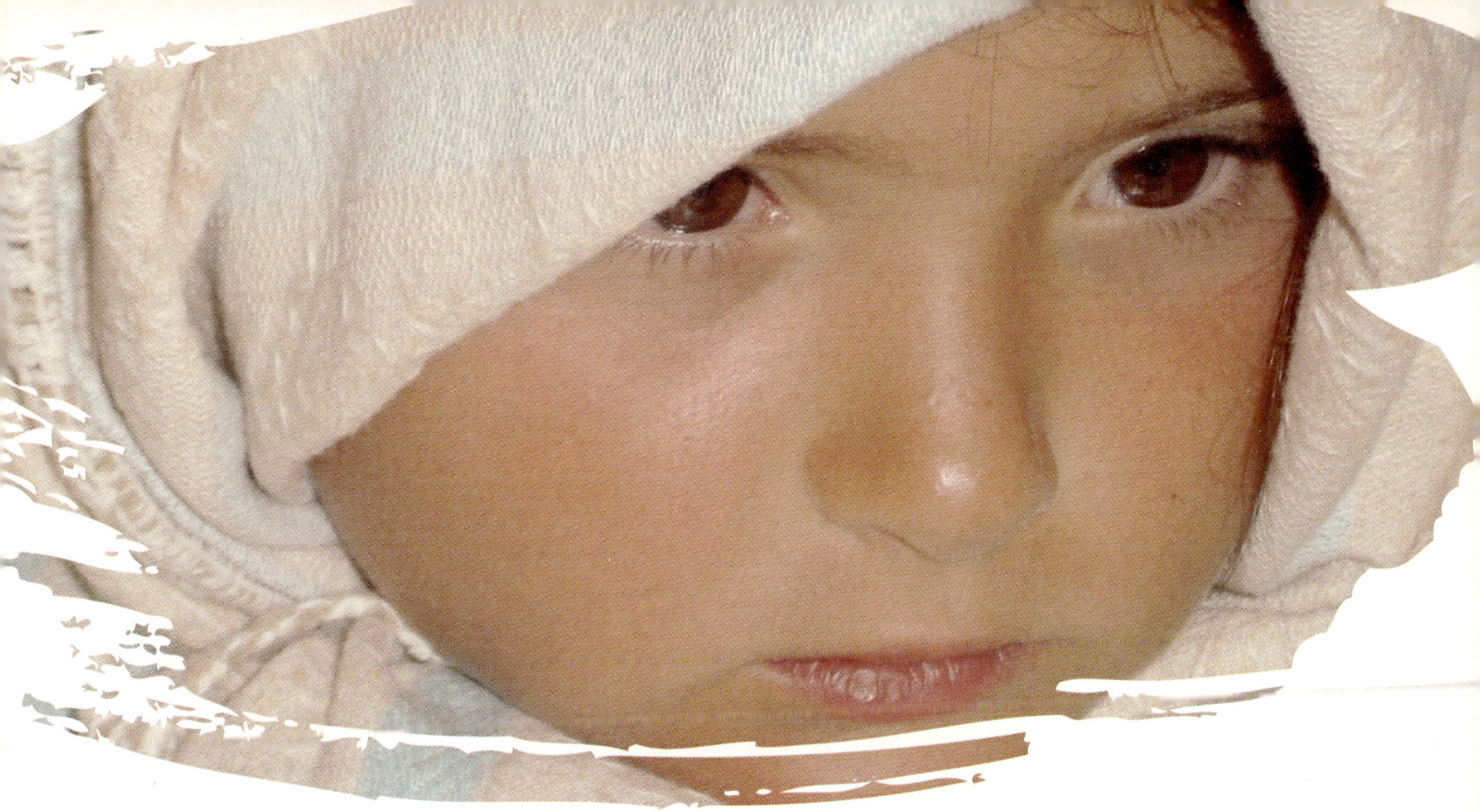

Capitolo 3
L'immigrazione

Competenze

- Utilizzare i vari servizi e interventi relativamente ai bisogni degli immigrati.
- Analizzare i servizi o interventi che possono essere coinvolti nel caso che stai esaminando.
- Programmare semplici relazioni d'aiuto.

Abilità

- Conoscere le principali motivazioni dell'immigrazione.
- Comprendere i diversi sistemi di integrazione sociale.
- Conoscere i servizi utili per progettare relazioni d'aiuto a favore degli immigrati.

Nell'eBook, oltre agli esercizi interattivi, puoi trovare i seguenti approfondimenti:

- **PDF**: L'immigrazione nella cinematografia; Valutazione alunni stranieri; I minori stranieri non accompagnati in Italia; La società nella prospettiva sociologica di Émile Durkheim; Recensione del film "Il sole dentro".
- **PowerPoint**: L'inclusione.

Lezione 1: L'immigrazione italiana

Migrare vuol dire lasciare il proprio Stato per recarsi in un'altra nazione

Parlare di immigrazione vuol dire toccare un argomento spinoso e controverso sul quale si esprimono diversi schieramenti di opinioni che, per semplificare, si possono distinguere in due categorie: **tolleranti e intolleranti**.

Quando parliamo di immigrazione, i termini più giusti da usare sono: inclusione, solidarietà, accettazione, integrazione. Il *Dizionario della lingua italiana* di De Mauro, ed. Paravia, alla voce "immigrato" riporta "Chi si è trasferito in un Paese diverso dal proprio per cercare un lavoro".

È vero! Tendenzialmente gli immigrati sono persone che abbandonano la povertà del loro Paese alla ricerca di una vita migliore per se stessi e per la propria famiglia.

Emigrando, una persona rischia di perdere la sua identità, e deve iniziare un lungo e faticoso processo di integrazione

La vita dell'immigrato non è facile: deve lasciare la casa, gli affetti, l'amore per andare in un altro Stato e condurre una vita umile e, a volte, di stenti, alla ricerca di quel miraggio più sognato che reale. Con viaggi rocamboleschi egli si sradica dalle proprie origini per entrare in una nazione diversa dalla sua e affrontare una cultura a volte ostile.

Gli italiani per anni sono stati un popolo di migranti

Gli italiani sono stati per anni un popolo di immigrati. Alla fine dell'Ottocento e all'inizio del Novecento vi fu un'emigrazione in massa, soprattutto da parte dei ceti rurali, che vivevano una situazione disperata per la mancanza di interventi a favore delle campagne sia del Sud che del Nord. Essi partivano con le valigie di cartone e tanti sogni, alla ricerca di un po' di fortuna, nella speranza di trovare nuove opportunità di lavoro. In questo arco di tempo circa 14 milioni di emigranti lasciarono l'Italia diretti verso altre nazioni europee o Paesi d'oltreoceano come Brasile, Argentina, Stati Uniti, Canada, Australia. Affrontarono lunghi viaggi in treno o sui piroscafi, dove venivano ammassati come bestie, non ricevevano assistenza medica, non avevano a disposizione servizi igienici né un'alimentazione adeguata. Il rapporto "Italiani nel mondo 2014", sulla base dei dati forniti dall'Associazione italiani residenti all'estero (Aire), afferma che nel 2013 la Gran Bretagna è diventata il primo Paese mondiale di emigrazione per gli italiani; l'incremento è stato del 71,5% nel 2012, coinvolgendo soprattutto persone della fascia d'età tra i 20 e i 40 anni. Nel 2015 gli italiani nel mondo sono oltre 4,9 milioni, come risulta dal "*X Rapporto italiani nel mondo*" della Fondazione *Migrantes*, mentre da gennaio a ottobre 2015 si è riversato nei vari Stati 1 milione di migranti.

Glossario

Tolleranti e intolleranti = sono definiti tolleranti coloro che accettano gli immigrati senza riserve e pregiudizi; intolleranti sono coloro che non li vorrebbero nel nostro Paese e danno loro la responsabilità di tutto ciò che accade.

La meta preferita erano gli USA: lì gli immigrati venivano accolti con ostilità e svolgevano i lavori che gli abitanti del posto rifiutavano

La nazione preferita da italiani, tedeschi e spagnoli erano gli Stati Uniti, e quando arrivavano a Ellis Island, isolotto alla foce del fiume Hudson nella baia di New York, principale punto d'ingresso per gli immigrati che entravano negli Stati Uniti, dovevano sottoporsi a numerosi controlli, tanto che a volte non riuscivano neanche a sbarcare se presentavano un problema di salute anche minimo. L'inserimento degli italiani nella società nordamericana fu lungo e penoso: venivano impiegati nei lavori più umili, come manovalanza edilizia o in piccoli commerci urbani.

La *relazione dell'ispettorato per l'Immigrazione al Congresso americano sugli immigrati italiani negli Stati Uniti del 1912* mette in luce come, a distanza di un secolo, non sia cambiata la considerazione dell'immigrato da parte del popolo ospitante

"Generalmente sono di piccola statura e di pelle scura.
Non amano l'acqua, molti di loro puzzano perché tengono lo stesso vestito per molte settimane.
Si costruiscono baracche di legno ed alluminio nelle periferie delle città dove vivono, vicini gli uni agli altri.
Quando riescono ad avvicinarsi al centro affittano a caro prezzo appartamenti **fatiscenti**.
Si presentano di solito in due e chiedono una stanza con uso di cucina. Dopo pochi giorni diventano quattro, sei, dieci.
Tra loro parlano lingue a noi incomprensibili, probabilmente antichi dialetti.
Molti bambini vengono utilizzati per chiedere l'elemosina, ma sovente davanti alle chiese donne vestite di scuro e uomini quasi sempre anziani invocano pietà, con toni lamentosi e **petulanti**.
Fanno molti figli che faticano a mantenere e sono assai uniti tra loro.
Dicono che siano dediti al furto e, se ostacolati, violenti. Le nostre donne li evitano non solo perché poco attraenti e selvatici ma perché si è diffusa la voce di alcuni stupri consumati dopo agguati in strade periferiche quando le donne tornano dal lavoro.
I nostri governanti hanno aperto troppo gli ingressi alle frontiere ma, soprattutto, non hanno saputo selezionare tra coloro che entrano nel nostro Paese per lavorare e quelli che pensano di vivere di espedienti o, addirittura, attività criminali".
Il testo, pubblicato da *Rainews24*, è tratto da una relazione dell'ispettorato per l'Immigrazione al Congresso americano sugli immigrati italiani negli Stati Uniti, dell'ottobre del 1912.

Everett Historical / Shutterstock

Everett Historical / Shutterstock

La migrazione in Europa permetteva il ritorno a casa per le feste, ma a volte, essi non tornavano perché si creavano famiglie parallele

Chi andava a lavorare negli altri Stati europei lo faceva per costruire una casa, nelle migliori delle ipotesi per sé e per i figli. A casa rimanevano le mogli, definite **vedove bianche**, che aspettavano, anche per anni, il ritorno del marito. A volte la lontananza, la fatica, i sacrifici facevano "cadere in tentazione" il migrante, che finiva con il formarsi una famiglia parallela. L'italiano tornava a casa per le ferie estive, se ne aveva la possibilità economica, e i paesi si ripopolavano come per magia, perché egli portava soldi: marchi, franchi, sterline, ecc. che avevano un potere d'acquisto superiore a quello delle nostre lire. All'estero, però, la vita non era tutta rose e fiori: come accade ai migranti di oggi, anche noi, sebbene europei, non eravamo visti di buon grado dagli abitanti del posto, che a volte ci riservavano comportamenti intolleranti e **xenofobi**.

Glossario

Fatiscenti = si dice di edifici in rovina, cadenti, pericolanti, non pienamente idonei a essere abitati perché rischiano di crollare.
Petulanti = che ripetono sempre le stesse cose usando modi insistenti e inopportuni.
Vedove bianche = donne che, pur non essendo vedove, conducevano una vita da sole poiché il marito era lontano da casa.
Xenofobi = razzisti. La xenofobia è un movimento presente in alcuni Stati che sostiene l'avversione indiscriminata verso lo straniero.

Tocca a te

Fai una ricerca fotografica sui costumi dell'inizio '900 e metti a confronto la realtà di allora con quella di oggi.

Lezione 2: L'immigrazione oggi

Alexandre Rotenberg / Shutterstock

L'immigrazione nella cinematografia

Negli ultimi anni l'immigrazione ha cambiato fisionomia a causa degli eventi economici e politici che hanno modificato i bisogni dei vari popoli e aperto la strada a organizzazioni terroristiche

Fino a qualche anno fa si parlava di migrazione riferendosi all'atto di lasciare il proprio Stato alla ricerca di un futuro migliore. A migrare erano poveri o laureati che si spostavano in cerca di fortuna per se stessi e per i propri familiari. Attualmente le cose sono cambiate: assistiamo a esodi in massa di persone che scappano da guerre interne, persecuzioni, bombardamenti fra fazioni per il dominio del territorio, come ad esempio dal califfato dell'ISIS.
Le origini di tale gruppo islamico risalgono al 2004-2006 con il fine di combattere l'occupazione americana in Iraq e il governo iracheno sostenitore degli USA. Inizialmente il gruppo islamico utilizzava il nome di "al-Qaida in Iraq", poi rinominato "Stato Islamico dell'Iraq" (2006-2013). A partire dal 2012 lo Stato islamico dell'Iraq è intervenuto nella guerra civile Siriana e ha cambiato il nome in Stato Islamico dell'Iraq e della Siria (ISIS).
Nel 2014 l'ISIS ha esteso il proprio controllo in Iraq, proclamando il califfato.

L'ONU definisce lo Stato Islamico come un'organizzazione terroristica, e la stessa definizione viene data dalla stampa mondiale. Le Barrel bomb condizionano i siriani nell'arruolamento al califfato

La minaccia più grande per i cittadini della Siria sono le "*Barrel bomb*", barili bomba, cioè semplici barili di petrolio riempiti di bulloni, rottami, ferro ed esplosivo; quando esplode una *Barrel bomb*, i pezzi di ferro distruggono tutto ciò che trovano sul loro cammino, sbriciolando perfino le case. Il regime di terrore così instaurato apre lo spazio agli arruolamenti da parte dell'ISIS di chi desidera mettere in sicurezza il proprio villaggio e i propri familiari, poiché queste bombe vengono fatte sganciare da Assad sul popolo siriano.
Considerando gli eventi, è facile capire come migliaia di persone pagano alte cifre e si imbarcano su barconi stipati in modo inverosimile pur di scappare da questo inferno. Secondo l'ONU, da gennaio a settembre 2015 ci sono stati 2500 morti fra coloro che scappavano per raggiungere il sogno di una vita serena lontano dagli orrori della guerra. Tra gennaio e maggio 2014, 30.700 siriani hanno fatto domanda di asilo in Europa.

Per limitare la fuga dall'Africa e il riversarsi di molti migranti nel proprio Stato sono stati eretti in questi anni muri contro l'immigrazione

Un confine di 160 km, che corre lungo le rive del fiume Evros, separa la Grecia dalla Turchia, cioè l'Europa dall'Asia. Dal 2007 questo confine è diventato una delle vie preferenziali per l'immigrazione verso l'Europa tanto da far erigere un muro in filo spinato e in doppia barriera di reticolato contro l'invasione degli stranieri. Il muro è stato terminato nel 2011.
Dopo il rafforzamento dei controlli alla frontiera greco-turca, l'esodo migratorio si è spostato verso la Bulgaria, e così è stata costruita una barriera anti migranti fra Bulgaria e Turchia (2013), fra Ungheria e Serbia (2015) e fra Croazia e Slovenia (2015).
Essendo la Grecia, l'Ungheria e la Romania Paesi di transito, cioè non la meta finale dell'immigrazione, i governi di questi Stati sostengono di essere stati costretti a limitare i flussi perché non più in grado di sostenere le spese legate all'accoglienza (Centri di accoglienza e Campi per i rifugiati).

Anche in Marocco troviamo il muro di Melilla, città spagnola che sorge nel regno del Marocco. Ogni anno decine di minorenni tentano di attraversare la frontiera marocchina con l'obiettivo di imbarcarsi di nascosto sui traghetti diretti in Spagna. Vengono dalle zone più povere del regno, luogo dove non c'è futuro per loro; a volte, a spingerli a partire sono le stesse famiglie, e dal momento che gli educatori dei Centri di accoglienza si comportano spesso in modo violento nei loro confronti, i giovani fuggono dai Centri e cercano rifugio tra le rocce, sulle quali si arrampicano e dove trascorrono le notti.

I muri non fermano le ondate migratorie, ma le deviano verso Paesi meno controllati

L'Italia è meta di flussi migratori misti perché vede l'arrivo di un gran numero di persone richiedenti asilo ma anche di migranti partiti per migliorare la propria posizione economica. Tra coloro che raggiungono l'Europa via mare vi sono spesso persone vulnerabili, come vittime di schiavitù e di abusi, minori non accompagnati e donne in gravidanza. Tutto ciò rende complicata la gestione.
Secondo il rapporto 2015 dell'OIM (Organizzazione Internazionale per le Migrazioni, con sede a Ginevra), la migrazione ha incentivato l'aumento dell'urbanizzazione, rendendo le città posti molto più diversificati dove vivere; la geografia dei flussi migratori inoltre sta cambiando a seconda dell'evoluzione economica mondiale. I migranti sono sempre più attratti dalle zone che vivono una forte crescita economica, come Brasile, India Settentrionale, Asia Orientale e Africa Meridionale.
I Paesi in via di sviluppo sono diventati luoghi sia di immigrazione che di emigrazione.

Gli italiani hanno ripreso a migrare spinti dalla crisi, e a farlo sono soprattutto giovani e pensionati

Negli anni della crisi molti pensionati italiani sono migrati all'estero per vivere in modo più dignitoso la loro vecchiaia. Nel 2014 sono stati oltre 5000 i pensionati che si sono trasferiti all'estero privilegiando nazioni come Spagna, Portogallo e Brasile. Ad incentivare questa scelta è stata la grande pressione fiscale e la diminuzione del potere d'acquisto. L'anziano ha dovuto scegliere se vivere in una terra a lui sconosciuta permettendosi una vita dignitosa o se rimanere in Italia e vivere di stenti sotto la soglia di povertà. I giovani che migrano sono soprattutto i Millenials, cioè la generazione fra i 18-35 anni, più istruita, tecnologica e più penalizzata dal secondo dopoguerra ad oggi.

La mappa dei flussi vede gli Italiani all'estero in crescita rispetto al 2014

Il 56% dei migranti italiani è costituito da uomini, il 35% di età fra i 18 e i 35 anni. Le destinazioni preferite sono Germania, Regno Unito, Svizzera e Francia per un totale del 53,9 % dei migranti, l'America è scelta dal 40,3%, e 7.225 persone hanno scelto l'Argentina.
A migrare sono soprattutto i siciliani, e il 51,4% dei migranti proviene dal Sud Italia, il 33,2% dal Nord e il 15,4% dal Centro.
L'immigrazione è un fenomeno molto ampio e complesso, capace di cambiare il volto di una società. L'immigrazione infatti presenta grandi coinvolgimenti economici, sociali, culturali e di ordine pubblico.
Ora noi italiani non migriamo più come operai tuttofare, ma come tecnici, come operai specializzati per la costruzione di ponti, strade, macchinari, svolgendo tutte quelle attività tipiche delle società industrializzate che non sono ancora conosciute dai popoli in via di sviluppo.

Tocca a te

Esistono immigrati nella tua città? Di che nazionalità? Nella tua classe ci sono compagni stranieri? Create insieme uno schema che metta in risalto le principali difficoltà che loro hanno incontrato.

Lezione 3: L'integrazione dell'immigrato

L'immigrazione non regolamentata e massiccia crea numerosi problemi che possono anche ferire la dignità stessa degli immigrati

L'immigrato può trovarsi in situazione di sfruttamento causato da bassi salari, scarsi diritti, prezzi elevati per l'affitto. Gli immigrati senza lavoro possono diventare delinquenti perché loro stessi parzialmente vittime in quanto le loro speranze non si sono realizzate. A volte gli immigrati vengono sfruttati dalla criminalità organizzata che gestisce i flussi migratori, fino ad arrivare allo schiavismo e alla tratta di giovani donne, spinte a lasciare il loro Paese e poi costrette a prostituirsi.

L'Italia si trasforma a metà degli anni Settanta in un Paese di immigrazione

Negli anni '70 il boom economico, le migliori condizioni di vita e lo sviluppo dello stato sociale avevano determinato una certa immobilità della popolazione italiana, che non era più disposta all'emigrazione, sia internazionale che interna al Paese, aprendo la strada a cittadini stranieri provenienti da Paesi in via di sviluppo. In Italia gli arrivi sono spontanei e si basano sull'iniziativa individuale o sul sostegno di organizzazioni religiose.
I primi stranieri ad arrivare furono gli studenti; nel periodo 1981-1982 si registrava il maggior numero di studenti stranieri, provenienti da Grecia e Iran.
Fanno parte di questi primi flussi anche le colf (collaboratrici domestiche) arrivate negli anni Sessanta da Paesi cattolici come Filippine, Sri Lanka, Bangladesh, Ceylon, ecc.
L'Italia si rende conto di essere diventata la meta di destinazione definitiva di immigrati da Paesi in via di sviluppo con la pubblicazione dei dati del censimento del 1981.

Lo sviluppo economico ha richiesto lavoratori provenienti da altri Stati

La crescita economica iniziata nel 1960 ha portato al miglioramento delle condizioni sanitarie, ambientali, sociali ed economiche della popolazione italiana, oltre alla crescita del lavoro femminile, all'adeguamento dei salari e all'organizzazione del Welfare. Lo sviluppo economico degli anni '60 ha causato una maggiore richiesta di manodopera, che è stata inizialmente soddisfatta dalla migrazione interna. Negli anni '50 gli abitanti del Sud cercavano fortuna a Torino come operai presso le fabbriche della Fiat. La Fiat per loro significava il taglio netto con la vita contadina, con la famiglia patriarcale, e la sicurezza di un salario anche quando nevicava o pioveva. L'abitante del Sud si trovava a disagio al Nord: non vedeva il sole durante l'inverno, e la nebbia portava in lui ricordi lontani e molta tristezza. Negli anni '70 anche l'Italia ha iniziato a reclutare lavoratori stranieri. Un'evidente crescita dei flussi in ingresso si è registrata principalmente nell'ultimo decennio, che vede la presenza di 3 milioni e 350 mila unità tra il 2002 e il 2011, evidenziando come l'incremento demografico italiano sia riconducibile prevalentemente alla dinamica migratoria.

L'immigrazione è una risorsa in quanto gli immigrati svolgono lavori che gli italiani non vogliono fare, ma anche lavori qualificati che fanno crescere il Paese

Gli immigrati hanno sempre svolto i lavori che la diffusione del benessere ha fatto sì che gli italiani non volessero svolgere. Solo la grande crisi economica del 2008-2013 ha fatto riscoprire agli italiani lavori per loro inusuali, come badanti, becchini, colf, minatori, contadini, ecc.
A breve gli immigrati svolgeranno non solo lavori qualificati (tassisti, commercianti, operai specializzati, ecc.) ma anche quelli di ingegneri, matematici, medici, chimici. La concorrenza professionale può stimolare gli italiani a migliorare la propria formazione e la propria crescita professionale.
Secondo l'ISTAT gli stranieri continuano a dare un contributo alla crescita demografica dell'Italia che, in mancanza di flussi provenienti dall'esterno, sarebbe un Paese con popolazione in diminuzione.

Gli immigrati arrivano in Italia per costruirsi una nuova vita, per rimanere per un periodo di tempo prolungato, ma non per sempre

Un immigrato deve rispettare le leggi del Paese ospitante e richiedere il rispetto dei diritti umani, di libertà di culto, d'espressione, ecc. che la Costituzione Italiana riconosce a chiunque soggiorni nel nostro territorio.

La comunità infatti ha regole di convivenza sociale e legami di solidarietà che non possono essere imposti, ma che si attivano se c'è reciproco riconoscimento fra i membri della comunità stessa.

Lavori sottopagati e non sicuri feriscono la dignità degli immigrati e danneggiano gli italiani delle fasce sociali più deboli, che sarebbero disposti a lavorare in condizioni migliori; inoltre rallentano l'innovazione, perché i bassi salari rendono conveniente non modificare le prestazioni.

Secondo l'ISTAT la crisi economica ha portato il tasso di disoccupazione straniera dall'8,1% del 2008 al 14,1% del 2012, costringendo molti immigrati a lasciare il Paese (32 mila persone nel 2011).

L'accoglienza degli immigrati distribuiti nelle Regioni d'Italia per far fronte all'esodo di massa degli stranieri ha dato vita a malumori da parte dei residenti

La grande massa umana che si sposta dal proprio Paese è spinta alla ricerca di una vita migliore dalla voglia di tranquillità, ma in parte finisce nelle mani delle organizzazioni criminali, che spogliano i migranti di tutti i loro averi in cambio di una tanto fantastica quanto irreale illusione. Tale movimento ha "inondato" l'Italia, e in primo luogo Lampedusa, denominata "porta d'Europa", richiedendo radicali bisogni d'intervento e di distribuzione dei profughi nelle varie Regioni prima e successivamente nei vari Stati dell'Europa. Il Papa, che si è mobilitato a favore dei senza tetto facendo installare delle docce in Vaticano, ha chiesto aiuto a tutte le parrocchie per trovare spazi di accoglienza per i profughi.

Lo stile made in Italy griffa la sharia

Un quotidiano dell'aprile 2015 riporta una notizia intitolata "Veli islamici belli come foulard". Uno stilista libanese di trent'anni e un imprenditore settantenne di origini mantovane hanno creato una linea di foulard di preziosa seta e stampe disegnate a mano, realizzando fedelmente le misure del velo islamico, secondo la tradizione musulmana. Grazie a questa unione e dall'entusiasmo dello stilista e dell'imprenditore sono stati creati 110 posti di lavoro ed un fatturato di circa 60 milioni di euro.

La prima campagna nazionale per la prevenzione dei tumori indirizzata ai cittadini più disagiati prende il nome di "La lotta al cancro non ha colore"

In Italia meno della metà dei cittadini stranieri chiamati agli esami di screening contro il cancro aderisce a tale programma: per questo l'Emilia Romagna ha indetto una campagna di prevenzione dei tumori rivolta ai cittadini stranieri dal nome "La lotta al cancro non ha colore".

Gli immigrati arrivano alla diagnosi della malattia troppo tardi, quando la patologia è diventata difficile da trattare, a causa delle difficoltà linguistiche; spesso non conoscono le regole della prevenzione oncologica e le condizioni disagiate di vita non consentono loro diete equilibrate e controlli regolari, facendoli quindi incorrere in maggiori possibilità di sviluppare tumori.

Istvan Csak / Shutterstock.com

Tocca a te

Intervista qualche alunno straniero presente nella tua scuola su usi e costumi dei loro Paesi d'origine e confrontateli con il nostro stile di vita.

Scrivete una lista di parole legate al pregiudizio che si associano al termine "immigrato".

Lezione 4: La società multiculturale e l'integrazione

L'inclusione

Recensione del film "Il sole dentro"

Gli immigrati in Italia hanno contribuito a sopperire alle carenze di manodopera in diversi settori

Gli immigrati nel nostro Paese sono circa due milioni e rappresentano il 10% degli occupati. Svolgono incarichi prevalentemente inseriti nel settore familiare, come colf e badanti, nell'edilizia, nell'agricoltura, ma sono presenti anche in altri settori (nelle concerie sono l'80% degli operai, nelle acciaierie il 60%, nell'edilizia il 55%, mentre nelle raccolte stagionali hanno la maggioranza assoluta). La retribuzione che percepiscono è ridotta rispetto a quella degli italiani.

Thomas Koch / Shutterstock.com

Gli immigrati non solo lavorano alle nostre dipendenze, ma essi stessi creano posti di lavoro con le loro imprese

Molti cinesi hanno aperto in Italia negozi di abbigliamento e calzature e gestiscono bar e ristoranti, dimostrando in questo modo di essere in grado di creare nuove attività imprenditoriali. Tra titolari, soci e dipendenti, l'imprenditoria degli immigrati coinvolge più di mezzo milione di persone. La difficoltà nell'acquisire un permesso di soggiorno stabile pregiudica la concessione dei mutui e incide negativamente sulla possibilità di aprire nuove imprese o di inserirsi nel mercato della compravendita degli immobili.

L'Italia è senza dubbio una società multiculturale: la maggior parte degli immigrati proviene dall'Europa (53,6%) e il rimanente dagli altri Paesi del mondo (Africa 22%, Asia 16,2%, America 8,1% e Oceania 0,1%). Secondo la rivista *Limes*, nel 2014 gli stranieri regolarmente residenti in Italia provenivano da Romania, Albania e Marocco.

L'integrazione o l'inclusione prevede il superamento di pregiudizi che spesso accompagnano l'immigrazione

L'insorgere di atteggiamenti conflittuali e di insofferenze fra culture diverse può sfociare nel fenomeno della competizione sociale, dell'incompatibilità, portando di conseguenza una discriminazione tra i gruppi per paura di invasione, perdita dei diritti di cittadinanza e supremazia. Gli immigrati devono evitare di isolarsi e partecipare alla vita della società che gli ha accolti, condividendo regole e obiettivi, ma hanno il diritto di essere ascoltati, rispettati e valorizzati su un piano di uguaglianza.

In Emilia Romagna, le cascine abbandonate dai contadini oggi sono fiorenti aziende agricole grazie ai lavoratori indiani; i carpentieri bergamaschi andati in pensione sono stati sostituiti da bravi albanesi e i lavori artigianali, grazie a loro, sono in fase di forte espansione dopo anni di abbandono.

Le diverse culture sono frutto anche del clima, della posizione geografica ed economica del Paese di origine

Gli africani nei loro Paesi di origine, ed in particolar modo nelle campagne, in caso di malattie si rivolgono a guaritori perché a basso costo, mentre nelle città la loro vita è simile alla nostra anche se differente nell'urbanizzazione (tipo di case, trasporti, viabilità). L'alimentazione risente delle condizioni economiche e la malnutrizione, in Africa, è il fattore determinante della mortalità dei bambini sotto i cinque anni, per via delle infezioni e delle malattie ad essa collegate. Nel Burkina Faso il cibo

è sacro, perché tutti non vi hanno accesso e chi se lo può permettere è ritenuto un privilegiato; una volta in Italia, però, dove tutti hanno accesso al cibo, tale concetto viene abbandonato e anche loro incominciano ad utilizzare i *fast food*.
In ambito pediatrico, le mamme, sebbene dichiarino di seguire i consigli del pediatra, mantengono comunque una forte tendenza a rispettare gli insegnamenti tradizionali.

I migranti spesso sono persone con un elevato grado d'istruzione che preferiscono partire dalle loro terre in cerca di lavori più remunerativi

Una parte degli immigrati presenta un elevato grado di scolarità, e l'odierna immigrazione è costituita soprattutto da persone relativamente benestanti che hanno scelto la via dell'immigrazione come mezzo di ascesa sociale o come valvola di sfogo, per allontanarsi da un Paese che non offre loro posizioni lavorative adeguatamente remunerate. Queste persone hanno scelto e accettato di svolgere delle attività ritenute utili (addetti alle pulizie, badanti, OSS, operai, ecc.), che permettono loro di guadagnare stipendi molto più elevati di quelli che avrebbero potuto percepire nel loro Paese attraverso l'esercizio della loro professione.

Glossario

Inclusione = inserimento stabile e funzionale.
Remunerativi = che rendono di più dal punto di vista economico.

La vita dell'immigrato non è facile, anche se la Convenzione di Ginevra tutela i diritti dei rifugiati

Dal 1951, il più importante strumento di protezione per i rifugiati politici è la Convenzione di Ginevra, che riconosce il diritto alla protezione per chiunque, nel proprio Paese, sia perseguitato per motivi di razza, opinioni politiche, religiose, per l'appartenenza a un gruppo sociale o per la cittadinanza.
L'UNHCR (Alto commissariato delle Nazioni Unite per i rifugiati), il braccio esecutivo della Convenzione di Ginevra, rafforzato dal Protocollo del 1967, ha garantito un'esistenza decorosa a decine di milioni di individui che si sono sentiti protetti nei propri diritti, tra i quali quello di non essere rimpatriati con la forza.

Secondo Durkheim vi sono due tipi di solidarietà: quella meccanica e quella organica

Secondo il sociologo francese Émile Durkheim possiamo distinguere due tipi di solidarietà in base al grado di complessità della società e alla divisione del lavoro. In alcune società gli individui svolgono ruoli e condizioni diversi in rapporto al sesso e all'età ma non si differenziano gli uni dagli altri per il tipo di lavoro, e sviluppano una solidarietà meccanica in cui nessuno è indispensabile agli altri, ma tutti gli individui sono legati da un rapporto di solidarietà sociale. Nelle società europee, così come in altre, ognuno ha una precisa professione che sa fare bene, mentre sarebbe incapace di farne altre, ugualmente necessarie alla sua vita. Si instaura dunque una divisione di lavori, e la solidarietà che viene sviluppata è organica, in quanto lega tra loro individui che non sarebbero autosufficienti e che dipendono l'uno dall'altro per la propria sopravvivenza.

PDF La società nella prospettiva sociologica di Émile Durkheim

Tocca a te

Ci sono attività commerciali nel tuo paese che sono state aperte da immigrati? Quali? Sei mai stato loro cliente? Come ti sembra vengano trattati i loro clienti? Fai le tue considerazioni a tale proposito e descrivile su due slide riassuntive.

Lezione 5: Il mediatore culturale

Per aiutare gli immigrati che arrivano nel nostro Paese senza una conoscenza approfondita della lingua è stata creata la figura del mediatore culturale

Il *mediatore culturale* è un operatore in grado di svolgere la funzione di mediazione linguistica e di orientamento culturale. Egli utilizza le proprie conoscenze e la propria capacità relazionale ed empatica per esprimere nel modo migliore le caratteristiche e i bisogni degli stranieri; si pone come tramite tra gli immigrati di nazionalità diversa e i servizi del Paese di accoglienza.

Si tratta di una figura di riferimento all'interno degli ospedali, in quanto gli stranieri non sono sempre capaci di esprimere i loro bisogni in modo corretto, e si possono pertanto creare disguidi legati a un lessico non appropriato. Nelle scuole egli fa da tramite fra i diversi modi di apprendere e di concepire l'istruzione scolastica, favorendo l'inserimento e la partecipazione alle attività didattiche da parte degli allievi.

Molti immigrati sono laureati e sono costretti a una progressiva dequalificazione, non riuscendo a utilizzare il proprio titolo di studio

Ogni popolo necessita di un diverso mediatore culturale e linguistico che solitamente è immigrato da molti anni, pertanto conosce bene le due culture; egli ha il compito di facilitare l'inserimento dei cittadini stranieri nel contesto sociale del Paese di accoglienza, facendo da tramite tra i bisogni degli immigrati e le risposte offerte dai servizi pubblici. Non si deve dimenticare che il 53% degli immigrati regolari giunti in Italia è in possesso di una laurea: essi, una volta arrivati in un altro Paese, si trovano coinvolti in un processo di progressiva dequalificazione, non riuscendo a mettere a frutto le proprie capacità e competenze. Le pratiche per l'**equiparazione** di lauree o diplomi universitari sono molto poche, perché lunghe e dispendiose. Lo straniero, al fine del riconoscimento professionale e per la successiva abilitazione, deve sottoporsi alla verifica delle competenze: pertanto, deve impegnarsi a studiare di nuovo determinate materie e sostenere gli esami stabiliti.

Il mediatore culturale è legato al fenomeno della multiculturalità

Il processo di **globalizzazione**, cui è seguito il fenomeno della multicultura, ha portato alla nascita di nuove figure professionali in grado di mediare tra gli individui o gruppi di persone appartenenti a **etnie** diverse. Nelle zone d'Italia direttamente coinvolte dal fenomeno dei flussi dei clandestini, i mediatori culturali agiscono nei Centri di accoglienza temporanei per aiutare gli immigrati durante le fasi del primo soccorso. Tali figure si trovano anche nelle carceri, con il compito di fare da portavoce alle richieste dei reclusi stranieri, molte volte trascurate per problemi d'incomprensione.

Per diventare mediatori culturali è necessario frequentare corsi, spesso finanziati dai contributi europei, organizzati dalle istituzioni pubbliche, locali o statali. Alcune università svolgono corsi specifici presso le facoltà di Lingue straniere o di Scienze politiche.

Altra figura importante è quella del mediatore europeo, che ha il compito di esaminare le denunce dei cittadini contro i casi di cattiva amministrazione

Il *mediatore europeo* tratta le denunce dei cittadini, delle imprese e delle organizzazioni dell'Unione Europea (UE), contribuendo a scoprire casi di cattiva amministrazione, quelli cioè in cui istituzioni, organi, uffici e agenzie dell'Unione europea abbiano infranto la legge o violato i diritti umani. Si occupa fra l'altro di abuso di potere, discriminazione e irregolarità procedurali. L'ufficio del mediatore europeo avvia le indagini dopo aver ricevuto una denuncia, oppure di propria iniziativa. Il mediatore opera in assoluta autonomia e non riceve direttive da alcun governo o organizzazione.

La figura del mediatore europeo è stata istituita dal Trattato di Maastricht nel 1992 ed ha sede a Strasburgo

Il mediatore europeo, secondo l'art. 228 del Trattato sul Funzionamento dell'Unione Europea (TFUE), viene nominato dal Parlamento europeo, al quale, una volta all'anno, presenta una relazione sull'attività svolta. Il Parlamento europeo elegge il mediatore per un mandato relativo alla durata della legislatura, rinnovabile ogni cinque anni. Quella del mediatore europeo è una carica istituzionale comunitaria che consente a chi la riveste di assumere il ruolo di difensore civico della Comunità europea, e agisce in modo completamente indipendente da ogni potere, compreso il Parlamento europeo. Il mediatore europeo svolge le indagini che ritiene opportune e a seconda dell'esito avverte l'autorità interessata, che deve presentare il proprio punto di vista entro tre mesi dal rapporto: alla fine della procedura, egli presenta la propria relazione al Parlamento europeo informando colui che ha sporto denuncia dell'esito delle indagini.
Tale figura corrisponde a quella italiana del difensore civico, cioè una figura a garanzia e tutela dei cittadini.

Nelle scuole italiane gli alunni stranieri immigrati da meno di due anni hanno diritto, nella città metropolitana di Bologna, a una valutazione biennale

Le linee guida per l'accoglienza e l'integrazione degli alunni stranieri del 2006 prevede per i neoarrivati un percorso di apprendimento personalizzato. L'art. 4 del DPR n. 275/1999, relativo all'autonomia didattica delle istituzioni scolastiche, assegna alle stesse la responsabilità di individuare le modalità e i criteri di valutazione degli alunni, prevedendo altresì che esse operino nel rispetto della normativa nazionale. La valutazione degli alunni stranieri, in particolare di quelli che si possono definire neoarrivati, pone diversi tipi di problemi, fra cui proprio la valutazione e la certificazione delle competenze.

L'immigrazione minorile è una realtà sommersa all'interno dei flussi migratori

A volte il minorenne straniero migra da solo in cerca di fortuna. Le cronache riportavano, qualche anno fa, notizie di bambini ridotti in schiavitù e sfruttati come lavavetri agli incroci. Oggi non si vedono più, ma la loro presenza resta costante, nell'intento di aiutare sé stessi e le loro famiglie rimaste in patria. Non è facile abbandonare la propria famiglia per iniziare una vita di stenti, anche se sostenuti dalla voglia di riscatto sociale.

Lo Stato tutela il minore straniero equiparandolo a quello italiano

La convenzione dell'Aja del 1961, ratificata in Italia con la legge 742 del 1980, prevede che "lo Stato che ospita il minore straniero può respingere la richiesta di rimpatrio avanzata dallo Stato in cui il minore è cittadino, se il rimpatrio è ritenuto contrario agli interessi del minore". In Italia a valutare gli interessi del minore è il Tribunale dei Minori, in collaborazione con i Servizi sociali. Per l'assistenza a favore di minori stranieri in difficoltà si applica la stessa normativa valida per gli italiani. Il termine "straniero" nella giustizia minorile descrive soprattutto minori di origine balcanica, presenti prevalentemente nel Nord Italia, ed in particolar modo appartenenti al gruppo etnico-culturale Rom. Negli ultimi anni, in seguito all'immigrazione mediterranea, è aumentata la presenza anche di minori di altre nazionalità.

Tocca a te

Il mediatore culturale è spesso presente nelle scuole: informati sul loro ruolo e sull'aiuto che queste figure forniscono.

PDF Valutazione alunni stranieri

PDF I minori stranieri non accompagnati in Italia

Glossario

Dequalificazione = mancata qualifica, ossia non riconoscimento del titolo di studio di una persona: pertanto l'immigrato è considerato alla stregua di chi è privo di cultura.

Equiparazione – riconoscere a un titolo ottenuto all'estero un valore pari a quello ottenuto in Italia.

Globalizzazione = fenomeno di progressivo allargamento della sfera delle relazioni sociali sino ad un punto che potenzialmente arriva a coincidere con l'intero pianeta.

Etnie = insiemi di persone basati sulla presenza di tratti somatici, culturali e linguistici uguali.

Valutazione biennale = l'allievo viene valutato per obiettivi minimi e gli apprendimenti vengono slittati nel biennio.

Lezione 6: L'immigrazione straniera

L'arretratezza culturale, la mancanza di diritti umani e il fanatismo religioso possono creare persecuzioni e voglia di migrare verso gli Stati in cui regnano la democrazia e il rispetto

La cronaca del mese di ottobre 2015 riporta che il 12 agosto 2015 la disegnatrice iraniana Atena Farghadani, rinchiusa nel carcere di Evin con la condanna a 12 anni e 9 mesi per "oltraggio", "attentato alla sicurezza nazionale" e "diffusione di propaganda ostile alle istituzioni" a causa di alcune vignette satiriche che prendevano di mira esponenti del Parlamento e la guida suprema Alì Khamenei, ha salutato il suo avvocato con una stretta di mano. Tale gesto è stato segnalato dalle guardie carcerarie e l'avvocato è stato arrestato (è uscito dal carcere dopo tre giorni e il pagamento di una cauzione di 60 mila dollari) con l'accusa di aver commesso un "atto al limite dell'adulterio". La disegnatrice, oltre a rischiare un'ulteriore condanna per "relazioni sessuali illegittime" è stata obbligata a sottoporsi a una visita ginecologica per verificare la sua illibatezza e un eventuale stato di gravidanza.
L'episodio riporta alla mente l'attentato a Parigi del 7 gennaio 2015 da parte degli integralisti islamici contro la rivista *Charlie Hebdo* per aver pubblicato delle vignette satiriche.

L'immigrato è colui che, provvisto di permesso di soggiorno, lascia il proprio Paese ed entra in un altro Stato

L'immigrazione è un trasferimento provvisorio o permanente di gruppi di persone in un Paese diverso da quello d'origine. È uno dei fenomeni sociali più complessi per i problemi relativi alla regolamentazione, al controllo dei flussi migratori in ingresso e alla permanenza degli immigrati nello Stato. La legislazione dei Paesi della UE (Unione Europea) fissa, come condizione indispensabile per avere il permesso di soggiorno e poi la cittadinanza, l'autonomia economica dell'immigrato.

Il diritto d'asilo viene riconosciuto al rifugiato politico vittima di persecuzione politica o religiosa, oppure proveniente da Paesi in guerra

Il termine "rifugiato politico" indica chi è fuggito o è stato **espulso** dal proprio Stato a causa di discriminazioni politiche, religiose o razziali, e trova ospitalità in un Paese straniero. Il termine "profugo", privo di contenuto giuridico, indica chi si allontana dal Paese di origine per sfuggire a una persecuzione. A differenza del profugo, il rifugiato politico ha ricevuto dalla legge dello Stato che lo ospita o dalle convenzioni internazionali tale ***status*** e la relativa protezione attraverso l'asilo politico. Il diritto d'asilo è regolamentato dall'art. 14 della Dichiarazione Universale dei Diritti Umani.

I clandestini sono persone che, sebbene vivano alla luce del sole, per lo Stato non esistono e, pertanto, non hanno accesso ai servizi

Il termine "clandestino" indica la persona che non è in regola, in modo assoluto o parziale, con il permesso di soggiorno, e pertanto non può godere degli interventi rivolti agli immigrati. I clandestini solitamente lavorano a basso costo nella raccolta di pomodori, arance, fragole e svolgono tutti quei lavori umili per i quali non si trova facilmente manodopera locale. Il termine clandestino viene a volte collegato con gli incidenti stradali avvenuti a causa della guida sotto effetto di alcol o droga, alla criminalità, ecc., e ciò ha creato dei pregiudizi verso queste persone. Spesso sono considerati clandestini anche i rifugiati internazionali in attesa del riconoscimento del diritto d'asilo.

La legge 67/2014 abolisce il reato di clandestinità

Il 17 maggio 2014 è entrata in vigore la legge 67/2014 che prevede, fra le altre cose, l'abolizione del reato di soggiorno irregolare al primo ingresso.
Tale legge sancisce l'abolizione del reato di ingresso illecito in Italia; tuttavia continua ad essere mantenuto l'arresto per i cittadini stranieri che rientreranno nel nostro Paese dopo un provvedimento di espulsione o violeranno altre disposizioni a loro carico come ad esempio l'obbligo di firma in Questura. La legge deroga 67/2014 dà al governo 18 mesi per adottare un decreto che metta in pratica quanto è stato chiesto dal Parlamento.

Il Parlamento europeo nel 2008 ha introdotto la Carta blu e sanzioni penali per chi assume immigrati irregolari

Il Parlamento europeo ha approvato, il 20 novembre 2008, l'introduzione di una Carta blu sul modello della *Green card* americana, che ha lo scopo di attirare in Europa immigrati qualificati provenienti da altri Paesi. Oltre alla Carta blu, il Parlamento europeo ha approvato anche multe e sanzioni penali per i datori di lavoro che impiegano immigrati irregolari.

I flussi migratori della primavera del 2011 verso Lampedusa erano legati alle sommosse esplose in alcuni Paesi africani al fine di ottenere una vita migliore

I grandi flussi migratori dell'inizio del 2011 sono stati legati alle guerriglie interne, finalizzate alla conquista della libertà di parola e di pensiero di alcuni Stati arabi. È bastato che Mohammed Bouazizi, un tunisino di ventisei anni, laureato in lingua e letterature arabe, ma che come tanti coetanei non aveva trovato un lavoro adeguato, si desse fuoco, per costringere alla fuga il **raìs** Zine E-Abidine Ben Ali, che governava il Paese da venticinque anni. Il giovane Bouazizi rappresenta la parte della società che più aspira al cambiamento. I giovani sotto i trent'anni rappresentano il 60-70% del mondo arabo, in buona parte hanno frequentato le scuole superiori, ma non hanno trovato un lavoro adeguato e pertanto la loro vita quotidiana e frustrante è priva di prospettive. Da qui la voglia di cambiamento e di integrazione sociale.

Un detto arabo dice: "Il mondo arabo è come un lago, un colpo battuto in un punto dell'acqua si tramuta in onda che si espande ovunque"

Dalla Tunisia la rivolta si è estesa a macchia d'olio in Egitto, Algeria, Bahrein, Yemen, Giordania, Gibuti, Libia e Siria: questi sono stati i Paesi più coinvolti nelle sommosse, mentre incidenti minori sono avvenuti in Paesi come Kuwait, Iraq, Marocco, ecc., dove la popolazione locale aspira a una maggiore uguaglianza sociale e ad uno stipendio adeguato alle mansioni svolte.

L'immigrazione legata alla "Primavera araba" è calata con l'assestamento politico-democratico degli Stati coinvolti

Nell'Unione Europea (UE), tra il 2011 e il 2012 sono giunti 72.430 immigrati irregolari, un dato in calo del 49% rispetto all'anno precedente. Le principali nazionalità dei migranti irregolari sono afgana, siriana e albanese. Sulla rotta del Mediterraneo centrale il numero degli arrivi è crollato dell'82%, passando da 59.000 unità a 10.380, un calo riconducibile alla fine della primavera araba. I successivi scenari africani hanno visto salire vorticosamente il numero di persone che scappano da conflitti e persecuzioni.

Tocca a te

Fai una ricerca sull'emancipazione della donna nei Paesi arabi e crea un cartellone che metta in evidenza i loro diritti e la loro integrazione sociale.

Glossario

Espulso = allontanato da un Paese. L'atto di espulsione, rilasciato dal prefetto, contiene l'intimazione a lasciare lo Stato entro quindici giorni. L'espulsione è una misura di sicurezza, non detentiva, prevista dall'art. 235 del codice penale.

Status = condizione riconosciuta secondo il diritto internazionale.

Raìs = termine arabo che noi traduciamo con "leader", una definizione inesatta perché il vero significato è "padre del proprio popolo", cui il popolo stesso attribuisce poteri mistici.

Lezione 7: L'immigrato straniero in Italia

L'emigrazione porta a fenomeni di acculturazione

I sistemi culturali che vengono a contatto tra loro (es. italiano e moldavo) si scambiano modelli di comportamento che vengono trasformati in base alle proprie esigenze. La cultura italiana, dominante, tende a valorizzare solo gli aspetti originali della cultura degli immigrati, e questi possono elaborare apparenti forme di adattamento alla nuova cultura, difendendo, in realtà, le proprie tradizioni.

Le banche italiane offrono agli immigrati pacchetti di risparmio che tengono presente il loro credo religioso

Anche le banche si sono dovute adeguare alla nuova multiculturalità, tanto che propongono pacchetti di vario tipo, fra i quali: condizioni agevolate per il trasferimento del denaro, sottoscrizione di una polizza per il rientro della salma, alcuni sconti per voli diretti al Paese di provenienza, possibilità di sottoscrivere dei prestiti per il ricongiungimento dei familiari. Secondo un'indagine bancaria, gli immigrati in possesso di un conto corrente bancario sono il 75,4% del totale. Per i musulmani il denaro rappresenta esclusivamente un mezzo di scambio e non un bene; per questo non è consentito guadagnare sul denaro, poiché non viene riconosciuta una **transazione** reale alla base di tale operazione. Le transazioni finanziarie sono considerate peccaminose. Per questo motivo alcune banche trasformano gli interessi in buoni acquisto per vestiario, generi alimentari, materiale scolastico, borse di studio, ecc.

Si occupano di immigrazione in Italia varie leggi nazionali e regionali, alcune delle quali hanno regolamentato e limitato il flusso migratorio

Regolamentano l'ingresso degli immigrati:

- la legge Martelli n. 39 del 1990;
- il Decreto Dini del 1995;
- la legge Turco-Napolitano n. 286 del 1998;
- la legge Bossi-Fini n. 189 del 2002;
- il Decreto legge n. 125/2008 "Pacchetto sicurezza";
- la legge 94/2009, "Disposizioni in materia di sicurezza pubblica";
- il Decreto legge n. 211/2011, "detenzione domiciliare";
- la legge 146/2013, che "conferma l'esecuzione della pena presso il domicilio".

Il Decreto del 4 giugno 2010, firmato dai ministri dell'Interno e dell'Istruzione, prevede che a partire dal 9 dicembre tutti gli immigrati che vogliono richiedere il permesso di soggiorno debbano sostenere un test di lingua italiana obbligatorio. Chi si recherà in Alto Adige dovrà conoscere non solo l'italiano, ma anche il tedesco. Se l'esito del test è positivo, o se lo straniero dimostra di essere già in possesso di una buona conoscenza della lingua italiana, l'immigrato può presentare domanda presso la questura che, verificati tutti i requisiti richiesti, rilascia il permesso di soggiorno CE per soggiorni di lungo periodo.

L'immigrato proveniente dai Balcani o dall'Africa, considerata la posizione geografica dell'Italia, utilizza il nostro Paese come transito per la meta prefissata

Gli immigrati originari dei Balcani o dell'Africa spesso transitano attraverso il nostro Stato mentre sono diretti verso mete diverse; a volte, invece, si stabiliscono, entrando a far parte integrante del tessuto sociale.

La caduta del regime comunista in Albania e la conseguente apertura delle carceri ha fatto uscire di prigione non solo i dissidenti, ma anche persone appartenenti alla malavita, che hanno continuato a svolgere i loro traffici nel nostro Paese. Negli ultimi anni è cresciuto il fenomeno degli arrivi in aereo attraverso l'utilizzo di documenti falsi.

Tra i vari mercati di sfruttamento delle persone immigrate, quello della prostituzione forzata costituisce il più visibile e il più remunerativo per la criminalità

Molte ragazze provenienti dall'Europa dell'Est e dalle regioni dei Balcani sono giunte in Italia dietro lusinghe di ottimi impieghi da parte di loro connazionali. Una volta arrivate in Italia sono state private del passaporto e costrette a prostituirsi dietro ricatti e maltrattamenti. L'uso sistematico della violenza riduce queste persone a compiere determinati traffici in uno stato simile a quello della schiavitù. Molte ragazze costrette a prostituirsi provengono anche dall'Africa, dall'Asia e dall'America Latina. Gli eventi storico-politici seguiti alla caduta del comunismo nei Paesi dell'Est hanno fatto della riviera adriatica e dell'Italia il punto di approdo e di sfruttamento di ragazze provenienti da Russia, Moldavia, Romania, Polonia, Albania, Kosovo, ecc.

Il Dossier Statistico Immigrazioni – Rapporto URAN 2014 fornisce informazioni utili per avere una panoramica ampia relativa all'immigrazione

Il dossier "Dalle discriminazioni ai diritti" offre un'ampia e aggiornata panoramica sulle tematiche relative all'immigrazione.

In Italia la popolazione immigrata residente è composta da 4.922.085 persone, mentre la popolazione immigrata con regolare permesso di soggiorno è stimata in 5.364.000 unità (8,8% del totale della popolazione). I residenti sono distribuiti in gran parte nel Nord Ovest, nel Nord Est e nel Centro Italia. Tra i non comunitari prevalgono africani ed europei, e le prime cinque nazionalità per numero di residenti sono Romania, Albania, Marocco, Cina e Ucraina.

I minori non comunitari sono quasi un quarto di tutti gli immigrati residenti e nel 2013 ci sono stati 80.000 "nati stranieri". In Italia sono presenti 415.182 nati e cresciuti nel nostro Paese, ma considerati dalla legge come stranieri.

Glossario

Acculturazione = processo mediante il quale un popolo immigrato assume un po' di cultura del popolo con cui è a contatto.

Transazione = accordo, intesa per il passaggio del denaro.

Il Rapporto Immigrazione e Imprenditoria 2015 aggiorna le statistiche sull'imprenditorialità immigrata in Italia ed evidenzia che sono oltre mezzo milione le aziende gestite da lavoratori immigrati, che riguardano principalmente i settori del commercio, dell'edilizia, delle manifatture e della ristorazione.

Il contributo degli immigrati all'economia italiana registra un saldo positivo di 3,9 miliardi di euro. I cittadini immigrati con il loro lavoro contribuiscono allo sviluppo economico, oltre che sociale e culturale di un'Italia caratterizzata da una popolazione sempre più anziana e che presenta voci di spesa principali relative alle pensioni e alla sanità.

Tocca a te

Rispondi alle seguenti domande e motiva le risposte date.

Chi è per te lo straniero?. ....

Chi è l'italiano?..

Il termine straniero è positivo o negativo? ....

Cos'è per te l'integrazione sociale? ....

Lezione 8: Da Mare Nostrum alla chiusura delle frontiere

In seguito al naufragio del 3 ottobre 2013 che ha causato la morte di 366 persone, è stata istituita l'operazione "Mare nostrum"

"Mare nostrum" è stata un'operazione militare e umanitaria decisa il 14 ottobre 2013 dal governo Letta in seguito al naufragio di una barca con a bordo circa 500 migranti vicino all'Isola dei Conigli (Lampedusa) avvenuto il 3 ottobre 2013, durante il quale hanno perso la vita 366 persone.

Quest'operazione aveva due scopi principali: salvaguardare la vita in mare e contrastare il traffico illegale di migranti.

All'operazione partecipavano personale e mezzi navali e aerei della Marina Militare, dell'aeronautica Militare, dei Carabinieri, della Guardia di Finanza, della Capitaneria di Porto. Sulle navi era presente anche il personale degli uffici immigrazione per l'identificazione dei migranti direttamente a bordo e uno staff medico per i controlli e gli interventi sanitari.

I dati riportati nell'ottobre 2014 dal ministro Alfano su "Mare nostrum" mettevano in risalto che le navi della Marina Militare avevano recuperato 100 mila migranti: di essi quasi 9 mila erano minorenni. Sono stati inoltre arrestati oltre 500 scafisti e sequestrate 3 "navi madre", cioè quelle che trasportano i migranti a una certa distanza dalla costa per poi abbandonarli.

I Minori Stranieri non Accompagnati (MSNA) che non hanno compiuto i 15 anni hanno diritto all'istruzione, a partecipare alla vita della comunità scolastica e ai servizi educativi.

Il Parlamento europeo nel 2013 ha approvato il regolamento Eurosur per la sorveglianza delle frontiere

Il 2 dicembre 2013 è entrato in vigore il nuovo regolamento Eurosur, un sistema di sorveglianza che ha lo scopo di migliorare la gestione delle frontiere esterne all'UE attraverso lo scambio di informazioni tra gli Stati membri e l'agenzia europea Frontex.

Gli Stati membri dell'UE che hanno aderito a Eurosur si sono impegnati a rispettare i diritti umani, tra i quali si annovera il divieto di respingimento, che vieta il rimpatrio di persone che abbiano subìto minacce di vita o private della libertà.

"Mare Nostrum" era affiancato da "Hermes" nel controllo del Mediterraneo

"Mare Nostrum" non era la sola iniziativa attiva nel mar Mediterraneo: affiancava "Hermes", attivata dall'agenzia UE che promuove la sicurezza e la gestione dei confini, Frontex, il cui scopo era contrastare l'immigrazione irregolare da Tunisia, Libia e Algeria verso le coste italiane. Sempre promossa da Frontex è anche "Aeneas", attiva nel mar Jonio per vigilare su coste pugliesi e calabresi.

"Mare Nostrum" si è conclusa il 31 ottobre 2014, accompagnando poi Triton (v. più avanti) in forma ridotta fino alla fine del 2014.

Frontex è l'agenzia per la gestione delle frontiere esterne degli Stati membri dell'Unione Europea

Frontex gestisce la cooperazione internazionale lungo le frontiere esterne degli Stati dell'UE. È stata creata nel 2004, è attiva dal 2005, ha sede a Varsavia e ha come principale obiettivo quello di aiutare le autorità di frontiera dei diversi Paesi europei a lavorare insieme.

Frontex fornisce assistenza nella formazione professionale delle guardie in servizio, nei controlli, nei pattugliamenti e nella vigilanza.

A causa degli aumenti dei flussi migratori, viene varata l'operazione "Triton"

Ad agosto 2014, a causa dell'aumento dei flussi migratori, Frontex, con l'intento di sostenere l'operazione "Mare nostrum", ha dato vita a "Frontex Plus" con il compito di garantire la lotta alle mafie sulle coste africane e agli scafisti.

"Mare Nostrum" e "Frontex Plus" hanno avviato l'operazione europea chiamata "Triton", che è iniziata il 1 novembre 2014 ed ha sostituito le missioni attive nel Mediterraneo.

L'operazione internazionale "Triton", cui partecipano 29 Paesi, è finanziata dall'UE; prevede il controllo delle acque internazionali fino a 30 miglia dalle coste italiane: il suo scopo principale è il controllo della frontiera e non il soccorso, anche se, in caso di necessità, si effettuano anche interventi di ricerca e soccorso (Sar). I mezzi impiegati sono due aerei di sorveglianza, un elicottero, tre navi d'altura, quattro motovedette.

La grande disponibilità dell'Europa verso l'esodo Siriano si è infranta con l'attentato del 13 novembre 2015 a Parigi

L'attentato compiuto nell'arco di trentatré minuti dall'ISIS a Parigi il 13 novembre 2015 e che ha colpito sei zone molto frequentate della città, ha scosso tutta l'Europa e ha instaurato un clima di paura del terrorismo.

Oltre cento persone sono rimaste uccise nei punti presi di mira da giovani kamikaze, che al grido di "Allah è grande" hanno compiuto una strage senza precedenti. L'obiettivo doveva essere la partita amichevole Francia-Germania, ma gli agenti di sicurezza hanno notato una cintura carica di esplosivo di un terrorista che, scoperto, ha innescato la carica esplosiva che aveva indosso e ha scatenato a macchia d'olio altri assalti; il più efferato è stato quello avvenuto alla sala concerti Bataclan, dove 89 persone sono rimaste uccise. Tale sala, appartenente a proprietari ebrei, ospitava il concerto degli "Eagles of Death Metal", una band statunitense apprezzata per il suo rock ispirato agli anni Settanta. L'assalto nel cuore di Parigi, che ha provocato 130 morti e 352 feriti, 99 dei quali gravissimi, è stato un attacco contro l'umanità. Al Bataclan sono stati colpiti giovani provenienti da molti Paesi europei, ed è per questo che sono state attuate strategie globali contro il terrorismo. Si è trattato di un chiaro attacco all'Europa e alla libertà.

Il presidente della repubblica Hollande ha proclamato lo stato di emergenza e il ripristino dei controlli alle frontiere, sospendendo gli accordi di Schengen, decisione legittimata dalla gravità degli eventi. La Federazione Russa, dal canto suo, ha ripristinato il visto d'ingresso dopo che la Turchia ha abbattuto un jet russo.

L'unico potere forte nel mondo, in grado di contenere e battere l'Islam fanatico, è l'Islam moderato. È corretto e auspicabile per il bene di tutti i popoli che i musulmani moderati, dovunque essi risiedono, si facciano sentire e agiscano concretamente denunciando gli integralisti che utilizzano il nome di Allah per spargere morte e terrore. La frangia integralista a lungo andare creerà grandi ondate xenofobe con ulteriori atti di violenza a spese di quegli immigrati onesti e laboriosi che non saranno più accolti e visti di buon occhio.

Tocca a te

Marine Le Pen, presidente del Fronte Nazionale, in seguito agli atti terroristici in Francia che hanno minato la sicurezza nazionale e internazionale, ha proposto la chiusura delle moschee radicali e l'allontanamento dei predicatori di odio.

Il presidente Obama ha definito l'evento con una frase "Il cielo si è oscurato, è un attacco all'occidente". Commenta il loro pensiero, che ha come obiettivo, in entrambe le situazioni, il rispetto della libertà, dell'uguaglianza e della fratellanza che furono la base della rivoluzione francese (1789); esprimi inoltre il tuo pensiero verso la limitazione dei diritti umani presente in alcuni Stati.

Lezione 9: Il nomadismo

Il nomadismo è un grande valore per lo zingaro, che viaggiando continuamente afferma la propria identità

Oltre ai popoli che migrano per problemi socio-politici, esistono quelli che migrano per costume, tanto che il termine "zingaro" viene utilizzato per indicare tutti coloro che vivono una vita nomade ai margini della società. Gli zingari abitano, generalmente, in accampamenti situati nelle periferie delle città; la gente non si avvicina a loro per paura e questo fa pensare che essi vengano emarginati. In realtà sono gli stessi zingari a voler rimanere separati da una società che non appartiene loro, perché sono un vero e proprio popolo con una cultura e tradizione propria, dalla quale non intendono staccarsi. Gli zingari emarginano la società nella quale si trovano, di cui non intendono acquisire gli stili di vita come: lavoro, pulizia, residenza stabile, ecc.

I Rom si sono spostati dall'India, dove facevano parte di una casta molto bassa

Le origini dei Rom sono state per secoli avvolte nel mistero, poiché si tratta di un popolo che non usava la scrittura e, pertanto, non ha lasciato testimonianze della propria storia. Fino all'anno Mille essi vivevano in India, dove facevano parte di una **casta** molto bassa, alla quale era vietato esercitare gran parte dei mestieri. Per guadagnarsi da vivere andavano di paese in paese, arrangiandosi con le attività più varie. Molti di loro divennero abili musicisti, danzatori, acrobati, giocolieri e ammaestratori di animali.

Gli zingari si dividono in: Rom, che risiedono prevalentemente nell'Italia Centro-Meridionale, Sinti, diffusi nel Nord Italia, e Kalé, che sono i gitani spagnoli

I Rom e i Sinti sono popoli nomadi, riuniti in ***clan*** che si spostano da una zona all'altra per cultura e tradizione. I punti principali della loro organizzazione sono il matrimonio e la **Kris**.

Il matrimonio è visto come opportunità di creare nuovi legami parentali, mentre la Kris ha il compito di risolvere i conflitti tra famiglie della stessa stirpe o di diverso casato, distribuisce i guadagni e le perdite, convalida i matrimoni e le separazioni.

Non sono chiare le fonti di reddito degli zingari, in passato riparavano pentole di rame mentre ora commerciano con i rottami di ferro, gestiscono giostre e piccoli circhi mentre le donne si occupano della vendita di centrini, merletti e si dedicano alla chiromanzia. C'è chi vive di espedienti e di accattonaggio.

I gitani provengono da una nazione con un'infinità di etnie diverse tra loro e molteplici lingue, diffondono l'uso del violino in Ungheria e il flamenco in Spagna

I gitani provengono da una nazione nella quale sono presenti numerose etnie diverse tra loro e molteplici lingue. Quando i gitani si insediarono in Spagna, portarono con sé la musica che avevano appreso nei Paesi attraversati durante la migrazione del nord dell'India e la adattarono alla musica andalusa preesistente. La comparsa del flamenco in Spagna verso la metà del XVIII secolo si deve a *Tio Luis el de la Juliana,* mentre precedentemente i gitani ungheresi suonavano musica della danza popolare. I gitani ungheresi adattavano la musica folcloristica e la musica delle antiche danze ungheresi presentandola come musica nuova, viva ed esotica. Si insediavano nelle periferie delle grandi città e suonavano nei ristoranti e nei caffè. Il re degli strumenti nelle loro melodie era il violino.

La loro musica affascina tutti quelli che l'ascoltano e narra la loro cultura

Le canzoni che ci rimandano alla loro cultura sono tante, tra cui: *Violino tzigano* di Bixio e *Prendi questa mano zingara* di Francesco De Gregori, i cui versi dicono:

"Prendi questa mano, zingara, dimmi pure che destino avrò.

Ora che il vento porta in giro le foglie e la pioggia fa fumare i falò.
E c'è uno che dice «Guarda!», uno che dice «Dove?», uno che dice «Chissà».
E c'è acqua che è ferma, acqua che si muove, acqua che se ne va.
Prendi questa mano zingara, leggila fin che vuoi.
Leggila fino all'ultimo, leggila come puoi.
Prendi questa mano zingara, dimmi ancora quanta vita ci va.
Di quanti anni sarà fatto il tempo, e il tempo cosa serberà. [...]

Le case dei Rom rispecchiano la cultura nomade

I Rom abitano in campi dove ci sono roulotte, baracche, a volte containers. Il campo nel quale viene loro accordato il permesso di risiedere può essere sterrato o asfaltato e si trova nella periferia della città. Le roulotte sono piccole, e a volte prive di bagno: quando piove, sono estremamente rumorose, mentre in estate chi vi abita soffre il caldo. Nonostante tutto, le abitazioni dei Rom sono ordinate, hanno tappeti sul pavimento e spesso tappeti alle pareti.
Tra i 200.000 Rom presenti in Italia solo 40.000 vivono in campi; la maggioranza dei giovani è perfettamente integrata con le altre persone, studia, lavora e vive in appartamenti.

L'ONU si è occupato di Rom e Sinti attraverso la Sottocommissione per la lotta contro le misure discriminatorie e per la protezione delle minoranze

La Consulta del Consiglio d'Europa nel 1969 aveva constatato tra le popolazioni nomadi una crisi a causa delle rapide trasformazioni sociali e una difficoltà di sviluppo per il basso livello d'istruzione. Gli Stati membri erano stati invitati ad adottare misure per porre fine alle discriminazioni, per il rispetto della cultura rom, per la formazione professionale di giovani e adulti. Gli interventi del Consiglio d'Europa sulla situazione di questa popolazione iniziarono nel 1969, e si sono susseguiti nel 1978, nel 1981, nel 1983, fino ai nostri giorni. Nel 2005, per la politica abitativa, si è lasciato il diritto alla libertà di scegliere la modalità di vita tra il nomadismo e la sedentarizzazione, il diritto alla casa e l'invito agli Stati di risanare la situazione delle aree insalubri. Nel 2005 e nel 2007 il Comitato Europeo per i diritti Sociali, attraverso l'ERRC (Centro Europeo per i diritti dei Rom), ha denunciato l'Italia perché la situazione abitativa di degrado nella quale vivono le popolazioni nomadi viola la Carta dei diritti e costituisce una grave discriminazione razziale.

Lo Stato ha previsto degli interventi rivolti all'integrazione sociale

Lo Stato italiano, attraverso le Regioni, ha istituito degli aiuti, come l'estensione di tutti i servizi assistenziali medico-ospedalieri, prima destinati solo ai lavoratori e alla loro famiglia, ed ha consentito anche agli zingari di usufruirne. I Comuni più grandi hanno istituito campi attrezzati sia per il transito (sosta di qualche giorno) sia per la sosta. In questi campi si possono trovare famiglie ormai sedentarizzate e residenti nel Comune accanto ad altre che sostano per il periodo invernale anche per consentire ai bambini di frequentare la scuola. I Comuni hanno anche assegnato loro case popolari.
Sono previsti interventi di:

- sostegno economico, dove esistano effettive condizioni di bisogno, specialmente in presenza di minori;
- realizzazione di particolari interventi educativi rivolti a favorire l'integrazione scolastica;
- attività educative extrascolastiche;
- interventi di prevenzione verso situazioni di devianza sociale;
- progetti di alfabetizzazione per adulti.

Tocca a te

Esistono insediamenti Rom nella tua città? Qual è la tua opinione su questo popolo?

Glossario

Zingaro = Il nome "zingari" per descrivere i Rom trae probabilmente origine da quello che fu dato a tale popolazione dall'Impero Bizantino, *athigànoi*, e che stava a indicare una setta di eretici che praticavano magia; dal momento che i Rom avevano la fama di stregoni si pensò che appartenessero alla stessa setta e furono chiamati con lo stesso nome.

Casta = gruppo sociale chiuso, che si forma tra gente di particolare cultura.

Clan = gruppo di famiglie legate da una stessa discendenza. Esempio: il clan dei Kennedy.

Kris = Corte di Giustizia, specie di tribunale composto da vari anziani.

Lezione 10: Gli interventi legislativi rivolti agli immigrati

I rifugiati politici sono testimoni oculari di ciò che accade nel loro Paese, e pertanto sono protetti dalle varie leggi sull'immigrazione e dalla legge Bossi-Fini

Il Decreto legislativo 286/98 sull'immigrazione ha previsto la possibilità per gli Enti locali di assistere anche i richiedenti asilo e i rifugiati, in quanto testimoni e portavoce di quello che accade nei Paesi di origine.

La legge Bossi-Fini 189/2002 introduce cinque novità in materia d'asilo, e cioè:

- tempi brevi per la valutazione della domanda d'asilo;
- istituzione dei Centri d'identificazione;
- l'istituzione di sette Commissari territoriali per il riconoscimento dello status di rifugiato;
- la mancanza di un ricorso sospensivo verso il diniego di riconoscimento dello status di rifugiato;
- lo sdoppiamento della procedura d'asilo, che diviene:
  - semplificata per i richiedenti asilo trattenuti nei Centri d'identificazione;
  - ordinaria per i richiedenti asilo che non hanno soggiornato in Centri di identificazione.

La Convenzione di Dublino stabilisce che a prendere in carico il rifugiato deve essere il Paese che lo ha accolto per primo

La Convenzione di Dublino, che sarà rivista nel 2016, stabilisce che la domanda di asilo dello straniero deve essere presa in carico dal primo Paese di passaggio in **area Schengen**; è pertanto finalizzata ad evitare che la richiesta di asilo sia utilizzata come pretesto per avere libertà di movimento nell'area. I grandi flussi migratori del 2014-15 hanno messo in luce la mancanza di adeguatezza della Convenzione di Dublino quando ci troviamo di fronte a grandi esodi migratori.

Glossario

Area Schengen = insieme dei territori nei quali hanno valore gli accordi di Schengen, e cioè Austria, Belgio, Danimarca, Estonia, Finlandia, Francia, Germania, Grecia, Italia, Islanda, Lettonia, Liechtenstein, Lituania, Lussemburgo, Malta, Monaco, Norvegia, Paesi Bassi, Polonia, Portogallo, Rep. Ceca, Slovacchia, Slovenia, Spagna, Svezia Svizzera, e Ungheria.

La legge 189/2002 istituisce il SPRAR, che prevede un fondo nazionale per le politiche ed i servizi di asilo e offre servizi di protezione, accoglienza ed integrazione

Il Sistema di Protezione per Richiedenti Asilo e Rifugiati (SPRAR), istituito dalla legge 189/2002, mette a disposizione un fondo nazionale per le politiche ed i servizi di asilo, a cui finanziariamente possono accedere tutti gli Enti locali che presentano servizi finalizzati all'accoglienza dei richiedenti asilo, alla tutela dei rifugiati e degli stranieri destinatari di altre forme di protezione umanitaria.

Il Sistema Nazionale di Accoglienza per richiedenti asilo e rifugiati, attraverso lo *Sportello informa migranti*, offre servizi di protezione, accoglienza, inserimento ed integrazione, ricerca di assegnazione di appartamenti di tipo residenziale e l'inserimento scolastico per i bambini, il supporto esterno di attività sportive e di gioco e i percorsi di cittadinanza e integrazione. È rivolto a tutti coloro che posseggono un permesso di soggiorno con motivazione di richiesta d'asilo o un permesso di tipo umanitario.

Nel 2010 è stato creato l'UESA, Ufficio Europeo per il Sostegno all'Asilo al fine di rafforzare la cooperazione fra i Paesi dell'UE e migliorare il funzionamento del Sistema Comune Europeo di Asilo (CEAS).

In Emilia Romagna i RARU devono avviare la procedura per la richiesta d'asilo presso lo sportello del Comune

I Richiedenti Asilo, Rifugiati e Titolari di Protezione Umanitaria (RARU), in Emilia Romagna, devono avviare la procedura per la richiesta d'asilo prima di tutto allo sportello del Comune, al fine di ottenere assistenza durante l'iter, che include anche la traduzione di tutti i documenti necessari per la richiesta d'asilo. Gli operatori del Comune provvedono ad informare per iscritto la Prefettura dell'arrivo della persona e a fissare l'appuntamento con la Questura per l'identificazione.

La Regione Emilia Romagna cerca di raggiungere l'inserimento sociale dei cittadini stranieri immigrati attraverso l'osservazione del fenomeno migratorio e le funzioni di programmazione, coordinamento e valutazione degli interventi di accoglienza ed integrazione sociale per i cittadini stranieri realizzati dagli Enti locali nel territorio regionale.

La legge regionale 5/2004 si basa sulla parità dei diritti e doveri, su un accesso universalistico al sistema dei servizi di welfare e sulla negazione dei servizi separati

La legge 5/2004 sancisce la parità dei diritti e doveri fra tutti i cittadini e permette di costruire il dialogo, rispettare le differenze, contrastare il razzismo e le discriminazioni, promuovere partecipazione e cittadinanza attiva.

La Regione sviluppa un programma sull'immigrazione straniera basato su quattro pilastri.
- osservazione del fenomeno;
- concentrazione con le parti sociali;
- programmazione delle politiche di integrazione sociale;
- attuazione della nuova legislazione regionale.

Al centro del programma triennale 2009-2011 si evidenzia l'obiettivo della coesione sociale attraverso tre priorità:
- sostegno alla conoscenza della lingua;
- mediazione;
- antidiscriminazione.

La città metropolitana di Bologna ha istituito il Consiglio provinciale degli immigrati

Il Consiglio provinciale dei cittadini stranieri è presente nella città metropolitana di Bologna e opera attraverso tre organismi:
- l'Assemblea, che ha funzioni di indirizzo;
- il Presidente, con funzioni di coordinamento e rappresentanza;
- l'Ufficio di Presidenza, con funzioni operative.

L'Assemblea è composta da 30 membri, eletti con metodo proporzionale corretto per assicurare la rappresentanza delle minoranze etniche.

Tocca a te

Fai una ricerca sui servizi che la tua città attiva a favore degli immigrati e a sostegno della loro integrazione.

Lezione 11: I servizi e gli interventi rivolti agli immigrati

paul prescott / Shutterstock.com

La legge 189 del 2002 ha inasprito le precedenti leggi sull'immigrazione al fine di controllare il fenomeno migratorio

La legge Bossi-Fini ha introdotto il reato di clandestinità, regolamentando la possibilità di arrestare e detenere chi ha ricevuto un provvedimento di espulsione e viene nuovamente fermato senza documenti. Tale legge prevede che i clandestini siano ospitati provvisoriamente in *Centri di protezione temporanea*, strumento di aiuto verso gli immigrati irregolari diffuso in tutta Europa in seguito all'adozione di una politica migratoria comune con gli accordi di Schengen.

La legge 125 del 2008 ha sostituito la denominazione CPT (Centro Protezione Temporanea) in CIE e CARA (Centri di Accoglienza per i Richiedenti Asilo). I Cara assicurano, oltre ai servizi occorrenti per il mantenimento e l'assistenza degli stranieri, i servizi sanitari essenziali, gli interventi di socializzazione, la libertà di culto e di corrispondenza.

La legge 67/2014 ha previsto l'abolizione del reato di clandestinità e quella dei CIE (Centri di Identificazione ed Espulsione)

Il Centro di accoglienza profughi in transito garantisce aiuto e assistenza ai migranti di passaggio

Il *Centro di accoglienza profughi in transito* è una struttura residenziale temporanea alla quale possono accedere i profughi per un periodo non superiore ai trenta giorni consecutivi, ed è gratuito. L'autorizzazione all'accesso da parte degli utenti è data dall'Ente gestore su segnalazione del servizio di consulenza profughi della Caritas. La struttura offre:

- accoglienza diurna e notturna;
- distribuzione della prima colazione e del vitto;
- possibilità di cura e di pulizia della persona;
- dotazione di vestiario di prima necessità, qualora ce ne fosse bisogno;
- attivazione, se necessario, di un servizio di mediazione linguistica.

La Casa di prima accoglienza è rivolta agli immigrati in regola con il permesso di soggiorno

La *Casa di prima accoglienza* è rivolta a coloro che vivono situazioni di momentaneo disagio abitativo. Il periodo massimo di pernottamento presso la casa accoglienza è di quattro mesi; per accedervi bisogna essere in regola con il permesso di soggiorno, in possesso del documento di riconoscimento e del libretto sanitario in corso di validità.

I Corsi di alfabetizzazione servono a migliorare l'inserimento sociale, mentre il Consultorio per donne migranti fornisce assistenza medica e non, con personale femminile

I *Corsi di alfabetizzazione* sono corsi di lingua italiana allo scopo di alfabetizzare le persone provenienti da altri Paesi e non in possesso degli elementi primari della conoscenza della lingua italiana. Il fine è dar loro consapevolezza dei loro diritti e doveri, migliorare la loro qualità di vita e permetterne l'inserimento nel tessuto sociale, nel mondo del lavoro, delle istituzioni e nella vita della comunità. I corsi sono rivolti ai cittadini comunitari ed extracomunitari presenti sul territorio nazionale.

Il *Consultorio per donne migranti* è un servizio di assistenza rivolto alle donne straniere in cui è possibile trovare una ginecologa, una psicologa, un'ostetrica, un'assistente sociale e una mediatrice culturale. Il servizio va incontro alle donne islamiche che non ricorrono a medici di sesso maschile.

Il Centro di ascolto della Caritas si può definire il primo centro di aiuto verso gli immigrati

Il *Centro di ascolto immigrati Caritas* diocesana offre:

- ascolto;
- orientamento verso i servizi del territorio;
- invio allo sportello informativo del comune rivolto ai RARU (Richiedenti Asilo, Rifugiati e beneficiari di Protezione Umanitaria) per l'avvio delle pratiche per la richiesta d'asilo;
- orientamento ai corsi di formazione proposti dai centri di formazione professionale del territorio;
- prima accoglienza alla mensa serale;
- occasionalmente, abbonamento ai trasporti pubblici per sostenere la frequenza di corsi di formazione professionale;
- sostegno nella ricerca del lavoro;
- sostegno nei percorsi di ricongiungimento familiare.

Essendo un servizio di prima emergenza, è in grado di monitorare le trasformazioni della popolazione coinvolta, di cogliere i nuovi bisogni emergenti e le criticità. Spesso le richieste d'aiuto sono di gran lunga superiori alle risorse disponibili.

L'integrazione scolastica del minore straniero si basa sull'attività di integrazione scolastica

Il servizio di *Integrazione di minori immigrati* si basa su attività di integrazione scolastica e di mediazione linguistica e culturale che vengono svolte tramite interventi di responsabilizzazione e coinvolgimento delle madri nei percorsi scolastici dei figli. Il servizio comprende sostegno alla famiglia nella scolarizzazione del figlio, sostegno durante gli incontri scuola/famiglia e servizi connessi, accoglienza e mediazione culturale ai minori appena giunti in Italia. Il servizio può essere richiesto dai docenti dei minori stranieri e dalle loro famiglie.

I Corsi di avviamento al lavoro permettono di preparare personale specializzato e sono pubblicati nelle varie lingue

I *Corsi di avviamento al lavoro* sono finalizzati a preparare personale specializzato nel settore che presenta richieste lavorative. Esistono bandi per i corsi pubblicati in diverse lingue e sono rivolti a immigrati con permesso di soggiorno e in regola con i documenti.

Altri aiuti sono: i Centri di aggregazione giovanile, i Centri di accoglienza notturna e il Contributo economico di prima assistenza

I *Centri di aggregazione giovanile* servono a far socializzare i minori e a integrarli nel territorio.

L'*Assistenza economica* è rivolta a immigrati regolari in situazione di grave disagio ed è finalizzata a garantire il reddito minimo vitale.

I *Centri di accoglienza notturna* sono rivolti agli immigrati privi di dimora e forniscono un posto letto e servizi igienici a chi ne è sprovvisto.

Il *Contributo economico di prima assistenza per richiedenti asilo* consiste in un buono spese mensile ed è rivolto ai richiedenti asilo segnalati dallo sportello rifugiati.

Tocca a te

Crea una griglia per intervistare un mediatore linguistico e culturale al fine di far emergere l'utilità e la finalità del suo ruolo.

SCHEMA RIASSUNTIVO

L'IMMIGRAZIONE

L'immigrato è colui che lascia lo Stato o la Regione d'origine per trasferirsi in via temporanea o definitiva in altro luogo.
Gli italiani sono stati fino agli anni Sessanta un popolo di migranti. Le loro mete preferite erano l'Europa, l'Argentina, dove ancora risiede la maggior parte di famiglie di origini italiane, il Brasile, gli Stati Uniti, il Canada e l'Australia.
La migrazione italiana continua ancora oggi ma riguarda soprattutto il personale specializzato.
Le principali leggi che si occupano di immigrazione sono:

- la legge Martelli n.39/1990;
- la legge Turco-Napolitano n. 286/1998;
- la legge Bossi-Fini n. 189/2002.

Il decreto del 4 giugno 2010 prevede che per ottenere il permesso di soggiorno si deve sostenere un test di lingua italiana.

Il mediatore culturale aiuta gli immigrati ad inserirsi nel nuovo contesto sociale e permette agli italiani di conoscere le loro culture.

Il mediatore europeo tratta le denunce dei cittadini, delle imprese e delle organizzazioni dell'Unione europea al fine di verificare eventuali abusi di potere, discriminazioni e irregolarità procedurali.

Il nomadismo non può essere considerato un fenomeno migratorio ma di costume. Gli zingari hanno origine in India, ove appartenevano a una casta molto bassa.

La convenzione di Ginevra del 1951 riconosce il diritto alla protezione per chiunque nel proprio Paese sia perseguitato per motivi di razza, opinioni politiche o religiose.

Ad occuparsi dei flussi migratori è la Caritas, che monitora in tempo reale i flussi migratori.

Gli interventi e servizi sono rivolti alle persone che risultano in regola con i permessi.

I rifugiati politici sono quelli che lasciano il proprio Stato perché perseguitati politicamente o a causa della guerra civile. Una volta giunti in Italia vengono inseriti nei centri di identificazione, in attesa che venga chiarita la loro posizione.

Lo stato di RARU viene riconosciuto a quei cittadini che presentano richiesta di asilo politico.

Le nazioni che fanno parte dell'area Schengen sono: Austria, Belgio, Danimarca, Estonia, Finlandia, Francia, Germania, Grecia, Italia, Islanda, Lettonia, Liechtentein, Lituania, Lussemburgo, Malta, Monaco, Norvegia, Paesi Bassi, Polonia, Portogallo, Rep. Ceca, Slovacchia, Slovenia, Spagna, Svezia, Svizzera e Ungheria.

Il diritto d'asilo è regolamentato dall'art. 14 della Dichiarazione dei Diritti Umani.

IMMIGRATION

An immigrant is a person who leaves his home Country or region to migrate to another place temporarily or permanently.
Italians were a people of immigrants until the Sixties. Their favourite destinations were Europe, Argentina – where a large part of families of Italian origins still lives – Brazil, USA, Canada and Australia. Italian migration still continues but it mainly involves specialised labour force.
The main Italian laws dealing with immigration are:

- legge Martelli (*Martelli Law*) n.39/1990;
- legge Turco-Napolitano (*Turco-Napolitano Law*) n. 286/1998;
- legge Bossi-Fini (*Bossi-Fini Law*) n. 189/2002.

The Decree Law of 4th June 2010 states that who wants to obtain a residency permit must have his/her knowledge of Italian language tested.

Cultural mediators help immigrants to integrate in the new social context and help Italians to get to know the immigrants' cultures.

European mediators deal with complains expressed by citizens, companies and European Union organizations; they also fight power abuses, discrimination and procedural anomalies.

Nomadism cannot be considered as a form of migration but as a tradition. Gipsies have their origins in India, where they belong to a very low cast.

1951 Geneva Convention defines protection as a right granted to any individual who is persecuted in their own country for their race, political opinions or religion.

Caritas deals with migration flows, monitoring real-time migration flows.

Support services are guaranteed to those having a regular permit.

Refugees are individuals leaving their home country because they are politically persecuted or fleeing from a civil war. Once in Italy, they are requested to stay in an Identification Centre until their position is cleared.

RARU status is granted to those who claim political asylum.

Schengen countries are: Austria, Belgium, Czeck Rep., Denmark, Estonia, Finland, France, Germany, Greece, Hungary, Iceland, Island, Italy, Latvia, Liechtenstein, Lithuania, Malta, Monaco, Netherlands, Norway, Poland, Portugal, Slovakia, Slovenia, Spain, Sweden, Switzerland.

Asylum rights are ruled by art. 14 of the Human Rights Declaration.

SCHEMA RIASSUNTIVO DEI SERVIZI RIVOLTI ALL'IMMIGRAZIONE

IMMIGRAZIONE				
TIPO DI SERVIZIO E/O INTERVENTO	ENTE GESTORE EROGATORE	DESTINATARI SPECIFICI	FINALITÀ	PERSONALE
CENTRO DI PRIMO INTERVENTO	Protezione civile Prefetture Associazioni di volontariato	Rifugiati politici, immigrati irregolari che vengono intercettati sui gommoni	» Prestare il primo soccorso ai profughi che scappano dal loro Paese o per guerra o perché perseguitati politicamente » Identificare gli irregolari e provvedere alla loro espulsione	• Medici • Operatori • Addetti alle pulizie • Cuochi • Responsabile
CORSI DI AVVIAMENTO AL LAVORO	Associazioni culturali Comune	Immigrati con permesso di soggiorno in regola con i documenti	» Preparare personale specializzato nel settore che presenta richieste lavorative	• Operatori • Esperti del settore
CORSI DI ALFABETIZZAZIONE	Comune Associazioni di volontariato Servizi sociali	Donne immigrate Stranieri in generale	» Diminuire il disagio e facilitare l'integrazione » Evitare che la donna perda il ruolo fondamentale nella famiglia in relazione ai figli	• Volontari • Insegnanti
ASSISTENZA ABITATIVA	Comune	Immigrati provvisti di permesso di soggiorno e con un reddito basso	» Fornire un'abitazione secondo le norme del Welfare	
CENTRI DI AGGREGAZIONE GIOVANILE	Associazioni di volontariato Comune Associazioni cattoliche	Minori immigrati Figli di immigrati	» Socializzazione » Integrazione nel territorio	• Operatori • Volontari • Personale laico
ASSISTENZA ECONOMICA	Comune	Immigrati regolari in situazioni di grave disagio	» Garantire il minimo vitale	
CENTRI DI ACCOGLIENZA NOTTURNA	Volontariato Associazioni religiose	Immigrati privi di dimora	» Fornire un posto letto ed i servizi igienici a chi ne è sprovvisto	• Laici • Volontari
SPORTELLO INFORMA MIGRANTI	Comune	Immigrati con permesso di soggiorno con richiesta d'asilo Figli di immigrati	» Garantire integrazione e accoglienza » Fornire inserimento scolastico » Dare sostegno nei percorsi di cittadinanza	
CENTRI DI ASCOLTO IMMIGRATI CARITAS	Caritas	Immigrati Rifugiati Clandestini	» Orientamento verso i servizi del territorio » Fornire sostegno alla ricerca del lavoro » Dare prima accoglienza alla mensa serale	• Volontari

SVILUPPA LE COMPETENZE

▸ **Analizza questo titolo apparso sul *Corriere della Sera* del 9 aprile 2015 e che mette in evidenza un'intolleranza legata al colore della pelle e la facilità di procurarsi le armi.**

"Otto colpi alla schiena. Un altro afroamericano ucciso a sangue freddo.
L'agente bianco che ha sparato: sono stato aggredito.
Ma il video di un cellulare mostra la vittima in fuga."

▸ **Definisci i termini:**

Xenofobia ....

....

Tolleranza ....

....

Rispetto verso gli altri ....

....

Integrazione ....

....

Accettazione ....

....

▸ **Collega al termine/sigla la giusta definizione**

TERMINE	DEFINIZIONE
1. Frontex	a. Sistema di Protezione per Richiedenti Aiuto e Rifugiati, offre servizi di accoglienza, protezione, inserimento scolastico, ecc.
2. RARU	b. Si occupa di minori stranieri non accompagnati che non hanno compiuto 15 anni.
3. OIM	c. Agenzia per la gestione delle frontiere esterne degli Stati membri dell'UE.
4. CEAS	d. Richiedenti asilo, rifugiati e titolari di protezione umanitaria: fornisce assistenza durante l'iter per la richiesta d'asilo.
5. SPRAR	e. Sistema comune europeo di asilo.
6. ERRC	f. Centro europeo per i diritti dei Rom, prende il suo nome dall'European Roma Rights Centre.
7. MSNA	g. Organizzazione Internazionale per le Migrazioni.

SVILUPPA LE COMPETENZE

▶ **Svolgi il seguente caso assistenziale rispondendo alle domande.**

Hajet è una donna marocchina di 37 anni. È venuta in Italia con il marito Nabil di 49 anni e i tre figli: Mohamed, Jebali e Adnan. Nabil fa il chimico presso una fabbrica di concimi, mentre la moglie si prende cura dei bimbi e della casa. Il fatto che Hajet lavori in casa la porta ad una difficile integrazione nel territorio e a una faticosa e modesta conoscenza della lingua italiana. Per mentalità, Hajet esce di casa solo con il marito e il pomeriggio rientra a casa prima delle diciotto per pregare. I bambini crescendo presentano sempre più il bisogno di sentirsi uguali ai coetanei, e ciò aumenta il senso di inadeguatezza. L'arrivo dei nonni da Casablanca accentua le tradizioni marocchine e Hajet si trova sempre più stretta al bivio tra l'integrazione nel territorio ospitante o di conservazione ad oltranza dei propri usi e costumi. Un'improvvisa malattia della vicina di casa la porta ad accettare la richiesta di occuparsi di lei preparandole il pranzo, facendole la spesa e riordinandole la casa; in cambio lei potrebbe richiedere l'assegno di cura.

- A chi è rivolto l'assegno di cura e chi lo può richiedere?
- Quali sono i problemi legati all'immigrazione?
- Quali interventi possono aiutare Hajet a non sentirsi inadeguata?
- Per quale motivo una persona migra dal proprio Paese?
- Quale legge regola l'immigrazione in Italia?
- Cosa prevede la convenzione di Dublino?

....

....

....

....

....

....

....

....

....

....

....

....

....

....

ESERCIZI INTERATTIVI

Individua la risposta esatta

		V	F
1.	Il bisogno di autorealizzazione è considerato da Maslow un bisogno primario.	☐	☐
2.	Per gli anziani autosufficienti non si prevede nessun tipo di intervento.	☐	☐
3.	Terminata la scuola dell'obbligo, i disabili non possono continuare gli studi.	☐	☐
4.	Esiste un solo modello e una sola definizione di famiglia.	☐	☐
5.	L'asilo nido favorisce l'armonico sviluppo del bambino e permette alla madre di lavorare fuori di casa.	☐	☐
6.	Il SerT ha finalità di prevenzione e cura delle tossicodipendenze.	☐	☐
7.	La follia viene definita una turba psichica ereditaria.	☐	☐
8.	Esiste solo un tipo di povertà.	☐	☐
9.	La dipendenza da droga dà un'assuefazione fisica limitata.	☐	☐
10.	Con il termine profit si indica un servizio a pagamento per l'utente.	☐	☐
11.	Le comunità per malati di mente sono aperte a quei cittadini che hanno i requisiti, ne fanno richiesta e sono in carico al DSM.	☐	☐
12.	La residenza protetta garantisce un'assistenza medico-sanitaria all'anziano bisognoso di cure continue.	☐	☐
13.	La possibilità di prendere in affido un minore è rivolta a tutti i cittadini che ne hanno fatto richiesta e vengono dichiarati idonei dal tribunale.	☐	☐
14.	Il "centro per le famiglie di..." è un centro che si basa sull'aiuto e sulla condivisione dell'esperienza	☐	☐
15.	Il disagio è una situazione di malessere psichico dovuta a varie situazione affettivo/relazionali.	☐	☐
16.	L'obiettivo nella progettazione socio-assistenziale è legato alla patologia e non è sottoposto a cambiamenti.	☐	☐
17.	La figura del mediatore europeo è stata istituita dal Trattato di Maastricht.	☐	☐
18.	I Kalè sono i gitani spagnoli.	☐	☐
19.	I Centri di ascolto della Caritas si possono definire il primo centro di aiuto verso gli immigrati.	☐	☐

Completa le seguenti frasi inserendo le parole sottostanti

a. La schizofrenia è ....

b. Il bullismo è ....

c. L'immigrazione minorile è una realtà ....

d. Le banche si sono dovute adeguare ....

e. Le persone che migrano attualmente sono ....

f. L'italiano ha smesso di migrare con ....

g. Il minore straniero viene equiparato ....

il boom economico degli anni '70 • una malattia • al minore italiano • un non adeguato adattamento all'ambiente • all'interno dei flussi migratori • persone con elevato grado d'istruzione • alla multiculturalità

ESERCIZI INTERATTIVI

▸ **Risolvi il cruciverba. Le parole sono solo orizzontali**

	1	2	3	4	5	6	7	8	9	10	11	12	13	14	15	16	17	18	19
A												■							■
B										■	H		J			■			
C						■								■	■				■
D									■								■	■	■
E										■						■			
F	M							■											■
G																			■
H								■										■	■

A 1 Migrano senza permesso di soggiorno.
A 13 Condizione individuale caratterizzata da comportamenti contrari alla ragione.
B 1 Colui che lascia il proprio Paese provvisto di permesso di soggiorno.
B 11 un tipo di velo islamico.
B 17 Organizzazione delle Nazioni Unite.
C 1 Velo integrale che copre completamente la donna.
C 7 Si prova quando non siamo a nostro agio.
C 16 Si occupa di salute mentale.
D 1 Cognome del sociologo francese che divide la solidarietà in due tipologie.
D 11 Scappa dalle zone di guerra in un altro Stato.
E 1 Uno Stato dell'area Schengen.
E 11 Nazione di provenienza dei Rom.
E 17 Meta preferita dagli immigrati italiani all'inizio del 900.
F 1 Stato in cui si trova il muro di Melilla.
F 9 Sfruttamento illegale della manodopera straniera.
G 1 Figura che aiuta l'immigrato a comprendere usi e costumi del nuovo Paese.
H 1 Strumento tipico dei gitani ungheresi.
H 9 Dimagrimento eccessivo causato da un disagio mentale.

Capitolo 4
La relazione d'aiuto

Competenze

- Definire gli interventi in rapporto al territorio.
- Conoscere il lavoro di gruppo e i ruoli che rivestono gli *helper* nella relazione d'aiuto.
- Distinguere i vari tipi di comunicazione per una relazione efficace.
- Saper utilizzare le principali tecniche comunicative per comprendere le varie situazioni.

Abilità

- Utilizzare le varie tecniche comunicative per realizzare una proficua relazione d'aiuto.
- Applicare le normative studiate per raggiungere l'obiettivo desiderato.
- Confrontare i servizi del territorio e operare una scelta consapevole.
- Descrivere, utilizzando il materiale più idoneo, le varie situazioni problematiche.

Nell'eBook, oltre agli esercizi interattivi, puoi trovare i seguenti approfondimenti:

- **PDF**: RSA; Sicurezza sul posto di lavoro; Scheda per costruire un progetto; Sintesi del cortometraggio "Dindalò"; Sintesi del cortometraggio "Ancora 5 minuti"; Scheda PAI.
- **PowerPoint**: Il gruppo; Il lavoro in ambito sociale; La comunicazione assertiva.
- **Cortometraggi**: Punto di vista; Dindalò; In volo con la donna cannone; Ancora 5 minuti; Il Principe.

Lezione 1: La relazione d'aiuto

La relazione d'aiuto si ha quando si incontrano due persone, una in situazione di bisogno e l'altra con competenze idonee a risolvere il problema

La relazione d'aiuto si ha quando vi è un incontro fra due persone, delle quali una è in condizione di sofferenza, conflitto, confusione, disabilità rispetto a una determinata situazione o problema che deve gestire e l'altra persona è dotata di abilità e competenze che riguardano la stessa situazione o problema. Se fra queste due persone si riesce a stabilire una relazione, è possibile che la persona in difficoltà inizi un processo di maturazione che la porti a rispondere in modo adeguato alle proprie esigenze.

Il colloquio d'aiuto si può orientare in vari modi, a seconda del tipo di relazione

Il colloquio si può basare su:

1. *la persona del "cliente"*, quando essa viene messa al centro della relazione d'aiuto;
2. *il problema*, nel caso l'aiuto si polarizzi attorno alla situazione che si intende analizzare e chiarire;
3. *la struttura*, se l'attenzione viene portata sulle radici sociali del problema, sulle cause più o meno remote di esso.

I tre punti elencati trovano la seguente spiegazione:

1. Se l'operatore occupa il posto centrale della relazione vuol dire che sente molto la sua responsabilità nei confronti di chi gli chiede aiuto, fino ad assumere un atteggiamento autoritario, paternalistico o direttivo che tende a definire le cose in cui credere e i doveri da compiere.
2. È prevalente la collaborazione. Il consulente col cliente partecipa alla ricerca sulla situazione, ricerca le cause del disagio e del problema e il suo atteggiamento deve essere partecipativo.
3. Se la relazione è basata sulla soggettività del cliente, vuol dire che la persona ha le capacità per analizzare e valutare la propria vita, esigenze e aspirazioni. Il consulente deve solo stabilire un rapporto di fiducia per facilitare nel cliente la scoperta delle proprie possibilità. L'atteggiamento del consulente deve essere empatico, comprensivo, attento all'autonomia dell'altro, vicino ma libero dall'altro.

Vari sono gli ostacoli che impediscono l'evoluzione della relazione di aiuto e rendono precaria l'attenzione al cliente

Gli ostacoli che possono impedire la relazione d'aiuto sono:

- *La mancanza di profondità personale*: chi vive in modo superficiale o istintivo non conoscerà mai bene un'altra persona e non la potrà mai aiutare.
- *L'eccessiva concentrazione sul proprio io*: quando il consigliere è troppo preoccupato per se stesso finisce con non essere psicologicamente disponibile a prestare attenzione agli altri.
- *La mancanza di tempo*: per essere attenti agli altri bisogna fermarsi ad ascoltare ed eliminare la fretta.
- *La difficoltà di meravigliarsi dell'altro*: può derivare dagli ostacoli precedenti, dal pessimismo, dall'abitudine alla presenza dell'altro che non stupisce più.

Nella relazione d'aiuto il cliente presenta varie esigenze

Il cliente vive un'esperienza che non riesce ad accettare poiché nella sua esperienza avverte la presenza di un problema di cui non sa trovare una via d'uscita. Tale difficoltà produce in lui una sofferenza più o meno profonda che si poggia su uno stato d'animo di oppressione e lo spinge a cercare sollievo.

Non sempre è facile realizzare un rapporto empatico, specialmente con persone straniere

La relazione d'aiuto che coinvolge persone di altra nazionalità incontra molti ostacoli, legati anche al pregiudizio.

- Non è facile stabilire un rapporto empatico quando si hanno usi e costumi diversi.
- Le culture a volte uniscono i popoli e a volte li dividono.
- Nella diversità ci possono essere grandi momenti di crescita per entrambe le parti.
- I pregiudizi a volte giocano un ruolo predominante e non permettono la crescita culturale.

Tocca a te

Tenendo conto di quanto detto nella lezione, costruisci con un compagno un dialogo (a scelta fra le tre situazioni presentate) basato sulla relazione d'aiuto.

a. Riccardo lavora come operatore presso l'Ufficio Politiche Sociali dell'ASP (Azienda pubblica Servizi alla Persona) di Ravenna.
Adnad, sposato, tre figli di cui uno appena nato, è stato messo in cassa integrazione dal suo datore di lavoro, così decide di fare richiesta per l'alloggio popolare, non riuscendo più a pagare l'affitto.
Si reca presso l'Ufficio in cui lavora Riccardo.
Immagina e rappresenta come secondo te può svolgersi l'incontro.

b. Piera è un'impiegata del centro commerciale situato nel centro del paese.
Virginia è una giovanissima donna, ma ha già un figlio. Tutte le mattine si sposta dalla casa di campagna dove abita per prendere posto, sempre lo stesso, sotto i portici del centro cittadino, dove chiede l'elemosina.
Oggi lo sguardo di Virginia ha incrociato quelli di Piera, chiedendo aiuto.
Immagina e rappresenta come secondo te potrebbe svolgersi l'incontro.

c. Matilde è una diciassettenne che frequenta il terzo anno di un Istituto Professionale. Oggi, primo giorno di scuola, è molto esuberante, tende a voler stare al centro dell'attenzione, perché questo la rende più sicura di sé.
Sara è appena arrivata in Italia dalla Tunisia. La sua classe sarà la stessa di Matilde. Non conosce molto bene la lingua, dunque sta un po' sulle sue. Nonostante ciò, pare che il suo aspetto fisico non lasci indifferenti i compagni di classe.
La coordinatrice di classe ha deciso che la compagna di banco di Sara sarà Matilde.
Immagina e rappresenta come secondo te potrebbe svolgersi l'incontro tra le due ragazze.

Lezione 2: Le varie forme dell'aiuto

Ancora 5 minuti

Sintesi del cortometraggio "Ancora 5 minuti"

L'aiuto è un fenomeno complesso e può essere utile, inutile o indesiderato

La relazione d'aiuto coinvolge più di una persona e le relazioni sono governate da regole sociali che ci dicono come comportarci tra di noi, in modo che il rapporto con gli altri risulti sereno e produttivo. Nella relazione si identifica con il termine "cliente" colui che ha bisogno d'aiuto e/o utilizza un servizio, e con il termine "*helper*" una figura d'aiuto che può essere, a seconda delle circostanze, qualsiasi operatore sociale come lo psicologo, l'educatore, ecc.

Esistono varie forme d'aiuto, poiché si tratta di un fenomeno complesso; infatti l'aiuto può essere utile, inutile o indesiderato.

Si definisce aiuto utile quello che porta giovamento. Sottolineiamo l'aiuto utile con espressioni come: "Grazie, mi sei stato utile", "Parlare con te mi è servito a chiarirmi le idee".

L'aiuto inutile è quello che non ci arricchisce e non ci dà alcuno stimolo. L'amico che, per aiutarci, risolve un problema al nostro posto, ci ha dato un aiuto inutile, poiché non ci ha messo nelle condizioni di essere autosufficienti.

L'aiuto diventa poi indesiderato quando qualcuno, di sua iniziativa, senza alcuna richiesta, ci presta aiuto senza che se ne verifichi la necessità. L'amica che, vedendo il nostro disegno, decide di intervenire apportando alcune modifiche senza essere interpellata, ci irrita, poiché non ci ha permesso di fare tutto da noi.

L'efficacia dell'aiuto dipende dal modo in cui i membri del gruppo di lavoro svolgono il loro lavoro

Le attività di gruppo e il *teamwork* dipendono dalla misura in cui i membri svolgono adeguatamente il loro ruolo all'interno del gruppo. Dal punto di vista del cliente, l'aiuto non include solo quello che chiede esplicitamente, ma anche il comportamento spontaneo e generoso di coloro che gli offrono tale aiuto. Esso è intrinseco a tutte le forme di organizzazione e di lavoro. L'espressione "aiuto esterno" non indica solo la persona di servizio, ma si estende a tutti i collaboratori ingaggiati per svolgere un lavoro che non siamo in grado di eseguire da soli.

La tecnica del brainstorming offre molti collegamenti alla parola "aiuto"

Usando la tecnica del brainstorming della parola aiuto, avremo:

- assistenza
- collaborazione
- supporto
- consiglio
- facilitazione
- spiegazione
- sostegno
- offerta
- raccomandazione
- semplificazione
- ecc.

Nella vita di tutti i giorni, l'aiuto è l'azione che una persona compie, e può essere formale o informale

Nella vita di tutti i giorni, con aiuto si intende l'azione compiuta da una persona quando consente ad un'altra di risolvere un problema, realizzare o semplificare qualcosa La persona che viene aiutata potrebbe anche essere in grado di svolgere da sola quel compito, ma il concetto di aiuto implica che il compito sia stato reso in qualche modo più facile o sia stato svolto interamente dall'*helper*.

L'aiuto è alla base della cooperazione, della collaborazione e di molte forme di comportamento altruistico. L'aiuto informale si dà per scontato in tutte le culture in quanto costituisce la base della società civile. L'aiuto semi-formale è quello che chiediamo al tecnico per far funzionare un apparecchio, ad es. il computer, l'automobile, gli apparecchi audiovisivi, ecc., quando non siamo in grado di farlo da soli. L'aiuto formale si rende necessario quando siamo in difficoltà sul piano personale, fisico o psicologico e abbiamo bisogno di assistenza medica, legale, ecc., da parte di chi è professionalmente autorizzato a fornircela.

L'aiuto è un processo sociale, e tutte le relazioni sono governate da regole sociali che ci dicono come comportarci, in modo che l'interazione sociale sia sicura e produttiva

La comunicazione tra due persone consiste in un processo di interazione reciproco che deve essere obiettivo e corretto.

Nella vita quotidiana le persone pienamente integrate nella società hanno appreso tantissimi ruoli e modi di rapportarsi che utilizzano a seconda delle diverse relazioni in cui si trovano coinvolte durante la giornata. Il modo in cui si sviluppa la relazione d'aiuto dipende da quanto valore il cliente dà all'aiuto e da come questi viene valorizzato dall'*helper*. L'aiuto spontaneo viene dato molto spesso per scontato, pertanto non sempre lo notiamo o lo identifichiamo come tale: finiamo con il notarlo solo quando ce lo aspettiamo e non arriva, per cui, a volte, possiamo reagire negativamente nei confronti alla persona che ce l'ha rifiutato.

Le relazioni d'aiuto sono spesso condizionate dal proprio vissuto e dalla percezione del ruolo che il soggetto e l'helper assumono

L'esigenza di mantenere il controllo della situazione è forte in quelle culture in cui crescere vuol dire diventare indipendenti, ed è accentuato in particolare nei maschi. Essere indipendenti vuol dire non chiedere aiuto. Dopo aver chiesto aiuto, il soggetto assume un ruolo passivo e dipendente dagli altri. Così, inizialmente, tutte le relazioni d'aiuto sono squilibrate. L'utente si sente inferiore psicologicamente e perciò vulnerabile, mentre l'*helper* si sente superiore psicologicamente e perciò molto sicuro di sé. Se non si riesce a gestire questo squilibrio iniziale, si ha il fallimento della relazione d'aiuto.

Per costruire una relazione efficace, occorrono degli interventi da parte dell'*helper* che permettano di far sentire l'utente a suo agio e importante.

Dopo aver lavorato alla relazione d'aiuto, ogni caso va discusso e valutato per ciò che si sarebbe potuto fare meglio o diversamente.

L'aiuto efficace si determina quando la relazione d'aiuto è paritaria, quando l'helper utilizza il ruolo di aiuto più appropriato senza dare per scontato che quello che funzionava prima continui a funzionare

Le barriere personali dell'aiuto emergono in ognuno di noi mettendo in luce il fatto che la disponibilità ad aiutare è anche una scelta, non solo una relazione automatica, nonostante le regole culturali ci impongano di rispondere alla richiesta d'aiuto. Allo stesso modo, la disponibilità a ricevere aiuto può essere problematica, perché l'aiuto viene offerto spesso, indipendentemente dal fatto di essere stato richiesto.

Tocca a te

Crea un cartellone riassuntivo su cosa si deve fare per non incontrare problemi nella relazione d'aiuto.

Lezione 3: Il lavoro dell'operatore sociale nella realizzazione dell'intervento

L'attività dell'operatore sociale è un percorso circolare, che va dall'operatore all'utente e dall'utente all'operatore

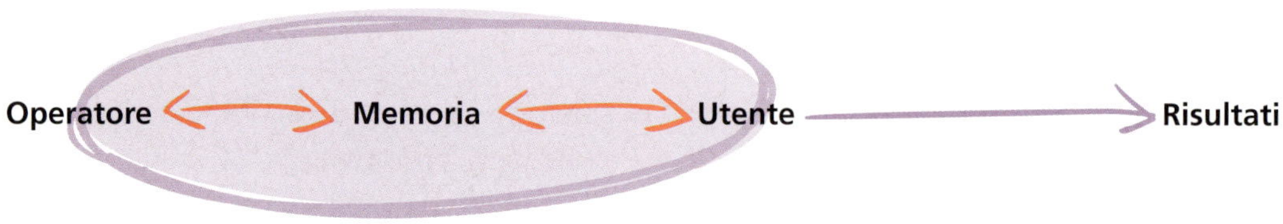

L'intervento viene realizzato tenendo conto delle fasi fondamentali, che prevedono l'analisi, l'ascolto, l'accordo e la valutazione

La realizzazione dell'intervento attraversa varie fasi, che comprendono:

- *Ascolto*: ogni intervento non può prescindere dal dare spazio all'utente, aver ascoltato la sua storia, i suoi bisogni e aver colto il suo modo di essere.
- *Comprensione*: l'operatore verifica se quanto ha appreso corrisponde a ciò che l'utente voleva comunicare.
- *Analisi*: l'operatore allarga l'osservazione al contesto dell'utente e cerca ulteriori informazioni per avere un quadro più particolareggiato.
- *Valutazione del problema*: in questa fase si analizzano le informazioni ricavate per cercare di individuare il bisogno principale dell'utente.
- *Progetto d'intervento*: si delinea in modo particolareggiato la fase operativa, definendo il tempo di realizzazione, le metodologie più adeguate, le risorse che devono essere attivate, le persone coinvolte e i loro ruoli nell'intervento.
- *Accordo*: l'intervento deve essere concordato con l'utente per garantire la migliore riuscita.
- *Intervento*: realizzazione di quanto è stato programmato e concordato.
- *Valutazione*: occorre analizzare il feed-back, cioè i risultati dell'intervento. Per averne una valutazione precisa occorre che gli obiettivi e gli indicatori siano stati definiti con chiarezza.

Il lavoro dell'operatore può essere diretto o indiretto a seconda di come lavora con l'utente

Il lavoro dell'operatore può essere suddiviso in due momenti:

1. Lavoro diretto o di fronte, dove si è a diretto contatto con l'utente. Questo momento comprende l'ascolto, la comprensione, l'accordo e la valutazione con l'utente.
2. Lavoro indiretto o alle spalle, che viene svolto non a contatto con l'utente.

Avremo così:

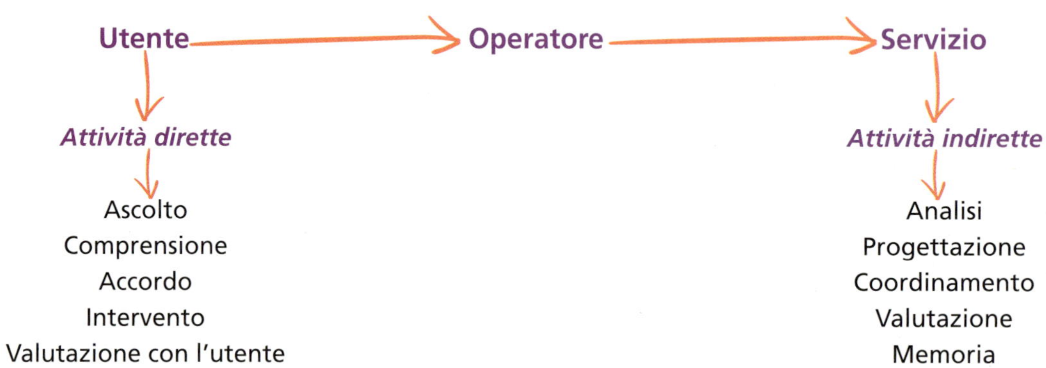

L'organizzazione del lavoro in ambito sociale viene stabilità dalle persone che lavorano nel servizio

Nel lavoro sociale l'organizzazione viene costruita dalle persone che poi la utilizzano, ed ha come punti essenziali:

- potenziare le energie professionali dei singoli operatori;
- le regole sono prodotte da chi lavora all'interno del servizio;
- la produzione di regole è circolare come l'attività con l'utente, e non rigida e categorica;
- ogni operatore deve utilizzare al meglio le proprie energie.

Ogni operatore sociale porta con sé la propria cultura e professionalità, che danno origine al ruolo vissuto

Ogni operatore porta con sé una propria cultura professionale formata da competenze, valori, interessi e aspettative che indirizzano il suo comportamento in modo più o meno consapevole. Avremo così tre tipi di ruolo che, fusi tra loro, formano il ruolo vissuto, e sono:

- il ruolo agito, che corrisponde a ciò che l'operatore fa realmente;
- il ruolo previsto, che corrisponde alle norme stabilite dall'organizzazione (contratto, mansionario, ecc.);
- le aspettative di ruolo, che corrispondono a ciò che l'operatore vorrebbe fare per sentirsi adeguato, per rispondere all'immagine del proprio ruolo, per soddisfare le proprie ambizioni.

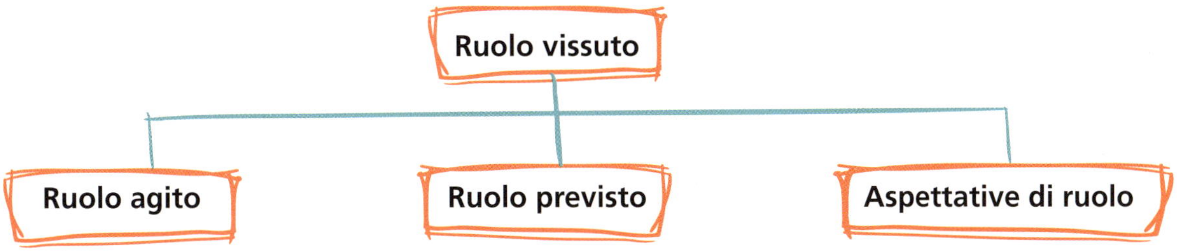

Tocca a te

Crea 3 slide in cui evidenzi le figure professionali che vengono genericamente definite Operatori sociali.

Lezione 4: L'operatore sociale e la rete come mezzo di lavoro

La rete per l'operatore sociale è una risorsa da conoscere e da interpretare

Per l'operatore sociale la rete riveste un ruolo molto importante, perché:

1. è un elemento diagnostico, cioè il suo studio è fondamentale nel processo di conoscenza di una persona e nella valutazione della situazione;
2. è una risorsa da conoscere, tenere in considerazione e sostenere durante il percorso della presa in carico;
3. è un ambito operativo che rende possibile l'azione sociale.

La rete va analizzata e permette di intervenire sull'ambiente in cui vive l'utente

È necessario, una volta analizzata la forma e l'intensità delle reti create dagli utenti, studiare la modalità di rapporto relazionale all'interno delle reti di fronte al sopraggiungere di un evento stressante di un componente.
È importante:

- intervenire sull'ambiente in cui vive l'utente e non solo sulla persona;
- responsabilizzare la comunità territoriale al processo di presa in carico.

L'intensità delle relazioni e l'importanza che esse rivestono per la persona dipendono dalle variabili di relazione. L'oggetto di scambio può essere di natura polivalente o specifica.
L'intensità relazionale che si basa su uno scambio polivalente è più forte perché:

- è una relazione bilaterale;
- ha una frequenza maggiore;
- dura nel tempo;
- è intensa.

All'interno di una rete è possibile individuare dei segmenti di rete in cui la densità è particolarmente elevata

Una rete molto ampia ha una densità inferiore rispetto a una rete più ristretta. La densità ha molta influenza sulle strategie che sviluppano le persone rispetto ai problemi ed è collegata al livello di sostegno strumentale ed emozionale disponibile.

Le reti possono essere a bassa o alta densità ed estensione, ed avremo così:

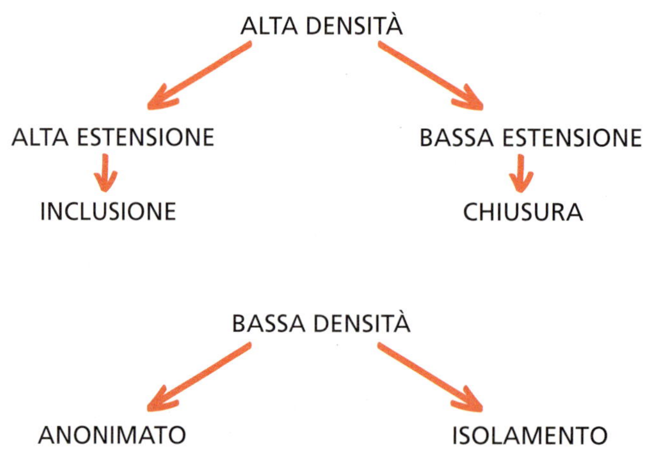

Esempio di reti che vedono al centro il soggetto coinvolto

Il sistema informale di sostegno, per l'operatore sociale, può essere raggruppato in:

- rete di mutuo-aiuto: in essa il rapporto di aiuto si basa sulla condivisione delle situazioni problematiche;
- volontari: soggetti singoli che collaborano con le strutture del servizio;
- reti della comunità locale: comprendono gli aiuti naturali di assistenza e i soggetti che svolgono un ruolo chiave nella comunità.

Nel lavoro sociale il momento del *fare* è sempre strettamente legato a quelli del *capire*, *interpretare* e *valutare*.
Il grado di efficienza di un servizio può essere ripreso e valorizzato nella giusta misura dall'approccio burocratico, cioè nel controllo rigido del rispetto delle norme e delle procedure.

Tocca a te

Schematizza in un cartellone l'importanza della rete per l'operatore sociale.

Lezione 5: Il lavoro di rete

La rete sociale indica un collegamento tra diversi livelli: persone, risorse, servizi e relazioni

Ogni volta che si parla di rete nei servizi sociali si incontrano difficoltà nel definire di cosa si tratta. Il termine rete in ambito sociale conosce varie applicazioni, ed esprime un collegamento tra livelli diversi (singoli, risorse, organizzazioni), sollecita rapporti tra soggetti diversi (singoli, gruppi, servizi), punta principalmente sulle relazioni (coinvolgimento, mantenimento, sviluppo).
Si parla di rete per indicare:

1. l'insieme di opportunità sociali che possiede una persona, o alle quali può fare ricorso in caso di necessità;
2. l'insieme di operatori che, lavorando in équipe, formano un'unica "rete" d'aiuto, nella quale lo sforzo di ognuno si coordina con quello degli altri;
3. i gruppi più o meno organizzati di volontari, la collaborazione predisposta tra operatori pubblici e il privato;
4. l'intero sistema dei servizi.

Il termine rete trova la prima applicazione in ambito sociale all'interno della cultura antropologica del Nord Europa

Il termine rete in ambito sociale inizia a essere utilizzato durante la seconda metà degli anni Cinquanta per indicare l'insieme di contatti e rapporti che la persona costruisce intorno a sé nella vita quotidiana. Nel 1954, l'antropologo Barnes avanzò la proposta di prendere in considerazione maggiormente i rapporti che una persona crea nella vita quotidiana per giungere ad un'adeguata comprensione della situazione.

Conoscere le relazioni di parentela, di amicizia, di vicinato, di lavoro fa capire meglio i comportamenti dell'individuo, e crea un aiuto più efficace. Ogni individuo appartiene a un diverso insieme di relazioni, che varia da persona a persona e viene influenzato dal carattere, dall'età e dai rapporti relazionali. Barnes, nel parlare di relazioni e rapporti, utilizzò l'immagine della rete, nella quale ogni punto dell'intreccio rappresenta una persona, e le linee di collegamento le interazioni con gli altri.

Il termine rete viene usato in varie discipline

Dagli anni Cinquanta il termine rete è stato utilizzato in varie discipline: la matematica ha sviluppato la rete dei grafici, in sociologia si parla di reti informali, in psicologia la rete viene utilizzata come strumento di co-terapia (gruppi di auto-aiuto), in informatica si ha Internet, ecc.

La rete sociale è un modo di rappresentare lo stile quotidiano di un individuo e in particolare le persone, i luoghi e le attività che per lui hanno maggiormente importanza

La rete diviene una sorta di mappa nella quale viene rappresentato il contesto sociale in cui una persona vive. Dietro il concetto di rete c'è l'uomo come soggetto di interazione con gli altri e costruttore del proprio ambiente sociale e di relazioni.
La rete varia a seconda delle caratteristiche della persona, è influenzata dalla storia del soggetto, dalle sue esperienze, dalla sua cultura, dalle tappe della vita.

Le reti si distinguono in:

- *reti primarie*, che hanno una funzione protettiva e hanno rapporti relazionali con il soggetto;
- *reti secondarie*, che possono essere formali o non formali, a seconda se sono generate a livello istituzionale o se si sono sviluppate spontaneamente per assicurare servizi alle persone.

Glossario

Cultura antropologica = è il ramo dell'antropologia che studia le differenze culturali tra i gruppi di persone. L'antropologia studia l'uomo dal punto di vista culturale, sociale, ecc.

Esistono vari tipi di rete all'interno delle quali il soggetto si trova, pertanto si deve sempre precisare la tipologia di rete a cui si fa riferimento

Esistono vari tipi di rete; pertanto tale termine non può essere utilizzato in modo generico, ma va sempre esplicitato. Abbiamo così la rete familiare, parentale, amicale, del vicinato, ecc.: ognuna di esse riveste funzioni differenti e specifiche anche in rapporto alle diverse fasi della vita del soggetto, ma difficilmente è in grado di soddisfare da sola le necessità della persona.
Vediamo di seguito alcune caratteristiche fondamentali della rete.

1. Le persone costruiscono la propria rete attraverso i legami che nascono negli ambienti da esse frequentati.
2. Le reti non formano necessariamente un unico gruppo, ma un insieme di persone con cui il soggetto è in contatto.
3. La rete si colloca in un punto intermedio tra individuo e istituzioni, e rappresenta il sistema affettivo e comunitario.
4. La rete sviluppa il senso di appartenenza: può offrire aiuto e sostegno per far fronte ai diversi bisogni e fornisce il senso di identità sociale.
5. La rete può avere una funzione ambivalente: venire in soccorso del soggetto o condizionarlo.
6. Le reti di relazione forniscono in modo autonomo vari e differenti servizi, mettendo a disposizione beni materiali e non (soldi e affetto).
7. Non tutti i legami sono forti in uguale misura; ciò dipende da una serie di fattori, come la confidenza, il coinvolgimento emotivo, ecc. I legami possono essere:
   - deboli, cioè forniscono risorse strumentali;
   - forti, cioè forniscono risorse di tipo affettivo, supporto emotivo, protezione e sicurezza.
8. Le reti di relazione possono trasformarsi in veri e propri sistemi di supporto per la persona bisognosa di aiuto; quando ciò avviene si crea una modifica spontanea della rete stessa, perché non tutti i componenti sono disponibili a sostenere un'azione d'aiuto.
9. Il supporto sociale può consistere in molti tipi di aiuto: informazioni, consigli, feed-back, consulenza, accesso alle risorse, mantenimento dell'identità sociale, ecc.
10. Se i primi interventi di aiuto vengono dalla rete familiare, a volte hanno bisogno di un supporto emotivo, orientativo ed eventualmente finanziario.
11. La persona che ha intorno una rete è più forte e meno soggetta a crisi depressive: per esempio, se si ammala guarisce più rapidamente.

Tocca a te

Costruisci una mappa che rappresenti la tua rete sociale.

Lezione 6: L'organizzazione del lavoro in ambito sociale

Il lavoro in ambito sociale

Ogni organizzazione lavorativa è formata da un insieme di regole e di ruoli volti al raggiungimento degli obiettivi

Ogni organizzazione è un insieme di regole collettive. Un sistema di ruoli è in equilibrio quando ogni membro riesce a lavorare rispettando se stesso e gli altri e quando le regole collettive sono funzionali al raggiungimento degli obiettivi esterni. Un sistema di ruoli deve essere valutato soprattutto in base al risultato produttivo. Ogni persona che entra in un'organizzazione porta con sé caratteristiche tipiche del proprio essere che le permettono di perseguire strategie personali e di successo.

La possibilità di lavorare in un servizio è una risorsa che consolida l'autonomia professionale

Il processo di lavoro è una sequenza logico-temporale formata da sette fasi: l'operatore imposta mentalmente il suo lavoro con l'utente e poi opera nella realtà per coordinare le varie attività che compongono il programma terapeutico e d'intervento.

Le fasi principali sono:

1. *Fase d'ingresso*: come arriva l'utente al servizio? Come ricostruisce la storia precedente? Con chi è in contatto tra gli operatori esterni?
2. *Fase del contatto*: quando e come viene ricevuto l'utente? Chi lo riceve? Quali dati vengono raccolti e come?
3. *Valutazione del caso*: il caso è di competenza del servizio o va inviato altrove? Chi e come costruisce il rapporto di fiducia per concordare il programma? Chi e come effettua le osservazioni?
4. *Programma*: chi e come definisce il programma di intervento? Come viene registrato? Quale spazio viene lasciato all'utente?
5. *Attività*: quante ne vengono previste? Chi le fa e come? Quali collaborazioni si instaurano con altri operatori del servizio? Cosa fa l'utente?
6. *Valutazione*: chi e come definisce i momenti della valutazione? Chi definisce la validità del programma e le eventuali modifiche da apportare? Quale spazio viene considerato per l'utenza?
7. *Fine dell'intervento*: chi e come decide la conclusione? Cosa succede se l'utente abbandona il programma?

L'impegno professionale nei servizi alla persona è una risorsa che, sebbene non segua schemi rigidi, deve essere utilizzata saggiamente

Per un intervento proficuo è fondamentale un'equa distribuzione dei compiti: bisogna evitare che alcuni operatori siano sovraccaricati di lavoro, mentre altri non sappiano come passare il tempo. Nei servizi alla persona, e specialmente in quello domiciliare, può succedere che alcuni operatori aggiungano del tempo, in modo consapevole e volontario, a quello previsto; tale impegno può creare, col passare del tempo, una situazione di stress che limita la capacità di resistenza.

A incidere sulla divisione dei compiti sono le abilità personali, che richiedono un coordinamento

La creatività, la capacità e l'esperienza influiscono nella divisione dei compiti, i quali devono essere distribuiti secondo un adeguato riconoscimento delle competenze, evitando il rischio di affidare responsabilità a chi non è in grado di assolverle perché inesperto.

Il lavoro di coordinamento può essere svolto:

1. con alcune attività in comune tra i vari ruoli professionali, e la comunicazione viene assicurata dalle attività in compresenza;
2. senza prevedere attività in comune tra i vari ruoli: ciascuno ha un ambito operativo ben delimitato e la comunicazione è assicurata da una figura di coordinamento.

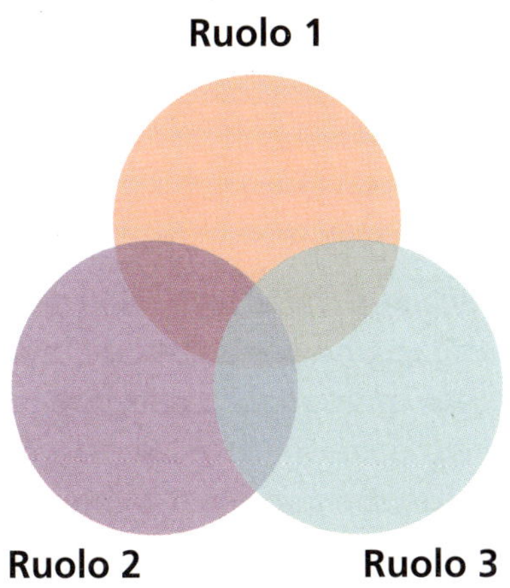

Attività in comune tra i vari ruoli professionali

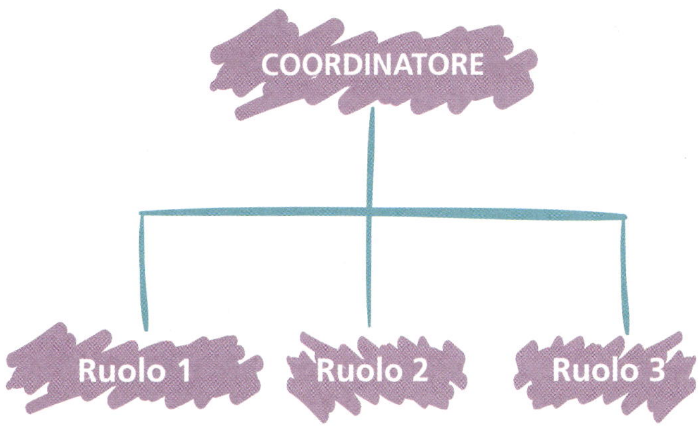

I vari ruoli non hanno attività in comune

Per sintetizzare:

Il processo di lavoro

↓

Ingresso

↓

Contatto

↓

Nuovo utente

↓

Valutazione del caso

↓

Programma individuale

↓

Attività da svolgere

↓

Valutazione del programma

↓

Modifica o continuazione del programma

↓

Fine dell'intervento

Tocca a te

Schematizza i punti essenziali per una corretta organizzazione del lavoro all'interno di un servizio.

Lezione 7: Il lavoro di ricerca e l'osservazione

Svolgere un'indagine vuol dire aver elaborato un metodo di ricerca, aver stabilito quanto deve coinvolgere le persone e a cosa si deve dare rilievo

Il termine "metodologia" prevede un lavoro di progettazione che si articola in varie fasi, mentre il termine "metodo" sta ad indicare tutti gli strumenti e le strategie che utilizziamo per effettuare una ricerca. Quando decidiamo come svolgere un'indagine, abbiamo elaborato un modo di concepire la ricerca, quanto essa deve essere coinvolgente e quali sono gli elementi cui dare rilievo. È necessario chiarire, ad ogni passaggio della ricerca, quali sono i principi e le linee guida che portano a compiere determinate scelte.

L'osservazione permette di raccogliere informazioni utili per avere una visione globale dell'utente e del contesto in cui vive

Quando si lavora in ambito sociale non si deve pensare di mettere alla prova una teoria perché è difficile utilizzarla nel modo appropriato se non si sono valutati appieno le caratteristiche e i bisogni della persona. Le griglie d'osservazione vengono predisposte a seconda delle specifiche necessità della ricerca. I vantaggi della tecnica d'osservazione consistono nella possibilità di raccogliere tantissime informazioni finalizzate a fornire una visione globale dell'individuo e del contesto in cui si muove. A volte l'osservazione può portare ad attribuire a una persona caratteristiche senza avere prove reali della loro esistenza: ad esempio, se una persona tende a usare un tono di voce alto, si pensa che sia sempre in collera, anche se non è vero.

Vecchie foto e oggetti ricordo sono molto utili per raccontare la storia personale e della comunità. La registrazione dei dati permette di cogliere anche sfumature che possono sfuggire al colloquio verbale

In alcune strutture sanitarie viene spesso chiesto all'utente di tenere un diario giornaliero su cui annotare come si sente e come si comporta in relazione ai sintomi. Vecchie foto oppure oggetti ricordo sono molto utili per descrivere la storia della comunità. Utilizzando una registrazione avremo modo di compiere un'analisi più completa, in quanto si potranno cogliere anche i dati non verbali, come la postura, l'abbigliamento, l'espressione del viso: in questo modo si verifica il contesto ambientale in cui si svolge il lavoro e quanto esso incide sulle risposte ottenute.

Il termine "lavoro sociale", utilizzando la tecnica del brainstorming, porta a varie associazioni d'idee che vedono coinvolta la sfera sociale e lavorativa

Il lavoro sociale è contraddistinto da una serie di associazioni di idee che colleghiamo ai termini lavoro e sociale. Se usiamo la tecnica del brainstorming avremo:

LAVORO ↓	SOCIALE ↓
Organizzazione	Persone
Fatica	Diritti
Salario	Bisogni
Ruoli	Aiuto/sostegno
Colleghi	Promozione
Giustificazione	Partecipazione
Intervento	Empatia

Unendo i termini lavoro e sociale descriveremo un'attività professionale mirata all'aiuto e al sostegno delle persone, alla risposta di alcuni bisogni, alla promozione dei diritti della persona, della comunità e della società

Quando parliamo di lavoro sociale ci troviamo a confrontarci con la sensibilità sociale, in base alla quale la collettività non accetta più l'emarginazione in strutture segreganti di persone con problemi mentali o fisici ma pretende soluzioni rivolte all'integrazione e alla socializzazione.
Affrontare i temi del lavoro sociale significa entrare nel campo dei servizi alla persona, dove ogni giorno ci si deve confrontare con i risultati attesi, la qualità delle azioni messe in atto e i risultati ottenuti.

L'operatore sociale è un professionista che deve interpretare in modo creativo i compiti che gli sono stati affidati

L'operatore va considerato un professionista, non solo perché segue procedure predefinite, ma anche perché deve interpretare in modo creativo i compiti che gli sono stati affidati e utilizzare conoscenze e abilità che devono essere assimilate, interiorizzate e rinnovate continuamente.
Ogni operatore deve:
- *utilizzare un sapere acquisito* prima di iniziare la prestazione;
- *tener conto della propria responsabilità personale* nei confronti della qualità del suo lavoro. Il lavoro prodotto viene da lui stesso valutato in continuazione in corso d'opera mediante un sistema di autoregolazione che va utilizzato senza interruzione.

Nel lavoro sociale sono importanti la progettualità, l'attuazione e la valutazione dell'intervento

Nella metodologia del lavoro sociale rivestono grande importanza i momenti:
- della **progettualità**: si decidono e si programmano i cinque punti fondamentali: *che cosa fare, perché farlo, come fare, quando farlo, chi lo fa*;
- dell'**attuazione**: si interviene direttamente nella realtà;
- della **valutazione**: si giudicano gli effetti dell'azione, si decide se si deve continuare così o se occorre un cambiamento di programma.

Tocca a te

Il processo comunicativo si basa su:

CONTENUTO	RELAZIONE
Che cosa si dice Prevalente uso di informazioni verbali Ragionamento logico Obiettivo del capire	Come si dice Prevalente uso di informazioni non verbali Emozioni Obiettivo del sentire

Dividetevi in due gruppi: una parte immagina di trovarsi di fronte a una persona bisognosa d'aiuto e crea un dialogo con lei tenendo conto delle metodologie d'intervento, l'altra parte osserva i dialoghi e annota tutto quello che ritiene essenziale per avere un quadro particolareggiato d'intervento. Infine create un cartellone riassuntivo della tematica affrontata e l'osservazione svolta, mettendo in risalto sia il contenuto che la relazione.

Lezione 8: Il gruppo nei percorsi terapeutici

Il termine "gruppo" è tipico della vita quotidiana ed indica un insieme con caratteristiche simili

Il gruppo è un concetto tipico della vita quotidiana, anche se tale termine, in sé, resta una parola poco definita. Il suo significato varia a seconda del contesto in cui viene utilizzato: ne deriva che ogni gruppo è diverso dagli altri e ha specifiche funzioni.

Avremo così la parola gruppo utilizzata in:

- musica, per indicare un gruppo musicale;
- matematica, per indicare una struttura algebrica;
- astronomia, per indicare un piccolo numero di galassie;
- medicina, per indicare i vari gruppi sanguigni;
- psicologia, per indicare un insieme di persone che interagiscono tra loro influenzandosi reciprocamente.
- ecc.

Il gruppo di lavoro può essere di vario tipo, e prevede al suo interno vari punti essenziali che lo diversificano dagli altri

Il gruppo di lavoro ha come punti essenziali:

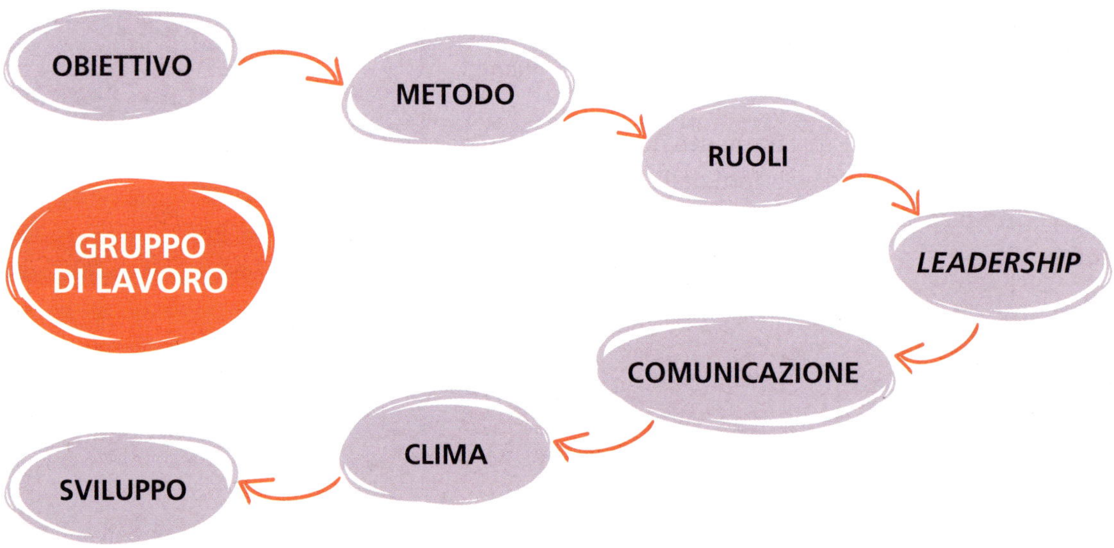

Il lavoro di gruppo dà maggiori risultati di quello individuale e risente della personalità di ogni singolo componente

Il lavoro realizzato in gruppo è più intenso e la persona raggiunge i suoi obiettivi in tempi più brevi rispetto al lavoro individuale. L'apprendimento del gruppo avviene con il contributo e l'esempio degli altri membri che, mettendosi in gioco, arricchiscono le competenze dei singoli componenti. Gli studi più moderni sull'attaccamento sottolineano l'importanza della qualità del rapporto che abbiamo sperimentato prima con i genitori e poi con gli altri: dal modo in cui sono stati vissuti questi rapporti, infatti, dipendono le nostre relazioni presenti e future.

Nella nostra società si parla spesso di percorsi terapeutici che vedono coinvolto il gruppo nella terapia

Dal punto di vista etimologico, la parola "terapia" deriva dal greco e significa cura, guarigione. Il termine viene usato per:

- riportare il soggetto da uno stato patologico ad uno stato sano;
- rendere sopportabili le manifestazioni di stimoli che creano disagio.

Vi sono vari gruppi di terapia, alcuni spontanei, che nell'ambito socio-sanitario assumono grande rilievo

Esistono vari gruppi di terapia, che comprendono: l'aroma-terapia, la danza-terapia, la sorriso-terapia, ecc.

I gruppi di auto-mutuo-aiuto stanno assumendo all'interno della realtà socio-sanitaria un rilievo crescente. Essi presentano una connotazione volontaria e si basano sulla spontaneità delle persone.

I valori proposti all'interno dei gruppi di auto-mutuo-aiuto sono:

- *legame*: è importante che ognuno nel corso dell'incontro trovi lo spazio per esprimere, almeno una volta, la propria opinione;
- *fiducia*: ogni membro può esprimere liberamente sentimenti ed emozioni, creando un clima empatico e solidale verso tutti;
- *rispetto*: ogni persona porta nella discussione il suo modo di vedere la realtà.

I gruppi terapeutici hanno, al loro interno, un facilitatore che contribuisce al buon andamento del gruppo

Il facilitatore, chiamato anche operatore, *helper*, catalizzatore, è la persona che nel gruppo si mette a disposizione e contribuisce al buon funzionamento di esso.

Il gruppo è uno strumento prezioso per il miglioramento della qualità della vita dell'anziano e degli operatori che, con varie competenze, lavorano in questo settore.

Il gruppo terapeutico realizza le condizioni che permettono agli anziani di conservare consapevolezza e conoscenza di sé come persona

Molti interventi riabilitativi per gli anziani, all'interno di centri protetti, case di riposo, centri diurni, RSA, ecc. si basano sulla fisioterapia, sull'animazione, hanno finalità educative e rieducative e utilizzano il gruppo come elemento di sostegno. Per l'anziano la riabilitazione, sia fisica che psichica, ha uno scopo conservativo: si cerca cioè di conservare il più a lungo possibile le funzioni e le abilità possedute dal soggetto allo scopo di rallentare i danni del processo degenerativo. Questo tipo di intervento produce un generale miglioramento perché l'esperienza di condividere insieme agli altri le problematiche comuni mette in moto emozioni che favoriscono lo scambio affettivo e la creazione di relazioni che facilitano la riabilitazione.

Tocca a te

Crea tre/quattro slide che illustrino i punti importanti di un colloquio tra un facilitatore e un tossicodipendente per l'inserimento di quest'ultimo all'interno di un gruppo di auto-aiuto.

Lezione 9: La costruzione del gruppo

Il gruppo

Le attività di costruzione del gruppo o *team building* servono a far conoscere le persone, a creare relazioni e a stimolare la creatività

La costruzione del gruppo (in inglese *team building*), nell'ambito delle risorse umane è costituita da un insieme di attività formative ludiche, di benessere e di esperienza, che hanno lo scopo di creare il gruppo. Il *team building* è una modalità concreta di intervento che il gruppo adotta per porsi come soggetto sociale tra i soggetti organizzativi; è un processo che interviene sulla struttura dell'organizzazione e sulla cultura, crea autonomia e autodeterminazione, promuove la *leadership* professionale ed esalta l'organizzazione come rete di relazioni e di idee.
Le attività di *team building* possono facilitare la comunicazione, sviluppare l'empatia, avvicinare i capi al personale operativo. La costruzione del gruppo può avere una valenza formativa, se associata ad un'analisi dettagliata dei bisogni, o può avere semplicemente una valenza ludica, qualora l'obiettivo sia quello di fare divertire il gruppo e dare la sensazione di appartenere ad un *team*.

I gruppi si formano e si trasformano continuamente, sono sorretti da un sistema di ruoli che permette di utilizzare al meglio le competenze di ciascun membro

All'interno dei gruppi si sviluppa un sistema di ruoli legati ai comportamenti assunti da chi partecipa al lavoro. Il sistema di ruoli si definisce mediante la capacità di utilizzare e valorizzare al meglio le differenze rappresentate dai membri del gruppo, e che riguardano esperienze, competenze, approcci. Ogni ruolo viene definito in relazione agli altri: quando uno di essi muta, variano anche gli altri.
Il ruolo deve essere:
- identificato in relazione alla mansione che si svolge;
- finalizzato alla valorizzazione delle competenze dei membri che ne fanno parte;
- finalizzato ad arricchire la comunicazione;
- diretto ad incrementare le conoscenze personali e l'ascolto attivo.

Il metodo dà sequenza e ritmo al lavoro

Il metodo costituisce il principio e la modalità di funzionamento: da una parte i criteri e i principi che orientano, informano e guidano l'attività del gruppo, dall'altro le modalità che impostano, organizzano e articolano l'attività stessa. Esso è la regola del lavoro e l'interazione professionale nei gruppi, poiché istituisce e ordina il lavoro del gruppo, prevede il rispetto dei metodi e una sequenza di comportamenti prestabiliti e di azioni definite.
Il metodo prevede:
- l'analisi delle risorse e dei vincoli;
- la discussione;
- la decisione;
- lo stabilire in modo dettagliato l'uso del tempo;
- l'uso degli strumenti di *problem solving*.

L'obiettivo è il risultato atteso dal gruppo di lavoro e può non essere definitivo

L'obiettivo deve essere coerente con i risultati attesi dall'organizzazione; deve essere chiaro e ampiamente condiviso dai membri del gruppo di lavoro, ed è la condizione necessaria per conseguire dei risultati. La descrizione particolareggiata e la realizzazione accurata dell'obiettivo sono alla base del contratto tra i componenti del gruppo e costituiscono il primo riferimento per la costituzione del gruppo di lavoro. L'obiettivo definito potrebbe non essere definitivo.

L'obiettivo deve essere:
- definito in termini di risultato;
- costruito sui fatti, sui dati osservabili e sulle risorse disponibili;
- finalizzato in modo chiaro;
- articolato in compiti da svolgere;
- perseguibile;
- valutato.

La *leadership* è determinante per le prestazioni, il clima, la comunicazione, le decisioni del gruppo di lavoro

I ruoli di *leadership* sono molteplici, e differenti individui possono trovarsi a provvedere a varie funzioni richieste per lo sviluppo del gruppo.
Le funzioni di leadership sono:
- competenza;
- appartenenza;
- comunicazione;
- trasparenza;
- flessibilità;
- orientamento al compito e alle relazioni.

La comunicazione è il processo chiave che permette il funzionamento del gruppo di lavoro e garantisce lo scambio di informazioni, finalizzandolo al raggiungimento dei risultati

La comunicazione è la variabile che sostiene e influenza tutto il processo evolutivo del gruppo di lavoro e guida il percorso dell'interazione e dell'integrazione.
La comunicazione fa il gruppo, ed è costituita da:
- l'ascolto;
- il silenzio;
- la noia e la confusione;
- il confronto e lo scambio;
- l'esposizione e il *feedback*.

Il clima che si instaura all'interno di un gruppo è influenzato dal tempo, che condiziona i rapporti tra i componenti del *team*

Il clima del gruppo è l'insieme delle sue percezioni, dei vissuti, dei sentimenti dei membri, è la qualità dell'ambiente del gruppo e la sua atmosfera. L'intensità del clima nei rapporti tra i componenti del gruppo è influenzata dal tempo.
Il clima risente della cultura dei componenti il gruppo ed è condizionato da:
- sostegno e calore;
- riconoscimento dei ruoli.

Lo sviluppo del gruppo è l'espressione che descrive l'evoluzione della crescita del soggetto sociale

Lo sviluppo di un gruppo di lavoro è strettamente legato al mantenimento di un equilibrio stazionario e all'acquisizione dell'energia dell'ambiente. Esso mette in risalto:
- il sistema di competenze dell'individuo;
- il sistema di competenze del gruppo di lavoro;
- la capacità innovativa, informativa e operativa;
- la qualità del gruppo di lavoro, che può essere di relazione interna, esterna e di azione.

Tocca a te

Crea tre slide che mettano il risalto l'importanza della comunicazione nel funzionamento del gruppo di lavoro.

Lezione 10: La comunicazione in relazione alle azioni

La comunicazione assertiva

Il Principe

Se si vuole evitare che l'agire pratico si trasformi in semplice routine priva di ricaduta sull'agire e sul pensare, bisogna utilizzare il pensiero riflesso

Nella comunicazione esistono due tipi di attività riflessa: quella che avviene mentre stiamo agendo e quella che mettiamo in atto successivamente. Di solito, quando ci troviamo in una situazione problematica, in un determinato contesto, e dobbiamo cercare la soluzione al problema, mettiamo in atto la riflessione sull'azione da compiere. Nella società di oggi, fortemente dominata dall'azione, in cui i tempi riservati al pensiero sono sempre più limitati, quello che maggiormente ci manca è la possibilità di riflessione, di pensiero e di rielaborazione.

PENSIERO RIFLESSO
↓
ANALISI CRITICA
↓
CONTINUO INTERROGARSI

PENSIERO IRRIFLESSO
↓
ATTEGGIAMENTO PRIVO DI DUBBI

Il tipo di comunicazione più persuasiva è quello che rispecchia ciò che facciamo

A volte gli atteggiamenti di una persona contraddicono ciò che dice: questo porta chi l'ascolta a non tenere in seria considerazione quanto sente dire. Nel rapporto con gli altri è essenziale essere un buon ascoltatore; quando cominciamo a parlare, può capitare di smettere di ascoltare, e di non prestare la dovuta attenzione a quanto gli altri cercano di comunicarci.

Ascoltare è una delle più importanti e difficili abilità della comunicazione

Ascoltare richiede concentrazione, non solo su ciò che uno esprime verbalmente, ma anche su ciò che la persona non dice ma viene dato a intendere grazie al tono della voce.
L'operatore socio-sanitario nella comunicazione non deve porsi in modo autoritario, perché il rispetto verso l'altra persona fa sì che essa si riconosca come entità indipendente e come individuo a sé stante. L'ascolto ricettivo implica un atteggiamento empatico nei confronti del nostro interlocutore e richiede che l'operatore si distacchi dai propri interessi per poter entrare in sintonia con l'utente. Nell'ambiente sanitario esiste una costante sempre presente: l'ansia e la paura, che rendono la comunicazione molto difficile e complessa perché fanno scattare meccanismi inconsci di difesa.

L'ansia e la paura derivano da:

- scarsa conoscenza del proprio stato di salute;
- paura del risultato;
- conoscenza limitata della malattia;
- conoscenza limitata del percorso terapeutico;
- lontananza dal proprio ambiente familiare.

Le principali fonti di ansia e paura sono:

- essere criticato;
- confrontarsi con espressioni d'ira;
- trovarsi al centro dell'attenzione;
- scarsa conoscenza del servizio;
- obiettivo poco chiaro.

Si instaurano meccanismi di difesa come:

- aggressività;
- negazione (il soggetto pur avendo dei desideri nega di averli);
- rimozione;
- compensazione;
- proiezione;
- identificazione;
- regressione;
- razionalizzazione;
- fuga.

Tocca a te

Crea con il tuo compagno di banco una simulazione di comunicazione empatica e di sostegno all'utente con turbe psichiche.

Lezione 11: La comunicazione efficace

Il termine comunicazione efficace indica l'entrare in contatto con l'altro, condividere pensieri, opinioni, pareri e riflessioni

La comunicazione efficace si basa sulla flessibilità relazionale ed è ciclica; risulta efficace se vengono raggiunti i risultati attesi.

LA FLESSIBILITÀ RELAZIONALE PREVEDE

↓

La considerazione che non esiste un comportamento giusto o sbagliato di interpretare la realtà comunicativa, ma un comportamento adeguato-efficace per ogni situazione specifica.

↓

La necessità di allargare il repertorio dei comportamenti verbali e non verbali utilizzando il potenziale comunicativo non espresso.

↓

Assumere volontariamente comportamenti relativi al momento presente in funzione del feedback e degli obiettivi che si vogliono raggiungere.

LA COMUNICAZIONE EFFICACE È CICLICA E PREVEDE

↓

Preparazione e programmazione: implica la capacità di prevedere come si svolgerà una comunicazione (colloquio, riunione, presentazione). Gli elementi che vengono considerati sono: obiettivi, contesto, strumenti, relazione, ruoli.

↓

Messa in atto – situazione qui e ora: implica la capacità di gestire la relazione o la dinamica relazionale di una comunicazione. Vengono presi in considerazione la relazione, il tempo e i ruoli.

↓

Verifica dei risultati: implica la capacità di valutare la comunicazione e di confrontarsi. Viene suddivisa in confronto e valutazione, e in tale fase viene valutata la differenza tra obiettivi iniziali e risultati finali.

↓

Successiva preparazione

Lo scopo della comunicazione è il risultato che voglio ottenere (immediato o successivo)

L'obiettivo di contenuto prevede:
- che cosa voglio conoscere;
- che cosa voglio far conoscere;
- che cosa voglio che l'altro faccia;
- che cosa voglio che l'altro dica o pensi;
- che cosa voglio promuovere;
- che cosa voglio vedere.

Nella preparazione di una comunicazione è necessario:
- sviluppare la conoscenza dei contenuti;
- scomporre i contenuti (tutto ciò che si vuole dire o si deve dire) in unità informative, in modo che ciascuna unità abbia un'autonomia in sé, senza valutare l'importanza dell'una rispetto all'altra;
- strutturare le unità in uno schema logico, in base all'individuazione del messaggio e alla costruzione degli argomenti;
- compilare la scaletta mettendo in sequenza le unità;
- definire il metodo di lavoro e di discussione più efficaci.

Nel contesto devo considerare:
- numero di persone presenti;
- età e sesso;
- posizione organizzativa e sociale;
- potere decisionale;
- apertura verso il cambiamento: rigidità o apertura.

I contenuti di relazione devono tenere conto di:
- che tipo di rapporto voglio stabilire;
- che clima voglio creare;
- che immagine voglio lasciare:
  - competenza;
  - serenità;
  - efficienza;
  - simpatia;
  - affidabilità.

Tocca a te

Crea un dialogo basato sulla comunicazione efficace e che abbia come tema la povertà.

Lezione 12: La comunicazione facilitata

La comunicazione facilitata (C.F.) è un metodo per semplificare la comunicazione: un terapista abilitato (il facilitatore) offre un sostegno alla mano o al braccio di un individuo che ha un deficit nella comunicazione

La comunicazione facilitata è una tecnica che consente a persone affette da gravi patologie, che rendono difficoltosa o impossibile la comunicazione verbale o quella scritta in modo tradizionale, di poter comunicare in modo efficace attraverso l'uso di tastiere o di supporti recanti simboli, immagini o lettere dell'alfabeto.

La C.F. ha come obiettivo quello di superare il divario fra capacità cognitive e capacità comunicative e rendere autonomo il facilitato attraverso iniziative finalizzate ad una sua progressiva indipendenza

La comunicazione facilitata è nata negli anni '70 in Australia; la sua ideatrice è Rosemary Crossley, che in quel periodo lavorava come terapista in un istituto per disabili gravi. A sperimentare tale tecnica in Italia è stata Patrizia Cadei, madre di un ragazzo autistico e allieva del prof. Bikler, che aveva diffuso questa tecnica negli Stati Uniti. Negli anni '90 viene istituito in Italia il Centro Studi sulla Comunicazione Facilitata, che utilizza un approccio di tipo riabilitativo: l'obiettivo primario è l'autonomia comunicativa del facilitato attraverso la messa a punto di protocolli terapeutici sempre più accurati e capaci di promuovere una progressiva indipendenza della persona.

La comunicazione facilitata è una forma di comunicazione aumentativa/alternativa (C.A.A.); entrambe consentono di colmare il divario tra capacità cognitive ed espressive

La C.F. viene usata nei casi di autismo e di persone cerebrolese; il terapista facilitatore sostiene fisicamente l'arto della persona e ne scandisce il movimento, senza però guidarlo. Il facilitatore può essere un insegnante, un componente della famiglia, un amico, ecc. e fornisce prevalentemente un supporto emotivo. Con il passare del tempo, il supporto regredisce fino ad arrivare all'indipendenza nello scrivere da parte dell'utente.
Le difficoltà fisiche ed emotive che la comunicazione facilitata aiuta a superare sono:

- scarsa coordinazione occhio-mano;
- un tono muscolare basso o troppo elevato;
- problemi nell'isolare o estendere il dito indice;
- utilizzo di tutte e due le mani per eseguire un compito che ne richiederebbe una sola;
- tremori e instabilità muscolare;
- problemi nell'iniziare un compito su comando.

La C.F. non dà gli stessi risultati con tutte le persone che la usano

I risultati che si raggiungono con la comunicazione facilitata sono variabili, pertanto vanno eseguiti dei test di valutazione preliminare al fine di stabilire la gradualità di approccio alla tecnica.
In Italia la C.F. è utilizzata con buoni risultati da almeno seicento persone. Tuttavia, nel valutare i risultati della comunicazione facilitata bisogna evitare di essere troppo scettici e sospettosi o troppo ottimisti, tanto da considerarla una bacchetta magica risolutrice dei problemi.

Questa tecnica non si presenta come cura per la disabilità; il suo utilizzo consente ad una persona con problemi di comunicazione di esprimere, attraverso un intervento graduale, il pensiero che altrimenti resterebbe intrappolato a causa di una comunicazione verbale nulla, insufficiente o stereotipata.
La comunicazione facilitata non può essere applicata in ugual modo a tutti i casi, né può essere ripetuta all'infinito per i soggetti per i quali essa si ritiene utile.

La persona che utilizza questa tecnica deve iniziare con il fare qualcosa di semplice e che le permetta un certo successo

Il soggetto che usa la C.F. va sempre incoraggiato; se sbaglia non gli va mai fatto notare che il suo agire "è sbagliato", "è un errore", ma va spronato a fare tanta pratica. Se il facilitato commette troppi errori, bisogna ricorrere ad esercizi più semplici e strutturati.

La C.F. non si configura a livello scolastico come riabilitazione, né come intervento didattico

La comunicazione facilitata si propone di integrare i soggetti gravemente disabili nella scuola. La legge 104 del 1992 prevede un accordo tra USR, Comune e ASL allo scopo di favorire l'integrazione scolastica, dichiarando le competenze specifiche di ciascun interlocutore e ridefinendo, alla luce delle più recenti normative, finalità e modalità di rapporto tra operatori dei diversi Enti.
Al di fuori di questa rete, la comunicazione facilitata si sviluppa ad opera dei genitori che cercano il coinvolgimento degli insegnanti nell'uso di tale tecnica, che non si configura come riabilitazione né come intervento didattico.

La rete istituzionale sostiene che a nessun alunno può essere tolta l'opportunità di apprendere concetti

La rete istituzionale ha sempre avuto una posizione prudente: l'azione educativa deve essere rispettosa della capacità di capire, e a nessun alunno può essere tolta l'opportunità di apprendere concetti.

La Lingua Italiana dei Segni (LIS) è una forma di comunicazione facilitata

La lingua Italiana dei Segni è una lingua basata su una serie di gesti eseguiti con una o entrambe le mani accompagnati dal movimento del corpo che indicano delle variazioni: essa segue infatti una grammatica ben precisa. Ogni lingua dei segni è legata alla storia e alla cultura del Paese che la utilizza, pertanto la denominazione varia a seconda dello Stato in cui viene usata. In Francia viene definita LSF, *Langue des Signes Française*.

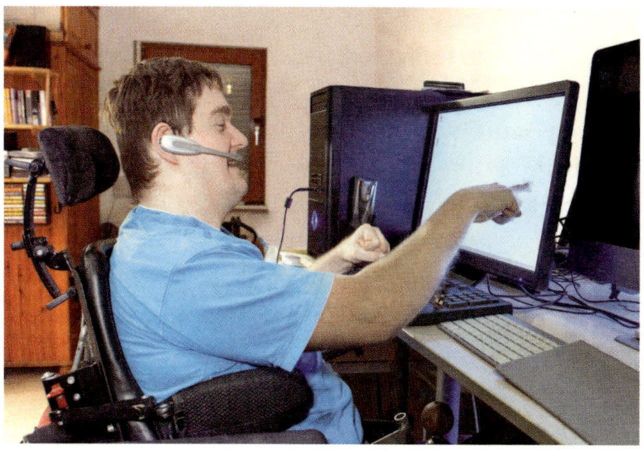

Tocca a te

Fai una ricerca sui mezzi che vengono usati per la comunicazione facilitata. Crea una breve relazione da esporre alla classe.

Lezione 13: La salute come diritto fondamentale dell'individuo

La salute del cittadino è affidata a vari interventi legislativi

Partendo dalla considerazione che la salute è un bene inalienabile per l'essere umano, lo Stato ha creato a tutela del cittadino varie normative, e precisamente la legge 833/78 e i decreti legislativi 502/92 e 229/1999.

Il SSN assicura:
- *livelli essenziali e uniformi di assistenza*, definiti dal Piano Sanitario Nazionale.
- *prestazioni sanitarie essenziali* fornite dal SSN gratuitamente o con partecipazione alla spesa, dietro pagamento di un ticket, che comprendono: assistenza ospedaliera, distrettuale e in ambiente di vita e di lavoro.

Il PSN (Piano Sanitario Nazionale) viene predisposto dal governo ed ha durata triennale. Indica:
- le aree prioritarie d'intervento, tenendo conto anche delle esigenze del territorio;
- I livelli essenziali di assistenza da assicurare;
- il miglioramento della qualità dell'assistenza attraverso progetti regionali;
- il progetto-obiettivo da realizzare attraverso l'integrazione dei servizi sanitari, dei servizi sociali e degli enti locali;
- i continui bisogni di formazione del personale;
- le linee guida del percorso diagnostico-terapeutico per una continua revisione e valutazione della pratica clinica;
- i criteri e gli indicatori per la verifica delle norme di assistenza assicurate e previste.

Il Piano Sanitario Regionale prevede:
- il piano strategico degli interventi per gli obiettivi di salute e il funzionamento dei servizi alla popolazione regionale, anche in riferimento agli obiettivi del Piano Sanitario Nazionale.

Le competenze regionali prevedono:
- *nelle Regioni autonome, una funzione legislativa e amministrativa nell'ambito dell'assistenza sanitaria ospedaliera.*
- che le Regioni costituiscano:
  1. un punto principale nell'organizzazione dei servizi;
  2. dei criteri di finanziamento delle Aziende Sanitarie Locali e delle aziende ospedaliere;
  3. un'articolazione del territorio in ASL;
  4. una definizione dei criteri di articolazione delle ASL in Distretti sanitari.

La legge regionale:
- regolamenta e disciplina la programmazione sanitaria e socio-sanitaria regionale;
- visiona il Piano Sanitario Regionale;
- controlla la realizzazione del Piano Sanitario da parte delle aziende.

L'organizzazione delle ASL prevede:
- garanzia dei livelli essenziali di assistenza;
- personalità giuridica pubblica e autonomia imprenditoriale;
- che organizzazione e funzionamento siano disciplinati con atto aziendale di diritto privato;
- che le aziende orientino la propria attività in base ai criteri di efficacia, efficienza, economicità e rispetto del bilancio;
- che i contratti di fornitura di beni e servizi siano appaltati direttamente secondo le norme di diritto privato.

Il Distretto sanitario è regolamentato dalla legge regionale, che:
- prevede l'articolazione dell'ASL in distretti per centri superiori ai 60.000 abitanti;
- assicura i servizi di assistenza primaria relativa alle attività sanitarie e socio-sanitarie;
- è dotato di autonomia gestionale e finanziaria;
- programma le attività territoriali finalizzate all'integrazione socio-sanitaria e le quote che spettano ai Comuni e alle ASL, più la localizzazione dei servizi a gestione diretta.

Il Distretto garantisce:
- assistenza specialistica ambulatoriale;
- servizi di prevenzione alla tossicodipendenza;
- consultori e attività per la tutela e salute dell'infanzia, della donna e della famiglia;
- servizi e attività rivolte ad anziani e disabili;
- attività e servizi di assistenza domiciliare integrata;
- servizi e attività per l'HIV;
- articolazione dei dipartimenti di salute mentale.

Tocca a te

Fai una ricerca sui servizi che offre il Distretto sanitario del tuo territorio e prepara tre slide riassuntive.

Lezione 14: Le abilità e le competenze dell'operatore socio-sanitario

L'operatore socio-sanitario svolge, in base alle sue competenze, varie attività indirizzate a soddisfare i bisogni primari della persona

L'OSS è un operatore che ha conseguito l'attestato di qualifica di 1000 ore (L.91 del 19/04/2001) e svolge le sue attività in collaborazione con gli operatori preposti all'assistenza sanitaria.

Deve:

- Conoscere il sistema e l'organizzazione dei servizi.
- Avere un'etica professionale conforme ai bisogni delle persone.
- Sapere svolgere attività di assistenza di base, e cioè:
  1. igiene alla persona e della casa;
  2. mobilità della persona;
  3. assunzione dei pasti;
  4. semplici prestazioni sanitarie.
- Saper svolgere attività di socializzazione/animazione in collaborazione con personale competente.
- Comunicare e relazionarsi con:
  1. utenti;
  2. operatori;
  3. familiari;
  4. rete informale.
- Partecipare alla definizione dei piani di assistenza.
- Partecipare al lavoro di gruppo.

Sotto la responsabilità e supervisione dell'infermiere, collabora con lui ed effettua:

- Pulizia e igiene ambientale.
- Lavaggio asciugatura, preparazione del materiale da sterilizzare (disinfettare).
- Piccole medicazioni e cambio delle stesse.

I SERVIZI

SERVIZI SANITARI

Afferiscono all'azienda sanitaria locale (ASL), e sono:

- servizi ospedalieri di base e specialistici;
- ospedale;
- medico di base;
- medicina territoriale.

SERVIZI SOCIALI

Afferiscono ai Comuni, e sono:

- servizi integrativi o sostitutivi della famiglia;
- divisioni per aree: minori, adulti, anziani.

SERVIZI SOCIO SANITARI

Sono servizi che si distinguono per l'erogazione delle prestazioni socio-assistenziali e sanitarie:

1. Assistenza domiciliare (AD);
2. Servizi semiresidenziali (Centri Diurni);
3. Servizi residenziali (Casa Protetta, R.S.A.).

SERVIZI ALLA PERSONA

Hanno il fine di aiutare e sostenere la persona e la famiglia che chiede aiuto, e sono:

1. servizi di sostegno all'aiuto familiare;
2. servizi sostitutivi della famiglia;
3. servizi sociali e servizi socio-sanitari;
4. servizi della rete informale.

Tocca a te

Schematizza in un cartellone i compiti dell'OSS.

Lezione 15: L'operatore socio sanitario nella rete assistenziale

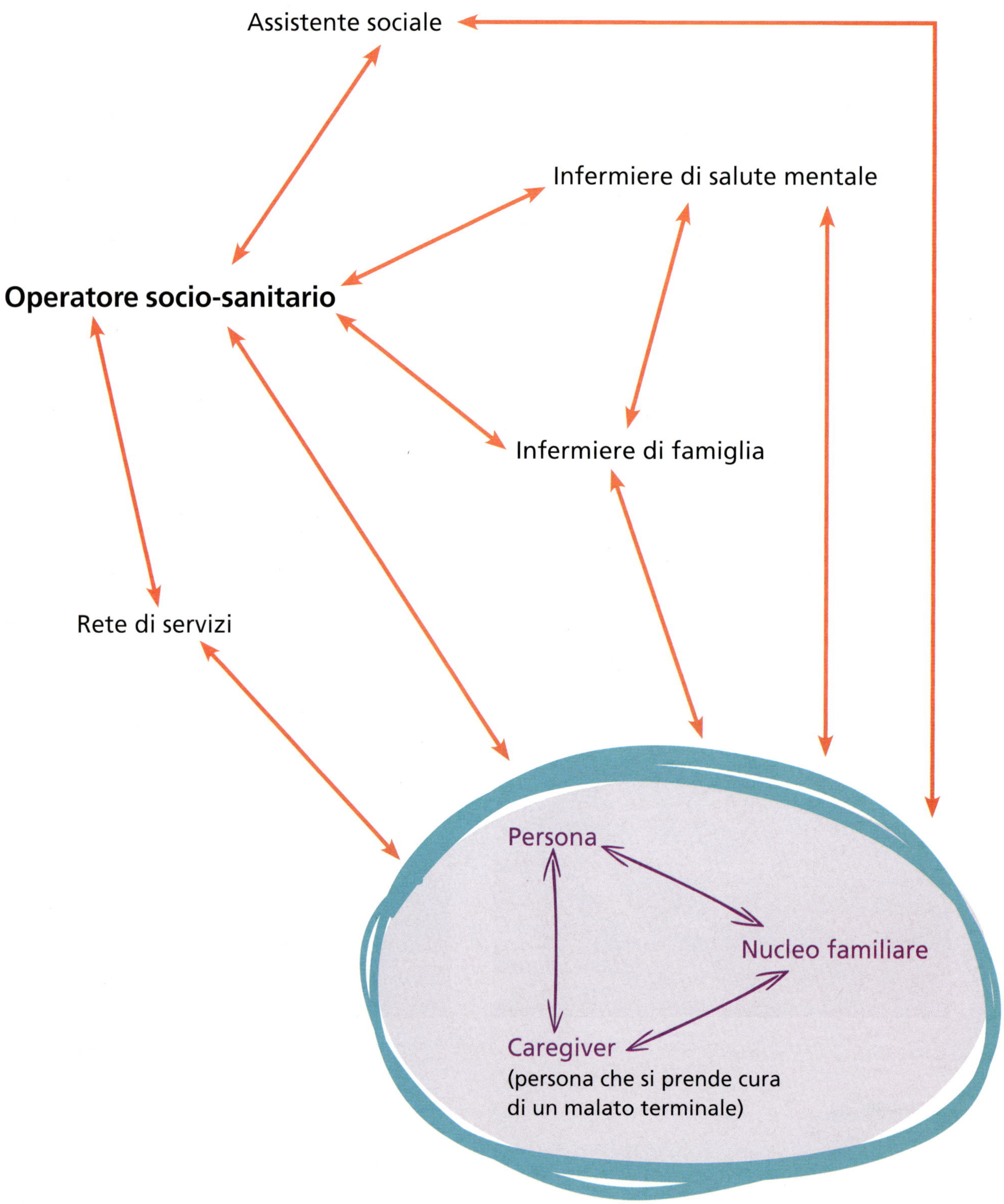

Ambiti di intervento dell'operatore socio sanitario nella rete dei servizi socio sanitari del territorio

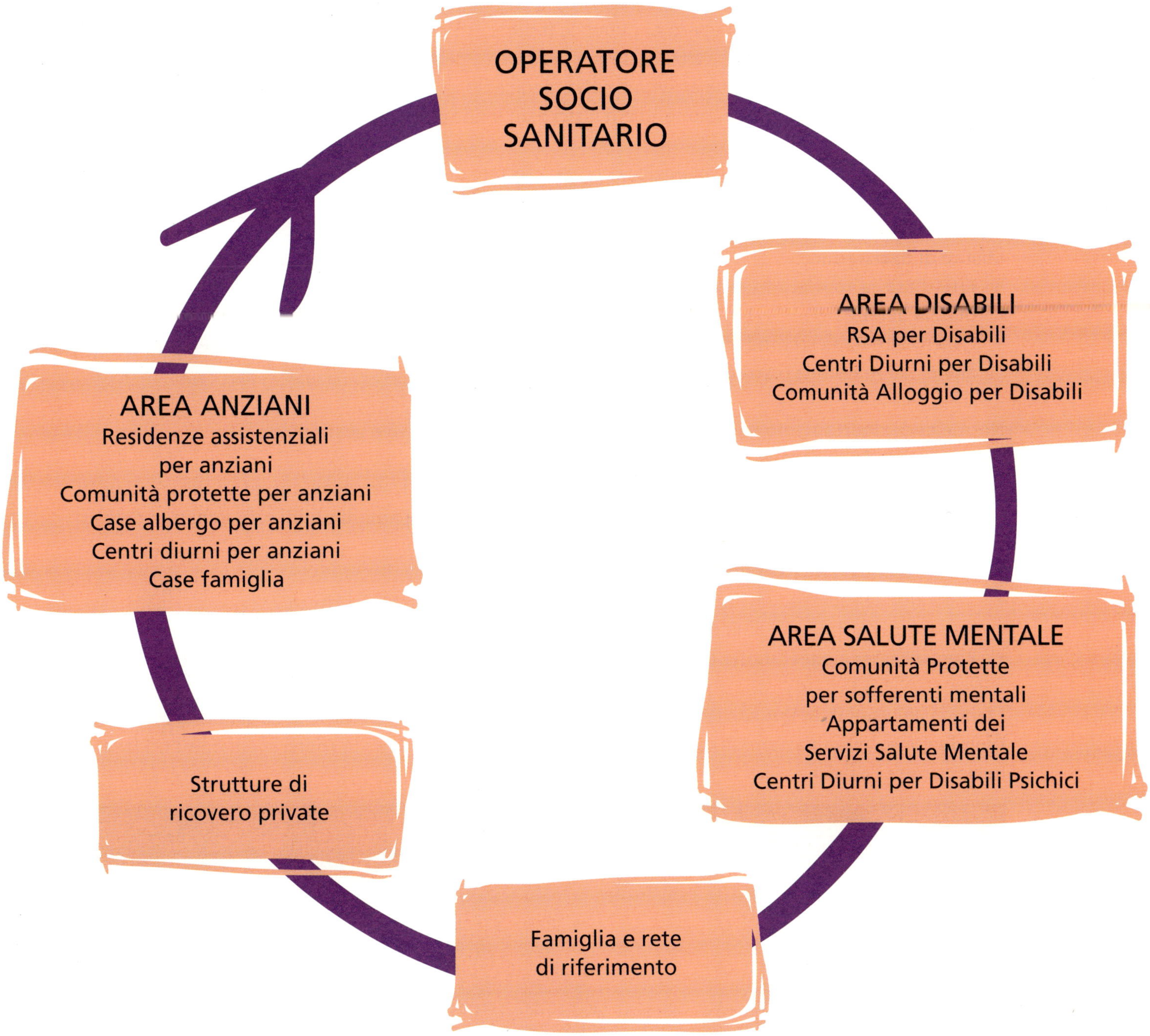

Tocca a te

Spiega in due slide i compiti dell'operatore socio sanitario nella rete assistenziale.

Lezione 16: L'operatore socio sanitario: rischi biologici e l'igiene degli strumenti

Nei luoghi di lavoro ci possono essere vari rischi per la salute delle persone

Nei luoghi di lavoro e in quelli aperti al pubblico (scuole, uffici pubblici, ecc.) il principale rischio biologico è costituito dalle infezioni trasmesse per via aerea e per contatto diretto di cute e mucose, nella somministrazione del cibo, nelle attività e nella medicazione di piccole ferite.
Anche gli impianti di climatizzazione, quelli idrici e un'inadeguata pulizia dei locali possono costituire fattori di rischio.
Per ovviare a molti rischi di tipo biologico occorre adottare degli accorgimenti nello svolgimento delle attività quotidiane.

Misure di tipo termico:
- Effettuare la regolare manutenzione degli eventuali impianti di condizionamento con costante pulizia dei filtri.
- Controllare il microclima (ricambi d'aria, vestiario adeguato, non chiusura delle bocchette di areazione con materiale o arredi, ecc.)

Norme di comportamento relative alle misure di tipo organizzativo e gestionale:
- Areare con frequenza gli ambienti.
- Utilizzare materiale monouso per l'igiene personale: fazzoletti, asciugamani, ecc. I tovaglioli usati devono essere smaltiti rapidamente, mentre fazzoletti e asciugamani umidi o sporchi non devono rimanere nell'ambiente.
- Lavare le mani con frequenza.
- Effettuare la sanificazione quotidiana e il rapido allontanamento dei rifiuti.
- Rispettare l'ordine e la pulizia.
- Prestare attenzione durante l'attività all'aperto alla presenza di bottiglie, oggetti pericolosi, ecc.

I termini più usati in campo sanitario e che prevedono le mansioni dell'operatore socio sanitario sono:
Disinfezione = eliminazione di tutti i **microrganismi patogeni**, escluse le **spore**, mediante l'utilizzo di mezzi chimici o fisici.

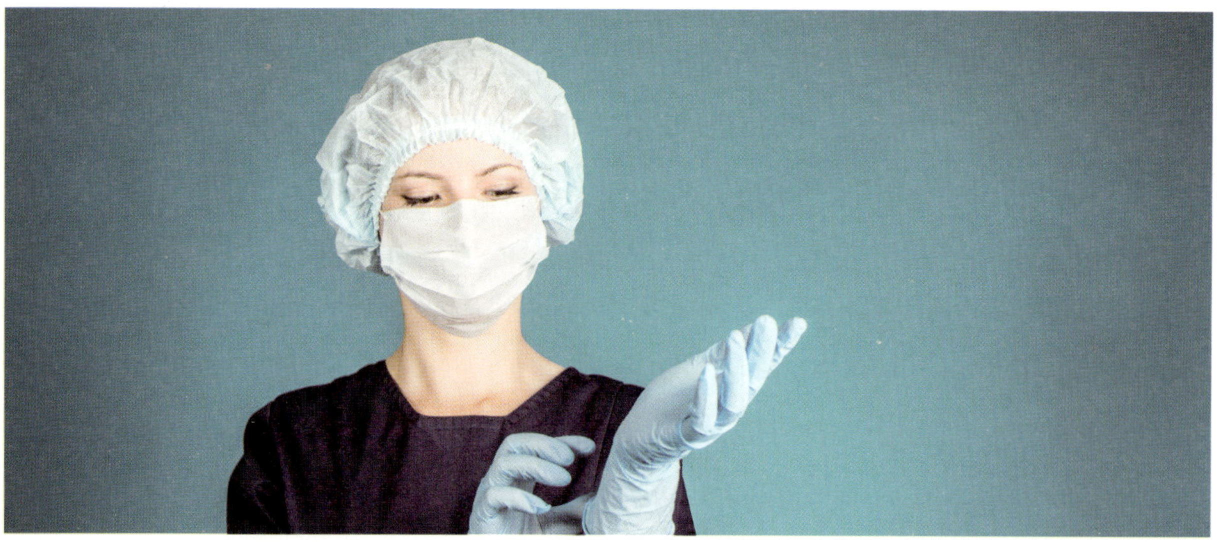

L'efficacia del disinfettante dipende da:
- caratteristica dei microrganismi;
- concentrazione della soluzione utilizzata;
- tempo di contatto con la soluzione;
- natura del **substrato** da disinfettare.

Sterilizzazione = distruzione di tutti i microrganismi, comprese le spore, mediante l'utilizzo di mezzi fisici o chimici.
Decontaminazione = riduzione della carica microbica da dispositivi medici, strumenti e superfici contaminati da sangue o **liquidi biologici** potenzialmente infetti. Lo scopo della decontaminazione è quello di tutelare l'operatore. Il D.M. del 28/09/1990 prevede che tutto il materiale contaminato da liquidi biologici potenzialmente infetti prima di essere manipolato dall'operatore deve essere decontaminato con un disinfettante attivo contro l'HIV.
Pulizia/detersione = rimozione meccanica dello sporco da superfici, oggetti, cute e mucose tramite l'uso di detergenti prima della disinfezione o sterilizzazione. Questa operazione serve a ridurre l'elevata percentuale di microrganismi.
Gli strumenti sporchi non possono essere disinfettati e sterilizzati se non vengono precedentemente lavati.
Per svolgere tali funzioni l'operatore deve indossare:
- occhiali;
- mascherina/filtrante facciale;
- camice.

La scelta del trattamento dei dispositivi medici dipende da:
- *Popolazione microbica*, cioè il trattamento dipende dal tipo di microrganismo coinvolto.
- *Classificazione dell'articolo*, che deve essere sterilizzato o disinfettato. L'articolo viene definito in base al rischio infettivo e può essere classificato: critico, semicritico oppure non critico.
- Tipo di materiale che deve essere sterilizzato. Il trattamento è diverso se il materiale è di gomma o di metallo.
- *Presenza di contaminazione* se l'articolo è stato contaminato da liquidi biologici.

Durante la degenza ospedaliera, l'individuo è più vulnerabile in quanto coinvolto emotivamente. Le cadute rappresentano un'importante causa di incidenti nel periodo ospedaliero, tendono a essere più frequenti con l'età e colpiscono prevalentemente il sesso femminile. Nella maggior parte dei casi le conseguenze sono limitate, ma tendono comunque a condizionare e limitare le attività della vita quotidiana delle persone già cadute, a causa della paura che l'incidente si ripeta.
Si è a rischio caduta quando si è affaticati e deboli, si ha difficoltà a camminare e a mantenere l'equilibrio, si hanno disturbi della vista o si assumono farmaci come antidepressivi, sedativi, ipoglicemizzanti e diuretici.
Durante la degenza sarebbe opportuno usare degli accorgimenti come mettere scarpe chiuse, alzarsi lentamente, accendere la luce durante la notte prima di scendere dal letto, usare il campanello di chiamata, non usare sostegni instabili per alzarsi e muoversi, evitare i pavimenti bagnati, ecc.

Glossario

Spora = cellula riproduttiva che dà origine a un nuovo individuo e rivestita da un involucro resistente che consente la sopravvivenza e la diffusione del germe.
Microrganismi patogeni = i microrganismi patogeni sono responsabili dell'insorgenza delle malattie nell'individuo. Ne fanno parte virus, batteri, funghi, ecc.
Substrato = il termine indica il tipo di materiale su cui si opera, ad esempio se si deve bonificare un attrezzo di gomma o ferri chirurgici.
Liquidi biologici = il termine liquidi biologici indica il sangue, l'urina, il vomito, ecc.

Tocca a te

Presenta in tre slide i rischi che si possono incontrare in un centro protetto.

Lezione 17: L'igiene delle mani

L'igiene delle mani è essenziale nella vita di tutti i giorni e in particolar modo in strutture di comunità e ospedaliere, dove la diffusione di germi patogeni è molto elevata

I cinque momenti fondamentali per l'igiene delle mani riguardano il lavaggio, che va effettuato:

1. Prima di toccare un paziente e mentre ci si avvicina a lui. Ciò è essenziale per proteggere il paziente da germi patogeni presenti nelle mani dell'operatore.
2. Immediatamente prima di eseguire manovre asettiche. Ciò serve a proteggere il paziente non solo dai suoi germi ma anche da quelli presenti nelle mani di chi lo aiuta.
3. Immediatamente dopo l'esposizione a un liquido biologico e dopo aver tolto i guanti. Ciò serve a proteggere te stesso e l'ambiente dai germi patogeni.
4. Dopo aver toccato un paziente o l'ambiente immediatamente circostante. Ciò è essenziale per proteggere se stessi e l'ambiente da germi patogeni.
5. Uscendo dalla stanza, dopo aver toccato qualsiasi oggetto nelle vicinanze del paziente, anche in assenza di un contatto diretto con il soggetto. Ciò serve a proteggere te stesso e l'ambiente sanitario da germi patogeni.

Indicazione degli esempi più frequenti relativi ai cinque punti fondamentali per l'igiene delle mani.

Prima di toccare un paziente

- Stringere la mano,
- afferrare per il braccio,
- aiutare il paziente a camminare, a lavarsi e fare il bagno.

Prima di manovre asettiche

- Igiene delle lesioni cutanee e medicazione delle ferite,
- somministrazione di collirio,
- preparazione di cibo, medicazioni e set di bendaggi.

Esposizione ad un liquido biologico

- Igiene delle lesioni cutanee e medicazione delle ferite,
- igiene orale o dentale e somministrazione di collirio,
- manipolazione di qualsiasi campione fluido,
- eliminazione di feci, urine e vomito, manipolazione di rifiuti (bendaggi, pannolini, padelle), pulizia di materiali o aree contaminate o visibilmente sporche (sanitari, strumentazione medica).

Dopo il contatto con il paziente

- Stringere la mano,
- afferrare per il braccio,
- aiutare il paziente a camminare, lavarsi, fare un massaggio.

Dopo il contatto con ciò che sta intorno al paziente

- Cambiare le lenzuola,
- regolare la sponda del letto,
- pulire il comodino.

L'uso dei guanti non sostituisce l'igiene delle mani

- È necessario togliere i guanti per effettuare l'igiene delle mani quando si verifica una indicazione mentre si indossano i guanti.
- È necessario indossare i guanti solo quando è indicato, altrimenti essi diventano un fattore di rischio per la trasmissione di germi.

GUANTI + IGIENE DELLE MANI = MANI PULITE

GUANTI SENZA IGIENE DELLE MANI = TRASMISSIONE DI MICROBI

Ricorda che:

- Se quando indossi i guanti si presenta l'indicazione di effettuare l'igiene delle mani, devi togliere i guanti ed effettuare l'igiene delle mani.
- Elimina i guanti dopo ogni manovra ed effettua l'igiene delle mani. I guanti potrebbero trasmettere germi.
- Indossa i guanti solo quando è indicato, altrimenti diventa un fattore di rischio per la trasmissione.

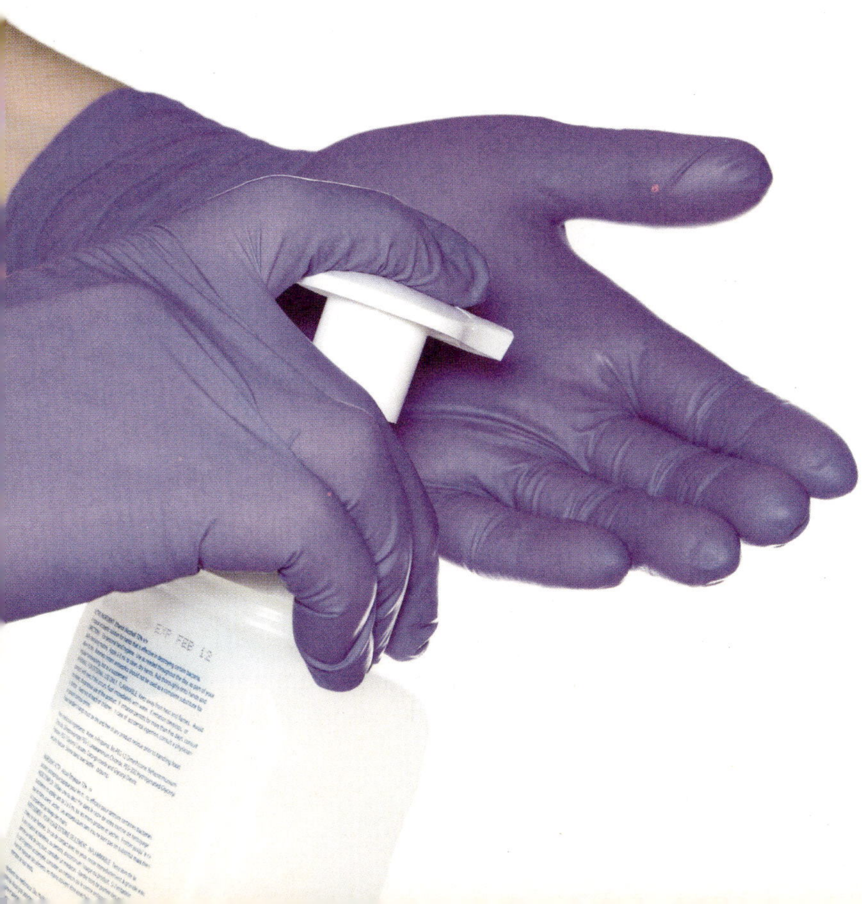

Glossario

Germi patogeni = i microrganismi patogeni sono agenti biologici responsabili dell'insorgenza della condizione di malattia nell'organismo.

Tocca a te

Quali norme igieniche osservi quotidianamente? Annotale sul tuo quaderno e controlla che siano eseguite correttamente.

Lezione 18: Quadro normativo sulla sicurezza

Sicurezza sul posto di lavoro

La legge 81/08 regolamenta la prevenzione e la protezione dei fattori di rischio presenti nei luoghi di lavoro

La Costituzione prevede:

Articoli 32-35-41

"La Repubblica tutela la salute come fondamentale diritto dell'individuo e interesse della collettività..." [...] "tutela il lavoro in tutte le sue forme" [...] "(il lavoro) non può svolgersi arrecando danno alla sicurezza della persona..."

Il Codice civile prevede:

Articolo 2050

"Chiunque causa danno ad altri nello svolgimento di una attività è tenuto al risarcimento, se non dimostra di aver adottato tutte le misure idonee per evitare il danno."

Articolo 2087

"Impone al datore di lavoro l'obbligo di adottare durante l'attività lavorativa tutte le misure che, secondo la particolarità del lavoro, sono necessarie a tutelare l'integrità fisica e la personalità morale del lavoratore."

Il Codice penale punisce:

Articoli 437-589-590

"... chiunque omette di collocare impianti, apparecchi o segnali destinati a prevenire infortuni..." [...] "chiunque procura per colpa la morte..." [...] "chiunque procuri ad altri una lesione..."

Decreto legislativo 9 aprile 2008 n.81 - Testo Unico sulla Salute e Sicurezza sul lavoro.

Punti fondamentali:

- valutazione dei rischi;
- misure organizzative;
- protocollo sanitario;
- piano di emergenza;
- consultazione dei lavori;
- manutenzione degli ambienti;
- manutenzione delle attrezzature;
- informazione e formazione.

Formazione e informazione del lavoratore

Uno dei punti più importanti del D.Lgs. 81/2008 – Testo Unico sulla Salute e Sicurezza riguarda la formazione e l'informazione dei lavoratori per ciò che attiene la sicurezza sul lavoro. I lavoratori devono essere messi al corrente dal datore di lavoro e dai loro rappresentanti dei rischi che corrono nell'ambiente di lavoro.

Articoli 36 e 37

Il datore di lavoro assicura che ciascun lavoratore riceva una sufficiente formazione in materia di sicurezza e di salute, con particolare riferimento al proprio posto di lavoro e alle proprie mansioni.

Al datore di lavoro (DL) spettano tutti gli obblighi di carattere generale; egli deve inoltre svolgere alcune mansioni, come nominare il medico competente, designare il Responsabile del Servizio Prevenzione e Protezione (RSPP), richiedere ai lavoratori l'osservanza delle norme, comunicare all'INAIL i dati relativi agli infortuni sul lavoro, ecc.
Il contenuto dell'informazione deve essere facilmente comprensibile per i lavoratori e deve consentire loro di acquisire le relative conoscenze. Ove l'informazione riguardi lavoratori immigrati, essa avviene previa verifica della comprensione della lingua utilizzata nel percorso informativo.
La formazione dei lavoratori e dei loro rappresentanti deve essere periodicamente ripetuta in relazione all'evoluzione dei rischi o all'insorgenza di nuovi rischi. L'Art. 20 comma 1 del D.Lgs. n. 81/08 afferma che "Ogni lavoratore deve prendersi cura della propria salute e sicurezza e di quella delle altre persone presenti sul luogo di lavoro, su cui ricadono gli effetti delle sue azioni o omissioni, conformemente alla sua formazione, alle istruzioni e ai mezzi forniti dal datore di lavoro."

Tutti gli obblighi previsti dal D.Lgs. 81/2008 sono sanzionabili penalmente.
Oltre agli obblighi trovano precisa collocazione i diritti dei lavoratori, fra cui il diritto all'informazione, alla formazione e all'addestramento.

Il lavoro mentale può generare stress quando le capacità di una persona non sono adeguate al tipo e al livello delle richieste lavorative

Lo stesso tipo di lavoro può risultare soddisfacente, monotono o complesso a seconda del soggetto. I disturbi che si possono manifestare sono: mal di testa, ansia, irritabilità, tensione nervosa, depressione, ecc. In questa situazione è necessario ridurre il carico di lavoro mentale tenendo conto sia l'aspetto organizzativo sia quello individuale.

La scuola come ambiente di lavoro

La scuola è un ambiente di lavoro in cui convivono lavoratori e soprattutto studenti.
Nelle scuole secondarie di secondo grado gli alunni sono equiparati in modo completo ai lavoratori nei percorsi di Alternanza scuola-lavoro: devono quindi ricevere un'informazione adeguata in materia di sicurezza in quanto l'equiparazione ai lavoratori estende gli obblighi che derivano dagli articoli 36 e 37 del Testo Unico.
L'articolo 2 del Testo Unico precisa che si intende per lavoratore "la persona che... svolge un'attività lavorativa nell'ambito dell'organizzazione di un datore di lavoro pubblico o privato, con o senza retribuzione anche al solo fine di apprendere un mestiere, un'arte o una professione".
Nel caso in cui presso un'azienda si svolgano stage o tirocini formativi, il datore di lavoro è tenuto ad osservare tutti gli obblighi che prevede il Testo Unico n. 81 del 2008 nei confronti dei lavoratori al fine di garantire la loro salute e sicurezza.

Tocca a te

Riassumi in un cartellone le norme di sicurezza presenti nella tua scuola.

Lezione 19: L'approccio emotivo al ruolo di educatore

Punto di vista

I principi fondamentali all'approccio emotivamente intelligente dell'educatore devono basarsi su:

1. **Essere consapevoli dei propri sentimenti e di quelli degli altri**
   - Conoscenza del sentimento e delle emozioni.
   - Imparare a riconoscere le emozioni nelle varie sfumature e riconoscere i sentimenti per poterli controllare.
   - Imparare a dare il nome appropriato a ciascuna emozione. Esempio: turbamento = tristezza, rabbia o rancore, ecc.
   - Diventare consapevoli dei sentimenti degli altri.
   - Riformulare i contenuti cogliendo i sentimenti sottintesi.
   - Conoscere la differenza fra giudizio e feedback.

2. **Mostrare empatia e capire il punto di vista degli altri**
   - Intuire e leggere i sentimenti degli altri.
   - Essere in grado di condividere i sentimenti degli altri.
   - Non giudicare gli altri finché non ci si trova nelle loro condizioni.
   - L'empatia richiede:
     - Capacità di cogliere le emozioni degli altri.
     - Saper ascoltare attentamente.
     - Saper decodificare i segnali non verbali.

3. **Controllarsi e affrontare in modo positivo gli impulsi emotivi e comportamentali**
   - Insegnare strategie atte a regolamentare gli impulsi.
   - Insegnare a tollerare le frustrazioni.
   - Imparare l'autocontrollo: punizioni e premi per passare dalla motivazione esteriore a quella interiore.

4. **Porsi degli obiettivi positivi e fare progetti costruttivi per raggiungerli**
   - Orientare agli obiettivi, che devono essere proporzionati al caso, raggiungibili, concreti.
   - Visualizzare i propri obiettivi e sviluppare un piano per raggiungerli.
   - Agire sull'ottimismo, sulla speranza e sulla fiducia.
   - Sostenere lo sforzo, dare importanza alla perseveranza e terminare ciò che si inizia.
   - Imparare a rinunciare ai risultati immediati e apparenti per risultati reali e di lunga durata.

5. **Usare qualità positive nelle relazioni con gli altri**
   - Imparare a comunicare efficacemente.
   - Imparare strategie di risoluzione di problemi.
   - Saper scegliere assumendosi la responsabilità.
   - Vivere la crisi che può subentrare come possibilità di crescita e non come fallimento.
   - Apprendere le competenze sociali:
     - ascoltare le ragioni degli altri;
     - dividersi i compiti;
     - armonizzare i sentimenti diversi;
     - fare compromessi;
     - creare il consenso;
     - affermare le proprie idee in modo chiaro.

Un educatore professionale deve poter leggere e utilizzare le risorse che il proprio ambito lavorativo offre

La costruzione della mappa delle risorse personali e del contesto in cui lavora permette all'educatore di utilizzare le risorse presenti nel territorio più adeguate al suo lavoro.
I suoi ambiti operativi coinvolgono l'area minori e disabili, le strutture e i servizi socio-assistenziali e di riabilitazione neuro-psicologica per disabili, le strutture e i servizi di salute mentale, gli interventi di vario tipo rivolti all'emarginazione giovanile nei Centri psico-sociali, nei servizi per la tossicodipendenza e per la salute mentale.

L'educatore lavora in:
Centri di pronto intervento, Istituti educativo-assistenziali per minori, Centri di aggregazione giovanile, Case vacanza, Asilo nido, Assistenza domiciliare, Centro socio-educativi per disabili, Centri residenziali per disabili, Comunità alloggio.

Tocca a te

Crea un cartellone riassuntivo che metta in evidenza le fasi dell'approccio dell'educatore con il paziente.

Lezione 20: Il *caregiver*

Dindalò

Sintesi del cortometraggio "Dindalò"

Il termine *caregiver*, di derivazione anglosassone, indica "colui che si prende cura", e descrive i familiari che assistono il loro congiunto malato o disabile

Il caregiver è la figura che fa da supporto alla famiglia nell'accudimento della persona non autosufficiente che vive presso il domicilio.

Il caregiver, come tutti gli operatori dei servizi sanitari, non si occupa solo della presa in carico all'interno della rete assistenziale, ma cerca rallentare il passaggio dall'area della fragilità a quella della non autosufficienza.

L'Assistenza Domiciliare Integrata (A.D.I.) è una prestazione di tipo socio-assistenziale con il fine di favorire il più possibile il mantenimento al domicilio della persona anziana, in alternativa all'ospedalizzazione o all'istituzionalizzazione.

Per erogare l'A.D.I. in ogni distretto sanitario deve essere previsto un Punto Unico di Accesso (P.U.A.) che garantisce le cure territoriali e l'accesso alla rete dei servizi della domiciliarità.

Il P.U.A. è formato da un'équipe infermieristica, da un assistente sociale, entrambi formati all'accoglienza del soggetto, e da un addetto alla segreteria; altre figure professionali intervengono a seconda della patologia e del problema, come ad esempio il geriatra, il neurologo, ecc.

Il P.U.A. rappresenta il punto essenziale per la presa in carico del paziente

La tematica della non autosufficienza è all'ordine del giorno nelle programmazioni di varie Regioni italiane: si riflette sempre di più sul concetto di fragilità sociale in collegamento a fattori ambientali, sociali, culturali ed economici dei singoli individui e del contesto in cui vivono.

L'anziano fragile presenta una salute psicofisica instabile, con ospedalizzazioni frequenti, rischio di cadute e fratture, necessità di lunghi periodi per il recupero e un elevato rischio di perdita dell'autosufficienza e di istituzionalizzazione.

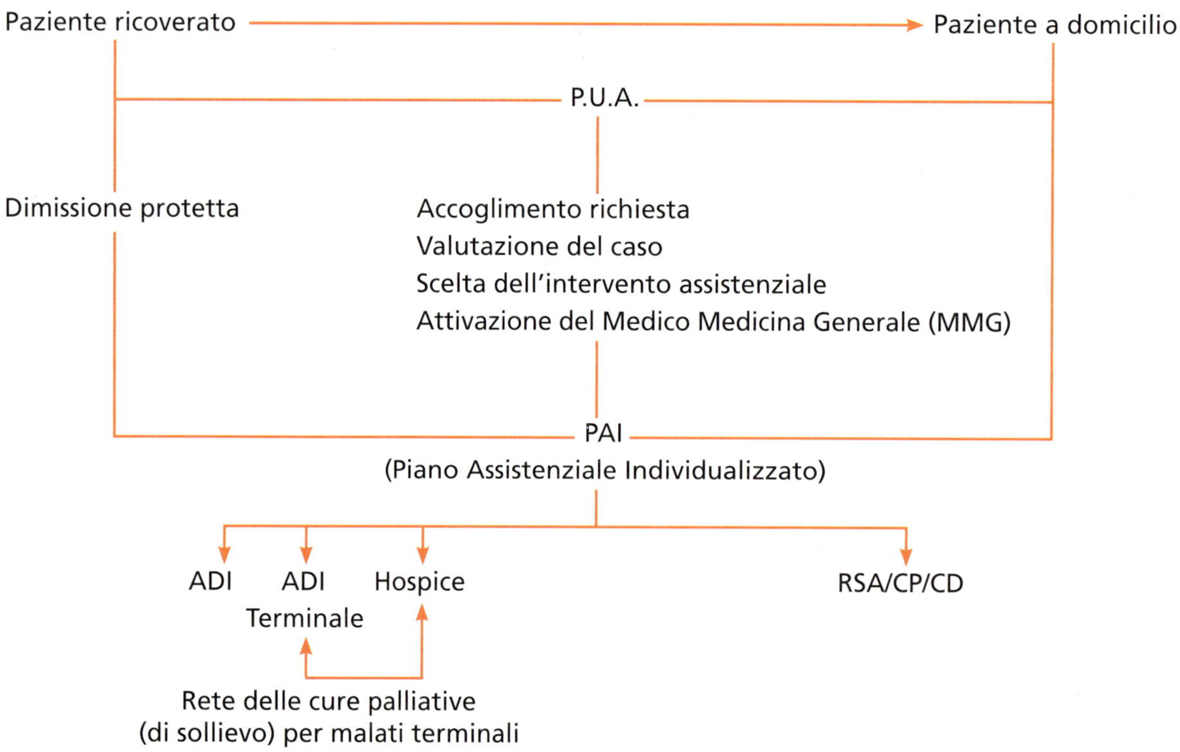

Area della fragilità

- disabili
- anziani
- malati cronici
- fragilità sociale

Area della non autosufficienza

- disabili
- anziani
- malati terminali

I caregiver dei pazienti con demenza sono prevalentemente donne (74%), ed un terzo di loro ha meno di 45 anni, mentre il 13% è rappresentato da donne di età superiore ai 70 anni.

Tocca a te

Sintetizza in tre slide la figura dell'OSS, del caregiver e il ruolo del volontario.

Lezione 21: L'assistenza alla persona

In volo con la donna cannone

L'assistenza alla persona consiste nella diagnosi e nel trattamento delle risposte umane relative ai problemi di salute del soggetto coinvolto

L'assistenza si basa su un processo rigoroso per la soluzione dei problemi della persona, ed è un metodo dinamico caratterizzato da una sequenza ordinata di fasi, giudizi, decisioni e atti diretti alla risoluzione dei problemi di salute del soggetto.
Il piano d'assistenza è la condizione per il rispetto della persona e per l'ottimizzazione delle risorse. Prevede l'attività di un'équipe terapeutica, con responsabilità precise per ogni figura professionale.

Nel processo di assistenza la centralità della raccolta dei dati è essenziale per gli operatori che entrano più direttamente in contatto con la persona

La raccolta dei dati avviene attraverso:
- l'osservazione;
- il colloquio/intervista;
- l'informazione ricavata dai familiari;
- la documentazione clinica;
- il passaggio di consegna tra le varie figure professionali.

I dati che si devono raccogliere sono:
- anagrafici;
- relativi alla storia sanitaria passata e presente (anamnesi);
- relativi ad allergie;
- relativi alle terapie seguite;
- relativi alla familiarità (se familiari presentano uguale patologia);
- relativi alle terapie in atto;
- relativi alle abitudini di vita;
- relativi all'attività svolta.

I dati devono essere raccolti prima possibile, valutando sempre le capacità fisiche e intellettive della persona e tenendo conto che in situazioni di emergenza la procedura deve essere ridotta all'essenziale (parametri vitali, segni e sintomi di malattia, dati anagrafici).

FASI DEL PROCESSO DI ASSISTENZA

Le fasi del processo di assistenza sono l'accertamento e la pianificazione.

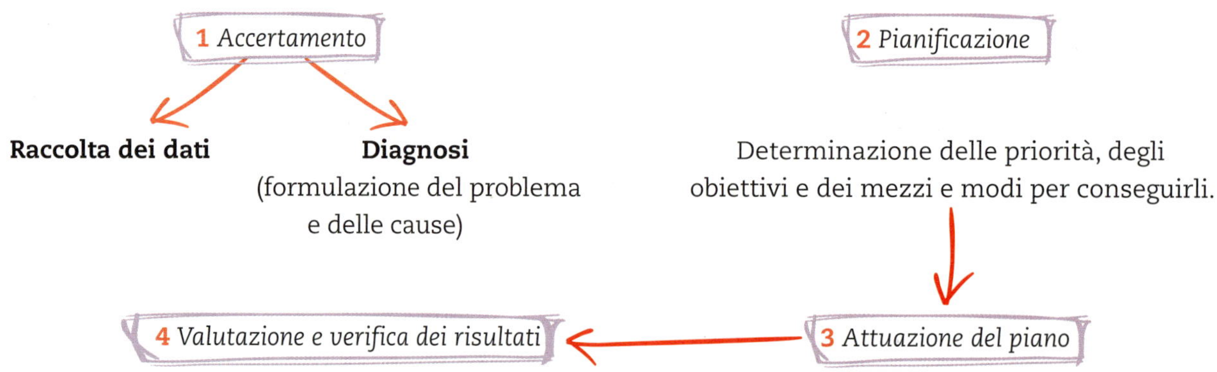

La programmazione del Piano di Assistenza Sociale

Nella programmazione del Piano di Assistenza Sociale possono convergere iniziative concordate o presentate dalle varie organizzazioni presenti sul territorio e le reti informali
Il Piano di Assistenza Sociale è frutto di una serie di iniziative concordate che vede coinvolte le reti informali e le varie organizzazioni presenti sul territorio.

I Comuni predispongono e approvano proposte di programmi sociali riferite al proprio territorio, e determinano e verificano lo svolgimento delle attività ad alta integrazione socio-sanitaria.

Attraverso il Piano di Zona vengono assegnati i finanziamenti ad ogni progetto, si attribuiscono i soggetti attuatori, che possono essere pubblici, privati o reti informali, e si definiscono la modalità di realizzazione, gli obiettivi, i tempi di attuazione e i parametri di verifica.

Adempiute tutte le fasi, i Piani di Assistenza Sociale vengono inviati in Regione entro i termini previsti dal Piano Sociale Regionale.

La ripartizione del Fondo regionale per l'Assistenza Sociale è svolta dalle Regioni e il fondo viene determinato ogni anno con la legge di Bilancio.

Le reti di protezione sociale sono formate da:
- famiglia a cui sono rivolti specifici progetti;
- volontariato ed Enti pubblici, che devono assicurare la costituzione dei Centri di servizio;
- cooperazione sociale, che deve essere sviluppata attraverso interventi regionali con convenzioni che mettono a disposizione risorse strutturali e di servizio;
- organizzazioni private, grazie alle quali viene garantita la libera scelta fra prestazioni autorizzate e convenzionate da parte degli utenti che utilizzano il servizio;
- altri soggetti del privato sociale.

Il consiglio regionale approva gli schemi tipo per le convenzioni e per gli accordi di programma, ma è l'azienda ASL che provvede all'attuazione dei progetti; lo possono fare anche tutti i Comuni associati alle ASL con un accordo di programma.

Le attività ad elevata integrazione socio-sanitaria sono:
- per il recupero e la rieducazione dei disabili;
- di integrazione per la tutela della salute mentale;
- di integrazione per la tutela della salute degli anziani;
- di integrazione per la prevenzione delle dipendenze e per l'assistenza ai tossicodipendenti ed alcolisti;
- di integrazione per la salute della donna, la procreazione responsabile e la tutela della maternità e dell'infanzia;
- per il sistema di telecontrollo e telesoccorso.

Tocca a te

Individua la risposta esatta:

La raccolta dei dati è un punto secondario dell'osservazione.	V	F
I dati vengono raccolti seguendo parametri ben precisi.	V	F
L'Accordo di programma vede coinvolti Comune e ASL.	V	F

Lezione 22: Servizi e interventi territoriali

SERVIZIO SOCIALE PROFESSIONALE (Assistente Sociale)
- Accoglimento della domanda.
- Istruttoria e valutazione del bisogno.
- Proposta del piano di intervento individualizzato.
- Verifica del caso.
- Sostegno alla famiglia.
- Studio dei bisogni del territorio.

ASSISTENZA ECONOMICA
- Sussidi e integrazione del minimo vitale.
- Sussidi straordinari (per particolari emergenze).
- Contributi in sostituzione del servizio di assistenza domiciliare.

ASSISTENZA DOMICILIARE per le prestazioni di:
- Aiuto per il riordino della casa.
- Aiuto nelle attività della persona.
- Interventi di tutela igienica sanitaria (su prescrizione medica).
- Interventi volti a prevenire o rallentare la non autosufficienza.
- Segretariato sociale e sanitario.
- Interventi per favorire la vita di relazione.

TELESOCCORSO
Personale impiegato: addetti all'assistenza, operatori socio sanitari.

INTERVENTI DI SOCIALITÀ IN COLLABORAZIONE CON IL VOLONTARIATO:
- Volontari.
- Associazioni.

CENTRO DIURNO
Struttura semiresidenziale (di accoglienza diurna) per anziani parzialmente o totalmente non autosufficienti.

GRUPPO APPARTAMENTO
Convivenza di anziani in modalità di parziale protezione diurna da parte dell'assistenza domiciliare.
Personale impegnato: assistenti sociali e operatori sociali/socio sanitari.
Personale sanitario a seconda delle necessità dell'utente.

SERVIZI RESIDENZIALI (alternativi al mantenimento a domicilio)
I servizi residenziali si caratterizzano per la crescente intensità assistenziale e sanitaria.

COMUNITÀ ALLOGGIO / CASA ALBERGO

Sono moduli abitativi autonomi con servizi in comune per anziani parzialmente non autosufficienti.

CASA PROTETTA

Struttura che accoglie mediamente 60 anziani non autosufficienti.

R.S.A. (Residenza Sanitaria Assistenziale)

Struttura che accoglie mediamente 70 anziani non autosufficienti, non assistibili a domicilio e con necessità di interventi a grande valenza sanitaria.

Personale addetto: coordinatore di struttura, assistente sociale, medico di base e specialista, infermiere professionale, animatore, addetto all'assistenza di base, ausiliario.

RSA

Accesso ai Servizi Socio-Sanitari: regolato dall'Unità di Valutazione Geriatrica o Multidimensionale (UVG o UVM)

L'organizzazione del servizio è definita da:

- il compito che il servizio svolge in rapporto ai bisogni dell'utenza;
- gli obiettivi che gli operatori devono raggiungere per realizzare la funzione del servizio;
- l'iter lavorativo che permette di realizzare gli obiettivi;
- i ruoli professionali che consentono, con le proprie funzioni, di ottenere dei risultati;
- il contesto in cui si lavora, tenendo presenti anche gli aspetti relazionali;
- il modo in cui vengono passate le informazioni e le possibilità che si hanno per farlo;
- i ruoli e le sedi in cui vengono prese le decisioni che permettono di stabilire chi decide e quando.

Tocca a te

Fai una ricerca sulle modalità di accesso ai servizi e interventi del tuo territorio ed esponila brevemente alla classe.

Lezione 23: Resilienza e assistenza ai pazienti affetti da demenza

La resilienza è la capacità dell'individuo di sviluppare le proprie potenzialità di fronte a situazioni difficili e stressanti, anche in ambito lavorativo

Il termine "resilienza" indica un insieme di processi che facilitano un adattamento efficace e promuovono lo sviluppo della persona anche in contesti di vita lavorativa altamente stressanti, l'adattamento positivo di fronte a una situazione di stress o di trauma e la capacità di conservare l'equilibrio dopo la situazione di stress.

Essere resilienti significa fare esperienze, fare tesoro di ciò che si è appreso e considerare gli sbagli come dei momenti di crescita personale, avere fiducia nelle proprie capacità e voglia di mettersi in gioco.

Gli individui resilienti ritengono i cambiamenti come opportunità per apprendere e sono capaci di fronteggiare fatiche ed eventi stressanti

Un lavoratore resiliente è capace di stabilire rapporti soddisfacenti con i propri colleghi di lavoro, è in grado di mantenersi ad una certa distanza dai problemi senza isolarsi ed è determinato a raggiungere l'obiettivo prefissato.

Un lavoratore resiliente ha competenze sociali ovvero sa ascoltare, conversare, esprimere in modo accurato atteggiamenti ed emozioni, ha una buona stima di sé e buone capacità di *problem solving*.

Un lavoratore non resiliente non riesce a resistere ai meccanismi deleteri dello stress, che possono portare a stati d'ansia, disperazione, attacchi di rabbia e depressione.

Il termine "resilienza psicologica" indica la capacità dell'individuo di resistere allo stress senza manifestare cambiamenti psicologici.

Lo stress lavorativo, tipico dei lavori usuranti, può creare problemi psicologici all'operatore non resiliente, specialmente se impegnato nell'accudimento di persone con Alzheimer

L'operatore socio sanitario è spesso impegnato nell'accudimento di persone affette da demenza, la più diffusa delle quali è l'Alzheimer.

È indispensabile, prima di decidere qualsiasi forma di intervento, avere un'idea delle condizioni di vita del malato per poterne capire le esigenze ed eventuali problemi futuri.

Gli elementi che devono essere analizzati sono:

- Il malato vive da solo o con qualcuno?
- Vive da solo o con altri nella propria casa oppure è istituzionalizzato?
- Quali sono la sua rete e il suo sostegno sociale?
- Quali sono i servizi disponibili e da chi riceve aiuto?
- Ha intenzione di cambiare casa?
- La casa ha bisogno di essere adeguata agli attuali bisogni?

L'alloggio è un problema fondamentale per il benessere dei malati di demenza

Considerata la tendenza a non istituzionalizzare l'anziano e a tenerlo il più possibile nella propria casa, l'alloggio riveste un ruolo importante per i malati di demenza.

La proporzione delle persone affette da demenza che vivono nella loro casa varia da Paese a Paese. In Norvegia il 50% è istituzionalizzato e di essi il 70% presenta demenza, mentre in Italia l'80-90% dei malati con demenza riceve assistenza a casa. In Inghilterra e Scozia il 50% delle persone con grave deficit cognitivo vive a casa propria mentre in Finlandia e nei Paesi Bassi la maggior parte dei malati gravi è istituzionalizzata.

La struttura familiare in molti Paesi europei fa sì che le vedove anziane vivano spesso sole e che i familiari e gli amici che partecipano all'assistenza siano più spesso donne.
L'assistenza domiciliare per i malati di demenza non è sempre la soluzione più economica, ma può essere un aiuto per il malato a posticipare il ricovero in ospedale.

L'assistenza giornaliera del malato vede coinvolta una triade di persone, e ognuno ha dei ruoli ben definiti

Nell'assistenza giornaliera del malato con demenza gli attori sono:
1. il malato con le sue capacità ed esigenze;
2. i familiari che assistono il malato o gli fanno spesso visita (i carer informali sono una rete di familiari, amici e vicini di casa, e tutti hanno compiti e responsabilità diversi).
3. l'assistenza ufficiale, che comprende la terapia medica e i farmaci, le attività riabilitative e stimolanti, l'aiuto domestico, i centri diurni e l'assistenza istituzionalizzata.

L'assistenza al malato deve seguire un'etica ben precisa

L'etica dell'assistenza si basa sui seguenti punti:
- Le persone bisognose di assistenza devono conservare le loro capacità residue per svolgere compiti e attività scelte;
- negare al malato la possibilità di scegliere dove vivere significa violare la sua indipendenza e dignità;
- occorre prolungare l'autonomia facendo valere disposizioni testamentarie, eventuali procedure e direttive precedentemente espresse;
- non ha senso tutelare un'autonomia che il soggetto non ha;
- è essenziale conoscere le capacità della persona per determinati compiti.

Tocca a te

Trova la risposta corretta.
Il termine resilienza indica:

1. La volontà del malato di essere ricoverato in un servizio per alleggerire la famiglia dall'accudimento. ☐
2. La capacità di controllare lo stress da parte della persona designata all'accudimento del malato. ☐
3. La capacità di controllare lo stress e stabilire buoni rapporti con i colleghi di lavoro. ☐

Lezione 24: La presa in carico

La presa in carico è un momento importante nella relazione d'aiuto perché permette una valutazione precisa e dettagliata dei bisogni

Il soggetto che ha bisogno di un intervento d'aiuto si rivolge per prima cosa al Segretariato sociale, che passerà la richiesta, corredata di documentazione, all'assistente sociale.

L'assistente sociale del servizio sociale di base valuta il bisogno e la domanda dell'utente, individua le risorse personali, familiari, amicali e territoriali più idonee a risolvere il problema; insieme ai componenti dell'équipe multiprofessionale progetta il piano di intervento e attiva risposte di aiuto socio-assistenziale.

Per analizzare in modo adeguato la situazione del soggetto che ha preso in carico, l'assistente sociale, avvalendosi per prima cosa del colloquio professionale e della visita domiciliare, procede a una raccolta accurata delle informazioni che riguardano l'utente e la sua rete sociale.

Dalla raccolta dei dati ricavati dall'anamnesi e da quelli rilevati dall'osservazione condotta dall'assistente sociale e dai tecnici del team multidisciplinare, è possibile disporre degli elementi utili per stilare il progetto di aiuto.

Esempi di bisogni

- Bisogno di mantenere la propria dignità nel completo riconoscimento della propria persona, sia a livello psicologico che sociale.
- Bisogno di un ambiente protetto e umanizzato e di valide relazioni affettive, anche con gli operatori.
- Bisogno di mantenere il diritto alla vita affettiva.
- Bisogno di avere persone che si occupino della sua salute, intesa come benessere psicofisico e come diritto alla qualità della vita, anche se in presenza di malattie o/e disabilità.
- Bisogno di prevenire la completa non autosufficienza.
- Bisogno di essere informato su ciò che si fa sulla sua persona (tipo di cura), senza sottovalutare la sua capacità di comprendere ciò che gli si dice.
- Bisogno di un valido rapporto con i familiari attraverso l'aiuto degli operatori nel mantenere o sollecitare i contatti e il coinvolgimento dei parenti.
- Bisogno di avere figure di riferimento personali, come quella del tutor, presente in molte strutture, con lo scopo di intrattenere con l'anziano un rapporto particolare, responsabilizzandosi sui suoi bisogni specifici.
- Bisogno dei servizi sociali per il sostegno alle famiglie che si prestano al bisogno psicosociale dell'ospite, per accedere alle agevolazioni economiche, tecniche e di servizio disponibili per compensare la disabilità e favorire l'autonomia.
- Bisogno di essere accompagnato nell'esperienza della vecchiaia e della morte.

Esempi di obiettivi

Aiutare il soggetto a:

- Capire meglio i suoi problemi.
- Cercare le soluzioni per affrontarli e risolverli.
- Saper utilizzare tutte le risorse possibili allo scopo di risolvere i problemi.
- Valorizzare e potenziare le risorse personali e familiari.
- Accedere alle risorse offerte dai servizi pubblici, privati e dal volontariato.

Esempi di obiettivi rivolti ai minori

- Favorire la conquista dell'autonomia personale (mangiare da solo, vestirsi autonomamente, essere in grado di lavarsi da solo, ecc.).
- Promuovere lo sviluppo delle capacità motorie in modo da riuscire a coordinare la motricità globale.
- Favorire lo sviluppo della coordinazione senso-motoria e la coordinazione testa-occhio-mano.
- Favorire lo sviluppo delle capacità sensoriali e percettive.
- Favorire lo sviluppo delle capacità logiche, espressive, cognitive e creative.
- Migliorare il controllo emotivo ed affettivo.
- Promuovere la socializzazione.
- Prevenire l'instaurarsi di una situazione di svantaggio psicofisico, sociale e culturale.
- Promuovere la formazione della personalità.
- Prevenire i fenomeni di devianza giovanile e ridurre i rischi di disadattamento.
- Offrire ospitalità e assistenza qualificata sul piano educativo, affettivo e relazionale in attesa di un rientro del minore in famiglia o di una collaborazione stabile con essa.
- Evitare l'istituzionalizzazione del minore.
- Assicurare al minore un ambiente familiare idoneo a rispondere ai suoi bisogni.
- Mantenere i rapporti tra minore e famiglia d'origine, poiché con l'affido si prevede che egli rientrerà il più presto possibile.
- Prevenire e sostenere il minore e la famiglia affidataria.
- Controllare l'andamento dell'affido.
- Mantenere i contatti tra il minore e la famiglia d'origine, e tra la famiglia d'origine e quella affidataria.
- Aiutare la famiglia d'origine a superare la situazione di disagio e difficoltà, e a raggiungere un equilibrio che permetterà il rientro del minore nel nucleo familiare.
- Garantire al minore un contesto di vita tale da rispondere alle esigenze proprie dell'età: rapporti interpersonali stabili, clima familiare sereno, rispetto dei tempi e delle abitudini individuali.
- Avviare il minore all'autonomia e all'indipendenza dalle figure adulte.
- Educare il soggetto a decidere in modo responsabile.
- Agevolare un inserimento sociale soddisfacente.
- Favorire un'attiva comunicazione interpersonale tra adulto e bambino.
- Assicurare un'adeguata assistenza alla famiglia.
- Facilitare l'accesso del soggetto nel mondo del lavoro.

Tocca a te

Ipotizza un intervento da parte dei Servizi sociali finalizzato ad aiutare Lorenzo, un bambino di 5 anni che viene trascurato e spesso maltrattato dai suoi genitori.

Lezione 25: Iter per un intervento di aiuto rivolto a una persona anziana

Gli interventi d'aiuto devono seguire un iter ben definito

Richiesta di intervento formulata dal soggetto o da chi si occupa di lui

↓

La richiesta va presentata all'Assistente sociale presso il Distretto Socio Sanitario

↓

I bisogni vengono divisi in bisogni sociali e problematiche complesse

↙ Bisogni sociali

↓

Trasporti sociali
Pasti a domicilio
Soggiorni vacanza
Attività socialmente utili
Assistenza abitativa

↓

Assistenza Domiciliare
Assistenza Domiciliare Integrata

↘ Problematiche complesse

↓

Valutazione da parte dell'UVG
(l'UVG è formata da medico specialista, assistente sociale, psicologo, infermiere professionale)

↓

Definizione grado di invalidità /autonomia
Progetto terapeutico assistenziale e tempi di realizzazione
(← Assistenza Domiciliare / Assistenza Domiciliare Integrata)

↓

Inserimento presso servizi

↓

Residenziali temporanei o permanenti (ricoveri per periodi di sollievo o istituzionalizzazione in Case protette)

Non Residenziali (Centro diurno)

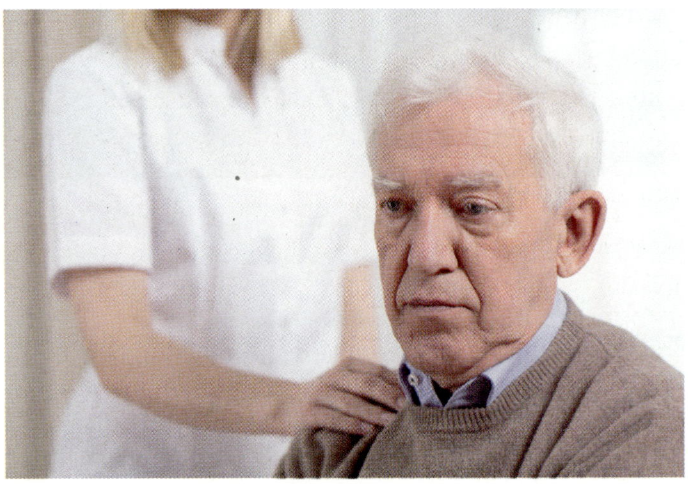

Esempi di obiettivi, metodi e attività assistenziali in un servizio residenziale per anziani

- Garantire l'accoglienza in modo corretto.
- Ridurre al minimo i traumi legati all'istituzionalizzazione.
- Garantire il più possibile la continuità con le abitudini precedenti.
- Analizzare le relazioni dell'UVG.
- Formulare più ipotesi di intervento.
- Osservare il comportamento dell'ospite in riferimento ai primi interventi decisi.
- Verificare in équipe i risultati emersi nell'osservazione.
- Formulare il programma assistenziale individualizzato.
- Garantire la riservatezza.
- Favorire la conquista dell'autonomia personale (mangiare da solo, vestirsi e lavarsi autonomamente, ecc.).
- Promuovere il mantenimento delle capacità motorie in modo da riuscire a coordinare la motricità globale.
- Far partecipare il familiare alla vita comunitaria.
- Far partecipare il familiare alle attività ricreative che vengono organizzate.
- Coinvolgere il familiare nel progetto individuale e condividerlo con lui.
- Essere disponibili all'ascolto dei bisogni espressi o non espressi verbalmente ma dimostrati con atteggiamenti o comportamenti che mettono in risalto sofferenza o malessere.
- Garantire la soddisfazione dell'ospite nel modo in cui viene trattato nel servizio.
- Parlare con l'ospite in modo tranquillo e guadandolo in faccia.
- Rispondere alle richieste in modo disponibile e non frettoloso.
- Rimanere tranquilli anche in situazioni difficili.
- Garantire una corretta igiene personale che faccia sentire l'ospite a proprio agio.
- Assicurare un abbigliamento adeguato alla stagione.

La recessione ha fatto sì che l'accudimento dell'anziano avvenga sempre più spesso all'interno della casa

Poiché la crisi economica ha pesato in modo non indifferente sugli italiani, i Centri protetti hanno finito per accogliere sempre più persone non autosufficienti e arrivate ad un grave livello di ingestibilità da parte delle famiglie. Questi cambiamenti hanno fatto sì che molti Centri protetti abbiano assunto una connotazione di CRA (Casa Residenza Anziani).

L'RSA eroga assistenza continuativa che prevede un ampio contenuto sanitario e riabilitativo. È organizzata per nuclei suddivisi per tipologia di bisogni e d'intervento. I ricoveri in RSA sono disposti dall'UVG, e per l'inserimento nella struttura si deve essere inclusi nell'apposita graduatoria.

Attualmente le famiglie spendono in media € 3.700 per visite, esami o attività riabilitative a domicilio, se si rivolgono alle badanti la cifra media annua è di € 9.500 contro i 20.000 € circa del ricovero all'interno di un servizio.

Tocca a te

Fai una ricerca su tipologia, modalità di ricovero e costo della retta dell'RSA presente nel tuo territorio e prepara un intervento espositivo alla classe della durata di tre minuti.

Lezione 26: La presa in carico dell'anziano

Scheda PAI

La presa in carico deve essere mirata ai bisogni della persona coinvolta nella relazione d'aiuto
Poiché i bisogni variano da soggetto a soggetto e da età a età, gli obiettivi di intervento rivolti all'anziano variano a seconda della situazione, e sono diversi da quelli rivolti al minore.

Esempi di obiettivi rivolti agli anziani

- Ridurre i problemi psicologici.
- Migliorare i movimenti.
- Stimolare l'autonomia personale e riportare il soggetto alla realtà quotidiana.
- Restituire alla vita attiva il soggetto che ne è stato allontanato da una malattia invalidante.
- Promuovere la riabilitazione delle facoltà intellettive.
- Promuovere e mantenere la salute fisica e psichica del soggetto.
- Recuperare la salute fisica e psichica del soggetto.
- Evitare l'istituzionalizzazione per il fatto che vive in un appartamento inadeguato.
- Consentire all'utente di rimanere al proprio domicilio, nel nucleo familiare e nel proprio contesto sociale, garantendogli una migliore qualità di vita.
- Promuovere o conservare la capacità di autonomia dell'utente.
- Sostenere i familiari che assistono il proprio congiunto.
- Ridurre o allontanare nel tempo la necessità del ricovero in case protette o in strutture ospedaliere.
- Offrire l'occasione di svago e di nuovi contatti sociali.
- Conservare e recuperare lo stato di benessere fisico e psichico.
- Contrastare i processi di solitudine, emarginazione ed isolamento psicologico.
- Offrire un ricovero residenziale temporaneo presso una struttura in attesa di trovare soluzioni adeguate al soddisfacimento dei bisogni dell'individuo.
- Rispondere a situazioni di grave emergenza, fino a quando non si riesce ad attuare un insieme di interventi per raggiungere l'autonomia personale e sociale.
- Favorire il superamento della situazione di disagio psicologico.
- Ridurre le complicazioni della patologia che ha colpito il soggetto.
- Individuare precocemente la malattia per poter iniziare subito le cure del caso.
- Prevenire le complicazioni e aiutare l'anziano a mettere in atto strategie utili ad adattarsi al cambiamento di alcune abitudini errate per la sua salute.
- Migliorare la qualità della vita, ridurre la sintomatologia nei soggetti ammalati, individuare e segnalare le complicazioni.
- Favorire la riabilitazione, limitare l'immobilità, prevenire eventuali complicanze.
- Evitare l'isolamento e la demotivazione del soggetto.
- Valorizzare al massimo le energie, le competenze e le esperienze del soggetto.
- Incentivare e sostenere il bisogno di ricoprire ancora un ruolo significativo.
- Incentivare e sostenere il senso di solidarietà e il desiderio di rendersi utili agli altri.
- Migliorare la salute fisica e psichica.
- Favorire l'accesso a musei, mostre, biblioteche, ecc.
- Incrementare nuove abilità, anche svolgendo compiti socialmente utili.

- Stimolare la mente e la creatività.
- Sollecitare sempre nuovi interessi e l'utilizzo appropriato del tempo.
- Rompere l'isolamento a favore di una vita sociale attiva.
- Partecipare in modo attivo alla vita della comunità.
- Superare le barriere della solitudine e dell'emarginazione.
- Aiutare il soggetto a creare nuove amicizie, a socializzare e a superare i momenti di abbandono.
- Prevenire il decadimento e mantenere le prestazioni psico-fisiche dell'anziano.
- Cercare di far mantenere un minimo di funzionalità che permetta all'anziano di essere autonomo nel seguire le attività giornaliere e di restare al proprio domicilio nonostante la limitata autonomia.
- Evitare l'aggravamento di una situazione fisica e/o psichica già compromessa.
- Prevenire i rischi di ricaduta della malattia.
- Migliorare le capacità motorie, favorendo la deambulazione, la mobilizzazione e l'attività fisica.
- Sostenere i familiari che assistono il congiunto e coinvolgere volontari e vicinato.
- Ridurre o allontanare nel tempo la necessità di un ricovero in case protette.
- Far sì che il soggetto percepisca un'immagine positiva di sé e non di persona inutile e da assistere.
- Stimolare l'anziano a una maggiore consapevolezza delle sue qualità che vengono percepite come positive, ma anche di quelle che vengono percepite come negative.
- Favorire nel gruppo l'attivazione di processi di comunicazione e di socializzazione delle idee personali.
- Stimolare curiosità e nuovi interessi.
- Stimolare a tenere in esercizio la capacità di ascolto e di osservazione.
- Valorizzare il bagaglio culturale e le esperienze del soggetto, organizzare momenti culturali e integrare l'anziano nel territorio.
- Aiutare il soggetto a trovare nuove risposte ai suoi bisogni affettivi.
- Favorire l'integrazione e le relazioni interpersonali.
- Evitare il ricovero in strutture residenziali per i soggetti parzialmente autosufficienti.
- Risolvere il problema abitativo.
- Fornire un sostegno per il soddisfacimento dei bisogni primari, assistenziali e sanitari.
- Mantenere l'anziano in situazione protetta e stimolare autonomia e aiuto reciproco.
- Favorire il mantenimento delle autonomie residue.
- Recuperare parte delle capacità compromesse.
- Supplire alle carenze di autonomia dell'utente nelle sue funzioni personali essenziali, igienico-sanitarie e relazionali attraverso interventi sia propri sia coordinati e integrati con quelli di altri operatori, come assistenti sociali, educatori, personale sanitario, ecc.
- Favorire l'autosufficienza nell'attività giornaliera (mangiare, vestirsi e lavarsi autonomamente).

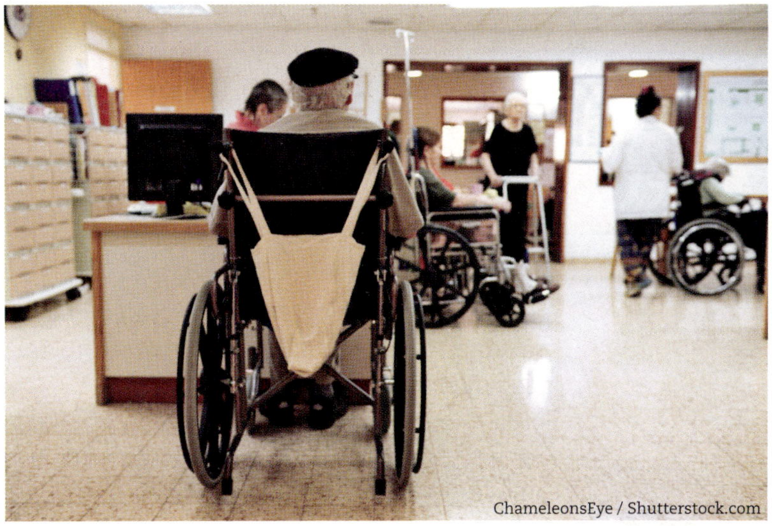

ChameleonsEye / Shutterstock.com

Tocca a te

Sintetizza in 3 slide quelli che per te sono gli obiettivi essenziali per la presa in carico dell'anziano.

Lezione 27: Esempi di attività in un Centro diurno

I Centri diurni hanno come finalità integrazione, socializzazione e lotta all'emarginazione

Nei centri diurni vengono offerte occasioni di impegno e di utilizzo del tempo libero e la possibilità di partecipare a iniziative formative, educative e di socializzazione.
Nel loro interno si svolgono attività di informazione, documentazione, orientamento per eventuali sistemazioni successive, attività sportive e ricreative, di animazione culturale, ludiche ed espressive, laboratori di tessitura, falegnameria, fotografia, pittura, musica, teatro.

Le finalità dei centri diurni sono la socializzazione e l'integrazione della persona, e pertanto offrono:
- occasioni di aggregazione, partecipazione ed impegno sociale autogestite dagli anziani stessi con il sostegno dei responsabili dei servizi sociali interessati.

In collaborazione con i servizi sociali vengono attuati interventi lavorativi in attività socialmente utili, come:
- aiuto ad anziani non autosufficienti, vigilanza davanti alle scuole e nei parchi pubblici, ecc.;
- accesso ai centri sociali nei quali si organizzano attività ricreative e culturali;
- organizzazione di conferenze, dibattiti, seminari su argomenti individuati dagli utenti;
- organizzazione di soggiorni estivi o climatici.

Il centro diurno è un luogo di incontro e di aggregazione sociale, culturale e ricreativa, un luogo aperto, di vita attiva. Offre possibilità di socializzazione e di utilizzo positivo e finalizzato del tempo libero, riduce i rischi di isolamento, solitudine ed emarginazione.
Nel centro possono essere proposte attività culturali, di socializzazione e tempo libero, come:
- gite e viaggi, feste, giochi, ballo, ascolto musica, teatro, cinema, mostre, biblioteca, conferenze o dibattiti, attività artigianali.

Esempi di verifica e valutazione

Si osservano e si valutano, in itinere e al termine dell'attuazione del progetto, i comportamenti significativi dal punto di vista funzionale, come:
1. autonomie di vita quotidiana;
2. abilità nell'uso degli strumenti;
3. abilità sociali;
4. capacità cognitive.

La verifica e la valutazione si avvalgono di strumenti specifici utilizzati per osservare le prestazioni del soggetto, come colloqui, consegne, registrazioni audio e video, diari, griglie di osservazione, test, scale di valutazione.

Esempi di scale di valutazione delle competenze di un anziano

Sono utilizzabili diverse scale di valutazione:
- L'ADL (Activities of Daily Living), che misura l'autonomia della persona nel compimento delle abilità fondamentali della vita quotidiana.
- La Scala Chrichton e il Mini Mental State, che rilevano lo stato cognitivo e comportamentale.
- La scheda BINA (Breve Indice di Non Autosufficienza).
- Il sistema VAOR (Valutazione dell'Anziano Ospite di Residenze).
- La scheda di valutazione multidimensionale.

Elaborazione di un'idea progettuale di intervento

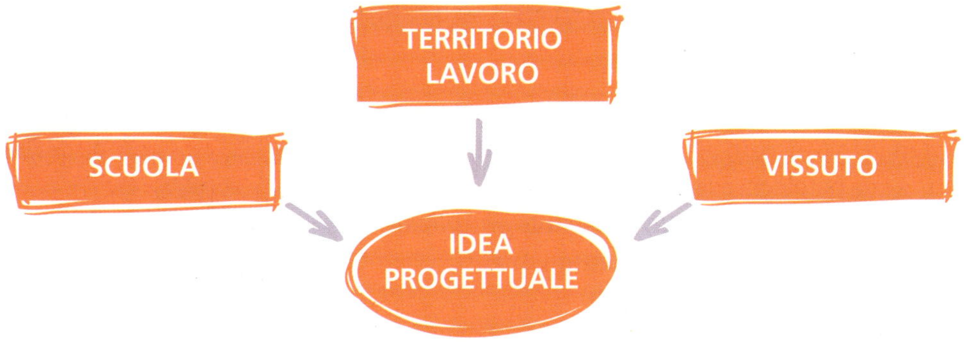

Scheda per costruire un progetto

Il concetto di assistenza
- → Facoltativa
- → Legale, cioè è un servizio sociale dovuto dall'Ente pubblico.

Valore della persona umana
- → L'uomo come valore della sua persona, che è il centro dell'attenzione sociale e politica.

Aiuto sociale legale che è l'origine del concetto di assistenza.
- → Capacità di stimolare le capacità nascoste e potenziali l'origine dell'uomo.
- → Capacità di aiutare l'ascolto e la condivisione esistenziale, attraverso lo stimolo, che seguendo gradualmente le esigenze degli individui, possa suggerire e promuovere interventi risolutivi.
- → L'aiuto sociale non consiste nel fornire soluzioni già pronte e precostituite, ma nel considerare l'uomo come interprete della propria vita sociale e politica. L'uomo non è oggetto d'assistenza, ma soggetto a cui è finalizzato l'aiuto sociale.

Tocca a te

Seguendo lo schema, ipotizza delle attività in un Centro protetto e crea un'ipotetica scheda delle attività giornaliere presenti in un Centro diurno.

Lezione 28: La presa in carico del disabile

La presa in carico del disabile deve analizzare le sue potenzialità e le sue capacità

Quando si prende in carico un disabile bisogna analizzare le sue capacità, la sua patologia e le sue potenzialità. La finalità è quella di non fargli perdere le capacità residue e stimolare quelle che non utilizza ma potrebbe mettere in atto.

Esempi di obiettivi per disabili

- Garantire la socializzazione con i coetanei.
- Stimolare lo sviluppo psicomotorio, affettivo e cognitivo.
- Potenziare l'autonomia personale.
- Favorire l'acquisizione di strumenti culturali di base.
- Facilitare la frequenza scolastica.
- Evitare la dipendenza dei disabili dal sistema assistenziale.
- Valorizzare le risorse personali, umane e professionali del soggetto.
- Favorire la socializzazione.
- Evitare il ricovero in istituto ai soggetti con problemi psicofisici non gravi, privi di rete parentale o con famiglia inadeguata.
- Mantenere i disabili nel proprio ambiente (casa, quartiere, paese).
- Risolvere il problema abitativo.
- Stimolare l'autostima.
- Stimolare l'aiuto reciproco.
- Sostenere la famiglia nell'assistenza al disabile.
- Mantenere e sviluppare, con programmi educativi personalizzati, l'autonomia, le abilità intellettive, psicomotorie e relazionali.
- Favorire la socializzazione nell'ambiente esterno.
- Integrare l'opera della famiglia e degli altri servizi.
- Mantenere il soggetto nel proprio contesto socio-ambientale.
- Offrire assistenza specializzata in grado di rispondere ai bisogni dell'utente in modo globale.
- Mantenere i livelli acquisiti, stimolare le capacità residue, favorire la vita di relazione con l'esterno.
- Rispondere alle esigenze del soggetto e della famiglia in modo temporaneo o definitivo.
- Garantire al soggetto momenti di socializzazione con la famiglia e/o con l'ambiente sociale.
- Garantire interventi educativi e sanitari finalizzati al mantenimento e all'acquisizione di nuove capacità psico-fisiche.
- Prevenire l'insorgere o l'aggravarsi della disabilità o di un handicap.
- Favorire l'accesso al mondo del lavoro.

Esempi di interventi per disabili

- Servizio di trasporto, fornitura di sussidi didattici personalizzati, eliminazione delle barriere architettoniche, assegni e borse di studio, ecc.
- Assistenza alla persona e sostegno didattico da parte del personale di sostegno.
- Assistenza socio-psico-pedagogica e sostegno alla programmazione didattica da parte di un'équipe pluridisciplinare dell'ASL e del Comune, formata da psicologo, pedagogista, assistente sociale, educatore, neuropsichiatra, ecc.

Esempi di interventi riabilitativi

La riabilitazione è l'insieme degli interventi rivolti ad ottenere l'eliminazione o la limitazione di uno svantaggio funzionale.

- La *riabilitazione generica* ha lo scopo di ripristinare le funzionalità compromesse da qualunque malattia o disabilità, è rivolta soprattutto contro la tendenza alla rassegnazione, all'isolamento e all'immobilizzazione conseguenti allo stato di malattia.
- La *riabilitazione mirata* ha come obiettivo il ripristino delle funzioni compromesse da determinate malattie.
- La *terapia di mantenimento* identifica l'insieme dei provvedimenti diretti a rallentare o arrestare temporaneamente l'andamento di una patologia invalidante a decorso inarrestabile.
- La *fisiokinesiterapia* ha lo scopo di rieducare (insegnare nuovamente l'uso di determinate funzioni) coloro che hanno perduto le funzioni motorie, cardiorespiratorie, urinaria, gastrointestinale, ecc.
- La *logopedia* serve al recupero del linguaggio da parte di coloro che hanno la perdita totale o parziale delle capacità di parlare, o non riescono ad articolare bene le parole.
- La *terapia occupazionale* ha lo scopo di aiutare l'anziano colpito da una patologia invalidante a riacquisire o a mantenere la capacità di svolgere le azioni necessarie per far fronte alle esigenze della vita quotidiana, stimolare l'interesse alla cura della persona, delle proprie cose e dei propri hobby.

Esempi di ulteriori interventi

Gli interventi si concretizzano in sussidi o contributi economici, come buoni spesa e buoni carburante, erogati al fine di garantire la possibilità di superare la situazione di bisogno economico. Possono essere:

- Contributi economici a integrazione dei canoni d'affitto.
- Assegnazione di un alloggio idoneo da parte del Comune, con canone agevolato.
- Interventi di manutenzione e miglioramento dell'abitazione: eliminazione di barriere architettoniche (porta del bagno stretta, presenza di gradini, ecc.) per rendere utilizzabile la casa in funzione delle ridotte capacità psicomotorie dell'utente.
- Contributi economici straordinari per la sistemazione alberghiera temporanea, qualora non fosse possibile trovare altre soluzioni.

Tocca a te

Ipotizza un intervento d'aiuto rivolto a un ragazzo disabile. Definisci patologia e grado di disabilità.

APPENDICE
Le patologie

Breve informazione su alcune patologie che si possono incontrare nei casi socio-assistenziali

Malattie cardiovascolari
Le malattie cardiovascolari hanno una predisposizione alla familiarità e sono spesso associate a stili di vita come fumo, alcol, sedentarietà, obesità e ipercolesterolemia.
Le malattie cardiovascolari possono insorgere a qualsiasi età, ma sono rare nei bambini e nei giovani. Nelle persone anziane sono spesso causa di invalidità.

Ipertensione arteriosa
La pressione arteriosa è la pressione esercitata del sangue sulle pareti delle arterie. L'ipertensione arteriosa è dovuta a un aumento dei valori della pressione minima e massima. La pressione arteriosa è la pressione esercitata dal sangue sulle pareti delle arterie. Si parla di ipertensione arteriosa quando la massima è superiore a 160 e la minima a 95 mmHg. Se l'ipertensione arteriosa non viene tenuta sotto controllo, col tempo può provocare danni a vari organi come cuore, reni, cervello, occhi.

Malattia mentale / Nevrosi
La follia può colpire persone di qualsiasi età, qualsiasi sesso e ceto sociale, anche se tendono ad essere più frequenti in un sesso o una determinata fascia di età patologie come la schizofrenia, l'autismo e l'anoressia. La nevrosi è una turba della personalità che implica un'ansia immotivata rispetto al pericolo temuto. Si accompagna a un buon adattamento alla realtà e il paziente è perfettamente cosciente del suo stato, ma è incapace di controllare l'angoscia. La personalità è dominata da una grande ansia. Esistono diversi tipi di nevrosi, quali le nevrosi ossessive, isteriche, fobiche, ecc.

Demenza
La demenza è una sindrome dovuta a una malattia cerebrale solitamente di tipo cronico e progressivo, che determina alterazioni di molte funzioni, come la progressiva perdita del pensiero, della memoria, del linguaggio, del calcolo, ecc. a causa della morte di un consistente numero di cellule cerebrali. I danni della funzione cognitiva sono di solito preceduti da un deterioramento del controllo emozionale, del comportamento sociale e della motivazione. Questa sindrome si osserva nella malattia di Alzheimer, nelle malattie cerebrovascolari e in alcune patologie che colpiscono il cervello.
Le forme più comuni di demenza sono:
- la malattia di Alzheimer;
- la demenza vascolare;
- la demenza frontotemporale;
- altre forme di demenza (possono essere provocate da insufficienza alimentare, infezioni, alcol e disturbi del metabolismo).

Alzheimer
L'Alzheimer è una forma di demenza la cui origine è sconosciuta, e che colpisce più le donne degli uomini. Dal punto di vista microscopico nel cervello del paziente si riscontra una marcata atrofia degli emisferi e un allargamento dei solchi dei lobi frontali e temporali; infatti attacca le cellule cerebrali, le fibre nervose cerebrali e i trasmettitori che trasportano le istruzioni nel cervello.
I sintomi sono perdita della memoria, di orientamento temporale, spaziale e della propria persona, del linguaggio, di comprensione, nello svolgimento delle attività della vita quotidiana e cambiamenti nella personalità.

Attualmente non esiste una terapia specifica per arrestare la progressione della malattia, che ha tre fasi:
1. demenza lieve, caratterizzata da disturbi della memoria, che dura circa 2 a 4 anni;
2. demenza moderata, caratterizzata dall'aggravamento dei sintomi, che dura circa 2-10 anni;
3. demenza grave, che è lo stadio finale della malattia, durante il quale il soggetto è completamente dipendente e richiede assistenza continua e costante per mantenersi in vita.

Demenza vascolare

La demenza vascolare è provocata da danni vascolari al cervello. Vengono danneggiati i vasi cerebrali e si rischia un minor apporto di ossigeno, il quale comporta un'elevata probabilità che le cellule cerebrali muoiano, provocando dei piccoli ictus e un'eventuale demenza. I sintomi variano a seconda della zona del cervello che viene colpita.

Demenza frontotemporale

La demenza frontotemporale è provocata da danni alla zona frontale del cervello. Le persone colpite di solito sanno dove sono e che giorno è, e non hanno vuoti di memoria come i pazienti affetti da Alzheimer. I sintomi sono disturbi dell'umore e del comportamento, poiché la parte frontale del cervello svolge queste funzioni. Alcuni pazienti si chiudono in se stessi, mentre altri perdono le inibizioni e hanno un comportamento diverso da quello tenuto negli anni passati. In determinati casi diventano aggressivi.

Autismo

L'autismo è un disturbo che colpisce circa 1 bambino su 150 e affligge maggiormente i maschi; è diffuso in tutto il mondo, in qualsiasi razza. I sintomi si manifestano entro i primi tre anni d'età. L'autismo è un problema di interruzione nello sviluppo cerebrale. I disturbi relazionali sono un sintomo dell'autismo che si manifesta con un range tra moderato e severo, ma che in ogni caso comporta una disabilità per tutta la vita. Esso è una patologia altamente invalidante dal momento che compromette le aree dell'interazione sociale, della comunicazione verbale e non verbale e dell'immaginazione, a cui si possono aggiungere comportamenti spesso molto gravi.

Schizofrenia

La schizofrenia è una malattia psichiatrica caratterizzata da sintomi psicotici (maniaci, ossessivi), dall'alterazione del pensiero, del comportamento e dell'affettività e porta a un disadattamento della persona legata a depressione e disturbi dell'umore. La schizofrenia causa un progressivo distacco dall'ambiente e dagli affetti familiari. La malattia insorge all'improvviso in età giovanile (intorno ai 21 anni per gli uomini e 24 per le donne) con strane ossessioni o comportamenti immotivati.

Depressione

La depressione è una turba della personalità che produce grande angoscia ed è un disturbo molto diffuso: sembra che il 10-15% della popolazione ne soffra, con maggior incidenza fra le donne. Il 15% delle persone con disturbo depressivo grave muore per suicidio, che rappresenta il rischio principale della depressione. Alcuni disturbi si accompagnano frequentemente alla depressione, come gli attacchi di panico e l'anoressia.

Anoressia

L'anoressia nervosa è caratterizzata dal rifiuto del cibo e dalla paura di ingrassare. Colpisce soprattutto le donne, anche se negli ultimi tempi si è notata un'incidenza sempre maggiore tra gli uomini. Le persone rimangono legate a un ricordo che non collima con la realtà attuale, motivo per cui i pazienti continuano a temere di ingrassare anche in gravi condizioni di deperimento fisico.

Epilessia

È una sindrome neurologica cronica caratterizzata da crisi che si presentano all'improvviso e che si possono ripetere per un lungo periodo o per tutta la vita in uno stesso soggetto. È dovuta all'iperattività di un gruppo di neuroni. La crisi ha in genere breve durata e si può manifestare in vari modi, come la perdita di coscienza, disturbi psichici, motori, ecc. La maggiore incidenza delle crisi epilettiche si ha fino all'età di 10 anni; segue un periodo di appiattimento, poi una ripresa dopo i 50-60 anni. Nella maggior parte dei casi le crisi si manifestano nel sonno o al risveglio e sono precedute da cefalea, vertigini, cattivo umore, ecc.

Artrosi e Artrite

L'artrosi è una malattia degenerativa che colpisce le articolazioni. È legata ad alterazioni della cartilagine articolare, che non compie più la sua funzione di ammortizzatore. La rigidità articolare compare in una fase avanzata della malattia.
L'artrite è dovuta a un'infiammazione della membrana che riveste un'articolazione mobile. Il dolore si manifesta in forma acuta al mattino, mentre diminuisce dopo un periodo di sgranchimento delle articolazioni. Se l'artrite non viene curata rapidamente, si può arrivare alla distruzione dell'articolazione. Le articolazioni più colpite sono quelle del ginocchio, del polso, del gomito, della caviglia e della mano. La persona, muovendosi, infiamma le strutture dei legamenti che generano dolore: di conseguenza tenderà a muoversi meno e si irrigidirà, creando il circolo dolore- irrigidimento, irrigidimento-dolore.

Sindrome di Down

La sindrome di Down è congenita e caratterizzata da tratti somatici tipici, da ritardo mentale più o meno grave, difficoltà di coordinamento motorio, lentezza nella crescita, ecc. Il patrimonio genetico del soggetto Down è formato da 47 cromosomi, invece di 46, e gli individui affetti da tale sindrome presentano malformazioni agli organi e sono spesso soggetti a varie patologie. Il ritardo mentale si evidenzia con il passare degli anni, in quanto la funzione più colpita riguarda il pensiero astratto.

Distrofia muscolare di Duchenne

La distrofia muscolare di Duchenne è una malattia genetica conseguente ad una degenerazione progressiva del tessuto muscolare, che porta alla perdita della motilità e all'alterazione della funzionalità respiratoria e cardiaca. I malati diventano incapaci di camminare e la malattia si manifesta nel maschio, che eredita il gene difettoso dalla madre portatrice sana.

Diabete

Il diabete è una malattia dovuta all'aumento del contenuto di zuccheri nel sangue, a sua volta causato da una carenza totale o parziale di insulina nell'organismo.
Se non viene curato, comporta complicazioni renali, oculari, neurologiche, cardiache e cutanee.
Esistono due tipi di diabete: quello insulino-dipendente e quello insulino-indipendente. È una malattia molto grave, persino mortale, se non viene curata adeguatamente.
Il diabete insulino-dipendente colpisce soprattutto i giovani; il 50% dei casi viene diagnosticato prima dei 21 anni, con un picco di frequenza nell'età della pubertà (periodo durante il quale si raggiunge la maturità sessuale e la capacità riproduttiva). Nella maggior parte dei casi il diabete viene diagnosticato prima dei 45 anni, ma esistono anche forme più tardive.

Parkinson

Il morbo di Parkinson è una malattia degenerativa del sistema nervoso, deputato al controllo del tono muscolare e alla coordinazione dei movimenti. Si manifesta perché viene a mancare la produzione di un neurotrasmettitore chiamato dopamina; si ignorano però ancora le cause. Colpisce entrambi i sessi, con una preponderanza maschile. I primi sintomi compaiono solitamente tra i 50 e i 60 anni, ma esistono forme precoci che danno le prime manifestazioni prima dei 45 anni. Il soggetto avanza strisciando il passo, piegato in avanti, si stanca facilmente, presenta dolori non ben localizzati, turbe dell'equilibrio o del comportamento, tremito in stato di riposo, rigidità muscolare, lentezza di pensiero e turbe psichiche.

Osteoporosi

L'osteoporosi consiste in una progressiva riduzione della massa dell'osso per volume, senza alterazioni qualitative dei componenti dell'osso. L'osso osteoporotico è più fragile e comporta il rischio di fratture a carico di vertebre, polsi, omero e collo del femore.

Alcolismo

L'alcolismo deriva dall'abuso di bevande alcoliche e assume due forme:

- *alcolismo acuto*, dovuto ad ingestione smoderata di alcol, sia sotto forma di vino che di liquori e birra. L'alcolismo acuto inizia come semplice euforia e può arrivare al coma;
- *alcolismo cronico*, dovuto al rinnovarsi di intossicazioni acute, con manifestazioni diverse da quelle causate dalla comune ubriacatura.

L'alcol agisce su molti organi e sistemi, specialmente sul fegato, sull'apparato digerente, sui reni, sugli organi dei sensi e sul sistema nervoso.

L'alcolizzato perde gradatamente il gusto, l'udito e la vista si abbassano. Egli perde l'affettività per la famiglia, diventa brutale e rissoso; a livello psichico possono insorgere forme di allucinazioni visive e uditive.

Scabbia

La scabbia è dovuta ad un parassita animale (acaro della scabbia) visibile ad occhio nudo come un punto biancastro. La femmina di questo insetto, giunta sulla pelle, si scava un solco per depositarvi le uova e cercarvi nutrimento. Il sintomo principale della malattia è il prurito, che si manifesta nel caldo del letto e interessa soprattutto lo spazio interdigitale delle mani, le ascelle e i gomiti.

Bronchite

La bronchite è dovuta all'infiammazione della trachea e dei bronchi; segue spesso a una faringite, o a respirazione di polveri e vapori irritanti. Può insorgere come patologia secondaria nel corso di malattie infettive (influenza, morbillo, ecc.), provoca tosse con espettorato secco e abbondante, dolori al torace e febbre.

Sclerosi Multipla

È una malattia demielinizzante che colpisce essenzialmente la sostanza bianca (fibre mielitiche). L'elemento che caratterizza il quadro anatomico patologico è la presenza di placche, cioè di aree di demielinizzazione. Le cause sono ancora sconosciute. È una malattia cronico-evolutiva caratterizzata da periodi di miglioramento spontanei alternati a peggioramento. La malattia inizia con disturbi oculari e motori, diminuzione della forza e impaccio nei movimenti precisi regolati dal sistema piramidale. Colpisce prevalentemente la razza bianca e soprattutto i Paesi nordeuropei; di solito ha inizio fra i 18 e i 35 anni, in casi rari fra i 35 e i 55 anni.

APPENDICE
Casi assistenziali

Caso assistenziale n. 1

La signora Giovanna, di 76 anni, e il signor Alberto, di 79 anni, abitano in un appartamento in affitto, vicino al centro, composto di quattro vani, e pagano mensilmente € 600/00.
La coppia ha avuto due figli, ormai sposati; la signora Giovanna si è sempre occupata della casa e di piccole consulenze presso un ufficio e percepisce la pensione di € 600 mensili; il marito, impiegato comunale in pensione, riceve dall'INPS € 1400 al mese. Ciò permette loro di condurre una vita dignitosa e di concedersi ogni tanto delle piccole vacanze.
Nell'ultimo periodo il signor Alberto, che aveva sempre goduto di ottima salute, ha iniziato a manifestare alcuni problemi di salute, e dopo un consulto medico la diagnosi è stata Morbo di Parkinson.
La diagnosi ha spaventato la signora Giovanna, che rifiuta di accettare la diagnosi clinica; dal canto suo, Alberto dimostra alcuni segni di stress emotivo ed entrambi non riescono a gestire la situazione in modo adeguato.
La figlia Roberta lavora come commessa in un supermercato, dà una mano quando è libera dal lavoro e la famiglia lo permette mentre il fratello Riccardo risiede e lavora a Ginevra e pertanto ha delegato Roberta a trovare una situazione ottimale per la gestione dei suoi, assicurando un eventuale aiuto economico.
Per migliorare la situazione e la qualità della vita dei genitori, Roberta si rivolge all'assistente sociale.

L'assistente sociale, dopo l'esposizione del caso, decide di prendere in esame i servizi rivolti agli anziani presenti nel territorio, e cioè:
1. associazioni di volontariato;
2. cooperativa dei servizi di assistenza domiciliare convenzionata con il Comune;
3. centro diurno;
4. casa protetta convenzionata con Comune e ASL.

▸ **Sulla base del caso sopra esposto, procedi all'analisi e all'elaborazione delle varie fasi del progetto d'intervento.**

Caso assistenziale n. 2

Vlada è una giovane bielorussa arrivata in Italia nel 2008 in cerca di un lavoro che permettesse alla sua famiglia d'origine di vivere in modo decoroso.
Il suo sogno era quello di comprare una casa e aprire un forno, attività che avrebbe permesso ai suoi genitori e ai fratelli di vivere dignitosamente.
Vlada lavora come badante presso una facoltosa signora di 84 anni, di nome Clara, che ha il diabete di tipo 2, problemi di osteoporosi e rifiuta spesso di prendere le medicine perché ritiene la sua vita ormai alla fine.
Ogni giorno Francesco, unico figlio della signora Clara, va a trovare l'anziana madre e si accerta che tutto proceda bene. Francesco lavora in banca, ha due figli e sua moglie ha un negozio di abbigliamento nel centro della città; spesso Francesco deve occuparsi del proprio nucleo familiare, ma nonostante tutto fa compagnia alla madre quando Vlada esce con le sue amiche.
Nel 2012 Vlada incontra Nabil, un signore di 40 anni, di origine marocchina e adottato da una famiglia italiana all'età di 3 anni, che attualmente fa l'educatore in un Centro di Primo intervento per tossicodipendenti ed è sensibile verso i bisogni degli altri.
Fra Nabil e Vlada nasce, nonostante i 15 anni di differenza, una storia d'amore che si conclude con il matrimonio nel 2013. La signora Clara, come regalo di nozze, dà in comodato d'uso l'appartamento attiguo alla sua casa per non perdere la compagnia della donna, con la quale si era creato un bellissimo rapporto basato su stima, rispetto, ascolto e sostegno reciproco. Per Clara Vlada è diventata un po' la figlia che non ha avuto, e Nabil è attento ai bisogni della signora e spesso fa lunghe chiacchierate con lei. Nel 2014 nasce Natascia, una bellissima bambina che modifica le abitudini dei suoi genitori e di Clara. Nabil, che spesso è fuori per lavoro, è felice che la signora Clara aiuti Vlada nell'accudimento della bimba. Clara, dal canto suo, non vuole rinunciare ai sorrisi della bimba ed ha deciso di seguire rigorosamente le terapie prescritte.

Ad occuparsi della bimba c'è anche nonno Pasquale, padre di Nabil, ferroviere in pensione, che nonostante i suoi 84 anni gode ottima salute e frequenta le mattine un centro sociale mentre il pomeriggio si occupa della moglie che manifesta caratteristiche tipiche dell'Alzheimer.
Attualmente si è formata una grande famiglia allargata, e la domenica la casa si riempie di suoni e allegria perché anche la famiglia di Francesco si reca a pranzo da Clara che dimostra d'avere un'allegria e una vivacità inattese.

- **Sottolinea le parole chiave del caso.**
- **Individua le varie tematiche accennate e spiegane almeno 4, in modo completo e pertinente.**
- **Individua i bisogni degli attori del caso.**

Caso assistenziale n. 3

Nicola, 90 anni, medico oculista in pensione, abita a Bologna, dove vive da otto anni con Eliso, il suo badante albanese. Poiché Nicola è rimasto vedovo all'età di 60 anni e non ha avuto figli, dà ad Eliso le chiavi della cassaforte e lo incarica di svolgere operazioni bancarie a nome suo poiché lo considera come un figlio. Eliso, di carattere allegro, è molto intelligente e si occupa di tutta la gestione della casa. Nel tempo libero studia perché vorrebbe far riconoscere dallo Stato italiano la laurea in farmacia conseguita in Albania.
Nicola racconta spesso alcuni episodi della sua vita poiché i ricordi lo aiutano e lo fanno star bene. Si è talmente affezionato ad Eliso che a volte lo segue negli studi e gli spiega il significato di alcuni termini tecnici. Prima di Eliso, Nicola aveva avuto come tutto fare Patrik, un ragazzo ungherese, che si occupava della pulizia della casa, della cucina e di tutti i piccoli lavori che si presentavano. Studiava architettura a Bologna perché il suo sogno era quello di laurearsi e di ritornare in patria per dare un "volto nuovo" alla sua città. Sebbene Patrik andasse molto d'accordo con Nicola, appena conseguita la laurea è tornato in Ungheria, e Nicola, come regalo per le conquiste raggiunte, gli ha arredato l'appartamento e lo studio annesso.
Vari anni fa Nicola ha fondato un'associazione con lo scopo di aiutare e tutelare i badanti nel pieno rispetto del Welfare.
Ogni volta che si pensa alle badanti si pensa alle *défaillances* dell'assistenza pubblica e al bisogno delle famiglie di trasformarsi in imprenditori, di rivolgersi al mercato internazionale del lavoro perché presenta prezzi più contenuti e pertanto più accessibili.

▸ **Sviluppa le seguenti tematiche:**

- Welfare privato e badanti;
- integrazione sociale;
- interventi/servizi rivolti ai grandi vecchi.

Caso assistenziale n. 4

Gioia, 15 anni, figlia unica di genitori con scarse possibilità economiche, presenta un discreto ritardo mentale derivato da sofferenza fetale durante il parto. La famiglia vive in una casa del Comune nella periferia di Viterbo.
I genitori si sono rassegnati fin da subito e hanno stimolato poco la figlia all'autonomia per paura che si facesse male. L'evidente dipendenza di Gioia dagli altri viene messa in discussione dall'insegnante di sostegno, che vorrebbe farle conquistare un'autonomia di base che le permetta di svolgere delle piccole attività, come vestirsi da sola, esprimere e soddisfare i suoi bisogni primari. La ragazza frequenta il primo anno dell'Istituto Professionale Alberghiero, segue una programmazione differenziata con modesti risultati e incontra problemi di socializzazione. Fin dalla scuola primaria Gioia è stata seguita da un'educatrice con la quale ricerca un rapporto esclusivo; quando lei non c'è, si isola e diventa apatica. L'alimentazione è poco controllata dalla famiglia, che incoraggia il consumo di patatine e merendine durante il tempo libero, lasciando al cibo una funzione consolatoria.
Attualmente, Gioia tende all'obesità e rifiuta qualsiasi tipo di attività motoria. Gli insegnanti della nuova scuola ritengono che, se maggiormente e adeguatamente stimolata, Gioia potrebbe sviluppare autonomia e alcune capacità; attivano dunque un laboratorio psicomotorio per cercare un punto di contatto con lei.

▸ **Dopo aver letto il caso, risolvilo tenendo conto di tutte le situazioni che emergono**

Caso assistenziale n. 5

La signora Zaika proviene da una famiglia di possidenti libici, ha 40 anni ed è arrivata in Italia su un gommone per sfuggire alla guerra. Ha portato con se la figlia Maly di 6 anni mentre il marito è rimasto in patria a combattere. Durante il tragitto, la figlia è stata duramente picchiata perché si lamentava in quanto gli stenti l'avevano fortemente debilitata. Durante la notte Maly è stata gettata in mare dagli scafisti sotto gli occhi terrorizzati di Zaika. Soccorsi dagli uomini dell'operazione Mare Nostrum, i profughi sono stati sbarcati a Lampedusa e identificati. Zaika ha dichiarato di essere scappata dalla guerra e ha chiesto il riconoscimento dello stato di profugo, dichiarando inoltre che la figlia che era con lei è stata gettata in mare dagli scafisti, che ben presto sono stati identificati ed arrestati. Inoltre, fra i passeggeri è stato trovato Mohamed, un ragazzino minorenne che viaggiava da solo.
Dopo il riconoscimento di Zaika come profuga da parte della Commissione Territoriale competente, la Questura le ha rilasciato un permesso con la motivazione di asilo politico e le sono stati dati il titolo di viaggio, il certificato di rifugiato e la possibilità di ricongiungimento familiare. In seguito, Zaika ha ricevuto dallo Stato Italiano la comunicazione che un gruppo di ribelli ha fatto una rappresaglia nel suo villaggio uccidendo tutta la sua famiglia. Questa notizia, insieme alla tragica morte della figlia, l'ha fatta cadere ben presto in depressione, e per dare sollievo al suo dolore la donna si è rifugiata nell'alcol. Per poter comprare da bere si dedica all'accattonaggio.

- **Dopo aver letto il caso soffermati su:**
  - disagio psicologico;
  - depressione;
  - alcolismo;
  - possibili interventi da realizzare per Zaika;
  - possibili interventi da realizzare per Mohamed.
- **Evidenzia il problema principale che emerge dalla lettura del caso.**

Caso assistenziale n. 6

Quattro ragazzi tunisini, minorenni, sono sopravvissuti ad un naufragio riuscendo a raggiungere le coste della Sicilia senza alcun intervento d'aiuto da parte dei soccorritori sulle coste dell'isola. I ragazzi si sono presentati in Questura, dove gli inquirenti hanno voluto conoscere tutte le informazioni al riguardo. Dalle indagini è emerso che erano stati caricati su un barcone da trafficanti di essere umani, che sotto l'effetto della cocaina minacciavano con un machete tutti coloro che non si attenevano scrupolosamente alle loro richieste. Durante il viaggio, in stato di alterazione per la droga e l'alcol, si sono scontrati con un peschereccio e hanno lasciato andare la barca alla deriva.

- **Qual è il problema?**
- **Cosa rende questi ragazzi speciali?**
- **Cosa prevede lo Stato per tutelarli?**
- **A quali servizi possono accedere?**
- **Quali sono i dati mancanti?**
- **Quali sono i bisogni dei soggetti?**
- **Quali sono gli interventi da attuare?**
- **Quali sono gli obiettivi da raggiungere?**

Caso assistenziale n. 7

Il giornale Piazzasalento riporta due articoli che meritano un'accurata analisi.

1. **Il 31 maggio 2015 trovato morto un bracciante di origini indiane**
   Il 31 maggio Sandhu Gurte, indiano di 32 anni, domiciliato a Nardò, si trovava in contrada Suor Lucia, nell'azienda agricola in cui prestava servizio con regolare contratto di lavoro. Il giovane è stato trovato riverso sul pavimento e a nulla è valso l'intervento del 118 chiamato tempestivamente dai suoi colleghi. Si è trattato di arresto cardiocircolatorio, sopraggiunto a causa di un malore probabilmente dovuto al caldo [...].

2. **Tornerà in Sudan il bracciante "schiavo"**
   Si chiamava Mohamed il bracciante stagionale morto la settimana scorsa in un campo di pomodori in località Pittuini, Porto Cesareo, sotto il sole in pieno giorno. Dire "Mohamed" è come dire "uno qualunque", uno dei tanti di questi 300 e passa ragazzi che popolano Nardò, visti solo come un'unica entità che ha vita solo in quella falegnameria abbandonata in contrada Arene Serrazze e in quei campi dove si lavora a quaranta gradi, sotto il sole, per pochi euro, di solito senza un contratto vero, garanzie sanitarie e assicurative.
   Abdullah Mohamed, 47 anni, rifugiato politico sudanese, una moglie e una figlia, era arrivato dalla Sicilia solo il giorno prima di rimanere senza vita fra quelle piante di pomodoro.
   La sua destinazione era la Francia, dove contava di arrivare dopo pochi giorni di lavoro qui [...].

- **Quali sono le tematiche che emergono?**
- **Quali sono le cause che portano un individuo a migrare?**
- **Quali sono gli interventi da attuare in entrambe le situazioni?**
- **Con Mohamed emergono i concetti di "caporalato" e di sfruttamento, cosa sono e a cosa sono dovuti?**

Caso assistenziale n. 8

La signora Omaima, di 35 anni, è salita su un barcone proveniente dalla Libia insieme a suo marito Gerard, di 40 anni, e le loro due figlie di 13 e 15 anni. Sul barcone c'erano circa 300 persone, anche se la portata massima era di 180. Durante la traversata che li avrebbe dovuti portare in Italia, a causa del mare in tempesta sono cadute in mare varie persone, fra cui Gerard.
Una nave dell'operazione Triton riesce ad agganciare il barcone e trarre in salvo gli esausti passeggeri. Appena sbarcati a Messina vengono accolti e visitati dai medici, Omaima e le figlie sono sfinite, a digiuno da più giorni, disidratate e scosse per la morte di Gerard.

- **Cosa ha spinto Gerard e Omaima ad intraprendere il viaggio?**
- **Cos'è l'operazione Triton?**
- **Quali sono gli interventi da attuare?**

Caso assistenziale n. 9

Virginia è una ragazza di 19 anni che vive con i genitori in un appartamento nel centro di Rimini. I suoi sono molto impegnati: il padre è un noto avvocato, mentre la mamma è una quotata artista. Le mostre e gli impegni professionali portano i genitori lontano da casa e così Virginia, che risente di essere figlia unica, finisce con il sentirsi sola e abbandonata a se stessa. Le amiche di liceo la invitano spesso a uscire con loro; proprio durante una di queste uscite Virginia conosce Michele, un ragazzo di 20 anni che, come lei, si sente solo e ha iniziato a sniffare coca per non pensare ai genitori che, secondo lui, non si accorgono neanche della sua esistenza. Virginia e Michele si sentono accomunati da uno stesso destino, così Virginia decide di appoggiare le scelte di vita di Michele ed inizia ad usare cocaina. Un giorno la madre di Virginia, tornata in anticipo da un viaggio di lavoro, trova la figlia in un apparente stato di benessere, che ride per niente e dice, se interpellata, frasi a volte sconnesse. Un'attenta osservazione fa emergere la situazione, giudicata drammatica dai genitori e inesistente da parte di Virginia, la quale ritiene che i genitori esagerino per una cosa completamente sotto controllo. La posizione di Virginia sembra inattaccabile: è maggiorenne e ritiene di non essere tossicodipendente. Un giorno, inaspettatamente, la ragazza torna a casa piangendo. Una partita di droga tagliata male ha procurato un'overdose a Michele, che è stato trovato morto nella sua camera da letto.
Virginia, sconvolta dall'accaduto, decide di accettare la proposta dei genitori di iniziare una terapia disintossicante in una comunità terapeutica. Le piace una comunità, ben curata, recintata, sorvegliata, al cui interno ci sono non solo ragazzi che hanno intrapreso la disintossicazione ma anche un parco, una fontana e un acquario. La madre, nonostante la bellissima apparenza, ha delle perplessità: secondo lei c'è troppa gente, scarso contatto umano e un impegno lavorativo più simile a quello di una fattoria didattica che a quello di una comunità terapeutica e non la ritiene idonea al recupero della figlia.
A Virginia il posto piace molto, le sembra il posto ideale per lei e pertanto decide di andare lì. La sua scelta, a breve, si dimostra fallimentare e le perplessità della madre vengono realizzate in tutta la loro pienezza: infatti, una sera Virginia riesce ad eludere la sorveglianza, scavalca la recinzione e si avvia verso casa. Lungo la strada molti pensieri le si accavallano nella mente: Michele, la consapevolezza di essere una cocainomane, la mamma con tutti i suoi dubbi. Quando arriva a casa è stanca ed esausta ma ha maturato la certezza di voler uscire dal giro: decide di scegliere un'altra comunità e di avere al suo fianco, per sostenerla, la mamma.

- **Cosa sono le comunità terapeutiche?**
- **Chi ci lavora e da chi sono gestite?**
- **Come vengono classificate le droghe?**
- **Quali sono i motivi che portano alla dipendenza?**
- **L'importanza del lavoro nel recupero dell'individuo.**

Caso assistenziale n. 10

Roberta è un'assistente sociale di 30 anni, vive sola in un appartamento nel centro di Parma, acquistato dalla nonna e a lei concesso in usufrutto. All'età di 19 anni si è sposata con rito civile con Matteo, di tre anni più grande di lei, che ora gestisce un negozio di informatica insieme al padre. Roberta ha aderito alle nozze per accontentare i genitori ma ha sempre considerato l'unione, più che un grande amore, un brutto errore di gioventù, tanto che, dopo 6 anni di dura convivenza, ha abbandonato il marito e "Lele", il bimbo nato subito dopo il matrimonio e che ha manifestato un'Anemia Mediterranea in forma grave.
Dopo la notizia della malattia del bimbo Roberta ha superato un colloquio di lavoro per l'assunzione presso una ditta di cosmetici, e ha iniziato a viaggiare con l'incarico di presentare i nuovi prodotti, poiché si era resa conto che il ruolo di assistente sociale non era adatto a lei dato che non riusciva a rimanere lucida di fronte alle avversità. L'essersi separata dal marito e aver lasciato Lele con i suoceri l'ha liberata da un grande peso, ma ha messo a nudo una fragilità psicologica che comincia a crearle disagio. Nel tentativo di iniziare una nuova vita, ha deciso di corteggiare il suo vicino di casa, bello, giovane e aitante con grande fama di playboy. Il corteggiamento, durato un anno, l'ha prostrata poiché lui faceva il galante con tutte le ragazze, e per consolarsi la donna ha finito per iniziare una relazione con Michele, un uomo di 45 anni dedito allo spaccio per far fronte al vizio del gioco d'azzardo. Roberta non è rimasta immune a questo fascino e così, invece di incontrare suo figlio nei giorni stabiliti dal giudice, passava il tempo libero nelle varie bische. I genitori di Roberta hanno finito con il vergognarsi del comportamento della figlia che, tra le altre cose, ha iniziato a soffrire anche di problemi articolari.

Caso assistenziale n. 11

Miriam e Paolo, appena laureati, lei in legge, lui in ingegneria, avevano trovato entrambi lavoro a Milano, lontano dal loro paese, lasciando i rispettivi genitori a Pavia. Il loro sogno era di avere una famiglia numerosa, ma gli anni passavano senza che ciò accadesse. L'acquisto della casa nei quartieri bene, gli amici che spesso incontravano, i viaggi che appena liberi si concedevano non erano riusciti a colmare il vuoto che diventava sempre più grande. Insieme decisero di adottare un bimbo, e nel 2000 venne dato loro Francesco, abbandonato dalla madre. L'evento riempì di gioia Miriam (42 anni) e Paolo (45 anni), che senza accorgersene cominciarono a viziare il bambino concedendogli qualsiasi cosa ed accontentando ogni sua richiesta, mentre lui li ripagava studiando con profitto.
Un giorno, mentre Francesco cercava un vecchio gioco riposto in mansarda, trovò una scatola ben conservata ed incuriosito l'aprì. Non riuscì a credere ai suoi occhi: era stato adottato all'età di tre mesi e nessuno glielo aveva mai detto. Varie emozioni erano subentrate, e lo shock fu tale che ben presto il ragazzo cadde in depressione. I pensieri più insistenti erano: perché sono stato abbandonato? Perché i miei genitori mi hanno preso in giro e non mi hanno detto la verità?
Con il passare dei mesi la rabbia prese il sopravvento e si trasformò in aggressività incondizionata, fino a manifestarsi all'interno del liceo frequentato da Francesco, che si rese colpevole di atti di bullismo. I genitori non sapevano più come spiegare il loro comportamento, dettato dalla paura di perderlo, e preso spunto dagli ultimi sviluppi decisero di mandarlo qualche mese dai nonni materni, a cui il ragazzo era molto legato, nella speranza che lontano da casa Francesco ritrovasse il suo equilibrio. I nonni accettarono di buon grado l'arrivo del nipote anche se la loro salute era precaria, infatti la nonna aveva dei problemi di artrosi mentre il nonno in seguito ad una caduta si era rotto il braccio sinistro.

I punti principali da affrontare nella soluzione di un caso

Marina vive a Parma con il marito Matteo e il figlio minore Luca, di 17 anni, che frequenta il liceo classico. Francesca, la figlia maggiore, sposata con un impiegato delle imposte dirette, abita a Reggio Emilia. Marina è molto legata al marito, fa la casalinga e si dedica a tempo pieno alla famiglia. Matteo è impiegato presso un'azienda alimentare e svolge il suo lavoro molto volentieri, tanto che ha ottenuto buoni risultati e gratificazioni personali.
La famiglia vive in un appartamento di proprietà, ubicato nella zona centrale della città. Nell'ultimo periodo Marina si è accorta di alcune stranezze nel comportamento del marito, che a volte manifesta amnesie. Un giorno, Matteo ha dimenticato un appuntamento di lavoro molto importante per l'azienda. Marina ne parla con i figli e insieme decidono di consigliarsi con il medico di famiglia, che propone una visita neurologica. Dopo gli accertamenti del caso, a Matteo viene diagnosticata una demenza precoce di tipo Alzheimer.
Matteo è costretto al pensionamento anticipato. Marina, sconvolta per la malattia del marito, entra in crisi depressiva. I figli, preoccupati della situazione, si rivolgono ai servizi sociali del territorio, ove sono presenti una rete di servizi socio-assistenziali e una cooperativa sociale convenzionata con il Comune.

Prima della presa in carico, bisogna verificare a chi appartiene la competenza del caso: essa viene stabilita in base alla residenza dell'utente. Se il caso è di competenza del servizio a cui ci si è rivolti, si avvia il processo di analisi dettagliata della richiesta.

SITUAZIONE PROBLEMATICA

MATTEO
- impiegato in un'azienda alimentare;
- è soddisfatto del suo lavoro e si sente gratificato;
- gli viene diagnosticata una demenza precoce tipo Alzheimer;
- è costretto al pensionamento.

MARINA
- moglie di Matteo;
- casalinga, si dedica a tempo pieno alla famiglia;
- sconvolta dalla malattia entra in depressione.

LUCA
- 17 anni, figlio di Matteo;
- frequenta il liceo classico;
- legato affettivamente ai genitori.

FRANCESCA
- figlia maggiore di Matteo;
- sposata con un impiegato delle Imposte dirette;
- abita in una città vicina;
- legata affettivamente ai genitori.

IL PROBLEMA
- viene portato dai figli ai servizi territoriali;
- è rilevante per tutta la famiglia.

CONDIZIONI ECONOMICHE
- sembrano discrete;
- si sa soltanto che la casa in cui vivono è di proprietà.

Le informazioni che il caso presenta non sono esaurienti.
Le informazioni servono a formulare un piano d'intervento finalizzato a rimuovere il problema che viene preso in esame.
I **dati che mancano,** e possono essere significativi, sono:
- età di Matteo e Marina;
- rete parentale e amicale di entrambi;
- se la scelta di Marina di occuparsi a tempo pieno della famiglia sia stata libera o in qualche modo obbligata;
- se Francesca ha figli, e se può aiutare la famiglia;
- informazioni sul tipo di casa e se sia adeguata o meno;
- presenza di rete di solidarietà;
- presenza di trasporti adeguati.

Il servizio sociale stila un piano di lavoro che prende in carico l'intero nucleo familiare.

RILEVAZIONE DEI BISOGNI

MATTEO
- bisogni fisiologici: cibo e riposo;
- bisogno di cure mediche;
- bisogno di sicurezza: stabilità, protezione, ordine;
- bisogno di amore e di appartenenza: accettazione, essere apprezzati (nel primo stadio della malattia);
- bisogno di stima: stima in sé, stima degli altri (nel primo stadio della malattia).

MARINA
- bisogno di sicurezza: stabilità, protezione, ordine;
- bisogno di cure mediche: depressione;
- bisogno di stima: stima in sé e negli altri.

LUCA
- bisogni fisiologici;
- bisogno di sicurezza: stabilità, protezione, ordine.

FRANCESCA
- bisogno di sicurezza: stabilità, protezione, ordine.

VALUTAZIONE DEI VINCOLI E DELLE RISORSE

Permette di trovare le risorse da attivare per arrivare alla soluzione del caso; a tale scopo viene coinvolta la famiglia, che deve impegnarsi attivamente e accettare il cambiamento che pone il piano di lavoro. A tale proposito vengono valutati i vincoli e le risorse di Matteo, Marina, Luca e Francesca, e del contesto parentale e sociale.

MATTEO

VINCOLI	RISORSE
• demenza di tipo Alzheimer	• legato alla rete parentale
• perdita della memoria	• buoni rapporti con moglie e figli
• perdita del lavoro	• malattia allo stadio iniziale
• lavoratore dipendente	• moglie casalinga

MARINA

VINCOLI	RISORSE
• depressione	• portatrice di risorse professionali
• scarsa autostima	• portatrice di memoria storica (vita vissuta)
• casalinga	• legata alla rete parentale
• marito affetto da demenza	• in casa vive ancora un figlio
• figlia sposata e abitante in altra città	• Alzheimer del marito allo stadio iniziale
• figlio studente	

LUCA

VINCOLI	RISORSE
• demenza del padre	• stadio iniziale della malattia
• depressione della madre	• legato alla rete parentale
• lontananza abitativa della sorella	• studente
• minorenne	• padre pensionato
• studente	

FRANCESCA

VINCOLI	RISORSE
• demenza del padre	• stadio iniziale della malattia
• depressione della madre	• mamma casalinga
• fratello minorenne e studente	• pensionamento del padre
• lontananza abitativa	• sposata
• legata alla rete parentale	
• presenza in casa del fratello	

CONTESTO PARENTALE

VINCOLI	RISORSE
• lontananza abitativa	• grande affettività
• pochi referenti parentali	• capacità di ascolto
• poco tempo libero disponibile	• stima reciproca
• disponibilità economica	
• famiglia unita	

CONTESTO SOCIALE	
VINCOLI	**RISORSE**
• non ci sono elementi	• casa propria • presenza di servizi sul territorio • abitazione inserita nel contesto • ambiente socializzato • rete dei servizi socio-sanitari-assistenziali • servizi in convenzione con il Comune e/o ASL

ELABORAZIONE DEL PIANO DI LAVORO

In base ai dati raccolti è possibile ipotizzare un piano di lavoro, che vede coinvolti servizi, operatori e utenti. Per la soluzione dei problemi posti dai figli di Matteo e Marina, i servizi più idonei sono:

- **Consultorio familiare**;
- **Centro diurno per anziani**;
- **UVG**;
- **Casa Protetta** (stadio avanzato della malattia).

Il **CONSULTORIO FAMILIARE** permette di:

- fornire un'assistenza psicologica a tutto il nucleo familiare;
- provvedere alla cura della depressione di Marina.

Il **CENTRO DIURNO PER ANZIANI**

La scelta è motivata dal fatto che, in casa, Matteo non può ricevere adeguate attenzioni, perché:

- la moglie è depressa ed ha bisogno di cure;
- la figlia sposata ha una sua famiglia e abita in un'altra città;
- il figlio frequenta la scuola.

Nel centro diurno Matteo ha la possibilità di:

- seguire una terapia ROT, che ha lo scopo di rallentare il decorso della malattia: la ROT è una terapia di riorientamento nella realtà nel trattamento dei vari tipi di demenze che utilizza una serie di stimoli, verbali, visivi, ecc., con l'obiettivo di aumentare l'orientamento personale, temporale e spaziale del soggetto demente;
- essere inserito in un ambiente che ha come finalità l'integrazione e la socializzazione;
- essere inserito in un ambiente protetto e rassicurante.

L'**UVG**

L'Unità di Valutazione Geriatrica ha la possibilità di:

- fornire a Matteo una terapia farmacologica appropriata, finalizzata a rallentare il decorso della malattia;
- seguire il decorso della malattia;
- individuare gli interventi personalizzati;
- individuare le istituzioni che, in futuro, si riterranno più adeguate.

LA **CASA PROTETTA**

Considerato che la demenza provocata dal morbo di Alzheimer attualmente non è curabile e che comunque, alla fine del suo decorso, rende il soggetto non più autosufficiente e non più capace di provvedere ai suoi bisogni fisiologici, se la famiglia chiederà nuovamente l'intervento dei servizi, l'unica strada ipotizzabile sarà quella della casa protetta. Questa struttura offre una tutela diurna e notturna per le persone non autosufficienti e che richiedono un intervento "cattivo". In futuro, in alternativa, la famiglia potrà decidere di non ricorrere nuovamente ai servizi e assumere una badante che aiuti Marina nella gestione di Matteo.

Nel formulare il piano di lavoro vanno:
- stabiliti gli obiettivi;
- individuate le strategie operative;
- definiti gli standard, cioè i comportamenti della persona.

MATTEO

Prima fase dell'intervento, quando la malattia è ancora allo stadio iniziale.

BISOGNI	fisiologici: cibo, riposo
OBIETTIVO	soddisfare questi bisogni
STRATEGIA (chi fa e dove)	centro diurno **famiglia**: moglie con l'aiuto della figlia
BISOGNO	cure mediche
OBIETTIVO	soddisfare questo bisogno
STRATEGIA (chi fa e dove)	UVG medico di base azienda ASL
BISOGNO	sicurezza
OBIETTIVO	soddisfare questo bisogno creando: • stabilità negli interventi • ambiente protettivo • ordine nell'ambiente in cui vive
STRATEGIA (chi fa e dove)	centro diurno **famiglia**: figlia, il fine settimana figlio, di supporto alla madre per alcuni pomeriggi
BISOGNO	amore e appartenenza (presente nel 1° stadio della malattia)
OBIETTIVO	soddisfare questo bisogno offrendo: accettazione, amore e apprezzamento
STRATEGIA (chi fa e dove)	**centro diurno**: apprezzare ciò che Matteo è capace di fare; favorire il suo inserimento nella struttura **famiglia**: accettare la sua malattia, valorizzare ciò che fa, circondarlo di affetto

BISOGNO	stima (presente nel 1° stadio della malattia)
OBIETTIVO	soddisfare il bisogno di stima favorendo la stima di sé e degli altri
STRATEGIA (chi fa e dove)	**centro diurno**: favorire l'attività occupazionale, motivarlo ad aiutare gli altri che hanno più bisogno di lui **casa**: promuovere attività che lo impegnino e coinvolgano nelle decisioni che è ancora in grado di prendere
STANDARD	a. **ottimali:** accettazione della malattia comportamento tranquillo conquista di un nuovo equilibrio stabilità emotiva b. **accettabili:** crisi saltuarie maggiore equilibrio emotivo dopo tre mesi: stabilità emotiva dopo sei mesi: conquista di un nuovo equilibrio accettazione della malattia
TEMPI	dopo il primo mese dall'intervento: crisi saltuarie e maggiore equilibrio emotivo dopo tre mesi: stabilità emotiva dopo sei mesi: conquista di un nuovo equilibrio accettazione della malattia

MARINA

BISOGNO	cure mediche: depressione
OBIETTIVO	soddisfare il bisogno di ripristinare un equilibrio emotivo
STRATEGIA (chi fa e dove)	consultorio familiare Medico di base Azienda ASL
BISOGNO	sicurezza
OBIETTIVO	soddisfare il bisogno di stabilità, protezione e ordine
STRATEGIA (chi fa e dove)	**consultorio familiare** tramite psicoterapia per riconquistare la stabilità emotiva **famiglia**: figlia con visite programmate, figlio con atteggiamento protettivo

BISOGNO	stima
OBIETTIVO	soddisfare questo bisogno facendo riconquistare da parte di Marina la stima in sé e degli altri
STRATEGIA (chi fa e dove)	**casa:** i familiari devono farle capire che c'è bisogno di lei e che non ha colpa di quello che sta succedendo **volontariato:** con lo scopo di far maturare in lei nuovi interessi e un senso di appagamento nell'aiutare chi ha bisogno
STANDARD	a. **ottimali**: accetta la malattia del marito è più tranquilla è uscita dalla depressione ha trovato nuovi interessi nel volontariato b. **accettabili**: non accetta ancora completamente la malattia del marito segue le cure per uscire dalla depressione frequenta saltuariamente associazioni di volontariato prova ansia in coincidenza con i controlli di Matteo
TEMPI	**primo mese**: segue la terapia antidepressiva **terzo mese**: è più rassegnata accetta di aderire al volontariato **nono mese**: ha trovato un nuovo equilibrio accetta la malattia del marito sta uscendo dalla depressione è impegnata nel volontariato due giorni la settimana

LUCA

BISOGNI	fisiologici: cibo, riposo, ecc.
OBIETTIVO	soddisfare questi bisogni
STRATEGIA (chi fa e dove)	famiglia: la figlia deve programmare una presenza più costante nel primo periodo
BISOGNO	sicurezza
OBIETTIVO	soddisfare il bisogno attraverso la riconquista della stabilità e di un ambiente protetto
STRATEGIA (chi fa e dove)	casa: madre inizialmente supportata dalla figlia

BISOGNO	sicurezza
OBIETTIVO	soddisfare il bisogno attraverso la riconquista della stabilità e di un ambiente protetto
STRATEGIA (chi fa e dove)	casa: madre inizialmente supportata dalla figlia
STANDARD	a. **ottimali**: ripristino di un ambiente più stabile maggiore sicurezza b. **accettabili**: orari più stabili nei momenti dei pasti ambiente un po' più tranquillo crisi in occasione dei controlli medici di Matteo
TEMPI	**primo mese**: maggiore tranquillità e motivazione allo studio **quinto mese**: maggiore stabilità emotiva e fiducia nelle proprie capacità **ottavo mese**: stabilità emotiva, sicurezza e progetti futuri

FRANCESCA

BISOGNO	sicurezza
OBIETTIVO	soddisfare il bisogno ripristinando stabilità e ordine nella vita dei suoi familiari
STRATEGIA (chi fa e dove)	intervento in casa della madre con presenza programmata allo scopo di ripristinare l'ordine
STANDARD	a. **ottimale:** serenità, sicurezza, stabilità emotiva b. **accettabile**: preoccupazione in coincidenza con i controlli clinici del padre
TEMPI	**secondo mese**: superata la preoccupazione per la conduzione della casa **quarto mese**: superata la preoccupazione per la malattia del padre **ottavo mese**: autonomia della famiglia d'origine possibilità di dedicarsi a tempo pieno alla sua casa

Il piano di lavoro, una volta stilato, viene proposto agli utenti che si sono rivolti al servizio. Viene stipulato un vero e proprio contratto che coinvolge gli operatori del servizio, l'utente e i servizi territoriali.
Il piano di lavoro è uno strumento operativo modificabile in base all'evolversi della situazione.

Analisi particolareggiata di casi socio-assistenziali

1. CASO SOCIO-ASSISTENZIALE PARTICOLAREGGIATO

▸ **Dopo aver letto e analizzato il caso risolvilo, con parole tue, creando un discorso organico.**

Margherita è un'astrofisica di 76 anni che a causa del suo lavoro non si è mai sposata e vive a Trieste in una villetta che ha ereditato dei suoi genitori. A Trieste abitano anche i cugini, figli della sorella della madre; con loro Margherita ha trascorso l'infanzia e con Matteo ha anche condiviso la passione per la scienza e la ricerca. A volte, quando vede dei bambini, la donna rimpiange di non avere avuto figli e le dispiace di essere stata figlia unica anche se la sua casa è sempre piena di gente e lei spesso collabora con l'Istituto Astrofisico di una città europea. Un mese all'anno, inoltre, raggiunge una sua amica in Kenya e nella missione che la ospita insegna astronomia e geologia ai bambini.

Finora ha provveduto alle sue esigenze in modo adeguato: gestisce la pensione di circa € 3.500 al mese e ha fatto ristrutturare la sua villetta ricavandone un appartamentino per il giardiniere e la sua famiglia, con lo scopo di avere qualcuno vicino e di non lasciare vuota la casa durante le sue assenze. Nel tempo libero partecipa a convegni, tiene corsi di astronomia per conto del Comune e frequenta regolarmente un gruppo parrocchiale; durante le funzioni liturgiche intona canti *gospel* che per lei rappresentano un profondo inno al creato.

Un giorno Margherita, di corsa per arrivare in tempo all'aeroporto, inciampa e cade, rompendosi un femore.

Dopo il ricovero e l'intervento chirurgico, Margherita viene dimessa ma la sua situazione è la seguente:

- non è in grado di spostarsi da sola neppure sostenendosi con il girello e inoltre riferisce dolore alla gamba;
- deve fare una terapia riabilitativa per recuperare l'uso dell'arto infortunato;
- si sente disperata per la perdita dell'autonomia; la scoperta d'avere l'osteoporosi la turba e lei si preoccupa temendo di non riuscire a recuperare del tutto e di dover rinunciare ai suoi molteplici interessi. Al momento Margherita ha bisogno di aiuto.

Matteo, il cugino, si rivolge all'assistente sociale del quartiere per avere informazioni e consulenza sulla rete dei servizi socio-assistenziali-riabilitativi.

Analisi delle principali tematiche del caso

DATI MANCANTI

I dati mancanti per avere un quadro completo della situazione sono:

- Relativamente alle condizioni psico-fisiche dell'utente: stato di salute, tipo di terapie somministrate alla paziente, decorso dell'infortunio, iter assistenziale, possibilità di recupero, motivazione o meno alla guarigione, grado di depressione subentrato in seguito all'infortunio, fiducia o meno nel servizio, disponibilità o meno a collaborare con gli operatori.
- Relativamente alle risorse familiari/amicali: età ed eventuali problemi di salute dei cugini, composizione del loro nucleo familiare, frequenza degli incontri tra Margherita e i parenti, disponibilità o meno di essere aiutata dai cugini e dalla famiglia del giardiniere, disponibilità o meno da parte dei cugini ad ospitare Margherita.
- Presenza di amici e/o conoscenti disposti a collaborare al progetto di aiuto, qualità dei rapporti con amici e con il giardiniere, presenza o meno di altri parenti e rapporto con la donna.
- Relativamente alle risorse territoriali: presenza di negozi che facciano servizio a domicilio, presenza o meno di associazioni di volontariato, presenza o meno di centri di riabilitazione e di servizi socio-assistenziali.

FONTI DI INFORMAZIONE

Le fonti da cui è possibile reperire le informazioni sono:

- la signora Margherita in prima persona, i cugini e altri parenti significativi, gli amici, i componenti il gruppo parrocchiale, i vicini di casa ed altre persone come ad esempio il medico di base, il parroco;
- i dati anamnestici, che riguardano il vissuto di Margherita, soprattutto da un punto di vista clinico (in particolare le sue malattie, i suoi problemi pregressi): sono informazioni significative che possono essere raccolte consultando le cartelle cliniche della paziente o direttamente dall'interessata, dal medico di base e da altri operatori sanitari che precedentemente hanno seguito eventuali decorsi delle malattie della signora.

Sarà possibile attingere la maggiore quantità di dati con il colloquio professionale, cioè con un colloquio tra Margherita e l'assistente sociale che dovrà mettere a proprio agio la signora in modo che dichiari i suoi bisogni e i suoi problemi spontaneamente.

SITUAZIONE INIZIALE

Il quadro della situazione iniziale è il seguente.

La signora Margherita, di 76 anni, a seguito di una caduta rovinosa si è fratturata il femore.

Le rotture femorali sono lesioni che colpiscono con assoluta prevalenza gli anziani (oltre i 70 anni) in quanto, a causa nell'età avanzata, della carenza di calcio e della diminuzione della quantità del tessuto osseo (osteoporosi senile), il femore – soprattutto nell'estremità articolata con il bacino (collo femorale) – risulta notevolmente indebolito.

Le rotture del femore costituiscono un gravissimo problema sociale e assistenziale; il progressivo allungamento della durata della vita ha infatti determinato un enorme aumento di questo tipo di fratture.

Nonostante l'elevato rischio dovuto all'età spesso avanzata e alle condizioni generali del paziente, l'intervento chirurgico permette di ridurre al minimo il tempo di immobilizzazione a letto, impedendo così la comparsa delle complicazioni (piaghe da decubito, disturbi respiratori e circolatori, alterazioni psichiche, infezioni urinarie) che compaiono con grande frequenza nell'anziano costretto a letto e che ne mettono a repentaglio la vita.

La signora Margherita deve sottoporsi a una terapia riabilitativa per recuperare la funzionalità dell'arto infortunato.

Per Margherita, la caduta e ciò che ne è conseguito hanno avuto notevoli ripercussioni sulla sua vita e su quelle che erano le sue abitudini. Una volta tornata a casa, dopo l'intervento chirurgico, la donna non è più in grado di deambulare da sola, neanche con l'ausilio del girello e lamenta un dolore all'arto infortunato. Questa situazione di frustrazione, causata dalla non autosufficienza, potrebbe far cadere la paziente in uno stato di depressione tale da pregiudicarne la guarigione.

Si può ipotizzare che la donna tema di non poter riacquistare più la propria autonomia e quindi abbia paura di un possibile cambio radicale della sua vita.

BISOGNI

I bisogni non soddisfatti che hanno prodotto l'insorgenza dei problemi della signora Margherita sono:

- bisogno di recuperare il suo benessere psicofisico;
- bisogno di riabilitazione;
- bisogno di assistenza;
- bisogno di mantenere un buon livello di autonomia;
- bisogno di sostegno psicologico;
- bisogno di mantenere le relazioni interpersonali;
- bisogno di sicurezza;
- bisogno di rimanere nel luogo in cui è sempre vissuta.

RISORSE

Le risorse possono essere individuali, familiari, amicali e sociali, territoriali.

Risorse individuali:

- capacità intellettive e interessi culturali;
- capacità precedentemente dimostrata nella gestione delle proprie risorse economiche;
- possesso di un buon reddito (la pensione di € 3.500 percepita al mese);
- villetta di sua proprietà e appartamento per il giardiniere;
- fede religiosa;
- interesse dimostrato nelle attività del gruppo parrocchiale.

Risorse familiari:

- cugini.

Risorse amicali e sociali:

- gli amici che frequentano la sua casa e il gruppo parrocchiale.

Risorse territoriali:

- nel caso in cui Margherita abiti nel centro storico di Trieste si presume che siano accessibili i seguenti servizi:
  - ASL: provvede ad erogare interventi socio-sanitari diretti alla tutela della salute psico-fisica. Le prestazioni che l'ASL in questo caso può offrire sono generiche (pertinenti al medico di base), specialistiche (ricorso a ortopedico, fisiatra e altri medici specializzati), farmaceutiche, riabilitative (prestazioni dirette al recupero funzionale dell'arto inferiore).
  - Segretariato Sociale.
  - Servizio Sociale di Base.
  - Enti erogatori dell'ADI (Comune, ASL) e Cooperative Sociali che hanno in appalto la gestione degli interventi (il Comune si avvale di Cooperative, imprese che offrono prestazioni nel campo dell'assistenza sociale).
  - Centro di consulenza ed informazione ausili.
  - Associazioni di volontariato.

VINCOLI

I vincoli possono essere:

- frattura del femore, stato dolorante dell'arto inferiore, disabilità, perdita dell'autonomia, problemi negli spostamenti anche con l'ausilio del girello;
- età avanzata;
- stato di ansia legato alla paura di non riuscire a recuperare pienamente l'eventuale stato depressivo;
- assenza di congiunti coabitanti con la signora;
- eventuali barriere architettoniche presenti nell'abitazione.

OBIETTIVI

Gli obiettivi che si possono raggiungere sono:

- promuovere e sviluppare l'autonomia;
- potenziare le capacità residue;
- favorire il superamento della situazione di disagio psicologico;
- contrastare il rischio di solitudine e isolamento;
- stimolare la motivazione a guarire;
- favorire la riabilitazione della signora Margherita;
- favorire il coinvolgimento di cugini e conoscenti nel processo di aiuto.

INTERVENTI

Si può ipotizzare un intervento mirato a recuperare l'autonomia e migliorare le condizioni di vita nel periodo di invalidità.
Sarebbe auspicabile un ricovero temporaneo presso una RSA fino alla completa riabilitazione dell'arto.

Gli interventi da ritenere attivabili sono i seguenti:

- Interventi medico-sanitari erogati dalla ASL e/o da Istituti privati convenzionati con la ASL: accertamenti sul grado di infermità e sulle possibilità di recupero, check-up, test di valutazione della funzionalità degli arti inferiori; cure farmacologiche (antidolorifici per lenire l'eventuale dolore agli arti e eventuali psicofarmaci, nel caso in cui si aggravi lo stato depressivo della signora Margherita); cicli fisioterapici al fine di recuperare e potenziare le capacità residue di Margherita, a riacquistare un sufficiente grado di autonomia; intervento dell'assistente sanitaria domiciliare in caso di necessità, intervento di specialisti nel settore dell'ortopedia, fisioterapia, ecc.).
- Consulenza degli operatori del Servizio Sociale di Base: tale servizio è gestito dal Comune, è rivolto a tutti i cittadini portatori di un problema sociale, accoglie l'utente e/o i suoi familiari e li informa sui servizi presenti sul territorio. L'assistente sociale che opera presso tale servizio aiuta le persone a capire i loro problemi e a cercare soluzioni per affrontarli e risolverli. Oltre agli assistenti sociali, vi lavora anche il personale amministrativo.
- Interventi ADI (Assistenza Domiciliare Integrata). L'ADI è destinata a persone o nuclei familiari che non sono in grado di garantire il soddisfacimento di alcune esigenze basilari; in particolare è rivolta a minori in difficoltà, disabili, pazienti psichiatrici, anziani non autosufficienti o come in questo caso parzialmente autosufficienti, anziani soli. In questa come in altre situazioni, la finalità principale è quella di consentire al fruitore del servizio (SAD = Servizio Assistenza Domiciliare) di rimanere nel proprio domicilio, riducendo la necessità di ricovero, oltre a promuovere l'autonomia. Prevede l'intervento di più professionisti appartenenti a servizi diversi che operano in rete (è per questo motivo che l'assistenza domiciliare si chiama 'integrata').

L'ADI offre:

- prestazioni infermieristiche a domicilio (controllo delle terapie in atto e della situazione clinica, in collegamento con il medico curante e col fisioterapista);
- aiuto domestico (pulizia della casa, preparazione dei pasti, lavaggio degli abiti, ecc.);
- aiuto alla persona (nella cura dell'igiene, nel vestirsi e nell'alimentarsi, nel posizionamento e negli spostamenti, negli accompagnamenti per esigenze diverse, nei contatti con il medico di base e/o gli specialisti e con i servizi sanitari territoriali e ospedalieri, nel disbrigo di pratiche burocratiche e commissioni, informazioni sui servizi socio-assistenziali, ecc.);
- interventi finalizzati a favorire la rete di relazione, cioè tutte le attività aventi lo scopo di mantenere vivo nella persona l'interesse per la partecipazione alla vita sociale e per i rapporti con la rete parentale e amicale;
- fornitura pasti a domicilio, servizio trasporti: tali prestazioni sono rese talvolta utilizzando risorse già esistenti (ad esempio, mense scolastiche, servizi già attivi presso una casa di riposo o un ospedale, mezzi dei Servizi Sociali e/o con quelli messi a disposizione da Enti, Associazioni No Profit.).

Il servizio trasporto può essere attivato per consentire gli spostamenti di Margherita dalla sua abitazione al Distretto Sanitario, al Presidio ospedaliero, ai poliambulatori, al centro di riabilitazione, ecc.
Nel caso di Margherita è possibile attivare l'ADI, che sarà a totale carico dell'utente.
L'utente, percependo € 3.500 mensili di pensione dovrà provvedere a pagare le prestazioni domiciliari.

L'ADI può inoltre fornire a Margherita:

- Eventuale assistenza durante le ore notturne: sarà necessario che una persona assista la signora Margherita durante le ore notturne perché potrebbe avere bisogno d'aiuto per muoversi, ad esempio andare in bagno.
- Consulenza degli operatori del Centro di Consulenza e Informazione Ausili. Il centro offre informazioni su strumenti, apparecchiature o attrezzature che Margherita può utilizzare al fine di conseguire un maggior grado di autonomia nelle attività quotidiane.
- Eventuale consulenza di uno psicologo che eviti l'aggravarsi della situazione psichica della donna, aiutandola ad accettare la sua condizione di disabilità. Lo psicologo avvierà una psicoterapia individuale atta a farle riacquistare fiducia in se stessa e nel fatto che potrà riacquisire autonomia e autosufficienza.
- Nel caso in cui non sia possibile recuperare la completa funzionalità dell'arto leso, richiesta del riconoscimento dello stato di disabilità (in osservanza alla L. 104/92).
- Eventuale intervento di assistenza abitativa per l'abbattimento delle barriere architettoniche al fine di rendere utilizzabile l'abitazione in funzione della disabilità motoria della signora, ad esempio con l'installazione di una piattaforma mobile o di altra attrezzatura specifica (L.R. 13/1989 e L. 62/1989 sull'eliminazione delle barriere architettoniche negli edifici privati).
- Eventuale attivazione del telesoccorso: il telesoccorso è un servizio telefonico collegato ad una centrale operativa. Per realizzarlo sono necessarie alcune attrezzature tecnologicamente molto avanzate e un'organizzazione piuttosto complessa: nella casa dell'anziano viene installato un apparecchio trasmettitore, posto sotto il telefono e collegato con una centrale operativa. L'apparecchio scatta premendo il pulsante di un piccolo telecomando che l'anziano deve tenere sempre con sé, appeso al collo o pinzato sul bordo del vestito o di una tasca.
  Appena si preme il pulsante, il segnale giunge alla centrale operativa, che individua da chi arriva la richiesta di aiuto. Un computer fornisce automaticamente all'operatore la scheda di chi ha chiamato: in essa sono memorizzati i dati personali più importanti, di natura sia sanitaria che sociale. L'utente viene subito contattato; se non risponde vengono avvisate le persone che possono intervenire (parenti, vicini, amici, conoscenti). Se è necessario viene inviato un medico, un'ambulanza o altri soccorsi. Il servizio funziona ventiquattro ore su ventiquattro al fine di garantire sostegno psicologico, dare tranquillità agli anziani e ai familiari, intervenire tempestivamente in casi di urgenza. Ciò permette di ridurre i ricoveri impropri e mantenere l'anziano nel proprio domicilio.
  Il telesoccorso è di solito realizzato da ditte private in convenzione con l'ente pubblico (Comune, ASL).

PERSONE COINVOLTE

Esaminiamo di seguito le figure professionali coinvolte nel processo di aiuto e che compongono l'équipe multidisciplinare.

- Assistente sociale del Servizio Sociale di Base: dopo un'attenta analisi della situazione di partenza, eseguita in base ai dati raccolti sia durante il colloquio professionale che durante la visita domiciliare, provvede a prendersi carico dei problemi di Margherita e di quelli dei suoi familiari; insieme agli altri componenti dell'équipe multiprofessionale provvede a stilare il piano di intervento di aiuto, che può essere così articolato:
  - analisi della situazione di partenza;
  - analisi di bisogni-problema;
  - analisi del contesto (risorse e vincoli);
  - definizione degli obiettivi;
  - progettazione degli interventi, dei metodi, degli spazi, dei tempi, delle persone coinvolte nella stipulazione del contratto, della divisione dei compiti;

   - attuazione del PAI (piano Assistenziale Individualizzato);
   - verifica e valutazione.

- Medico di base: conosce l'anamnesi, il vissuto, l'iter assistenziale del paziente, le sue potenzialità e le sue possibilità di recupero.
- Ortopedico: medico specialista delle ossa.
- Fisioterapista: implicato nel recupero delle abilità motorie, garantisce interventi di riabilitazione al fine di potenziare autonomia e capacità residue.
  La riabilitazione è un insieme di provvedimenti che evitano l'aggravarsi del problema.
- Geriatra: medico specialista delle patologie della terza età.
- Psicologo: rappresenta un sostegno per Margherita, aiuta la signora a controllare il suo stato emotivo e offrendole un supporto psicologico nell'accettare in modo sereno e attivo la propria situazione e nell'aver fiducia di poter recuperare almeno in parte la funzionalità dell'arto leso.
- Assistente domiciliare: promuove le relazioni interpersonali e svolge la funzione di mediatore tra Margherita e la sua rete sociale; mantiene i contatti tra gli utenti e i componenti dell'équipe multiprofessionale; fa sì che l'assistenza sia garantita in ambiente domestico.

Oltre a questi professionisti, faranno parte attiva nell'attuazione del programma socio-assistenziale Margherita stessa, e tutti coloro che saranno disponibili a collaborare: per es. parenti, vicini di casa, amici, componenti del gruppo parrocchiale, volontari.
In prima persona Margherita dovrà collaborare con gli operatori condividendone gli obiettivi e stipulando il contratto del progetto di aiuto.

VERIFICA E VALUTAZIONE

Dopo aver stabilito un piano di intervento e i suoi tempi di attuazione, occorre procedere alle verifiche intermedie e finali.
Si tratta di osservare e valutare *in itinere* e al termine della realizzazione del progetto i comportamenti dell'assistito dal punto di vista funzionale: grado di autonomia, abilità strumentali, stato psichico, ecc.
In sede di progettazione, si stabiliscono gli strumenti e i criteri specifici per procedere alle verifiche e alla valutazione, esprimendo con quest'ultima un giudizio sul lavoro svolto in termini di efficacia degli interventi ed efficienza degli operatori.
Gli strumenti in precedenza utilizzati per osservare le prestazioni del soggetto sono:
- colloqui professionali non direttivi;
- documentazione prodotta durante l'iter del processo di aiuto;
- indicatori per verificare il grado di raggiungimento degli obiettivi;
- indicatori per valutare il lavoro svolto per quanto concerne l'efficacia, la coerenza e l'integrazione degli interventi dei diversi professionisti.

Nel caso in cui i risultati fossero negativi, gli operatori dovranno riformulare un nuovo piano di lavoro, analizzare di nuovo i bisogni-problemi, il contesto, ridefinire gli obiettivi, gli interventi, i metodi, gli spazi, i tempi e le modalità di verifica e valutazione.

2. CASO SOCIO-ASSISTENZIALE PARTICOLAREGGIATO

(Salute mentale)

▶ **Elabora un piano d'aiuto per la signora Maria rispondendo alle seguenti domande**
Puoi usare questo caso come schema per risolverne altri, basta solo modificare i diversi bisogni e adeguarli al contesto.

La signora Maria è una vedova di 79 anni che, dopo la morte del marito avvenuta 5 anni fa, ha preferito vivere da sola nell'appartamento che aveva acquistato quando si era sposata con Giorgio. Dalla loro unione sono nati 3 figli, che vivono e lavorano a Ferrara. Nel tempo libero Maria faceva da baby-sitter ai 5 nipoti che riempivano le sue giornate da quando aveva smesso di lavorare come responsabile di un'azienda di confezioni della città.
L'inattesa morte di Giorgio l'ha prostrata, facendola entrare in una profonda depressione. Non accetta di incontrare amici e parenti, tutto sembra distoglierla dai ricordi che tanto la sostenevano e deprimevano allo stesso tempo. I figli, in particolare Eleonora, l'aiutano nella gestione quotidiana come fare la spesa, pagare le utenze, ecc., e quando il marito, medico ospedaliero, fa i turni che gli impediscono di tornare a casa lei rimane dalla madre a farle compagnia. Con il passare dei mesi e degli anni la situazione sembra aggravarsi così, con un sotterfugio, si decide di far visitare Maria da un neurologo, che rileva dei disturbi dell'umore. Il disturbo mentale porta a una riflessione da parte dei figli, che vogliono sapere come stanno realmente le cose e cosa possono fare per aiutare la madre che solitamente provvedeva alle sue esigenze in modo adeguato e gestiva la sua pensione di € 1.350 al mese.
Attualmente la situazione della signora Maria è la seguente:

- non è in grado di spostarsi per lunghi tratti da sola perché la patologia alterna profonda tristezza a inadeguata agitazione e stati maniacali di esaltazione;
- deve seguire una terapia per controllare i disturbi dell'umore;
- si sente sola e triste, ma non vuole pesare sui figli.

La figlia si rivolge all'assistente sociale del Servizio Sociale di Base del quartiere per avere informazioni e consulenza sulla rete dei servizi socio-assistenziali poiché Maria non vuole gravare sui figli e desidera rimanere nella sua casa.

▶ **Rispondi alle seguenti domande:**

1. Quali sono i dati mancanti per avere un quadro dettagliato della situazione?
2. Da quali fonti è possibile reperire le informazioni?
3. Qual è la situazione iniziale?
4. Quali sono i bisogni?
5. Analizza il contesto individuando le risorse e i vincoli.
6. Quali possono essere gli obiettivi raggiungibili?
7. Quali sono gli interventi da attuare? Con quali finalità?
8. Quali sono le persone coinvolte nella relazione d'aiuto?
9. Quali sono gli strumenti di verifica e valutazione?

DATI MANCANTI

Esaminiamo di seguito i dati mancanti per avere un quadro completo della situazione.

- Relativamente alle condizioni psico-fisiche dell'utente: tipo di terapie somministrate alla paziente, decorso dell'infortunio, anamnesi (presenza o meno di altre patologie), iter assistenziale, effettive capacità e potenzialità, grado di disabilità, possibilità di recupero, motivazione o meno alla guarigione, consapevolezza o meno dei propri bisogni e di quelli dei figli, disponibilità o meno a ricevere aiuto, disponibilità o meno ad andare ad abitare con uno dei figli (che a turno possono ospitare la madre), grado di depressione e volontà o meno di reagire, grado di autostima, hobby, interessi, desiderio o meno di uscire, di coltivare le relazioni interpersonali, livello culturale, fiducia o meno nel servizio, disponibilità o meno a collaborare con gli operatori.
- Relativamente alla residenza e alla situazione abitativa: luogo di residenza, lontananza dalla casa dei figli, piano in cui è situato l'appartamento, dotazione o meno di ascensore, numero dei vani, condizioni igienico-sanitarie dell'abitazione
- Relativamente alla situazione economica: reddito complessivo, tipo di pensione percepita (da attività lavorativa precedentemente svolta e/o pensione di reversibilità) , avviamento o meno delle procedure per richiedere il godimento della pensione di invalidità e il riconoscimento dello stato di disabilità.
- Relativamente alle risorse familiari: età ed eventuali problemi di salute dei figli, composizione del loro nucleo familiare, condizioni economiche dei figli, esistenza o meno di problemi in famiglia, frequenza degli incontri tra madre e figli, disponibilità degli altri figli, che oltre alla figlia, si possono occupare di Maria, tipo di aiuti che la famiglia può offrire, disponibilità o meno di tempo da dedicare all'assistenza della congiunta, disponibilità o meno da parte dei figli ad ospitare, a turno, la madre, reazione della famiglia di fronte alla situazione problematica, conoscenza dei servizi sociali e del tipo di prestazioni, fiducia o meno nei servizi e negli operatori sociali, disponibilità o meno da parte dei figli a contribuire, se necessario, al pagamento delle prestazioni sanitarie ed assistenziali, nominativo del familiare a cui rivolgersi in caso di emergenza.
- Relativamente alle risorse amicali: presenza o meno di amici e/o conoscenti disposti a collaborare al progetto di aiuto, qualità dei rapporti con amici e vicini di casa.
- Relativamente alle risorse territoriali: presenza di negozi che facciano servizio a domicilio, presenza o meno di associazioni di volontariato, presenza di centri di riabilitazione e di servizi socio-assistenziali.

FONTI DI INFORMAZIONE

Le fonti da cui è possibile reperire le informazioni sono la signora Maria in prima persona, i figli (in particolare la figlia che si è rivolta al servizio sociale), altri parenti significativi, gli amici, i componenti del gruppo parrocchiale, i vicini di casa ed altre persone, come ad esempio il medico di base, il parroco, ed eventualmente il sindaco.

I dati anamnestici, che riguardano il vissuto di Maria, soprattutto da un punto di vista clinico (in particolare le sue malattie, i problemi pregressi) sono informazioni significative che possono essere raccolte consultando le cartelle cliniche della paziente o direttamente l'interessata, i familiari, il medico di base e altri operatori sanitari che precedentemente hanno seguito il decorso delle malattie della signora.

Sarà possibile attingere la maggiore quantità di dati attraverso il colloquio professionale, cioè con un colloquio tra Maria e l'assistente sociale che dovrà mettere a proprio agio la signora, in modo che dichiari i suoi bisogni e i suoi problemi spontaneamente. È importante che l'operatore non porga domande dirette, ma apra un discorso in cui Maria esprima liberamente le sue emozioni.

Inoltre l'operatore dovrà instaurare una relazione di fiducia, basata sull'empatia, mettendosi nei panni della signora Maria.

SITUAZIONE INIZIALE

Il quadro della situazione iniziale è il seguente:

La signora Maria, di 79 anni, dopo la morte del marito ha manifestato una grave depressione che ha generato disturbi dell'umore.

I disturbi dell'umore rientrano nelle turbe psichiche, ed esistono quattro criteri indicatori dell'alterazione patologica del tono dell'umore:

- inadeguatezza alla reazione affettiva degli eventi;
- intensità dell'alterazione affettiva;
- qualità dell'umore;
- compromissione del funzionamento sociale e lavorativo.

La classificazione della malattia viene fatta per valutare la strategia clinica. L'alterazione del tono dell'umore è considerata patologica quando sono presenti i quattro criteri diagnostici menzionati ed è associata ad un'alterazione biologica.

La signora Maria deve sottoporsi a una terapia psichiatrica per elaborare la perdita del marito e il nuovo stato sociale, avvenimenti che hanno modificato la sua psiche e la sua percezione della realtà.

Per Maria, la morte di Giorgio e ciò che ne ha conseguito ha avuto notevoli ripercussioni sulla sua vita e su quelle che erano le sue abitudini: si sente disperata per la perdita del suo compagno e questa situazione di frustrazione, causata dalla solitudine, l'ha fatta cadere in uno stato di depressione tale da pregiudicare la guarigione.

Si può ipotizzare che la donna tema di non poter riacquistare più la propria autonomia e quindi abbia paura di una possibile futura istituzionalizzazione in Casa protetta. In ogni caso, pur necessitando di assistenza, non accetta il fatto di dover essere di peso ai suoi familiari.

Maria ha tre figli sposati con prole che risiedono e lavorano a Ferrara. Dopo la perdita del marito, avvenuta cinque anni fa, la signora ha preferito vivere da sola, pensando di essere in grado di "elaborare il lutto" ossia di fronteggiare l'insieme di reazioni che un individuo manifesta in seguito alla perdita di una persona cara. Pur non essendo uno stato patologico, il lutto implica un modo anomalo di atteggiarsi di fronte alla vita: uno stato d'animo doloroso, la perdita d'interesse per il mondo esterno. La morte del coniuge provoca solitudine, comporta il venir meno di una serie di consuetudini.

La signora avrà avvertito il mondo caderle addosso e non è riuscita a trovare la forza di andare avanti anche se gestiva autonomamente la propria vita, appagando i suoi bisogni, amministrando la pensione di € 1.350 mensili, mantenendo contatti giornalieri con i figli.

Per il disbrigo delle pratiche burocratiche si avvaleva dell'aiuto di Eleonora, a lei emotivamente più vicina. È quest'ultima che si rivolge all'assistente sociale del Servizio Sociale di Base per avanzare una richiesta di aiuto.

BISOGNI

I bisogni che hanno prodotto l'insorgenza dei problemi della signora Maria sono:

- bisogno di recuperare il suo benessere psicofisico;
- bisogno di elaborare il lutto;
- bisogno di sicurezza;
- bisogno di mantenere l'autonomia;
- bisogno di continuare a provvedere a se stessa senza pesare sui figli;
- bisogno di rimanere nel luogo in cui è sempre vissuta;
- bisogno di sostegno psicologico;
- bisogno di mantenere le relazioni interpersonali;
- bisogno di sicurezza bisogno di aiuto e compagnia.

RISORSE

Le risorse possono essere individuali, familiari, amicali e sociali, territoriali.

Risorse individuali:

- capacità precedentemente dimostrata nella gestione delle proprie risorse economiche;
- possesso di un reddito (la pensione di € 1.350 percepita al mese) e pensione di reversibilità del marito di cui non si conosce l'ammontare;
- casa di sua proprietà.

Risorse familiari:

- tre figli con cui Maria ha quotidiani contatti (con Eleonora la signora ha un rapporto privilegiato);
- i nipoti.

Risorse amicali e sociali:

- gli amici che frequentava;
- i vicini di casa.

Risorse territoriali:

- ASL: provvede ad erogare interventi socio-sanitari diretti alla tutela della salute psico-fisica (le prestazioni che l'ASL può offrire sono colloqui psicologici e presa in carico dagli ambulatori del CSM);
- Segretariato Sociale;
- Servizio Sociale di Base;
- Enti erogatori degli interventi dell'ADI (Comune, ASL) e Cooperative Sociali che hanno in appalto la gestione degli interventi (il Comune si avvale solitamente di Cooperative, imprese che offrono prestazioni nel campo dell'assistenza sociale);
- Centro Diurno per anziani;
- Associazioni di volontariato.

VINCOLI

I vincoli possono essere:

- grave stato di depressione;
- non accettazione dell'aiuto dei figli per timore di essere di peso alla famiglia;
- assenza di congiunti coabitanti con la signora.

OBIETTIVI

Gli obiettivi che si possono raggiungere sono:

- favorire il superamento della situazione di disagio psicologico;
- contrastare il rischio di solitudine e isolamento;
- stimolare la motivazione a guarire;
- favorire la riabilitazione della signora Maria;
- prevenire il rischio di istituzionalizzazione;
- favorire il coinvolgimento dei familiari, e dei conoscenti nel processo di aiuto.

INTERVENTI

Per quanto riguarda gli interventi attuabili, sarebbe consigliabile escludere un intervento d'inserimento in un condominio solidale poiché il cambiamento d'ambiente e di rapporti sociali può far peggiorare i problemi psicologici della signora Maria. Il mutamento d'ambiente risulta traumatico poiché la casa per l'anziano è luogo di sentimenti e emozioni, di ricordi, e in quanto tale infonde sicurezza. La signora Maria ha dimostrato di essere particolarmente affezionata alla sua casa, vivendoci da cinquant'anni ed essendovi rimasta anche dopo la morte del consorte. Nel Centro diurno o in un centro protetto cambierebbe sia la posizione sociale che le relazioni con gli altri.

Si potrebbe dunque ipotizzare un intervento mirato a recuperare la piena autonomia e migliorare le condizioni di vita.
Sarebbe opportuno prevedere, oltre all'assistenza domiciliare, un ulteriore aiuto finalizzato alla compagnia e a non farla sentire sola.

Esaminiamo di seguito gli interventi attivabili.

- Interventi medico-sanitari erogati dalla ASL e/o istituti privati convenzionati con la ASL: accertamenti sul grado di infermità e sulle possibilità di recupero, check-up, test di valutazione delle capacità intellettive, cure farmacologiche (eventuali psicofarmaci, nel caso in cui si aggravi lo stato depressivo della signora Maria), intervento dell'assistente sanitaria domiciliare in caso di necessità, ecc.).
- Consulenza degli operatori del DSM (servizio erogato dall'ASL): è destinato a tutti i cittadini che presentano problemi psichici e fornisce informazioni sulle risorse disponibili sul territorio, aiuto, consulenza, diagnosi e cura delle patologie psichiatriche.
- Consulenza degli operatori del Servizio Sociale di Base: tale servizio è gestito dal Comune; è rivolto a tutti i cittadini portatori di un problema sociale, accoglie l'utente e/o i suoi familiari e li informa sui servizi presenti sul territorio. L'assistente sociale che opera presso tale servizio aiuta le persone a capire i loro problemi e a cercare soluzioni per affrontarli e risolverli. Oltre alle assistenti sociali vi lavora anche il personale amministrativo.
- Interventi ADI (Assistenza Domiciliare Integrata). L'ADI è destinata a persone o nuclei familiari che non sono in grado di garantire il soddisfacimento di alcune esigenze basilari; in particolare è rivolta a: minori in difficoltà, disabili, anziani non autosufficienti, anziani soli, o come in questo caso pazienti psichiatrici. In questa, come in altre situazioni, la finalità principale è quella di consentire al fruitore del servizio (SAD = Servizio Assistenza Domiciliare) di rimanere nel proprio domicilio e promuove l'autonomia. Prevede l'intervento di più professionisti appartenenti a servizi diversi che operano in rete (è per questo motivo che l'assistenza domiciliare si chiama 'integrata').

L'ADI offre:

- prestazioni infermieristiche a domicilio (controllo delle terapie in atto e della situazione clinica, in collegamento con il medico curante);
- aiuto domestico (pulizia della casa, preparazione dei pasti, lavaggio degli abiti, ecc.);
- aiuto alla persona (nella cura dell'igiene, nel vestirsi e nell'alimentarsi, nei contatti con il medico di base e/o gli specialisti e con i servizi sanitari territoriali e ospedalieri, nel disbrigo di pratiche burocratiche e commissioni, informazioni sui servizi socio-assistenziali, ecc.);
- interventi finalizzati a favorire la rete di relazione, cioè tutte le attività aventi lo scopo di mantenere vivo nella persona l'interesse per la partecipazione alla vita sociale e per i rapporti con le reti familiare e amicale;
- aiuto e sostegno per l'inserimento dell'utente in realtà di occupazione del tempo libero;
- fornitura di pasti a domicilio, servizio trasporti; tali prestazioni sono rese talvolta utilizzando risorse esistenti (ad esempio, mense scolastiche, servizi già attivi presso una casa di riposo o un ospedale, mezzi dei Servizi Sociali e/o con quelli messi a disposizione da Enti, Associazioni No Profit.);
- Il servizio trasporto può essere attivato per consentire gli spostamenti di Maria dalla sua abitazione al CSM, ecc.

Nel caso della signora Maria è possibile attivare l'ADI, sia che la signora decida di rimanere a casa propria sia che vada ad abitare con un figlio, ma anche nel caso che i figli, a turno, decidano di garantire l'assistenza della madre.
L'utente, percependo € 1.350 mensili di pensione, dovrà provvedere a pagare le prestazioni domiciliari.

I figli sono tenuti a partecipare in parti uguali alle spese assistenziali, qualora ce ne sia bisogno.
All'interno del gruppo amicale la signora potrà trovare un sostegno psicologico e la motivazione di mantenere i rapporti con le proprie amiche.

L'ADI può inoltre fornire a Maria:

- Inserimento in un centro diurno ove vengono offerte occasioni di impegno e di utilizzo del tempo libero e la possibilità di partecipare a iniziative socializzanti.
- Il Centro Diurno per anziani ha come ente gestore il Comune, è rivolto ad anziani totalmente o parzialmente autosufficienti che vivono soli nel proprio domicilio o in famiglia con problemi di isolamento.
- Consulenza di uno psicologo che eviti l'aggravarsi della situazione psichica di Maria, aiutandola ad accettare la sua condizione e l'aiuto dei figli. Lo psicologo avvierà una psicoterapia individuale atta a far riacquistare alla signora fiducia in se stessa e nel fatto che anche da sola potrà essere autonomia ed autosufficiente.
- Nel caso in cui non sia possibile recuperare il disturbo dell'umore, richiesta della pensione di invalidità, richiesta del riconoscimento dello stato di disabilità (in osservanza alla L. 104/92).
- Eventuale attivazione del telesoccorso: il telesoccorso è un servizio telefonico collegato ad una centrale operativa. Per realizzarlo sono necessarie alcune attrezzature tecnologicamente molto avanzate e un'organizzazione piuttosto complessa: nella casa dell'anziano viene installato un apparecchio trasmettitore, posto sotto il telefono e collegato con una centrale operativa. L'apparecchio scatta premendo il pulsante di un piccolo telecomando che l'anziano deve tenere sempre con sé, appeso al collo o pinzato sul bordo del vestito o di una tasca. Appena si preme il pulsante, il segnale giunge alla centrale operativa, che individua da chi arriva la richiesta di aiuto. Un computer fornisce automaticamente all'operatore la scheda di chi ha chiamato: in essa sono memorizzati i dati personali più importanti, di natura sia sanitaria che sociale. L'utente viene subito contattato; se non risponde vengono avvisate le persone che possono intervenire (parenti, vicini, amici, conoscenti).
  Se è necessario viene inviato un medico, un'ambulanza o altri soccorsi.
  Il servizio funziona ventiquattro ore su ventiquattro al fine di garantire sostegno psicologico, dare tranquillità agli anziani e ai familiari, intervenire tempestivamente in casi di urgenza.
  Ciò permette di ridurre i ricoveri impropri e mantenere l'anziano nel proprio domicilio.
  Il telesoccorso è di solito realizzato da ditte private in convenzione con l'ente pubblico (Comune, ASL).

PERSONE COINVOLTE

Le figure professionali coinvolte nel processo di aiuto e che comporranno l'équipe multidisciplinare saranno:

- Assistente sociale del Servizio Sociale di Base: dopo un'attenta analisi della situazione di partenza, eseguita in base ai dati raccolti sia durante il colloquio professionale che durante la visita domiciliare, provvede a prendersi carico dei problemi di Maria e di quelli dei suoi familiari, e insieme agli altri componenti dell'équipe professionale provvede a stilare il piano di intervento di aiuto, che può essere così articolato:
  - analisi della situazione di partenza;
  - analisi dei bisogni-problema;
  - analisi del contesto (analisi delle risorse e dei vincoli);
  - definizione degli obiettivi;
  - progettazione degli interventi, dei metodi, degli spazi, dei tempi, delle persone coinvolte nella stipulazione del contratto, della divisione dei compiti;
  - attuazione del PAI (piano assistenziale individualizzato);
  - verifica e valutazione.

- Medico di base: conosce l'anamnesi, il vissuto, l'iter assistenziale del paziente, le sue potenzialità e le sue possibilità di recupero.
- Psichiatra: medico specialista che cura le turbe psichiche con la somministrazione di farmaci.
- Psicologo: professionista che cura le turbe psichiche con il colloquio. Rappresenta un sostegno per Maria, aiuta la signora a controllare il suo stato emotivo e le offre un supporto psicologico nell'accettare in modo sereno e attivo la propria situazione.
- Geriatra: medico specialista delle patologie della terza età.
- Assistente domiciliare: promuove le relazioni interpersonali e svolge la funzione di 'mediatore' tra Maria e la sua rete sociale; mantiene i contatti tra gli utenti e i componenti dell'équipe professionale; fa sì che l'assistenza sia garantita in ambiente domestico.

Oltre a questi professionisti saranno parte attiva nell'attuazione del programma socio-assistenziale la stessa Maria, i suoi figli (i quali dovrebbero, in questo particolare periodo, garantire alla madre la loro presenza ed assistenza), i nipoti che, con la loro allegria, potrebbero darle lo slancio per uscire dal tunnel nel quale è precipitata e tutti coloro che saranno disponibili a collaborare: per es. parenti, vicini di casa, amici, volontari.
In prima persona, Maria dovrà collaborare con gli operatori condividendone gli obiettivi e stilando il progetto di aiuto.

VERIFICA E VALUTAZIONE

Dopo aver stabilito un piano di intervento e i suoi tempi di attuazione, occorre procedere alle verifiche intermedie e finali.
Si tratta di osservare e valutare *in itinere* e al termine della realizzazione del progetto i comportamenti dell'assistito dal punto di vista funzionale: grado di autonomia, abilità strumentali, stato psichico, ecc.
In sede di progettazione, si stabiliscono gli strumenti e i criteri specifici per procedere alle verifiche e alla valutazione, esprimendo con quest'ultima un giudizio sul lavoro svolto in termini di efficacia degli interventi ed efficienza degli operatori:
Gli strumenti in precedenza utilizzati per osservare le prestazioni del soggetto sono:

- colloqui professionali non direttivi;
- griglie di osservazione;
- test, scale di valutazione;
- documentazione prodotta durante l'iter del processo di aiuto;
- indicatori per verificare il grado di raggiungimento degli obiettivi;
- indicatori per valutare il lavoro svolto per quanto concerne l'efficacia, la coerenza e l'integrazione degli interventi dei diversi professionisti.

Nel caso in cui i risultati fossero negativi gli operatori dovranno riformulare un nuovo piano di lavoro, analizzare di nuovo i bisogni-problemi, il contesto, ridefinire gli obiettivi, gli interventi, i metodi, gli spazi, i tempi e le modalità di verifica e valutazione.
Rappresenta un sostegno per Maria anche l'aiuto a controllare il suo stato emotivo, l'offerta di un supporto psicologico che le consenta di accettare in modo sereno e attivo la propria situazione.
La riabilitazione è un insieme di provvedimenti che evitano l'aggravarsi del problema di un individuo.

3. CASO SOCIO-ASSISTENZIALE PARTICOLAREGGIATO

(Tossicodipendenza)

- **Leggi il seguente caso socio-assistenziale ed elabora una relazione d'aiuto rispondendo alle domande.**

  Puoi usare questo caso come schema per risolverne altri, basta solo modificare i diversi bisogni e adeguarli al contesto.

Mirko è un eroinomane di 30 anni. Ha iniziato a drogarsi a 21 anni, sebbene fino a quel momento avesse condotto apparentemente una vita serena insieme ai genitori, i quali non si sono accorti dell'uso di sostanze stupefacenti da parte del figlio, fino a quando Mirko non è stato arrestato per un furto commesso ai danni di un gioielliere.
Dopo lo sgomento e la paura per la scelta di vita del figlio, i genitori gli sono stati vicini, sostenendolo nell'inserimento in una comunità terapeutica.
Mirko ha faticato ad accettare la nuova situazione, che aveva scelto per accontentare i genitori, così ha finito con l'abbandonare la comunità di recupero. In seguito a questo avvenimento, al suo rientro a casa i genitori hanno deciso di non aiutarlo più, nella speranza di metterlo davanti alle sue responsabilità.
Mirko, pur essendo un tecnico informatico, attualmente non ha un lavoro stabile tale da garantirgli un minimo vitale. Svolge lavoretti saltuari, non ha fissa dimora e talvolta è ospite di amici che vivono di espedienti o dorme nelle sale d'aspetto delle stazioni ferroviarie. Una sera viene avvicinato da un volontario della Caritas che lo convince a pernottare in un Centro di accoglienza notturna e a prendere contatti con un assistente sociale.

1. Quali sono i dati non forniti ma che sono essenziali per lo studio del caso e come è possibile reperirli?
2. Quale operatore sociale ha il compito di accogliere Mirko, avere con lui il primo colloquio professionale e prendere in carico il caso?
3. Analizza la situazione iniziale, mettendo in relazione le problematiche, soprattutto dal punto di vista medico, psicologico e sociale.
4. Quali sono i bisogni di cui il soggetto è portatore?
5. Analizza il contesto, mettendo in evidenza le risorse e i vincoli.
6. Quali obiettivi sarà possibile perseguire?
7. Quali saranno gli attori che stipuleranno il contratto relativo al progetto di aiuto?
8. Quali figure professionali interverranno e con quali compiti?
9. Illustra le varie fasi di verifica e la valutazione.
10. Perché si attua la verifica?
11. In cosa consiste la valutazione?
12. Chi attua le verifiche e la valutazione e quali strumenti utilizza?

DATI MANCANTI DA REPERIRE

Stato di salute psico-fisica

Condizioni fisiche del soggetto, storia clinica, malattie contratte, esistenza di problemi particolari di cui tener conto (alcolismo, disturbi psichici, sieropositività, tabagismo, allergie, epatite, ecc.), eventuali farmaci assunti dal soggetto, tipo e quantità di droghe assunte, tolleranza o meno a tali sostanze, livello di tossicodipendenza, gravità delle crisi di astinenza.

Capacità e potenzialità, integrità o meno delle facoltà mentali, consapevolezza o meno delle proprie risorse personali, bisogni espliciti e impliciti, bisogno prioritario, consapevolezza dei propri bisogni e dei suoi familiari, reazione di fronte al bisogno-problema, difficoltà, motivazione o meno ad uscire dal giro della droga e aspettative del soggetto, grado di dipendenza, volontà o meno di collaborare alla realizzazione del progetto, fiducia o meno nei servizi sociali, comportamenti del soggetto, livello di autostima, grado di depressione o euforia scaturito dall'assunzione di eroina, reazioni psicoattive provocate dall'eroina, grado dei danni psichici causati dall'abuso di eroina, danni fisici e mentali irreversibili, eventuale trascuratezza nell'alimentazione, esistenza o meno di sentimenti di pentimento, vergogna, inadeguatezza e simili, livello di tolleranza, indipendenza, tendenza o meno ad autoisolarsi, mancata soddisfazione personale, continuità o meno nel seguire il programma terapeutico, capacità di socializzazione, hobby e interessi personali, modalità di realizzarsi con i genitori e le persone a lui più prossime e per lui più significative.

Storia personale

Eventuali traumi vissuti durante l'infanzia o l'adolescenza, motivazioni che hanno spinto il giovane a far uso di sostanze stupefacenti, massimo intervallo di tempo durante il quale Mirko non ha assunto droghe, motivazione che ha spinto Mirko a commettere il primo furto, entità di eventuali furti commessi successivamente ed eventuali pene scontate dal giovane, periodo eventuale di detenzione in carcere, eventuale attività di spaccio di eroina e/o altre sostanze e che rapporto aveva Mirko con i drogati della sua cerchia.

Percorso assistenziale

Eventuali degenze ospedaliere, trattamenti attivati in precedenza o attualmente in corso, servizi e operatori già contattati, utilizzo o meno delle prestazioni offerte dal SerT, assunzione o meno del metadone, partecipazione o meno ai gruppi di auto-aiuto o a sedute psicoterapeutiche.

Epoca in cui Mirko è entrato per la prima volta in Comunità, motivi che hanno portato il giovane a rivolgersi alla struttura (volontà personale, suggerimenti di altre persone, imposizione del tribunale, ecc.), stato psicofisico in cui era quando è entrato in comunità, motivazioni che hanno spinto il giovane ad abbandonare il percorso terapeutico allontanandosi dalla comunità. Piano di previsione delle modalità secondo le quali è possibile aiutare concretamente il soggetto, dichiarazione o meno del giudice sull'incapacità o meno di intendere e di volere di Mirko, presenza o meno di un curatore che agisce invece per gli atti amministrativi.

Situazione abitativa

Luogo di residenza, da quanto tempo Mirko non ha fissa dimora, luoghi scelti per trascorrere le notti (stazioni, giardini pubblici, ponti, ecc.), mezzi per ripararsi dal freddo e dalle intemperie (coperte, cartoni, ecc., eventuali spostamenti del soggetto da una località all'altra, luoghi in cui Mirko decide di vivere, eventuale scelta di vita da senzatetto, precedente abitazione, lontananza dal centro della città, tipo di abitazione, numero dei vani, condizioni igienico-sanitarie dell'abitazione ed eventuale stato di degrado degli ambienti, disponibilità di accoglienza presso la rete familiare o parentale, appartamento di proprietà dei genitori o in locazione.

Situazione lavorativa ed economica
Grado di istruzione, attività lavorativa svolta e motivo di abbandono del lavoro, eventuale uso di droghe sul posto di lavoro; al termine del recupero inserimento o meno in cooperative sociali di tipo B. Fonti economiche e di reddito di Mirko, utilizzo di soldi per pagare la fornitura di droga, entità di eventuali debiti, riscossione o meno dell'assegno di disoccupazione, avviamento o meno delle pratiche per richiederlo, richiesta o meno del lavoro all'ufficio di collocamento, eventuali espedienti messi in atto per sopravvivere, eventuale condizione di mendicante.

Rete familiare
Composizione del nucleo familiare, relazioni affettive in seno alla famiglia di Mirko, qualità dei rapporti prima e dopo la scoperta della tossicodipendenza del figlio, luogo di residenza della famiglia di origine (vicinanza o lontananza) , frequenza degli incontri e dei contatti telefonici tra familiari, relazioni nella rete parentale, reazione dei familiari di fronte ai problemi connessi alla tossicodipendenza di Mirko, tipo di aiuto fornito dalla famiglia e situazione economica della stessa, impegni dei genitori nel mondo del lavoro, eventuali pensioni di anzianità e/o di invalidità civile, motivazione dei genitori a non sostenere più il figlio, reazione di Mirko di fronte a tale decisione, figura parentale vicina al ragazzo, disponibilità o meno della rete familiare di offrire aiuto al giovane, disponibilità o meno di fornire aiuto economico per gli oneri assistenziali di Mirko.
Storia della famiglia d'origine, dati significativi che emergono da tale storia, carattere di multi problematicità o meno della famiglia, presenza o meno di un familiare che si trova in una situazione analoga a quella di Mirko, particolari patologie dei genitori e dei parenti.
Conoscenza dei servizi sociali presenti sul territorio, conoscenza del tipo di prestazioni ed interventi attuati dai servizi, fiducia o meno nei servizi sociali, opinioni dei familiari sui servizi, disponibilità o meno a partecipare attivamente al processo di aiuto, nominativo del familiare a cui il servizio si può rivolgere in caso di necessità o emergenza.

Rete amicale e vicinale
Eventuale presenza di una fidanzata che possa sostenere Mirko, persona a cui egli è affezionato, appartenenza o meno ad un gruppo, numero di componenti del gruppo, gruppo misto o meno, qualità dei rapporti all'interno della rete amicale, grado di dipendenza, autonomia, rispetto alle decisioni assunte dal gruppo, continuità o meno nelle relazioni amicali, interessi comuni, tipo di eventuale difficoltà relazionale, capacità e potenzialità degli amici, interessamento da parte degli amici di far uscire Mirko dalla droga, eventuali droghe assunte dai componenti della rete amicale, conoscenze e amicizie che hanno portato il giovane a far uso di stupefacenti, presenza o meno di amici disposti a collaborare al progetto di aiuto, eventuali aiuti già offerti e risultati ottenuti a seguito dei tentativi di aiuto, nominativo di persona di riferimento da contattare in caso di bisogno o emergenza.

Rapporti con i vicini di casa, conoscenti, colleghi, datore di lavoro
Accettazione o meno di Mirko da parte di conoscenti, disponibilità o meno a collaborare con i servizi da parte della rete vicinale.

Rete dei servizi
Presenza o assenza di servizi sanitari, sociali (SerT, Consultorio familiare, Segretariato sociale, Servizio sociale di base, Mensa dei poveri, Centro di prima accoglienza notturna, Centro diurno per tossicodipendenti, Comunità terapeutica), di Associazioni di volontariato, di Cooperative sociali di tipo A e B, tipo di interventi erogati nel territorio, qualità dei servizi, tipo di prevenzione fornita dagli Enti pubblici locali per le tossicodipendenze. Distanza dalla comunità terapeutica dal luogo di residenza di Mirko,

interventi e metodi utilizzati all'interno della comunità terapeutica, tipo di rapporto stabilito da Mirko con le figure professionali che lavorano all'interno del servizio, altri eventuali servizi già utilizzati (Assistenza abitativa, Inserimento lavorativo protetto, ecc.), operatori che hanno precedentemente preso in carico Mirko, tipo di documentazione giacente presso i servizi sociali o altre strutture, risultati ottenuti a seguito dell'attuazione degli interventi precedenti, eventuali cause del fallimento dei programmi di assistenza.

Come è possibile reperire questi dati?
È possibile reperire i dati riguardanti il destinatario del progetto d'aiuto attraverso i colloqui professionali che l'assistente sociale terrà con Mirko e con la sua rete sociale. Durante tali incontri l'operatore sociale dovrà mettere a proprio agio i suoi interlocutori e principalmente Mirko, in modo tale che egli acquisisca fiducia nell'operatore che lo prenderà in carico ed esprima liberamente il suo vissuto e i propri bisogni. Informazioni utili potranno scaturire dall'interpretazione del linguaggio verbale (tono della voce, pause, ecc.) e non verbale, con un attento esame della mimica e della gestualità che accompagnano, integrano e/o sostituiscono la comunicazione verbale, della postura, dell'atteggiamento, del contatto corporeo e della distanza. Al fine di non tralasciare alcun dato utile, l'assistente sociale userà apposite griglie di osservazione.
Durante il primo colloquio Mirko dovrà sentirsi a suo agio e libero di parlare di sé, senza fretta e senza limiti posti da domande dirette o da questionari da compilare.

Il colloquio professionale, secondo le tecniche comunicative relazionali enunciate da Carl Rogers (famoso psicoterapeuta che parla di psicoterapia centrata sul cliente) finalizzate a favorire la comunicazione, dovrà essere condotto in modo non direttivo, cioè l'operatore dovrà lasciare libero l'utente di seguire, nel racconto, il filo logico dei suoi pensieri. A tale proposito Roger propone la "tecnica ad eco", che consiste nel ripetere con ricorrenza l'ultima affermazione che l'utente pronuncia con lo scopo di fargli capire che lo si sta ascoltando con molta attenzione.
Durante i colloqui l'operatore raccoglierà i dati relativi alle condizioni pregresse, al carattere, all'affettività, al comportamento dell'utente e dai suoi tentativi fatti per risolvere la situazione. Per reperire altre informazioni e per verificare la situazione, l'assistente sociale effettua varie visite al domicilio del soggetto che richiede aiuto per capire la situazione abitativa, le condizioni igienico-sanitarie dell'ambiente, la pulizia e l'ordine dei locali, ecc.
La principale fonte d'informazione è rappresentata da Mirko, dalla rete familiare, parentale, amicale e di vicinato, dai colleghi e dal datore di lavoro, dal medico di base, dagli operatori che precedentemente lo hanno preso in carico, dalle Forze dell'Ordine; inoltre eventuali cartelle cliniche archiviate presso la comunità terapeutica in cui Mirko era stato ospite possono fornire una valida documentazione.

Chi è l'operatore sociale che ha il compito di prendere in carico Mirko?
L'operatore professionale che ha il compito di avere con Mirko il primo colloquio professionale e prendere in carico il caso è l'assistente sociale del servizio sociale di base. Questo servizio, gestito dal Comune, vede come protagonista l'utente che, trovandosi in uno stato di bisogno, si rivolge al servizio. Presso il servizio sociale di base l'assistente sociale accoglie il soggetto, cercando di instaurare un rapporto basato sulla fiducia reciproca e di dimostrare nei suoi confronti un atteggiamento empatico (mettersi nei panni dell'altro rimanendone però distaccato); inoltre l'operatore non deve esprimere valutazioni affrettate e deve essere realista nell'aiutare Mirko a superare la situazione che sta vivendo.
L'assistente sociale è quindi la prima persona ad avere un vero e proprio contatto con l'utente e cercherà di capire la natura del problema, i suoi bisogni impliciti ed espliciti e le sue aspettative. L'assistente sociale dovrà definire il bisogno-problema, l'importanza che il problema ha assunto per lui, gli sforzi

che sono stati fatti per cercare di superare la situazione di disagio, le aspettative che Mirko ha sviluppato quando ha deciso di affidarsi al servizio, i suoi bisogni di sicurezza e di fiducia, di autonomia di rispetto della propria dignità e per ciò che l'ha spinto a drogarsi.
In questo contesto l'assistente sociale dovrà analizzare il linguaggio non verbale, fondamentale per capire se ciò che l'utente comunica a parole corrisponde a ciò che pensa realmente. Il linguaggio non verbale trasmette i sentimenti ed esprime ciò che le parole non sempre sono in grado di dire. Qualora la comunicazione non verbale non corrisponda a quella verbale, si parla di comunicazione contraddittoria (disfunzionale), e può essere dettata scarsa fiducia nel servizio o nelle persone che l'utente ha di fronte.
L'assistente sociale, nel momento in cui riceve l'utente, lo ascolta e accoglie il suo bisogno-problema; cercando di capire il soggetto si prende cura di lui, prende in carico il cliente e le sue problematiche, predisponendo idonei interventi socio-assistenziali. In questo caso l'assistente sociale cercherà di riallacciare i rapporti con la famiglia di origine di Mirko, individuando le dinamiche interpersonali. Se i contatti non dessero l'esito sperato si può dedurre che la famiglia o è iperprotettiva, o intransigente, o troppo esigente, ecc.
In base a quello che emerge durante il colloquio con Mirko e i suoi familiari, l'assistente sociale dovrà eseguire un lavoro di pianificazione (*planning*). Tale procedimento consentirà all'operatore di trovare risposte più adeguate al caso poiché lavorerà con metodo, con ordine e razionalità, escludendo l'improvvisazione, la perdita di energia e di tempo prezioso.
Per stilare una precisa e dettagliata programmazione, l'operatore dovrà articolare il proprio lavoro nelle seguenti fasi:

- analisi del problema;
- analisi del contesto;
- definizione degli obiettivi;
- progettazione di interventi, metodi, spazi, tempi;
- stipula del contratto tra gli attori del progetto di aiuto;
- attuazione degli interventi;
- verifica e valutazione.

Nella prima fase si analizzano tre fattori:

- i bisogni, il cui non appagamento ha comportato l'insorgenza del problema;
- aspettative e intenzioni dell'utente e del committente;
- caratteristiche psico-fisiche del soggetto a cui è rivolto il progetto d'aiuto.

Nell'analisi del contesto occorre considerare le risorse ed i vincoli. Le risorse sono i mezzi che favoriscono l'attuazione del progetto, e possono essere le finanze, le persone, le competenze e le strutture messe a disposizione.
I vincoli costituiscono un ostacolo per l'attuazione del progetto, e sono per esempio le normative rigorose, le scadenze troppo rigide, la mancanza di risorse (servizi, personale, attrezzature, ecc.).
Nella definizione degli obiettivi vengono indicate le mete, gli scopi, le finalità che l'operatore deve conseguire. Perché tutto venga programmato in modo corretto è importante che l'operatore abbia chiara la situazione di partenza. Gli obiettivi devono essere concreti e realizzabili, e non vaghi o generici.
Nella fase della progettazione l'operatore sociale prevede le attività da svolgere, i metodi da seguire, il materiale e gli strumenti da adottare, gli spazi da utilizzare e le scadenze da rispettare. In questa fase all'interno dell'équipe multidisciplinare verranno distribuiti i compiti tra gli operatori. Infine verrà presentato il progetto all'utente e alla sua famiglia, e si procederà alla stipula del contratto, cioè verranno messi per iscritto gli accordi presi da parte degli attori (l'assistito e tutte le persone che prendono parte all'attuazione del piano d'aiuto) e si predisporranno gli interventi previsti secondo le metodologie stabilite.
Durante la realizzazione del lavoro sociale vengono attuate verifiche in itinere (intermedie) per controllare l'andamento del lavoro e i risultati che si stanno conseguendo. Al termine del lavoro, attraverso la verifica finale, si avrà un quadro completo degli obiettivi raggiunti. Le verifiche consentono una re-

visione di quanto realizzato. Nel caso in cui gli obiettivi non siano stati pienamente conseguiti e si sia verificato un blocco nello svolgimento del programma previsto, l'operatore sociale dovrà individuare i punti di debolezza del progetto e ridefinire l'analisi della situazione iniziale e del contesto, nonché l'identificazione degli obiettivi, dei metodi, degli strumenti, dei tempi, degli spazi, delle persone coinvolte nel processo di aiuto (familiari, amici, operatori, ecc.).
Nel caso sia stato raggiunto l'obiettivo prefissato e il problema sia stato definitivamente risolto, il processo di aiuto si potrà considerare concluso.
Durante la fase della valutazione, l'assistente sociale e gli altri componenti dell'équipe professionale si esprimono in modo critico sulla qualità del lavoro svolto, secondo parametri di efficacia ed efficienza.
Nel corso del proprio lavoro, ogni operatore del team multidisciplinare dovrà documentare il lavoro che svolge in modo corretto e preciso. Dovrà annotare e descrivere l'attuazione del processo di cambiamento del cliente su diari, cartelle, registri, verbali di riunioni d'équipe, riassunti, ecc. Occorre essere precisi nel riportare il proprio lavoro in quanto la documentazione è un'importante fonte di informazione poiché permette di verificare come si sta sviluppando il processo di aiuto al cliente.

ANALISI DELLA SITUAZIONE INIZIALE

Mirko, un eroinomane di 30 anni, non ha mezzi di sostentamento non avendo un lavoro stabile; non ha fissa dimora da quando, dopo aver lasciato la comunità di recupero, i genitori lo hanno cacciato di casa, e per qualche tempo è stato ospitato da alcuni amici che vivevano di espedienti. A volte dorme nelle sale d'aspetto della stazione ferroviaria ed è lì che, una sera, è stato avvicinato da un volontario della Caritas che lo ha convinto a prendere contatti con un assistente sociale.
Mirko è un tossicodipendente e secondo l'OMS la tossicodipendenza è uno stato d'intossicazione cronica prodotta dalle ripetute assunzioni di una sostanza naturale o sintetica (eroina, cocaina, hashish, morfina, anfetamina, ecc.).
L'abuso di stupefacenti comporta dipendenza fisica o psichica.
Quando l'organismo sviluppa tolleranza o assuefazione alla droga si ha dipendenza da sostanze stupefacenti, che porta a crisi di astinenza durante le quali il tossicodipendente che non può assumere droga manifesta un quadro sintomatologico grave. Un soggetto in crisi di astinenza può presentare nausea, tremori, perdita di appetito, insonnia, ecc. L'uso continuo di sostanze comporta il bisogno di aumentare sempre le dosi sviluppando così nel soggetto una forte dipendenza psichica e una grande irrequietezza. Il soggetto avverte l'irresistibile bisogno di drogarsi ed è disposto a tutto pur di procurarsi la sostanza; a causa della dipendenza le sue azioni possono essere incontrollabili e spingerlo a commettere reati di varia entità.
La tossicodipendenza implica il sorgere di problemi mentali e/o la disgregazione della personalità.
Nel caso preso in esame, Mirko è un eroinomane. L'eroina è una sostanza estratta dal papavero e sottoposta a successive raffinazioni, si presenta come una polvere finissima bianca ed è venduta in bustine. Spesso è tagliata con altre sostanze, come borotalco, bicarbonato, gesso, ecc., che ne accentuano l'azione depressiva, anestetica e che contrastano gli effetti secondari sgradevoli ma che la rendono ancora più pericolosa di quanto non sia già. L'eroina può essere sniffata, fumata o iniettata.
La storia di un eroinomane si può distinguere in due fasi:

- quella che precede l'instaurarsi della dipendenza;
- la dipendenza vera e propria.

Prima della dipendenza, il soggetto ha la consapevolezza di poterla rifiutare in qualsiasi momento. Spesso precedenti esperienze con l'uso di sostanze che non inducono dipendenza fisica sono di grande sostegno alla convinzione di poter dominare l'eroina.
In una prima fase l'eroina può essere una curiosità, un modo di dimostrare coraggio in un gruppo, un segno dell'appartenenza al gruppo stesso.

Oltre tutto tale sostanza è capace di dare una sensazione improvvisa di euforia e benessere, cancellando ogni traccia di dolore fisico e morale. La dipendenza fisica all'eroina si instaura nel giro di 3-4 settimane. A distanza di 15-20 ore dall'ultima somministrazione possono comparire segni di astinenza, come nausea, vomito, diminuzione del battito cardiaco.
Socialmente, l'eroina, come le altre droghe, ha effetti devastanti. Chi assume questa sostanza si emargina e perde progressivamente ogni forma di interesse per la vita. In fase avanzata porta alla perdita di rispetto per sé e per gli altri e per la propria dignità. Il tossicodipendente è disposto a fare qualsiasi cosa pur di avere la sua dose di droga giornaliera e proprio per questo molti eroinomani commettono furti, scippi, rapine, ecc. Ciò è accaduto anche a Mirko, poiché ha precedenti penali.
Le condizioni di salute del giovane, sebbene non esplicitate nel caso, possono essere dedotte poiché egli si droga da nove anni e si può presumere che il suo fisico abbia subito molti danni, soprattutto a livello cerebrale, poiché l'eroina apporta un calo dell'attenzione, della prontezza dei riflessi e della memoria lasciando nel tempo danni permanenti.
Per quanto riguarda il profilo psicologico, non sappiamo perché Mirko abbia iniziato a drogarsi. Ad avvicinare i giovani alla droga possono essere forti delusioni d'amore, la non accettazione di se stessi, l'influenza degli amici nelle proprie scelte.
Possiamo desumere che il carattere e la personalità di Mirko sono fragili dal fatto che è stato per un breve periodo in una comunità terapeutica per disintossicarsi, ma non sopportando le difficoltà che comportava uscire dal tunnel della droga ha abbandonato la comunità.
Sul piano sociale, Mirko è spinto verso la solitudine e l'introversione, gli amici che attualmente frequenta sono tossicodipendenti come lui e vivono anche essi alla giornata.
Non conosciamo il reale motivo per cui i genitori non lo hanno voluto a casa, non si sa se Mirko gli avesse minacciati o malmenati per avere i soldi necessari per drogarsi. Spesso succede che fra le mura domestiche si consumino drammi e scene di violenza che vedono come protagonisti i tossicodipendenti e i loro familiari.
Il rapporto con il tossicodipendente è spesso difficoltoso e frustrante; la realtà per il drogato è spesso deformata ed acquista il significato che più gli conviene. La colpa del suo comportamento è attribuita sempre più agli altri, essendo il vittimismo una caratteristica del tossicodipendente.

BISOGNI

- bisogni fisiologici;
- bisogno di sicurezza (di ordine, di regole, di essere controllato, di stabilità);
- bisogno di amore e appartenenza;
- bisogno di autostima;
- bisogno di stima;
- bisogno di recuperare una propria condizione di salute; bisogno di socializzazione;
- bisogno di fiducia da parte degli altri;
- bisogno di rispetto;
- bisogno di accettazione e tolleranza da parte degli altri;
- bisogno di ristabilire rapporti con i propri genitori;
- bisogno di sviluppare le proprie potenzialità;
- bisogno di rielaborare il proprio vissuto per comprendere le cause del problema e trovare una soluzione adeguata;
- bisogno di costruire la propria identità;
- bisogno di autonomia;
- bisogno di dignità.

ANALISI DEL CONTESTO

RISORSE

Le risorse sono mezzi, strumenti che favoriscono l'attuazione del progetto. Sono individuabili nell'analisi del contesto (seconda fase della progettazione).
Le risorse possono essere personali, familiari, amicali e territoriali.

Risorse personali:

- età di Mirko, che può permettere il recupero con minori difficoltà;
- vissuto personale di Mirko, che fino a 21 anni era apparentemente sereno e tranquillo;
- eventuali abilità, capacità e competenze che gli possono permettere di trovare interiormente risorse valide per uscire dal giro;
- titolo di studio che gli permette un eventuale collocamento lavorativo adeguato alle sue capacità e conoscenze;
- disponibilità a svolgere lavori saltuari di qualsiasi tipo;
- disponibilità a prendere contatti con l'assistente sociale e a rivolgersi presso il Servizio sociale di base;
- eventuale volontà di recupero;
- eventuale disponibilità da parte del soggetto a risolvere il problema.

Risorse familiari:

- sostegno genitoriale interrotto dopo l'abbandono della comunità terapeutica da parte di Mirko;
- rifiuto da parte dei genitori di continuare ad aiutarlo nel tentativo di responsabilizzarlo;
- eventuale collaborazione futura da parte dei genitori a partecipare al processo di aiuto;
- eventuale disponibilità di parenti che possono garantire aiuto a Mirko.

Risorse amicali:

- frequentazione di amici anche se provengono dal suo ambiente (gli amici tossicodipendenti sono da considerare anche un vincolo);
- disponibilità a ospitare Mirko;
- possibile collaborazione da parte di alcuni amici alla relazione d'aiuto;
- eventuali amici che non presentino i suoi stessi problemi.

Risorse territoriali:

Si presume siano possibili nella zona le seguenti risorse:

- ASL;
- Segretariato sociale;
- Servizio sociale di base;
- Consultorio familiare;
- SerT;
- Centro di pronta accoglienza;
- Centro di accoglienza notturna;
- Centro diurno;
- Gruppo di auto-aiuto e auto-mutuo-aiuto;
- Caritas e altre associazioni di volontariato;
- Cooperative sociali di tipo B;
- Operatori sociali motivati e competenti.

VINCOLI

I vincoli sono ostacoli che impediscono l'attuazione del progetto e si analizzano nell'analisi del contesto. Essi possono essere personali, familiari, territoriali.

Vincoli personali:

- stato di tossicodipendenza;
- nove anni di dipendenza da droga;
- problemi con la giustizia (furto commesso ai danni di un gioielliere);
- difficoltà nel raggiungere il minimo vitale;
- precedenti penali;
- mancanza di autostima;
- mancanza di una fissa dimora;
- lavoro saltuario;
- allontanamento dalla comunità terapeutica;
- rifiuto di seguire il programma riabilitativo;
- debolezza dimostrata nell'aver interrotto la terapia riabilitativa;
- stato di solitudine e depressione;
- eventuale stato di disperazione per la paura di non uscire dal giro;
- eventuale perdita dell'autonomia;
- eventuale sfiducia verso i Servizi sociali.

Vincoli familiari:

- scoperta in ritardo della tossicodipendenza di Mirko;
- rifiuto da parte dei genitori di sostenerlo dopo l'abbandono della comunità;
- allontanamento del figlio dalla propria abitazione;
- eventuale mancanza di disponibilità nell'accettare nuovamente il figlio a casa.

Vincoli amicali:

- frequentazione di amici che vivono di espedienti;
- eventuale rifiuto da parte degli amici di collaborare alla realizzazione del progetto di aiuto.

Vincoli territoriali:

- eventuale mancanza di servizi territoriali;
- eventuale inefficienza dei servizi;
- eventuale mancanza di collegamento tra gli interventi;
- eventuale mancanza di operatori disponibili a seguire Mirko nel progetto di recupero;
- eventuale presenza di operatori in fase di burn out;
- eventuale assenza di un'équipe di lavoro;
- tempi brevi o limitati per realizzare il progetto di aiuto.

OBIETTIVI

- favorire il recupero del benessere psico-fisico e sociale;
- garantire il soddisfacimento dei bisogni fisiologici;
- garantire il soddisfacimento dei bisogni di sicurezza, di ordine, di regole, di essere controllato;
- garantire il soddisfacimento dei bisogni di amore e appartenenza, di accettazione, di tolleranza, di stima, di rispetto, di dignità;
- favorire il raggiungimento dell'equilibrio psicologico;
- favorire il raggiungimento dell'autonomia;
- promuovere la socializzazione;
- favorire la formazione dell'identità di Mirko.

INTERVENTI

- prestazioni mediche e sanitarie fornite dall'ASL. L'Azienda Sanitaria Locale è il complesso dei presidi ospedalieri, dei distretti sanitari di base che sono diretti alla tutela della salute psicofisica. Le prestazioni che l'ASL offre sono di prevenzione, cura e riabilitazione.

Alla ASL vengono affidati molti interventi, tra cui:

- la cura delle malattie mentali, in reparti specializzati, con personale specializzato e competente;
- l'assistenza sanitaria di malati di AIDS, che hanno bisogno, nei casi terminali, di un'assistenza adeguata e farmaci da assumere solo all'interno della struttura;
- tutti gli interventi per la tossicodipendenza, come propaganda contro la droga, alcol e fumo;
- le prestazioni che l'ASL offre per Mirko sono quelle di routine: analisi, visite mediche, specialistiche, farmaceutiche, riabilitative.

Mirko, vivendo per strada, può utilizzare gli interventi offerti dagli operatori del SerT in orario di apertura del servizio o, se presenti nel territorio, dalle unità mobili del SerT (camper con operatori che girano durante la notte per prestare aiuto e conforto a chi lo richiede).

Interventi erogati dal SerT o UODP

Il SerT è uno dei principali servizi a cui può rivolgersi Mirko, infatti offre molti interventi finalizzati a ottenere il recupero psico-fisico e sociale. Il SerT è gestito dall'ASL ed è stato istituito con la legge 162 del 1990; garantisce alle famiglie e agli utenti la riservatezza del proprio operato ed eventualmente anche l'anonimato. Rivolge, prevalentemente alle fasce più giovani, interventi di informazione e prevenzione verso qualsiasi tipo di dipendenza, di malattie o infezioni che si possono contrarre tramite lo scambio di siringhe o con rapporti sessuali non protetti. Accerta lo stato di salute psico-fisica dell'individuo, la sua condizione sociale, definisce i programmi terapeutici individuali, distribuisce il metadone (sostanza sintetizzata in laboratorio negli anni '40 che, con la progressiva diminuzione, consente la disintossicazione del soggetto).

La disintossicazione farmacologica può avvenire in tempi più o meno brevi, attraverso la somministrazione per via orale. Il metadone sostituisce quindi completamente l'eroina e viene somministrato con dosi a scalare.

La disintossicazione è di regola seguita da una fase di depressione più o meno acuta e con insonnia che persiste per diversi giorni.

Il SerT assicura trattamenti di carattere psicologico, sociale, riabilitativo e medico.

La sequenza terapeutica prevede una prima fase di disintossicazione, una seconda detta psico-sociale ed una terza di normalizzazione.

Il SerT opera il collegamento con strutture ospedaliere, centri di igiene mentale e consultori familiari. Presso tale servizio lavorano medici, infermieri, psicologi, assistenti sociali e operatori.

Consulenza degli operatori del Segretariato sociale.

Il Segretariato sociale è gestito dal Comune o da Enti privati come le parrocchie, i sindacati, i patronati, le associazioni di volontariato e fornice a tutti i cittadini, ad enti e istituzioni, informazioni sulle risorse territoriali in ambito lavorativo, casa, salute, istruzione, tempo libero, previdenza sociale, per tutte le fasce d'età; il servizio fornisce anche informazioni di accesso ai servizi.

Presso il Segretariato sociale lavora personale qualificato, come l'assistente sociale del Servizio sociale territoriale e altri operatori che, in questo caso, potrebbero fornire a Mirko informazioni sulla presenza di gruppi di auto-aiuto e comunità terapeutiche.

Consulenza degli operatori del Servizio sociale di base.

Il Servizio sociale di base è gestito dal Comune ed è rivolto a tutti i cittadini portatori di un problema sociale. Esso informa sui servizi presenti sul territorio, mentre l'assistente sociale che vi lavora aiuta le persone a capire i loro problemi e a cercare soluzioni per affrontarli e risolverli. Oltre all'assistente sociale, vi lavora anche il personale amministrativo.

Inserimento in un Gruppo di auto-aiuto.

I gruppi di auto-aiuto possono costituire per Mirko una valida risorsa per la soluzione del suo problema. Tali gruppi sono formati da pochi membri al fine di favorire le dinamiche relazionali e per permettere ad ognuno di diventare protagonisti. Si possono costituire spontaneamente o in modo organizzato e tutti i membri presentano lo stesso problema sociale.

Nel gruppo di auto-aiuto i problemi che vengono affrontati e discussi sono reali e sentiti da tutti i componenti, che sono chiamati a decidere sui contenuti da perseguire e sull'operato del gruppo. Esistono condizioni favorevoli affinché i componenti del gruppo possano esprimersi con naturalezza e spontaneità e al suo interno vengano valorizzate le esperienze e le competenze dei membri. I gruppi di auto-aiuto sono molto diffusi e coinvolgono vari settori di disagio sociale; tuttavia, sono diffusi soprattutto nelle comunità che hanno un fine terapeutico.

Inserimento in un Centro di pronta accoglienza.

Fino a quando Mirko non entrerà in una comunità potrebbe ricevere accoglienza presso tale servizio, destinato a tutte le persone che si trovano in situazioni problematiche e a rischio di emarginazione. Il centro assicura il soddisfacimento dei bisogni di vitto, alloggio e tutela temporanea; al suo interno lavorano il responsabile di struttura, gli operatori e gli educatori. Il centro è gestito da Enti pubblici o privati no profit. L'ASL garantisce, all'interno del centro, personale specialistico per eventuali prestazioni sanitarie. Il servizio è residenziale e funziona tutto l'anno, ventiquattro ore al giorno, inclusa la domenica.

Inserimento in un Centro di pronto intervento notturno.

Questo servizio può essere utilizzato qualora non fosse presente nel territorio il Centro di pronta accoglienza ed è gestito in convenzione da soggetti privati no profit. Assicura posti letto, pasti e servizi igienici a persone con problemi economici e sprovvisti di abitazione. È aperto solo dalle venti alle otto del mattino e non garantisce alcun diritto sul posto letto occupato per la notte.

Inserimento in un Centro diurno.

Il Centro diurno per tossicodipendenti è rivolto a quei tossicodipendenti con pochi anni di dipendenza e che comunque hanno alle spalle una famiglia in grado di contrastare l'uso di stupefacenti. Il servizio è prevalentemente rivolto ad ex tossicodipendenti per il recupero della loro dignità, per l'integrazione sociale e per la socializzazione.

Inserimento in una Cooperativa Sociale di tipo B.

Le Cooperative Sociali di tipo B offrono un lavoro e almeno il 30% del dipendenti/soci devono essere portatori di un disagio sociale.

Inserimento in una Comunità terapeutica.

Le Comunità terapeutiche sono delle strutture con finalità terapeutiche essenziali per il recupero del soggetto dall'uso di droghe o sostanze che danno assuefazione e dipendenza. La loro importanza è aumentata dopo l'approvazione della legge Jervolino Vassalli del 1992, che le proponeva come alternative al carcere.

Esistono tipologie diverse di comunità e, sebbene abbiano tutte lo stesso fine, esse si discostano l'una dall'altra per organizzazione e approccio al recupero.

Alcuni esempi di comunità:

- comunità gestite dal CNCA (Coordinamento Nazionale delle Comunità di Accoglienza), come il gruppo Abele, che è stato fondato da don Luigi Ciotti ed ha sede a Torino;
- comunità gestita dal CEIS (Centro Italiano di Solidarietà);
- Comunità Incontro;
- comunità centrate sul progetto Exodus, ideato da don Mazzi;
- Comunità Giovanni XXIII, fondata da don Bensi;
- Comunità Sasso Montegianni;
- ecc.

L'operatore sociale che prenderà in carico il caso di Mirko dovrà:

- essere equilibrato per evitare eccessi di entusiasmo che sono fuori luogo e controproducenti;
- essere fermo per arginare le richieste del soggetto;
- affrontare il problema della tossicodipendenza di Mirko in modo naturale, senza banalizzare il problema o mostrare indifferenza, atteggiamenti che potrebbero demotivare ulteriormente il soggetto, ma anche senza drammatizzazioni che rinforzerebbero il senso di colpa di Mirko e lo porterebbero a dipendere ancora di più dalla droga e a evitare il recupero;
- informare Mirko in modo completo del programma terapeutico e dei metodi adottati per raggiungere l'obiettivo;
- stimolare Mirko ad assumere un nuovo stile di vita e incoraggiare un processo di maturazione psicologica e di autostima che lo porti a fare a meno della droga;
- aiutare il soggetto ad affrontare i suoi problemi e a comprendere le cause che stanno alla base della sua dipendenza o, qualora ne sia consapevole, aiutarlo a risolverli;
- favorire la percezione, la soddisfazione e la manifestazione dei bisogni del giovane;
- far conoscere a Mirko tutte le risorse del territorio più idonee al soddisfacimento dei suoi bisogni, e se il legame tra il giovane e i tossicodipendenti del territorio è molto forte si può pensare di utilizzare servizi lontani dal territorio di appartenenza;
- promuovere le condizioni necessarie che aiutino Mirko a costruirsi un'identità sollecitandolo ad elaborare il proprio passato per capire il presente e risolvere il problema con l'aiuto di uno psicologo, di un'assistente sociale e/o di altre figure professionali;
- sollecitare Mirko a reagire davanti ai problemi e fornirgli un sostegno morale nei momenti di crisi e di sconforto;
- valorizzare Mirko come persona portatrice di risorse personali e sollecitarlo a recuperare la propria dignità, autonomia e libertà decisionale;
- sollecitare il giovane a credere in se stesso e ad avere fiducia negli altri garantendogli un appoggio costante in modo da creare un rapporto basato sulla fiducia;
- aiutare Mirko a trovare la motivazione per cui lottare e tornare a vivere;
- attuare interventi idonei ai bisogni del soggetto;
- imporre a Mirko regole precise, che possono responsabilizzarlo e garantirgli il soddisfacimento dei bisogni di sicurezza.

Per una persona come Mirko, che non ha saputo assumersi le proprie responsabilità, la formulazione di regole è l'elemento più importante per arrivare alla formazione di un modello di vita migliore.
Il soggetto ha bisogno di norme precise da rispettare perché con l'abbandono da parte della famiglia ha visto crollare i suoi punti di riferimento, qualora la famiglia fosse estranea alle cause che hanno portato Mirko all'assunzione di droghe. Ora è l'operatore a dover fornire regole e pretendere che vengano rispettate, a ripristinare un controllo che lo aiuti a vedere in modo chiaro e coerente cosa deve fare per il proprio benessere e per quello degli altri.
Le regole che l'operatore sociale può formulare possono essere anche banali e semplici, ma sono fondamentali, come stabilire l'orario dei pasti, la scansione delle attività quotidiane, svolgere le attività proposte con impegno, non assumere sostanze come alcol, evitare di frequentare compagnie inadeguate, collaborare con gli operatori, ecc.
Sarà opportuno riconoscere e dare valore ad ogni minima modifica positiva del comportamento di Mirko, rinforzare ogni suo comportamento adeguato con premi, gratificazioni e riconoscimenti. L'imposizione di svolgere dei compiti servirà a Mirko come mezzo per rafforzare il proprio carattere: fare le pulizie, apparecchiare, riordinare, ecc.
È essenziale fornire a Mirko modelli di comportamento al fine di favorire il cambiamento e creare supporti per un modello di vita migliore.

L'operatore dovrà:

- fornire condizioni che sollecitino Mirko a socializzare e a realizzare i rapporti con i familiari che lo aiuteranno a soddisfare i bisogni di amore ed appartenenza;
- promuovere l'allontanamento di Mirko da "cattive compagnie" per la formazione di amicizie valide che lo incitino a concludere il suo processo riabilitativo: per far sì che si creino nuove relazioni è opportuno che si preveda per Mirko l'inserimento in gruppi;
- promuovere iniziative che aiutino Mirko ad inserirsi all'interno di un gruppo, sia esso di auto-aiuto o di auto-mutuo-aiuto;
- aiutare Mirko a ristabilire il legame con la famiglia, che potrebbe essere un valido aiuto per la realizzazione del progetto;
- incoraggiare la famiglia a sostenere il figlio cercando di coinvolgerla nella relazione d'aiuto.
- se l'atteggiamento dei genitori risultasse inadeguato perché troppo rigido o autoritario, è compito dell'équipe far sì che la famiglia comprenda la vera natura del fenomeno che ha coinvolto Mirko;
- favorire il coinvolgimento della rete amicale e il vicinato nel progetto di aiuto instaurando rapporti di collaborazione con la rete sociale in cui il soggetto è inscrito;
- fargli svolgere attività lavorative a lui più consone per garantire il reinserimento nel mondo del lavoro;
- fornire un'assistenza di tipo sociale, come la ricerca del lavoro, della casa, ecc.
- tenere un'accurata documentazione dei progressi compiuti da Mirko: ciò servirà anche come mezzo per far riavvicinare i genitori che vedendo i progressi e l'impegno potrebbero decidere di dare una nuova possibilità al figlio.

FIGURE PROFESSIONALI

Le figure professionali coinvolte nel processo di aiuto e che compongono l'équipe possono essere:

L'assistente sociale del SerT, che è la prima figura a entrare in contatto con Mirko ed eventualmente con la famiglia. Ha il compito di trovare una Comunità terapeutica in grado di aiutare il giovane ad affrontare e perseguire un percorso di recupero. La scelta della comunità viene fatta in accordo con l'utente, valutando anche il metodo utilizzato dalla comunità per raggiungere lo scopo. L'assistente sociale analizza eventuali vincoli che si possono creare tenendo conto dell'ambiente di provenienza e delle variabili ambientali e familiari.

Il responsabile della comunità che ospiterà il ragazzo, il quale dovrà stilare con lo psicologo e gli operatori della comunità un programma di recupero che tenga conto dei problemi di Mirko, dei bisogni emersi e segnalati dall'assistente sociale e dallo psicologo del SerT. Il percorso che verrà deciso si baserà principalmente sull'acquisizione dell'autostima e sul rispetto di sé. Per raggiungere tali obiettivi il percorso è lungo e tortuoso, poiché il drogato non ha più chiaro il concetto di stima e fiducia nelle proprie capacità. Egli pensa di non farcela e preferisce fuggire davanti ai problemi invece di risolverli.

Lo psicologo della comunità rappresenta un sostegno, una persona a cui ricorrere nei momenti difficili della disintossicazione. Il percorso del tossicodipendente non è facile perché la dipendenza psicologica da droga è talmente complessa che l'OMS ha definito il drogato come affetto da malattia cronica, anche se essa è considerata guaribile. Questo professionista ha il compito di aiutare Mirko a contenere i suoi sfoghi aggressivi e le sue voglie irrefrenabili.

Gli operatori della comunità sono coloro che hanno il compito di seguire gli ospiti nella quotidianità, affidando loro mansioni che li tengano impegnati, li stanchino e non diano loro il tempo di pensare o di sognare sballi, fughe, ecc. Essi sono sempre presenti nella struttura, seguendo turni stabiliti e assicurando il servizio nelle ventiquattro ore. Sono figure di controllo discrete che vengono percepite in modo umano e non repressivo.

L'infermiere è presente nella comunità per somministrare le medicine adatte alle patologie degli ospiti. Si sa che la droga crea nell'organismo ingenti danni che possono andare dalla semplice epatite alla complessa HIV.

La figura del medico è una figura esterna, nelle piccole comunità, ed ha la funzione di visitare gli ospiti ammalati e di prescrivere le medicine.
Il metadone viene fornito dietro richiesta medica e può essere dato solo a chi ha dipendenza da narcotici, cioè chi usa eroina, morfina, ecc. A lungo andare danneggia il fegato e i reni.

Lo psichiatra è una figura esterna al servizio e si occupa degli ospiti che presentano danni psichiatrici causati dalle sostanze stupefacenti. Si sa che certe sostanze alterano le cellule nervose fino ad arrivare a distruggerle, creando così deficit mentali.

VERIFICA E VALUTAZIONE

Dopo aver stabilito un piano di intervento e i tempi di attuazione al fine di controllare il raggiungimento degli obiettivi e di controllare l'efficacia del programma socio-assistenziale, occorre effettuare delle verifiche intermedie e finale e, se si reputa opportuno, modificare alcune strategie.
Vengono stabiliti dei criteri per esprimere un giudizio sui risultati conseguiti.
Si tratta di osservare e valutare, durante l'iter e al termine della realizzazione del progetto di recupero, i comportamenti significativi dal punto di vista dell'accettazione del percorso di recupero, il grado di autonomia raggiunto, se il soggetto ha iniziato a sviluppare la stima in sé e nelle sue capacità, se manifesta abilità strumentali o sociali. Va osservata, inoltre, la condizione psichica con particolare attenzione alla sfera relazionale, emotiva e affettiva.
La valutazione e la verifica si avvalgono di strumenti specifici: prestazioni lavorative, colloqui con operatori e psicologo, griglie di osservazione, documentazione prodotta durante l'iter del processo di aiuto. Questi indicatori servono a verificare il grado di raggiungimento degli obiettivi da un punto di vista quantitativo e per valutare il percorso seguito da un punto di vista qualitativo, secondo parametri di efficacia, di coerenza e di integrazione degli interventi attuati dalle diverse figure professionali.
Nella valutazione devono essere messi in discussione sia i comportamenti che i ruoli adottati dagli operatori e le scelte metodologiche.
Qualora i risultati siano stati raggiunti parzialmente, occorre stabilire se le varie tappe del percorso d'aiuto sono state attuate correttamente o se la fragilità del soggetto ha impedito la completa realizzazione della relazione d'aiuto nei tempi stabiliti. Nel caso in cui fosse necessaria una revisione del progetto, l'équipe che ha seguito il percorso dovrà analizzare nuovamente i bisogni e il problema, ridefinire gli obiettivi e gli interventi e stabilire nuovi tempi e modalità di verifica e valutazione.

SVILUPPA LE COMPETENZE

▶ **Spiega le seguenti frasi.**

Lo scopo della comunicazione è ciò che voglio ottenere.

....

....

....

....

La Comunicazione Facilitata non si configura a livello scolastico come riabilitazione, né come intervento didattico.

....

....

....

....

....

I gruppi terapeutici hanno al loro interno un facilitatore che contribuisce al buon funzionamento del gruppo.

....

....

....

....

La rete sociale indica un collegamento tra diversi livelli: persone, risorse, servizi e relazioni.

....

....

....

....

....

....

SVILUPPA LE COMPETENZE

▶ **Risolvi il seguente caso**

Matteo, 38 anni, vive con la moglie e un figlio in un appartamento in periferia di una grande città. L'uomo, di salute cagionevole a causa della disfunzione tiroidea, ha perso il lavoro quando la fabbrica di ceramiche nella quale era impiegato ha deciso di chiudere a causa di un elevato passivo aziendale. Attualmente Matteo è in cassa integrazione, e ciò lo avvilisce, per cui il clima familiare non è dei migliori. Gianna, sua moglie, lavora dal giovedì a domenica come aiuto cuoca in un ristorante ed è molto apprezzata, ma riceve uno stipendio di 600 €. Quando torna a casa la sera porta a casa ciò che è avanzato dalla cucina, e ciò permette loro di avere un'alimentazione varia ed equilibrata. Il figlio frequenta la 4 elementare e si sente a disagio quando i compagni di scuola gli chiedono che lavoro fanno i genitori. Vorrebbe rispondere, ma preferisce chiudersi in un mutismo difensivo. La sera vede il babbo avvilito e rissoso, e ciò provoca in lui rabbia che ultimamente sfoga con comportamenti aggressivi verso i compagni.

- Individua il problema e l'obiettivo.
- Quali sono i dati mancanti utili per pianificare il progetto d'aiuto?
- Individua gli eventuali vincoli presenti.
- Trova le soluzioni adeguate.
- Individua eventuali servizi /interventi.

FASE 1 → • lavoro, assistenza medica, assistente sociale, psicologo psichiatra
• Matteo, maschio, 38 anni
• Figlio, 9 ANNI, maschio / COMMITTENTE: FAMIGLIA
RISORSE: 600 € della moglie
VINCOLI: Assenza di lavoro, malattia, stressato, problemi familiari, [illegible]
BISOGNI: assistenza medica, posto di lavoro

Completa le seguenti frasi.

a. L'igiene delle mani è essenziale per evitare la diffusione di ....

b. I bisogni si suddividono in bisogni sociali e ....

c. L'assistenza giornaliera del malato vede coinvolti: familiari, l'assistenza ufficiale e istituzionalizzata e ....

d. La presa in carico del disabile deve analizzare ....

e. L'igiene degli strumenti si basa su: decontaminazione, ... e ....

VERO o FALSO.

		V	F
1.	Nei gruppi di terapia alcuni sono spontanei.	☐	☐
2.	Ogni organizzazione lavorativa è basata sulle regole.	☐	☐
3.	Gli interventi d'aiuto si eseguono a seconda della volontà dell'operatore.	☐	☐
4.	L'alloggio per i malati di demenza è un problema secondario.	☐	☐
5.	Un obiettivo per i disabili è garantire la socializzazione con i coetanei.	☐	☐
6.	La recessione ha influito sul Welfare.	☐	☐
7.	La casa protetta accoglie anziani autosufficienti.	☐	☐
8.	La LIS (Lingua Italiana dei Segni) è una forma di comunicazione facilitata.	☐	☐
9.	Il lavoro dell'operatore è sempre diretto.	☐	☐
10.	Il caregiver aiuta la famiglia nell'accudimento della persona non autosufficiente.	☐	☐
11.	L'obiettivo nella relazione d'aiuto è legato alla patologia dell'utente ed è sottoposto a cambiamenti.	☐	☐
12.	L'aiuto alle persone in stato di bisogno esisteva prima del 1948.	☐	☐
13.	La deontologia professionale si basa su regole relative al comportamento professionale.	☐	☐
14.	No profit significa che nell'azienda sono presenti lavoratori che lavorano senza ricevere stipendio.	☐	☐
15.	Le comunità per tossicodipendenti seguono un programma di recupero ben definito.	☐	☐
16.	L'assistenza economica è gestita dalle ASL.	☐	☐
17.	L'operatore sociale ha fra le sue competenze quelle di fare diagnosi mediche.	☐	☐
18.	La ludoteca è un servizio residenziale per i bambini.	☐	☐
19.	Il consultorio familiare è un centro di prevenzione del disagio.	☐	☐

ESERCIZI INTERATTIVI

▸ **Individua i dati che si devono raccogliere per una corretta assistenza alla persona e inseriscili nella griglia.**

Osservazione • terapie seguite • abitudini di vita • l'informazione ricavata dai familiari • dati anagrafici documentazione clinica • attività svolte • diagnosi

▸ **Collega il servizio alla definizione.**

1. Gruppo appartamento
2. Centri ricreativi estivi
3. Condominio solidale
4. Assegno di cura
5. Assegno di accompagnamento
6. Comunità alloggio
7. Laboratorio protetto
8. Centri socio-educativi

a. Garantire ospitalità e aiuto nelle pratiche quotidiane.
b. Sostegno alla famiglia nel peso dell'assistenza. Favorire la socializzazione con l'esterno.
c. Viene dato a chi si prende cura di un soggetto temporaneamente in situazione di non autosufficienza.
d. Svolgere attività artigianali per il mantenimento dell'autonomia.
e. Avviare i minori all'autonomia e all'indipendenza dalle figure adulte.
f. Evitare il ricovero in istituto a soggetti con problemi psicofisici.
g. Favorire la formazione culturale, la socializzazione e lo sviluppo delle capacità cognitive.
h. Viene dato a chi ha un'inabilità pari al 100%.

▸ **Metti nel corretto ordine le fasi del processo di assistenza e inseriscile nella griglia.**

Accertamento • Attuazione del piano • Pianificazione • Valutazione e verifica dei risultati

Capitolo 5
Il tirocinio e l'animazione

Competenze

- Distinguere le varie modalità di attuazione dell'esperienza lavorativa: stage, tirocinio e alternanza.
- Individuare le tecniche di animazione ludiche e culturali più adatte alle varie situazioni di stage.
- Collaborare alla stesura di progetti d'intervento adeguati ai bisogni dell'utente e stilare relazioni d'aiuto.

Abilità

- Applicare le varie tecniche di animazione in riferimento alla tipologia d'utenza.
- Utilizzare in modo adeguato le strutture durante l'esperienza di stage.
- Descrivere le problematiche dell'utenza in relazione al proprio campo d'intervento.

Nell'eBook, oltre agli esercizi interattivi, puoi trovare i seguenti approfondimenti:

- **PDF**: Scheda di valutazione del proprio percorso aziendale
- **PowerPoint**: L'alternanza

Lezione 1: L'alternanza scuola-lavoro e la legge 107/2015

La legge n. 107/2015 prevede il potenziamento dell'offerta formativa in alternanza scuola-lavoro e stabilisce che per gli istituti tecnici e professionali il monte ore complessivo per l'alternanza, nel triennio, non deve essere inferiore a 400 ore

La richiesta da parte delle aziende di assumere personale con adeguate abilità e competenze ha portato ad aumentare gli standard di qualità per rispondere alle richieste di competenze e consentire ai giovani di inserirsi con successo nel mondo del lavoro. A tale proposito sono incentivate le abilità trasversali, tra cui quelle digitali, necessarie a costruire percorsi auto-imprenditoriali legati ai cambiamenti del mercato del lavoro.

Nel novembre 2012 la Commissione Europea ha indicato gli obiettivi per lo sviluppo di un'istruzione e una formazione professionale di eccellenza, che comprende:

- l'apprendimento basato sul lavoro, anche con tirocini di apprendistato, per facilitare il passaggio dallo studio al lavoro;
- il partenariato fra istruzioni pubbliche e private per garantire l'adeguatezza dei curricoli e delle competenze;
- la mobilità, attraverso "Erasmus +".

Il termine apprendistato descrive tutte le tipologie di attività che combinano e alternano la formazione in azienda con l'istruzione impartita a scuola e il cui completamento porta a qualificazioni professionali riconosciute

Il potenziamento dell'offerta formativa in alternanza scuola-lavoro trova riscontro nella legge n.107/2015, che ha inserito tale alternanza in tutti gli indirizzi di scuole secondarie di secondo grado come parte integrante dei percorsi d'istruzione e anche nel Piano triennale dell'offerta formativa.

L'organizzazione impresa-ente che accoglie lo studente assume il ruolo di contesto di apprendimento complementare a quello dell'aula e del laboratorio.

L'alternanza entra nel sistema educativo con la legge n.53 del 2003, che consente ai giovani dal compimento dei 15 anni di svolgere la formazione.

La legge n. 128 del 2013 rafforza la collaborazione, a fini formativi, tra scuola e mondo del lavoro con l'obiettivo di facilitare apprendimenti formali, non formali e informali

L'orientamento, rivolto agli studenti del quinto anno, ha il fine di facilitare una scelta consapevole del percorso di studio e di far conoscere le opportunità lavorative e gli sbocchi occupazionali oltre alle azioni previste dal programma europeo "Garanzia Giovani".

Prima di iniziare il percorso di alternanza, la scuola ha il compito di organizzare corsi di formazione per la tutela della salute e della sicurezza nei luoghi di lavoro, svolti secondo quanto stabilito dal D.lgs. 81/2008.

L'alternanza permette di concretizzare il concetto di pluralità e complementarietà dei diversi approcci nell'apprendimento. È importante, per un corretto apprendimento, diversificarne i luoghi, le modalità e il tempo

L'alternanza scuola-lavoro è una metodologia didattica per:

- attuare modalità di apprendimento flessibili;
- arricchire la formazione acquisita nei percorsi scolastici e formativi;
- favorire l'orientamento dei giovani per valorizzare gli interessi personali;
- realizzare un collegamento tra istituzioni scolastiche e mondo del lavoro;

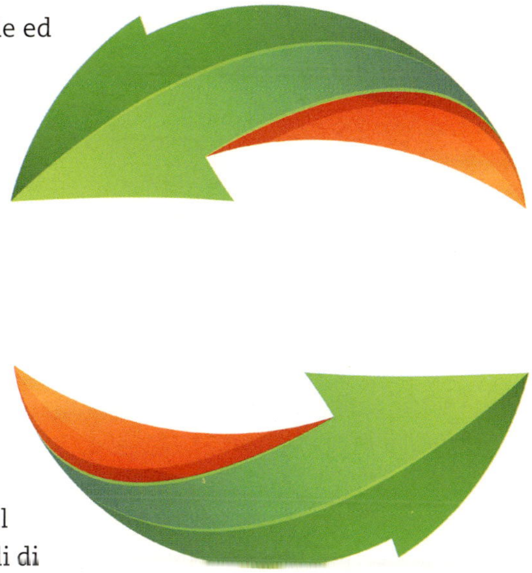

- collegare l'offerta formativa allo sviluppo culturale, sociale ed economico del territorio.
- Le tappe del rapporto scuola-territorio sono:
- analisi del territorio;
- collaborazione tra le diverse realtà;
- stipula di accordi per parternariati stabili.

L'art.1 del decreto legislativo n. 77 del 2005 prevede che i percorsi di alternanza siano gestiti da apposite convenzioni tra la scuola e l'impresa

L'articolo 1 del D.lgs. 77/2005 prevede che i percorsi di alternanza siano progettati, attuati, verificati e valutati sotto la responsabilità della scuola sulla base di apposite convenzioni stipulate con enti pubblici o privati, incluso il Terzo Settore, disponibili ad accogliere gli studenti per periodi di apprendimento in situazione lavorativa che non costituiscono rapporto individuale di lavoro.
La struttura ospitante è un luogo di apprendimento in cui lo studente sviluppa nuove competenze, consolida quelle studiate a scuola e acquisisce la cultura del lavoro attraverso l'esperienza.

La legge 107/2015 prevede un Registro nazionale dell'alternanza e laboratori aperti contro la dispersione e il recupero dei Need

La legge 107/15 prevede un Registro nazionale per l'alternanza articolato in due sezioni:
- una *aperta e consultabile* gratuitamente, in cui sono visibili le imprese e gli enti pubblici e privati disposti a svolgere i percorsi di alternanza e il numero massimo di studenti ammissibili.
- Un'altra *speciale*, contenente i dati identificativi delle imprese per l'alternanza scuola-lavoro. Nella sezione speciale sono riportati elementi relativi all'attività svolta, al fatturato, al sito internet, ecc.

Il dirigente scolastico, avvalendosi del registro nazionale, può individuare le imprese e gli enti con cui stipulare le convenzioni.
Questa legge introduce anche i laboratori aperti anche in orario extra scolastico, pensati per mettere in pratica attività di orientamento al lavoro e di alternanza, ma anche di progetti contro la dispersione scolastica e il recupero dei ragazzi non inseriti nei percorsi di studio né nel mondo del lavoro (Need).

Il CTS riveste un ruolo fondamentale per l'apertura della scuola all'esterno

I nuovi ordinamenti prevedono che la scuola può modificare la propria struttura organizzativa attraverso l'articolazione del Collegio docenti in dipartimenti e la costituzione del Comitato Tecnico Scientifico (CTS). Il CTS riveste un ruolo importante per l'apertura della scuola all'esterno, in quanto svolge un ruolo sinergico tra gli obiettivi educativi della scuola, le innovazioni della ricerca scientifica e tecnologica, le esigenze del territorio e i fabbisogni professionali espressi del mondo del lavoro.

Tocca a te

La Legge 107 del 2015 è innovativa per i licei mentre non porta sostanziali modifiche negli istituti professionali. Sai spiegare il perché di questa affermazione? Puoi aiutarti osservando i diversi percorsi scolastici. Prepara uno specchietto in cui si evidenzia la tua motivazione.

Lezione 2: Stage/tirocinio e alternanza

L'alternanza

Differenza fra tirocinio, stage e alternanza

L'alternanza si articola in periodi di formazione in aula e periodi di apprendimento mediante esperienze di lavoro. La fase di apprendimento che lo studente trascorre in un contesto lavorativo può essere considerata a tutti gli effetti come un tirocinio curriculare (art. 4 Legge 53/2003). Sebbene sia corretto dire che il tirocinio non può essere identificato con l'alternanza, è altrettanto corretto affermare che il tirocinio curriculare è un momento dell'alternanza, ovvero la fase "pratica" di tale percorso, il periodo di formazione svolto dallo studente presso la struttura ospitante. I termini stage e tirocinio indicano sostanzialmente la stessa cosa (da *Attività di alternanza scuola-lavoro – Guida operativa per la scuola*).

Lo stage/tirocinio è stato creato per fare in modo che lo studente sia consapevole della differenza che esiste tra scuola e mondo del lavoro

Il tirocinio aziendale, definito anche stage, appartiene alla grande esperienza dell'alternanza tra formazione e lavoro. Al tirocinante vengono proposte alcune delle condizioni tipiche del lavoro, ma essendo uno studente si trova in una condizione giuridica e sociale diversa da quella del lavoratore. Durante l'esperienza di tirocinio deve essere in grado di prendere delle decisioni, individuare problemi, organizzare e progettare il proprio lavoro, comunicare e lavorare in squadra. L'obiettivo del tirocinio è quello di inserire nel curriculum scolastico esperienze lavorative a carattere formativo, con lo scopo di mettere in pratica i contenuti teorici studiati. Con quest'esperienza lo studente può rendersi conto delle sue capacità e dei suoi limiti evitando così errori nella scelta del primo impiego. Il tirocinante deve abituarsi alla puntualità, alla precisione e alla responsabilità per creare un buon rapporto lavorativo. Altro tipo di alternanza sono le borse estive scuola-lavoro, rivolte prevalentemente al quarto e quinto anno della scuola secondaria superiore, introdotte per la prima volta alla fine degli anni '60 dalla Commissione Scuola del Gruppo Giovani Imprenditori.

Nel periodo di permanenza in azienda ogni tirocinante è seguito e valutato da due tutor: il tutor aziendale e quello interno, entrambi incaricati di seguire lo svolgimento dell'esperienza formativa

Considerato che l'alternanza ha un coinvolgimento curricolare, le discipline sono collegate con l'esperienza di lavoro, e la descrizione degli esiti di apprendimento viene considerata sin dalla progettazione, fase che definisce modalità e strumenti per la certificazione finale.

Tutti i dati comprendenti l'orientamento e l'accesso al mondo del lavoro, le competenze acquisite e le esperienze in alternanza sono presenti nel curriculum dello studente. La *Carta dei diritti e dei doveri degli studenti in alternanza scuola-lavoro* dà allo studente la possibilità di esprimere una valutazione sull'efficacia e sulla coerenza dei percorsi realizzati con il suo indirizzo di studi.

Le figure professionali coinvolte nel percorso di alternanza sono:

- docente tutor interno;
- tutor formativo esterno;
- referente di progetto o docente funzione strumentale per l'alternanza.

Tra il tutor aziendale e quello interno si deve creare un rapporto di chiarezza per quanto riguarda le mansioni da far svolgere allo studente; ciò è indispensabile per far sì che il tutor aziendale possa accogliere e guidare il tirocinante. Il tutor deve anche assegnare compiti che rivestono una certa importanza e manualità, stabilire le fasi del lavoro, scandire i tempi e prevedere momenti di riflessione sul lavoro svolto.

Le fasi di realizzazione di uno stage sono:
- osservativa;
- informativa;
- organizzativa;
- operativa;
- valutativa.

La fase osservativa consiste nella valutazione dei comportamenti degli studenti durante il processo d'insegnamento-apprendimento con particolare attenzione alla motivazione allo studio.
La fase informativa si basa sulla presentazione ai genitori e agli studenti delle finalità e modalità organizzative del progetto.
La fase organizzativa è il momento in cui i docenti cercano di coinvolgere tutti gli studenti, inclusi quelli demotivati.
La fase operativa è lo svolgimento dell'attività prevista, cioè l'inserimento dello studente in azienda.
La fase valutativa è la verifica dei risultati dell'esperienza con la conseguente scheda di valutazione dell'andamento dello stage per ogni studente.

Il tirocinio permette all'alunno di mettersi alla prova e all'azienda di formarlo secondo le sue esigenze

Il tirocinio formativo e di orientamento è uno strumento previsto dalla legge che consente *al giovane*:
- di entrare in un ambiente lavorativo protetto;
- di mettersi alla prova;
- di orientare o verificare le sue scelte professionali;
- di acquisire un'esperienza pratica certificata e che potrà arricchire il suo curriculum.

All'azienda:
- di conoscere potenziali collaboratori da inserire in futuro nel proprio organico;
- di formarli secondo le sue esigenze;
- di instaurare un rapporto che intercorre con il tirocinante di lavoro non subordinato, senza alcun obbligo retributivo e previdenziale e che non obbliga l'azienda ad assumerlo al termine dell'esperienza;
- di fornire comunque allo stagista la copertura INAIL;
- una partecipazione che non comporta spese per il tirocinante;
- a discrezione dell'azienda, di fornire un rimborso spese;
- di sottoscrivere un progetto individuale, inserito nella convenzione, per ogni tirocinio;
- di far seguire costantemente durante il percorso il tirocinante dal tutor aziendale e dal tutor scolastico o dall'ente che promuove il tirocinio.

Le caratteristiche principali del tirocinio sono:
- si svolge sul campo;
- si effettua in contemporanea al percorso scolastico/formativo;
- si caratterizza come esperienza finalizzata all'apprendimento di abilità tecnico/professionali;
- ha bisogno di un tutor che segua l'allievo e lo guidi;
- apre il mondo della scuola all'ambiente esterno;
- trasforma il sapere in saper fare, le conoscenze in competenze.

Tocca a te

Individua tre situazioni che pensi ti possano spaventare durante lo stage e spiega il perché.

Lezione 3: Il tutor nel tirocinio formativo

Durante il tirocinio il tutor ha il compito di seguire il tirocinante nell'esperienza lavorativa
Il tirocinio formativo e di orientamento è un periodo di formazione "*on the job*" in azienda e offre agli alunni l'occasione per un primo approccio con il mondo del lavoro in vista di future offerte occupazionali o l'acquisizione di un'esperienza pratica aggiuntiva rispetto alle sue conoscenze. Il tirocinante potrà così conoscere il lavoro, la sua organizzazione, le tecnologie impiegate in azienda attraverso la partecipazione diretta alle attività lavorative. Si tratta dunque di un'esperienza lavorativa che permette di acquisire competenze specifiche utili per i periodi di lavoro successivi e che serve ad arricchire il curricolo del tirocinante e contribuisce all'attribuzione del credito scolastico.
Durante l'esperienza di tirocinio l'alunno è seguito dai tutor, aziendale e interno, che hanno mansioni diverse, che variano a seconda del periodo scolastico, e devono creare le condizioni per realizzare tirocini di qualità.
Gli studenti con difficoltà nel percorso scolastico possono trovare nell'alternanza modi alternativi di esprimere le proprie capacità. I soggetti disabili svolgono periodi di alternanza adatti alle loro capacità e finalizzati a promuovere l'autonomia ai fini dell'inserimento nel mondo del lavoro.

La responsabilità del tutor riguarda sia l'ambito pedagogico sia quello organizzativo
Il tutor ha il compito di seguire il tirocinante in modo da stimolarlo e sostenerlo in un percorso nuovo e formativo. L'esperienza di tirocinio può svolgersi in più settori operativi nell'ambito della stessa azienda.

FUNZIONI DEI TUTOR PRIMA DEL TIROCINIO

Tutor interno/scolastico	Tutor aziendale
* Conosce e condivide obiettivi e finalità. * Valuta le aspettative dei partecipanti. * Raccoglie e promuove le offerte formative delle aziende. * Controlla che le aziende siano in grado di sostenere le proposte formative. * Elabora insieme al tutor esterno il percorso formativo.	* Definisce gli obiettivi aziendali. * Definisce gli obiettivi formativi personalizzando l'esperienza. * Partecipa al gruppo di progetto. * Pianifica le attività da far svolgere. * Predispone l'accordo di collaborazione. * Collabora con il tutor interno alla progettazione.

FUNZIONI DEI TUTOR DURANTE IL TIROCINIO

Tutor interno	Tutor aziendale
* Presenta gli alunni alle aziende coinvolte. * Si assicura che lo studente si inserisca adeguatamente nell'attività lavorativa. * Controlla l'andamento dell'attività svolta dall'alunno. * Mantiene rapporti con il tutor aziendale. * Sostiene emotivamente il tirocinante. * Collabora con il responsabile aziendale. * Valuta, comunica e valorizza gli obiettivi raggiunti e le competenze progressivamente sviluppate dallo studente.	* Accoglie l'allievo e lo propone all'azienda. * Affianca e controlla le attività dello studente. * Assegna i compiti da svolgere. * Propone soluzioni alternative ai problemi che si presentano. * Evidenzia le figure di riferimento all'interno dell'azienda. * Esamina il lavoro svolto dal tirocinante. * Coinvolge lo studente nel processo di valutazione. * Sostiene emotivamente e metodologicamente il tirocinante.

FUNZIONI DEI TUTOR DOPO IL TIROCINIO

Tutor interno	Tutor aziendale
* Collabora alla valutazione dell'esperienza. * Controlla il raggiungimento degli obiettivi proposti e delle aspettative. * Coinvolge l'intero gruppo classe sull'esperienza svolta. * Stila la relazione finale.	* Prende parte alla verifica complessiva finale. * Organizza gli schemi di verifica insieme al tutor interno. * Valuta il comportamento tenuto e il rispetto delle regole. * Valuta la capacità del tirocinante di saper affrontare i problemi e di sapersi porre di fronte alle persone.

Ai fini della riuscita dei percorsi di alternanza tra il tutor interno e quello esterno, è necessario sviluppare un rapporto di forte interazione finalizzato a:
- definire le condizioni organizzative e didattiche favorevoli all'apprendimento sia in termini di orientamento che di competenze;
- garantire il monitoraggio dello stato di avanzamento del percorso, in itinere e nella fase conclusiva, al fine di intervenire tempestivamente su eventuali criticità;
- verificare il processo di attestazione dell'attività svolta e delle competenze acquisite dallo studente;
- raccogliere elementi che consentano la riproducibilità delle esperienze e la loro capitalizzazione.

Lo stage è regolamentato da Decreti Legge e Decreti Ministeriali che ne fissano caratteristiche e durata

Il tirocinio in Italia ha ricevuto una regolamentazione giuridica con l'art. 18 della Legge n. 196/1997, più conosciuta come "Pacchetto Treu", e con il Decreto Ministeriale n. 142/98 che ne chiarisce ambiti e modalità applicative. Ai sensi dell'art. 1 del D.M. 142/98, i tirocini formativi e di orientamento si rivolgono ai soggetti che abbiano già assolto l'obbligo scolastico. La Legge 128/2013 rafforza la collaborazione fra scuola e mondo del lavoro, e la Legge 107/2015 definisce i soggetti beneficiari dell'alternanza e ne fissa i limiti di durata.

Il ciclo didattico dell'alternanza prevede:
1. progettazione delle attività da svolgere;
2. preparazione degli allievi all'esperienza;
3. valutazione degli apprendimenti;
4. valorizzazione degli apprendimenti;
5. valorizzazione dell'esperienza.

Tocca a te

Annota su un foglio cosa è per te il tirocinio e cosa ti aspetti da quest'esperienza. Dopo aver concluso il tirocinio metti in evidenza aspettative realizzate e aspettative deluse. Discuti le tue annotazioni nel gruppo classe.

Lezione 4: Il sapere legato al tirocinio

La competenza è ciò che una persona dimostra di saper fare in modo adeguato in relazione ad un obiettivo specifico in un ambito disciplinare o professionale

Nell'intento di integrare gli interventi educativi, si è capito che il fare costituisce un'importante fonte di sapere e stimola ad acquisire nuovi saperi e nuove competenze. Il fatto che io possieda una serie di conoscenze sulla sartoria, che sappia attaccare le maniche alle giacche, che abbia tutto l'occorrente per cucire non fa di me una sarta ricercata, poiché le mie competenze sono settoriali. Il tirocinio formativo permette di acquisire competenze specifiche atte ad inserirsi nel mondo del lavoro.

sistema scolastico → competenza → sistema produttivo

Essere competenti vuol dire avere:
- conoscenze e competenze tecniche specifiche;
- risorse personali come motivazione, consapevolezza e padronanza di sé;
- competenze sociali tra cui disponibilità, cooperazione, responsabilità;
- metodo di lavoro, capacità decisionali, flessibilità.

Il tirocinio ci porta a metterci in gioco e a trasformare le prestazioni in sapere, saper fare, saper essere.

PRESTAZIONE

SAPERE	SAPER FARE	SAPER ESSERE
• conoscenza teorica utilizzata nello svolgimento dei compiti assegnati.	• abilità operative di tipo tecnico specialistico.	• risorse personali e capacità trasversali che rendono efficace l'agire nel contesto organizzativo.

Gli strumenti di valutazione del sapere sono:
- test su contenuti specifici;
- analisi di casi.

Gli strumenti di valutazione del saper fare sono:
- test di auto ed etero valutazione sull'utilizzo di procedure, strumenti, attrezzature, ecc.;
- osservazione sul campo.

Gli strumenti di valutazione del saper essere sono:
- test di auto ed etero valutazione su risorse, qualità e atteggiamenti personali;
- osservazione sul campo.

Il tirocinio permette di entrare in contatto con diverse tipologie di utenza e verificare, di conseguenza, la validità o meno del proprio lavoro; è inoltre da stimolo alla creatività

Con il tirocinio l'allievo apprende la creatività, che gli permette di risolvere situazioni non previste e non prevedibili che si possono verificare. Gestire tali situazioni vuol dire affrontare il problema attuando nuove strategie. Durante il periodo di tirocinio è essenziale tenere un diario sul quale annotare giornalmente gli avvenimenti che ci hanno colpito o i progressi/regressi di ogni utente. È essenziale specificare il tipo di azienda ospitante per il periodo di tirocinio, l'utenza coinvolta, il ruolo lavorativo svolto, il clima organizzativo, come si svolge la giornata, ecc.

L'allievo, terminato il tirocinio, rientra a scuola dall'esperienza in azienda con molti dati rilevati e pertanto è tenuto a fare un *report* sull'esperienza che sia coerente con i dati raccolti durante il tirocinio.

Al rientro a scuola sarebbe opportuno mettere in evidenza i risultati raggiunti con le attività svolte ed è bene prevedere delle iniziative volte a valorizzare tali esperienze presso il consiglio di classe, il territorio, i genitori, ecc.

A volte si tende a confondere il tirocinio con l'addestramento: si tratta di un errore, poiché addestrare vuol dire ripetere un determinato compito con un esercizio più o meno meccanico

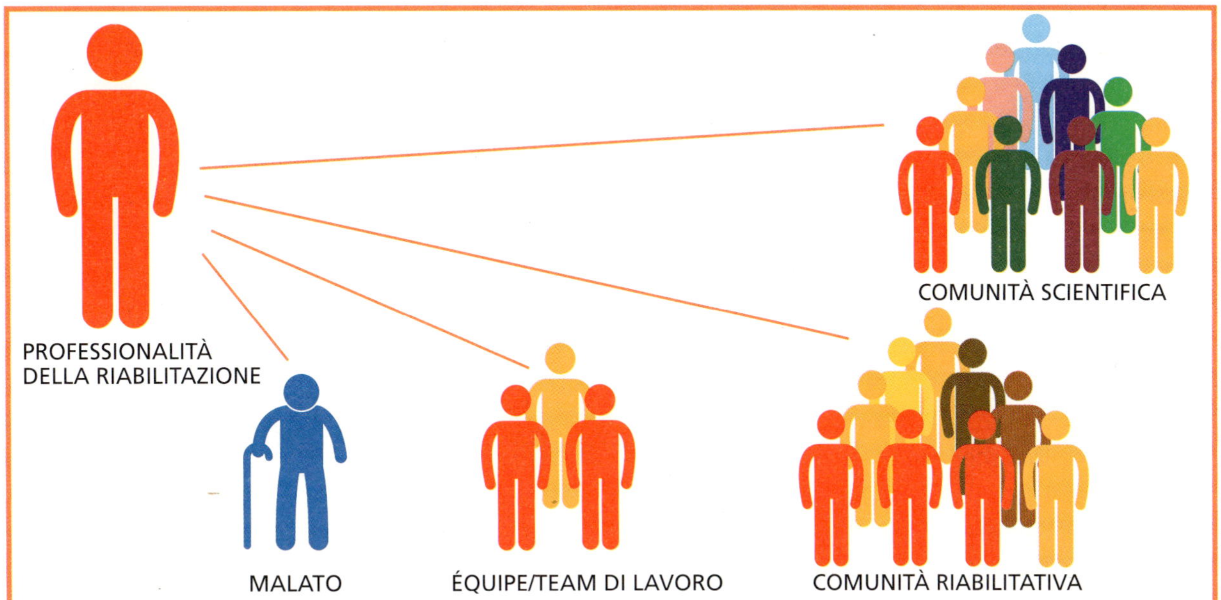

Principali contesti di interazione del professionista sanitario della riabilitazione

Tocca a te

Spiega con parole tue i seguenti termini:

Tutor aziendale	
Competenza	
Addestramento	

Lezione 5: La comunicazione nel tirocinio e l'ascolto attivo

La comunicazione durante lo stage riveste un ruolo molto importante perché fa veicolare le informazioni e aiuta a rapportarsi con gli altri

La comunicazione c'è se si:
- ascolta;
- comprende;
- ricorda;
- risponde.

Ascoltare non è sufficiente, e non vuol dire:
- capire per forza qualcosa;
- accordarsi.

Occorre:
- ascoltare e ripetere;
- valutare;
- rispondere.

Il più grande errore della comunicazione è l'illusione di saper comunicare:
- ciò che si vuole dire;
- ciò che si dice;
- ciò che l'altro sente;
- ciò che ascolta;
- ciò che comprende;
- ciò che trattiene;
- ciò che restituisce.

Il collega di lavoro:
- non è un elemento estraneo al tuo lavoro;
- non può recarti disturbo: anche lui lavora;
- è lui che dipende da te, ma sei anche tu che dipendi da lui;
- sei tu che gli rendi un servizio occupandoti di lui, ma anche lui te ne rende uno;
- non è qualcuno con cui sei tenuto a discutere;
- può essere di cattivo umore, come puoi esserlo tu;
- può voler ragione, come te;
- a volte ha ragione, a volte torto, come te.

Esistono vari tipi di domande: quelle controverse servono a sollecitare il dialogo.
Si definiscono domande controverse quelle alle quali si può rispondere con più di una risposta, ed ogni risposta può essere oggetto di discussione.
Le domande controverse si usano per:
- animare la discussione;
- far parlare la persona che difficilmente parla;
- far fare uno show.

Le tecniche dell'ascolto attivo

L'ascolto attivo è:

- il processo con cui noi colleghiamo il significato dei vari suoni;
- il processo per cui colui che ascolta, invece di adottare un ruolo tipicamente passivo, assume un atteggiamento responsabile e attivo.

Quando un interlocutore è ascoltato attivamente, tende ad autoascoltarsi e si sforza di esprimersi più chiaramente.
L'ascolto attivo può produrre molte più informazioni di qualsiasi altro metodo.

L'atteggiamento dell'ascolto attivo è:

- capire;
- esprimere;
- partecipare;
- mettersi nei panni dell'interlocutore;
- scoprire il problema;
- mancanza di emozioni;
- recepire le cause;
- concetto di reciprocità;
- dimostrare che si ascolta e si capisce ciò che viene detto.

Tocca a te

Crea un dialogo che presenti l'ascolto attivo tra un operatore socio-sanitario e un utente.

Lezione 6: Progetto tirocinio

Scheda di valutazione del proprio vissuto aziendale

Il progetto tirocinio è rivolto a tutti gli alunni che, superato il primo biennio, sono chiamati a sperimentare i loro apprendimenti

Il tirocinio ha come fine quello di apprendere i vari registri comunicativi e operativi. Esso comprende varie fasi, simili a quelle della progettazione.

Problema:
inserire una o più esperienze lavorative scelte in linea con il profilo professionale del corso di studi.

Finalità:
anticipare, durante il percorso scolastico, un'esperienza concreta di lavoro per suscitare negli alunni flessibilità e buone capacità di inserimento. Mettere alla prova e ottimizzare le abilità degli alunni in modo che sappiano applicare ciò che è stato appreso a situazioni lavorative nuove e concrete.

Scopi:
provare le competenze di base dell'alunno, indurre competenze di tipo tecnico-professionale e sollecitare competenze tipo trasversale.

Obiettivi:
sollecitare l'alunno a chiedere informazioni semplici usando un linguaggio chiaro e comprensibile. L'allievo deve saper rispondere alle domande del colloquio di lavoro, conoscere ed usare il computer, individuare la specificità dell'organizzazione in cui è inserito in tirocinio, comprendere il compito che gli è stato affidato, comprendere l'analisi di un semplice problema, adeguare il proprio stile comunicativo all'interlocutore.
Deve inoltre saper controllare le proprie emozioni, esprimere il proprio punto di vista in modo costruttivo e corretto senza mettere in discussione la relazione con l'interlocutore, percepire le eventuali criticità relazionali.

Diario di tirocinio
Alla fine di ogni giornata lavorativa, l'allievo dedica un po' di tempo alla compilazione del diario di tirocinio. Esso può essere redatto in forma sintetica:

Giorni della settimana	Descrivo il lavoro che ho svolto, annoto gli strumenti che ho usato, descrivo i documenti che ho conosciuto
Lunedì ore	
Martedì ore	
Mercoledì ore	
Giovedì ore	
Venerdì ore	

È possibile compilare il diario in una forma più complessa, nella quale si annota non solo quello che accade ma si osserva anche la vita all'interno del servizio.

ESEMPIO DI DIARIO DI TIROCINIO IN UN CENTRO DIURNO PER DISABILI

Il centro .... (denominazione) presso il quale svolgo il tirocinio a ...., in via ...., accoglie nelle ore diurne .... (numero) disabili di varie fasce d'età: (dai .... ai .... anni) allo scopo di: .... (finalità del centro).
È aperto dalle ore .... alle ore ...., funziona .... mesi all'anno. La Cooperativa .... gestisce il centro, che è stato aperto nell'anno ....
La struttura dispone di .... laboratori attrezzati (laboratori di ....), di .... ambienti destinati a specifiche attività (palestra ....). (Aggiungere una breve descrizione dei locali e degli arredi.)
Il centro si avvale di diverse figure professionali: un responsabile-coordinatore, ... educatori, ... animatori, ... insegnanti di laboratorio, ...
(Parlare dei compiti che svolgono gli operatori.)
Ogni operatore segue un gruppo ristretto di .... disabili.
Nell'arco della giornata vengono svolte le seguenti attività: .... Si tratta di attività educative con prevalente significato occupazionale. I disabili producono manufatti (................ nel laboratorio di ceramica ....) che, avendo un valore di mercato vengono venduti periodicamente nei mercatini che il centro allestisce.
Gli operatori si riuniscono .... volte al mese per programmare le attività che vengono proposte in base alle capacità e alle esigenze di ogni utente. I fruitori del servizio presentano varie tipologie di disabilità: .... (specificare le disabilità).
Nonostante i miei timori iniziali, il primo impatto con una persona disabile non è stato un grande problema (il discorso va modificato e ampliato a seconda dei reali stati d'animo e delle difficoltà incontrate realmente).
Geltrude, una ragazza di diciannove anni, autistica, è stata la prima persona che mi ha presentato ...., il mio tutor. La ragazza frequenta il corso da un anno. Arriva al centro tutte le mattine, accompagnata dalla mamma, con la sua bambola Camilla che stringe sempre a sé. Fissa un punto indefinito e, a volte, canta alla sua bambola la ninna nanna. L'unico ambiente che la fa interagire con l'esterno è il laboratorio di pittura. Ama riprodurre perfette forme geometriche che formano composizioni surreali e nello stesso tempo incantevoli. Appena mi ha visto ha stretto a sé, con maggiore veemenza, la bambola e si è andata a rannicchiare sulla sedia a dondolo. Dopo un certo disagio iniziale il nostro rapporto si è basato su sguardi intensi e significativi: non le dispiace sentire la mia voce ma non vuole assolutamente essere toccata. Sulle prime non mi è stato facile capire il suo linguaggio, anzi, a prima vista mi sembrava non comunicasse. Gli operatori del centro cercano sempre di stimolare Geltrude ad usare il linguaggio verbale, ma solo raramente lei pronuncia alcune parole. Vive in famiglia con due fratelli più piccoli che ogni tanto le strappano un sorriso. I genitori hanno saputo solo a cinque anni cosa avesse la loro bimba che si rifiutava di parlare, guardava nel vuoto, piangeva e si irrigidiva ogni volta che veniva presa in braccio e coccolata.

Tocca a te

I due modelli di diario di tirocinio proposti nella lezione sono molto diversi. Annota sul quaderno quale preferisci e spiega in modo concreto la tua scelta.
Crea un modello di diario che sia la fusione delle due tipologie e ti permetta di ricordare/annotare i momenti più significativi della giornata.

Lezione 7: Il gioco nelle varie fasi della vita

Il gioco fa parte della vita di ogni essere vivente e varia a seconda dell'età

Tutte le persone giocano nella loro vita in vario modo ma con la stessa finalità, cioè con la voglia di rilassarsi, socializzare e sviluppare la propria creatività. Il gioco è un'attività strutturata al fine di gratificare l'individuo o il gruppo e può acquisire significati diversi sia negli animali sia nell'uomo. Negli animali è tipico degli individui giovani ed ha come fine l'esplorazione e l'apprendimento di comportamenti socializzanti, di difesa o di caccia.

Le forme di gioco degli animali sono tipiche in ciascuna specie, dipendono da schemi innati che si strutturano man mano e sono condizionate dall'ambiente. Negli animali hanno un particolare significato gli schemi aggressivi e di difesa; tale caratteristica è innocua nei cuccioli di predatori della stessa specie.

Nell'uomo il gioco si struttura in modo complesso, ha la funzione di scoperta del mondo circostante ed è legato a regole

Nell'uomo il gioco, pur essendo caratteristico di individui giovani, tende a strutturarsi in modo molto più complesso e dipende dalla cultura di appartenenza. Può essere puro divertimento in quanto improvvisazione motoria, per cui scarsamente strutturato; può diventare trastullo o *play* quando si articola in regole informali e improvvisate per cui si finge, si imita, si inventa, ecc., e trasformarsi in gioco strutturato secondo regole formali, in inglese *game*, per cui l'emozione nasce dal darsi un compito finalizzato a ciò che si vuole raggiungere. Nel gioco umano si coglie l'**inventività**, la presenza di rischi, costrizioni, regole e punizioni.

Nella società contadina il gioco era legato alla nascita di un mito e nell'adulto perdeva ogni forma di evasione

Nelle società agricole il gioco era legato alla nascita di un rito. Nel carnevale, nell'albero della cuccagna, nell'altalena, ecc. il gioco si associava a significati simbolici di natura magico-religiosa, e poteva assumere nell'adolescenza significati di iniziazione a comportamenti tipici dell'adulto. Il gioco acquista nella società industriale le caratteristiche di sport quando si svolge principalmente attraverso lo sforzo e l'abilità fisica e quando domina l'aspetto della competizione o delle capacità personali. Nell'età adulta diventa una forma meccanica e ripetitiva di evasione, perde pertanto ogni caratteristica di spontaneità e creatività.

Il gioco viene studiato da vari psicologi che elaborano diverse teorie legate alle fasi dello sviluppo

Verso la fine del XIX secolo il gioco infantile è stato studiato dallo psicologo e pedagogista americano Stanley Hall (1844-1924) che, in relazione alla teoria dell'evoluzione, ha cercato di spiegare i comportamenti ludici dei bambini alle diverse età.

Gli studi sullo sviluppo intellettuale dello psicologo e pedagogista svizzero Piaget (1896-1980) affermano che nel processo del bambino di adattamento all'ambiente il gioco avviene tutte le volte che, avendo fatto una scoperta o acquisito un'abilità, il bambino cerca di utilizzare i nuovi oggetti applicandoli allo schema appena scoperto.

Dall'età di un anno ai diciotto mesi si ha il gioco percettivo-motorio, in cui il bambino prende gli oggetti, li sbatte uno contro l'altro, li getta lontano, ecc.; sono capacità ludiche che consolidano le acquisizioni e rafforzano il senso di sicurezza nelle proprie capacità di produrre qualcosa.

Verso i diciotto mesi al gioco percettivo-motorio si affianca quello simbolico: gli oggetti vengono utilizzati come spunto per creare oggetti non presenti, servono per creare situazioni passate o avvenimenti immaginari.

Glossario

Inventività = attitudine all'invenzione e alla creatività

I giochi simbolici, inizialmente individuali, verso i cinque anni, con l'acquisizione della capacità di tener conto delle esigenze degli altri, assumono le caratteristiche di giochi sociali, richiedendo la collaborazione di più bambini o dell'adulto.
Verso i 7-8 anni si acquista la capacità di comprendere le esigenze degli altri e di ascoltare anche le opinioni altrui, e il gioco assume il ruolo di gioco di regole, in cui la comprensione e il rispetto di certe norme diventano l'elemento principale.
Alcuni giochi di regole richiedono un pensiero più evoluto, che si sviluppa dagli 11-12 anni e racchiude in sé la capacità di immaginare situazioni ipotetiche per dedurne delle conseguenze (esempio: partita a carte, a dama, con gli scacchi, ecc.).

Le attività ludiche nel bambino diventano linguaggio e trasmettono informazioni

Il corpo è quindi centro di relazioni, luogo di espressione dei sentimenti, veicolo dei messaggi non verbali. La comunicazione non verbale diviene linguaggio ed acquista dignità dando al corpo il ruolo di apprendimento, di conoscenza e di comunicazione.
Nel periodo che va dai 3 mesi ai 3 anni il corpo dell'adulto è il miglior giocattolo a disposizione del bambino: per esempio, vedendo un genitore sdraiato il piccolo si sdraia sulla sua pancia.
Esercizi da fare dai 3 ai 6 anni prevedono giochi con palloncini, con burattini, ecc.
Esempi:
Ogni bambino ha una palla grande e morbida: si utilizza la palla per farla rotolare, spingerla, compiere movimenti liberi con un sottofondo musicale, ecc.
Con i palloncini gonfiabili: i bambini possono tenere in alto il palloncino e giocare con il corpo senza usare le mani.
Riprodurre a specchio le figure presentate dall'insegnante: i bambini vengono divisi in coppie e si mettono uno di fronte all'altro; uno fa da specchio, riproducendo in modo dettagliato ciò che vede fare da chi gli è davanti.
Gioco del burattino: il gioco si svolge a coppie e un bambino fa la marionetta, è in piedi in posizione eretta e su tutto il corpo ha dei fili che il compagno tira simulando i movimenti della marionetta.
Al cinema: il bambino finge di entrare al cinema, fare il biglietto, cercare il posto libero, sedersi a guardare il film.

Dai 6 anni fino ai 14 si completa la consapevolezza del proprio corpo e delle possibilità motorie ed espressive

Il ragazzo deve imparare ad esprimere sé stesso e i propri vissuti, a comunicare stati d'animo, sentimenti, attese, angosce, paure, gioie, speranze, ecc.
Esempi di giochi:
I bambini si dispongono in una posizione (per esempio: su una gamba, sull'attenti, ecc.), e rimangono immobili fino a quando l'insegnante dà il segnale; ad ogni segnale si deve variare la posizione.
Il "gioco delle ombre" dà al bambino la possibilità di rielaborare la sua gestualità, poiché può giocare con il suo corpo cercando nuove forme di espressione (per esempio rappresentare il mare calmo o mosso, trasformarsi in un oggetto, ecc.).
Azioni al rallentatore: le azioni mimate al rallentatore possono venire dallo sport, come il calcio, il tennis, oppure fare colazione, sbrigare le faccende di case, ecc.
Per gli adolescenti si può:

- Giocare a pallavolo a coppie facendo seguire palleggio alto ed il bagher.
- Mimare titoli di film o libri.
- Mimare avvenimenti storici

Tocca a te

Prepara tre slide riassuntive della lezione.

Lezione 8: Il gioco nelle persone socialmente più deboli

L'attività motoria mette in contatto le persone socialmente deboli, svantaggiate, come disabili, anziani, tossicodipendenti, persone che presentano turbe psichiche, ecc.

L'attività motoria e sportiva è ricca di potenzialità da impiegare e investire contro l'emarginazione e la solitudine, per arricchire i soggetti deboli ed attivare la solidarietà.

ANZIANI

L'innalzamento dell'età media dell'uomo ha fatto sorgere vari problemi, tra cui quello di mantenere l'efficienza psicofisica dell'anziano a livelli accettabili. L'invecchiamento è un processo lento e graduale, che porta l'individuo alla riduzione delle capacità funzionali degli organi; pertanto l'obiettivo che si deve porre l'anziano è il miglioramento o il mantenimento della salute e delle prestazioni. Bisogna tener conto però delle patologie tipiche della vecchiaia, come artrosi, reumatismi, ecc. Lo sport per gli anziani deve mantenere e favorire la salute e prevenire i rischi.

Esempi di esercizi

- Posizione eretta, gambe leggermente divaricate, mani sui fianchi: inclinare il busto in avanti e ritornare nella posizione di partenza, a destra e ritorno, a sinistra e ritorno.
- Palleggiare sul posto e piegare le gambe.
- Posizione eretta, mani sulle spalle: spingere le braccia in avanti e ritorno, in alto e ritorno, in fuori e ritorno.
- Lanciare il pallone a un compagno con due mani.
- Tenere una bacchetta in equilibrio sul palmo della mano.
- Eseguire alcuni lanci contro un bersaglio con delle palline da tennis.

DISABILI

L'attività motoria è un'esigenza fondamentale per il processo di crescita, di socializzazione e di integrazione nella società. Lo sviluppo della persona dipende dalle capacità e opportunità di usare la conoscenza di sé in relazione all'ambiente circostante. Nel gioco molti disabili familiarizzano con il proprio corpo ed imparano ad usarlo. È dimostrato che una pratica motoria sistematica può elevare il livello di autostima e garantire anche al disabile un senso di sicurezza, di valore personale, e migliorare la disponibilità a una relazione d'aiuto con gli altri. Nel lavoro con chi ha una disabilità fisica è fondamentale concedere tutto il tempo necessario per elaborare ed organizzare la proposta motoria e creare un ambiente allegro e rilassante.

Le proposte ludiche rivolte ai disabili devono tener conto del tipo e del livello di disabilità.

Per persone con ritardo mentale lieve sono adeguati esercizi di equilibrio, abilità e coordinazione dei movimenti.

Esempi di esercizi

- Camminare e successivamente correre all'interno di un percorso disegnato per terra.
- Camminare in equilibrio su una fila di blocchi.
- Percorrere tracciati stabiliti e fermarsi al comando.
- Lanciare un pallone dentro una scatola.
- Facendo rotolare una palla al suolo con una mano, colpire una clavetta.

PERSONE CON GRAVE DISABILITÀ FISICA

Esempi di esercizi

- Dondolare dalla posizione seduta e successivamente dalla posizione eretta.
- Chiudere e aprire le mani, inizialmente una mano per volta e successivamente entrambe.
- Toccare le parti del corpo nominate o indicate dall'istruttore.
- Muovere i piedi flettendo ed estendendo le dita dalla posizione seduta o sdraiata.

Per i videolesi bisogna stimolare la sensibilità dei gesti e delle mani, promuovere la fiducia in sé stessi, dare il senso delle distanze, educare l'udito e il tatto, ecc.

Esempi di esercizi

- Fingere di annusare un fiore.
- Soffiare fingendo di spegnere una candelina.
- Soffiare con una cannuccia in un bicchiere pieno d'acqua.
- Camminare con l'aiuto di un corrimano.
- Camminare da un punto verso una fonte sonora (disco, battito delle mani, ecc.).
- Salire e scendere un gradino.
- Camminare su cuscini.
- Sedersi, alzarsi e sdraiarsi al comando dell'istruttore.
- Con adeguata preparazione i videolesi possono praticare vari sport, tra cui pattinaggio a rotelle, nuoto, pesca.

TOSSICODIPENDENTI E ALCOLISTI

L'attività sportiva può essere utilizzata come terapia partendo dal fatto che nello sport, come nella disintossicazione, non c'è successo senza la volontà di vincere e non si ottiene niente senza tentare, ma è necessaria la regolarità per giungere al successo. La pratica dello sport richiede un impegno costante che comprende il rispetto di tempi precisi, la necessità di progettare a lungo termine, il raggiungimento di buoni risultati dopo un allenamento paziente e continuo.
Coloro che vivono in comunità terapeutiche possono sviluppare capacità individuali e di aggregazione. Lo sport può dare l'impulso necessario per uscire dalla dipendenza.

Tocca a te

Con i tuoi compagni inventa un tipo di gioco da fare in un centro protetto.

Lezione 9: Giochi per animazione

"L'uomo non smette di giocare perché invecchia, ma invecchia perché smette di giocare."

G. B. Show

Gioco tratto dal libro: *La prima mela. Giochi didattici per la comunicazione interpersonale*, di Renata Borgato, Editore Franco Angeli, 2006.

Immaginate di...

Titolo	Immaginate di...
Obiettivi	Allenarsi a produrre consapevolmente una comunicazione non verbale coerente con la situazione
Materiali	Elenco
Tempi	10 minuti
Difficoltà	Media

ISTRUZIONI

Il conduttore divide i partecipanti a coppie. Chiede ad A di immaginare alcune situazioni che trova nell'elenco seguente e di cercare di produrre un'espressione adeguata. Chiede a B di individuare nell'elenco che ha a disposizione la situazione cui A ha pensato. Dopo qualche tempo A e B si scambiano le parti.

Elenco

Immaginate di ascoltare: una musica lontana – un rombo che si avvicina fino ad assordare – un rumore improvviso – dei passi nella notte – degli scricchiolii sinistri – un rumore rassicurante – uno stridio di freni e botto.

Immaginate di mangiare: una cosa dolce – amara – dura – molle – una caramella che si attacca ai denti – una torta che ingozza – un panino duro – una banana – del cibo che allappa – acido – secco – caldo – freddo – gelato.

Immaginate di annusare: un buon profumo – un cattivo odore (cercando di capire di che odore si tratti) – odore di terra bagnata – odore del pane appena sfornato – l'odore di un sotterraneo – l'odore di una cantina – l'odore di una metropolitana – l'odore della muffa – del gas.

Immaginare situazioni che provochino: sentimenti di curiosità – terrore – timidezza – superbia – odio – dolcezza – amore – violenza – tranquillità – disperazione – tenerezza – rassegnazione – ira – impotenza – pietà – tristezza – allegria.

LINEE GUIDA PER IL *DEBRIEFING* (rapporto, interrogatorio)

Non viene fatto alcun commento.

Gioco tratto dal libro: *83 Giochi psicologici per la conduzione dei gruppi*, a cura di Sabina Manes, Editore Franco Angeli, 2007.

Disegna il tuo sogno

Titolo	Disegna il tuo sogno
Obiettivo	Conoscere meglio i propri bisogni e desideri, imparare a comunicare con gli altri
Grado di difficoltà	Medio
Fase del gruppo	Intermedia
Età	Da 15 anni in su
Dimensione del gruppo	Da 6 a 15 partecipanti
Durata	Un'ora o più, a seconda dell'ampiezza del gruppo
Ambientazione	Una stanza con i partecipanti seduti in cerchio
Materiali	Fogli, matite, pennarelli

SVOLGIMENTO
Il conduttore chiede ai partecipanti di ricordare un sogno che li ha particolarmente colpiti.
Ciascuno a turno racconta brevemente il proprio.
Vengono distribuiti fogli e matite, e il conduttore chiede di disegnare una scena del sogno raccontato.
I disegni vengono fatti circolare tra i partecipanti, che commentano e fanno osservazioni.
Infine si pone in fondo alla stanza una sedia vuota e il gruppo si sposta con le sedie dalla parte opposta. A turno, ciascuno pone immaginariamente sulla sedia un personaggio disegnato e dialoga con lui. Chi lo desidera può anche chiedere ad uno dei presenti di prendere il posto della persona del sogno e aiutarlo a dialogare con lui. Se nel disegno non sono raffigurate persone ma una situazione o un'atmosfera, si può ugualmente entrare in relazione con esse.
Da ultimo ciascuno parla dei propri vissuti ed emozioni e fa osservazioni sul lavoro degli altri componenti del gruppo.

SUGGERIMENTI PER IL CONDUTTORE
Il dialogo con la sedia vuota richiede una certa dose di spontaneità e di capacità di mettersi in gioco. Questo esercizio fa emergere parti importanti di sé e mette in luce specifiche zone di conflitti intrapsichici.

Gioco tratto dal libro: *La prima mela. Giochi didattici per la comunicazione interpersonale*, di Renata Borgato, Editore Franco Angeli, 2006.

Up/down

Titolo	Up/down
Obiettivi	Verificare come le modalità di comunicazione siano condizionate dalla relazione
Materiali	Nessuno
Tempi	10 minuti
Difficoltà	Facile

ISTRUZIONI

Il conduttore divide i partecipanti in due gruppi.

Chiede ai componenti del gruppo A di formulare un breve messaggio in cui il proprietario di un'azienda comunica ai propri collaboratori che la riunione programmata per discutere il piano di formulazione è stata spostata in data da definirsi.

Chiede ai componenti del gruppo B di formulare un breve messaggio in cui il responsabile (neoassunto) dell'Ufficio Formazione comunica al proprietario di un'azienda (uomo assai preciso e autoritario) che è necessario spostare il corso di formazione in una data da definirsi perché non ha ancora finito di prepararlo. Il gruppo deve tener conto che il proprietario è interessato allo svolgimento della formazione.

LINEE GUIDA PER IL *DEBRIEFING*

Probabilmente si potrà constatare che le modalità con cui il messaggio viene espresso sono diverse, dato che nel primo caso l'emittente si trova in posizione up e nel secondo caso è in posizione down. La relazione quindi non è simmetrica, ma complementare. In questo caso ci si aspetta che ci siano comportamenti diversi tra le persone.

Nella relazione simmetrica si tende a rispecchiare il comportamento dell'altro e a minimizzare le differenze. Anche utilizzare un linguaggio condiviso o, al contrario, usarne uno di difficile comprensione per l'interlocutore costituisce un modo di prefigurare una relazione simmetrica o complementare. Scegliere infatti un linguaggio inadeguato è un modo per comunicare alle persone che esse non sono abbastanza importanti perché l'interlocutore adatti loro il proprio linguaggio.

Gioco tratto dal libro: *Manuale di tecnica Scout: grandi giochi*, di Padre Luciano e Fedi Roberto.

L'investigatore

Titolo	L'investigatore
Nota	Gioco da svolgere preferibilmente nel periodo invernale in sede
Scopo	Abituare alla riflessione e alla deduzione
Materiale	Nessuno
Gioco	Il Capo racconta ai suoi ragazzi un feroce caso di assassinio, di un furto clamoroso, oppure la storia di un'avventura catastrofica, ecc. Poi li invita ad esporre lo svolgimento di un'inchiesta e le conclusioni della loro investigazione, dando loro tutto il tempo per studiare la faccenda. Il lavoro viene svolto in squadriglie e vincerà chi dimostrerà più acume

Riportiamo un esempio:

1. Fatto: In una gioielleria in pieno giorno fu rinvenuto il proprietario, legato, imbavagliato, con segni di alcuni colpi non gravi di bastone sulla testa, a terra dietro il banco di vendita. Tutte le vetrine interne del negozio erano state svuotate con cura scrupolosa, la piccola cassaforte interna del negozio aperta e vuotata. Le chiavi della cassaforte furono rinvenute in tasca al proprietario. Nulla era stato asportato dalle tasche del proprietario. Nessuno si era accorto del fatto, avvenuto presumibilmente tra le 13 e le 13,30. Era noto che quel negozio era quasi in stato fallimentare.

Chi commise il reato?
Soluzione: In qualità di investigatore mi sono soffermato su questi particolari:

A. Il negozio era quasi in stato fallimentare.
B. La cassaforte era aperta e le chiavi nella tasca del proprietario.
C. Solo le vetrine interne erano state svuotate diligentemente.
D. La rapina avvenne in un'ora diurna, di sicuro tranquilla, eppure nessuno dei rari passanti notò alcun movimento sospetto, come neppure nessuno del caseggiato circostante.
E. Il proprietario fu solo leggermente ferito e non derubato di ciò che aveva in tasca.
F. Concludo che il proprietario ha simulato la rapina per salvarsi dal fallimento. Il rapinatore va cercato tra gli intimi familiari del ferito.

Gioco tratto dal libro: *83 Giochi psicologici per la conduzione dei gruppi*, a cura di Sabina Manes, Editore Franco Angeli, 2007.

Il romanzo della mia vita

Titolo	Il romanzo della mia vita
Obiettivo	Analizzare i condizionamenti infantili e le aspettative sulla propria vita
Durata	Un'ora o più a seconda della dimensione del gruppo
Grado di difficoltà	Medio
Fase del gruppo	Intermedia
Età	Dai 15 anni in su
Dimensione del gruppo	Dai 5 ai 10 partecipanti
Ambientazione	Una stanza con le persone sedute in cerchio
Materiale	Matite e fogli

SVOLGIMENTO

Si distribuiscono i fogli e le matite.
Il conduttore chiede ai partecipanti di immaginare di avere davanti a sé il libro della propria vita scritto da un anonimo biografo; quello che interessa è la prima pagina del libro.
I partecipanti devono chiudere gli occhi e visualizzare l'inizio del primo capitolo.
Concesso un po' di tempo, il conduttore chiede loro di scrivere sul foglio come avrebbero voluto che iniziasse il racconto della loro vita. Chiarirà che la biografia può iniziare da qualsiasi evento e da qualsiasi età, non necessariamente dal primo giorno di vita.
Quando tutti hanno terminato di scrivere la prima pagina, verrà data lettura dei testi. Seguiranno i commenti e le considerazioni personali e di gruppo.

VARIANTI

Si potrà chiedere ai partecipanti di scrivere anche l'ultima pagina della biografia immaginando qualsiasi finale e qualsiasi età. La storia non deve necessariamente terminare con la morte del protagonista.

SUGGERIMENTI PER IL CONDUTTORE

Sarà interessante notare da quale periodo e con quale evento ciascuno ha scelto di iniziare la storia della propria vita, che poi è quello percepito come condizionante in chiave positiva o negativa per la sua esistenza.
Quali sono i personaggi che appaiono nella prima pagina? La storia inizia dagli antenati? Ha un'intonazione pacata, drammatica, scherzosa?
L'evento della nascita era atteso con gioia dai familiari?
Se i partecipanti hanno scritto anche l'ultima pagina della biografia, sarà utile notare le aspettative (positive o negative) che ciascuno ha per la propria esistenza e la capacità di darsi o meno obiettivi costruttivi. La discussione collettiva aiuterà una migliore presa di coscienza individuale sulla percezione del proprio ruolo e destino nel mondo.

Gioco tratto dal libro: *83 Giochi psicologici per la conduzione dei gruppi*, a cura di Sabina Manes, Editore Franco Angeli, 2007.

La stanza dell'olfatto

di Massimo Crescimbene

Titolo	La stanza dell'olfatto
Obiettivo	Stimolare la creatività da uno stimolo olfattivo, introdurre al lavoro di gruppo
Durata	Circa due ore
Ambientazione	Una stanza sufficientemente grande con delle sedie
Grado di difficoltà	Medio
Fase del gruppo	Intermedia
Età	Dai 10 anni in su
Dimensione del gruppo	Dai 8 ai 20 partecipanti
Materiale	Profumi o spezie

SVOLGIMENTO

Il gioco si svolge in due fasi. La prima è di riscaldamento e di preparazione al gioco che il gruppo affronterà nella seconda. Il conduttore invita i partecipanti a rilassarsi, anche chiudendo gli occhi, se lo desiderano. Dopo una breve pausa si rivolge al gruppo dicendo: "Oggi visiteremo la casa della percezione. State camminando per strada quando una casa attira la vostra attenzione. È la casa dei cinque sensi. Entrate ed iniziate ad esplorarla. In questo preciso momento vi trovate davanti ad una porta; sopra la porta c'è l'immagine di un naso: è la stanza dell'olfatto. Aprite la porta ed entrate. La stanza è piena di odori. Provate ad annusare e a sentire gli odori che vi sono dentro (Pausa). Scegliete l'odore che vi sembra più gradevole (Pausa). Prendete l'odore e portatelo con voi in giro per la stanza, mettetelo sui vostri vestiti, sul vostro corpo (Pausa). Ora è giunto il momento di lasciare la stanza. Lasciate il vostro odore preferito e uscite dalla porta. Tornerete ancora a visitare la casa della percezione (Pausa). Dolcemente aprite gli occhi e stiracchiatevi". Il conduttore chiede ai partecipanti di verbalizzare l'esperienza fatta nella visita fatta nella stanza dell'olfatto. Quale odore hanno scelto? Com'era? Quali sensazioni hanno avuto nel sentire l'odore sui loro vestiti e sul loro corpo?

Nella seconda fase del gioco il conduttore propone uno stimolo olfattivo, presentandolo in una scatola o in un sacchetto (non trasparente), in modo da privilegiare il solo canale olfattivo. Lo stimolo non deve essere facilmente riconoscibile: per questo si consigliano delle spezie non utilizzate quotidianamente oppure dei profumi inconsueti. Dopo aver lasciato ad ognuno il tempo necessario per concentrarsi sullo stimolo olfattivo, il conduttore invita il gruppo a verbalizzare le immagini ed i vissuti evocati dall'odore.

SUGGERIMENTI PER IL CONDUTTORE

Gli stimoli olfattivi possono evocare vissuti molto profondi perché l'olfatto, insieme al gusto ed al tatto, è il senso ontogeneticamente più antico. Per questo è importante che il gruppo sia unito ed abbia già precedenti esperienze di lavoro insieme.

Gioco dal libro: *Animazione per gli anziani*, di M. Vittoria Sardella e Aldo Terracciano, Editore Città Studi, 1996.

Commentare le fiabe

Titolo	Commentare le fiabe
Tipo di attività	Conversazioni collettive di analisi e di riflessione riguardanti le fiabe della tradizione popolare
Obiettivi	• Stimolare i partecipanti a riflettere sulla loro infanzia e sui racconti che l'hanno costellata. • Stimolare una maggiore consapevolezza della propria capacità di ragionare, riflettere, avere ed esprimere opinioni personali, tradurre i fenomeni in simboli e i simboli in fenomeni interpretati. • Favorire, nel gruppo dei partecipanti, l'attivazione di processi di comunicazione e di socializzazione delle idee personali. • Stimolare nei partecipanti nuove curiosità, nuovi interessi e desiderio di informarsi, anche rispetto a quelli della tradizione popolare. • Stimolare i partecipanti a tenere in esercizio le proprie capacità di ascolto e di osservazione. • Valorizzare le tradizioni popolari.
Materiali	Cartelloni bianchi o carta da pacco o lavagna a fogli mobili e pennarelli

SVOLGIMENTO

1. La prima cosa di cui l'animatore deve occuparsi è pubblicizzare l'iniziativa allo scopo di aggregare un gruppo di persone interessate a parteciparvi. Successivamente dovrà focalizzare la propria energia al fine di costituire il gruppo dei partecipanti.
2. Alla fine di ogni settimana (o di ogni mese, a seconda della periodicità scelta per sviluppare l'attività), l'animatore riunisce i partecipanti all'iniziativa e chiede loro di stilare un inventario di fiabe, novelle e racconti dei quali possa essere interessante discutere (potrebbe essere utile utilizzare tecniche di brainstorming).
3. Quando è stata redatta la lista di tutte le favole sulle quali riflettere, l'animatore stimola gli anziani a decidere un ordine di priorità dei temi collocando al primo posto la fiaba che più interessa, al secondo quella che ha un po' meno consensi e così via.
4. A questo punto l'animatore elabora un "calendario di valori" nel quale, giorno dopo giorno, inserisce le favole individuate dal gruppo, partendo da quella maggiormente votata in precedenza.
5. Quando sono stati stilati il calendario e "l'ordine del giorno" delle giornate di discussione, l'animatore congeda il gruppo dei partecipanti invitandoli a scavare nella memoria allo scopo di ricostruire con esattezza l'intero racconto.
6. Esaurita questa fase, si passa al giorno previsto per la discussione. L'animatore, dopo aver annunciato quanto tempo è possibile utilizzare, stimola uno dei partecipanti (questo momento potrebbe essere svolto su turni) a raccontare la favola prescelta. L'animatore, durante questa fase, dovrebbe limitarsi a guidare la riunione senza entrare nei contenuti specifici.
7. Quando il racconto è terminato, l'animatore chiede agli altri di integrare la storia con particolari non espressi in precedenza o di correggere le parti non esatte.
8. A questo punto l'animatore apre una discussione sulla favola appena ascoltata, magari stimolando la partecipazione proponendo domande alle persone che stanno discutendo. Le domande potrebbero essere centrate sulla fiaba (che cosa significa questa fiaba? Che cosa simboleggiano i vari personaggi? Che paralleli si possono fare con la vita quotidiana?) o sulle persone coinvolte nell'attività (chi vi raccontava questa fiaba? In quali momenti? Quando l'avevate ascoltata per la prima volta?).

9. Passato il tempo prestabilito per il racconto e per la riflessione, l'animatore potrebbe annotare su un cartellone le principali simbologie emerse, le opinioni più o meno condivise, le curiosità e le note particolarmente interessanti. Il cartellone, che rimane appeso nella sala, può servire come promemoria per le riflessioni sulle favole simili oppure può costituire la base per la riproduzione della riflessione se questa appare non esaurita o da approfondire maggiormente.
10. Terminata la redazione del cartellone, l'animatore saluta i partecipanti ricordando loro l'appuntamento successivo, non senza averli invitati a informarsi e preparasi per il prossimo racconto programmato.

VARIANTI

1. Le varie discussioni sviluppate all'interno del gruppo potrebbero essere riprese con la telecamera per poi essere riviste in televisione dai partecipanti che desiderano ridiscutere qualche opinione. Il videotape così realizzato potrebbe esser anche mostrato agli altri anziani che non partecipano all'iniziativa allo scopo di invogliarli ad aderire.
2. Nel caso in cui il progetto venisse realizzato all'interno di una casa di riposo, periodicamente (ad esempio una volta ogni due mesi), le discussioni potrebbero essere allargate a un pubblico di persone esterne e potrebbero coinvolgere esperti, giornalisti o personalità autorevoli.
3. Ogni anno le favole enucleate e analizzate dal gruppo potrebbero essere scritte in forma di opuscolo o libretto da distribuire alle scuole dell'infanzia e alle scuole elementari del territorio.
4. Ogni anno le favole enucleate e analizzate dal gruppo potrebbero essere scritte in forma di "sussidiario" o di quaderno degli esercizi, dove per ogni fiaba è previsto uno spazio bianco da utilizzare per illustrare il racconto. Il quaderno degli esercizi di illustrazione potrebbe essere distribuito alle scuole dell'infanzia e alle scuole elementari del territorio e diventare materiale didattico utilizzabile.

Gioco dal libro: *Animazione per gli anziani*, di M. Vittoria Sardella e Aldo Terracciano, Editore Città Studi, 1996.

Il comitato anziani

Titolo	Il comitato anziani
Tipo di attività	Creazione di un organismo di rappresentanza elettivo che abbia la funzione di discutere i principali problemi riguardanti la Casa di riposo
Obiettivi	• Stimolare gli ospiti di una Casa di riposo a una maggiore partecipazione alla vita dell'organizzazione in cui si trovano. • Favorire la creazione di meccanismi di delega rappresentativa. • Agevolare processi di fiducia negli altri. • Stimolare una maggiore consapevolezza delle proprie capacità di ragionare, riflettere, avere ed esprimere opinioni personali. • Favorire, nel gruppo dei partecipanti, l'attivazione dei processi di comunicazione e di socializzazione delle idee personali relativamente alle problematiche comuni. • Stimolare nei partecipanti nuove curiosità, nuovi interessi e desiderio di informarsi in merito alle problematiche presenti nella Casa di riposo. • Stimolare i partecipanti a tenere in esercizio la propria capacità di discutere. • Stimolare i partecipanti a tenere in esercizio la propria capacità di ascolto e di osservazione.
Materiali	Computer, un piccolo locale per le riunioni

SVOLGIMENTO

1. La prima cosa di cui è necessario occuparsi è pubblicizzare l'iniziativa allo scopo di sensibilizzare tutti gli ospiti della Casa di riposo al progetto. Successivamente sarà opportuno focalizzare la propria energia al fine di costituire un largo movimento di consenso fra tutte le persone che vivono nella Casa di riposo (ospiti, operatori, assistenti, interventi, amministrativi, quadri dirigenti, ecc.).
2. Il secondo momento consiste nella creazione, attraverso riunioni e colloqui con gli anziani (e anche con gli altri), della struttura "istituzionale" e organizzativa del "comitato" (numero dei membri, cariche, regolamento, durata dell'incarico, mansioni, ecc.).
3. Una volta identificata la struttura del "comitato", possono essere raccolte le candidature di chi intende proporsi come rappresentante ed eventualmente i "programmi" di ciascun candidato.
4. Dopo un giusto periodo lasciato per valutare i candidati, vengono indette normali elezioni finalizzate alla nomina, a scrutinio segreto, dei membri del "comitato degli anziani".
5. Successivamente il "comitato" deve riunirsi per stabilire le norme di funzionamento interno.
6. Esaurita questa fase, il "comitato anziani" si approprierà del suo specifico "istituzionale": il suo compito è stabilire un inventario generale dei problemi della Casa di riposo da tutti i punti di vista (problemi delle persone, di organizzazione, di struttura, ecc.) e discuterli partendo dai più urgenti e pressanti. Il "comitato" dovrebbe redigere relazioni dove si individuano analisi dei problemi e possibili ipotesi o suggerimenti adatti a trovare soluzioni. L'organismo dovrebbe assumere un ruolo di consulenza verso gli organi decisionali della struttura.

VARIANTI

1. Le varie discussioni sviluppate all'interno del gruppo potrebbero essere riprese con la telecamera per poi essere riviste in televisione dagli altri ospiti della Casa di riposo.
2. Il "comitato anziani" potrebbe essere dotato del potere di gestire un organo di informazione interno (giornalino, notiziario, house organ) attraverso il quale potrebbero essere divulgate decisioni e prese di posizione.
3. Il "comitato anziani" potrebbe essere a composizione mista (anziani della Casa di riposo e anziani del territorio, oppure anziani e parenti, anziani e operatori, ecc.).

Gioco dal libro: *Animazione per gli anziani*, di M. Vittoria Sardella e Aldo Terracciano, Editore Città Studi, 1996.

Musica ed emozioni

Tipo di attività	Attività di analisi e riflessione sul sé e sulle proprie emozioni attraverso l'ascolto della musica
Obiettivi	• Stimolare i partecipanti a tenere in esercizio le proprie attività sensoriali. • Aiutare i partecipanti a riflettere su di sé relativamente al loro stato di benessere fisico, psichico e relazionale. • Stimolare una maggiore consapevolezza della propria capacità di concretizzare e trasmettere emozioni. • Favorire, nei partecipanti, l'attivazione nella loro vita di strategie di cambiamento volte all'ottenimento di un maggior benessere. • Favorire, nel gruppo dei partecipanti, l'attivazione di processi di comunicazione e di socializzazione delle emozioni e dei sentimenti personali. • Stimolare nei partecipanti nuove curiosità e nuovi interessi. • Stimolare i partecipanti a tenere in esercizio la propria capacità di ascolto. • Esercitare l'attività manuale, in particolare quella grafico-pittorica.
Materiali	Un registratore, cd musicali, fogli da disegno e colori (tempere, pennarelli, colori a dita o acquarelli)

SVOLGIMENTO

1. Prima di cominciare l'attività è necessario che l'animatore scelga un repertorio di musiche, tra le più varie, adatte a evocare o a rievocare emozioni e sentimenti. A titolo di esempio, potrebbero essere scelti brani di folklore locale, di opera lirica, musiche medioevali, romanze classiche, musiche popolari di altri Paesi, musica d'orchestra leggera, canzoni moderne, jazz, ma anche musica contemporanea (heavy metal, rap, reggae, soul music, disco music, ecc.).
2. L'animatore, dopo aver spiegato obiettivi e contenuti dell'iniziativa, introduce l'esercizio invitando i partecipanti a rilassarsi e di prepararsi all'ascolto.
3. Quando alcuni brani sono stati proposti, l'animatore chiede ai partecipanti di far affiorare tutti i sentimenti e le emozioni che hanno provato, senza comunicarli agli altri.
4. A questo punto l'animatore distribuisce a tutti i fogli da disegno e i colori preferiti da ognuno.
5. Ogni partecipante deve prepararsi a riascoltare le musiche già proposte in precedenza, cercando durante l'ascolto di tradurre le proprie sensazioni in immagini visive. Le immagini possono essere di natura astratta, concreta o descrittiva, a scelta di ogni partecipante.
6. Durante questa fase, l'animatore può rimettere le stesse musiche più volte, finché tutti hanno terminato il loro lavoro.
7. Esaurita questa fase, il conduttore invita i partecipanti a mostrare agli altri il proprio lavoro illustrandone i contenuti emotivi rappresentati.
8. L'attività si conclude con una riflessione collettiva su quanto è emerso da ciascuno, focalizzando anche l'attenzione sulle proprie esperienze personali, sulla qualità della vita e sulle differenze fra i sentimenti e le emozioni del passato in confronto allo stato attuale.

VARIANTI

1. A periodicità fissa (una volta a trimestre, due volte ogni anno, una volta all'anno, ecc.) potrebbe essere organizzata una mostra pubblica degli elaborati degli anziani. Durante l'apertura della mostra potrebbero essere diffuse, a uso del pubblico, le musiche che hanno stimolato la produzione.
2. A periodicità fissa (una volta a trimestre, due volte ogni anno, una volta all'anno, ecc.) potrebbe essere organizzato un premio d'arte. Dovrebbe essere individuata una giuria esterna composta anche di esperti di pittura che assegnano premi alle opere più significative.

Altri giochi che si possono proporre agli anziani all'interno di Case di riposo sono:

GIOCHI CON LE CARTE

Semplici e conosciuti giochi di carte: scopa, briscola, tressette, rubamazzo, ecc.
Giochi più complessi: burraco, ramino, scala quaranta, solitari, ecc.

GIOCHI VARI

Memory – esercita e tiene attiva la memoria.
Jenga – esercita la manualità per l'equilibrio dei pezzi.
Forza 4 – gioco di strategia.
Sudoku – solitario di ultima generazione e di difficoltà variabile.
Monopoli – stimola la competizione.

Tutti i giochi da tavolo e quelli di espressione e relazione (per esempio Taboo).
Commentare una fiaba della tradizione popolare stimolando i partecipanti a tenere in esercizio le proprie capacità di ascolto e di osservazione.

Il Mimo è un gioco in cui ogni partecipante deve imitare (solo con gesti) il personaggio che gli è stato assegnato e il pubblico deve indovinare di che personaggio si tratta; si può giocare a gruppi o a coppie scambiandosi a turno le parti senza usare mai oggetti o parole per esprimere ciò che si vuole rappresentare.

GIOCHI STRATEGICI

Dama – stimola ragionamenti e strategie.
Scacchi – richiede molti adattamenti mentali.

GIOCHI MOTORI E DI ABILITÀ

Biliardino, ping-pong, bocce, birilli, mini golf, ecc.

Lezione 10: Legge sulla privacy

La privacy è il diritto alla riservatezza della propria vita privata e al controllo dei propri dati personali

Il diritto alla privacy è dichiarato dal Decreto Legislativo n. 196/2003, che si occupa della protezione dei dati personali e ha come finalità quella di garantire che il trattamento dei dati si svolga nel rispetto dei diritti e delle libertà fondamentali, della dignità dell'interessato (con riferimento alla riservatezza), dell'identità personale e del diritto alla protezione dei dati personali.

Prima del "Testo unico sulla privacy" in Italia era in vigore le legge n. 675/1996, "Tutela delle persone e di altri soggetti rispetto al trattamento dei dati personali". Tale testo era stato introdotto per adempiere a quanto previsto dagli accordi di Schenghen e alla Direttiva 95/46/CE del Parlamento europeo. La legge n. 675/1996, con le dovute modifiche, ha dato origine al Testo unico sulla privacy, cioè la legge n.196 del 2003.

I principi fondamentali enunciati sono:

- il *diritto alla protezione*: viene affermato che tutti hanno il diritto alla tutela dei propri dati personali;
- la *finalità*: il Codice garantisce che il trattamento di dati si svolga nel rispetto dei diritti, delle libertà fondamentali e della dignità dell'interessato, assicurando un elevato livello di protezione ecc.;
- la *necessità del trattamento dei dati*: viene sancito che i sistemi informativi e i programmi informatici devono essere configurati riducendo al minimo l'utilizzo di dati personali ed identificativi, escludendone addirittura il trattamento laddove sia possibile l'utilizzo di dati anonimi o che permettano l'identificazione solo in caso di necessità.

I dati possono essere:

- **"Personali"**: qualunque informazione relativa a persone fisiche, persone giuridiche, enti o associazioni, identificati o identificabili, anche indirettamente, mediante riferimento a qualsiasi altra informazione, ivi compreso un numero di identificazione personale.
  I dati personali comprendono:
  a. nome, cognome, indirizzo, numero di telefono, codice fiscale, Partita Iva, dati bancari;
  b. informazioni circa la composizione del nucleo familiare, la professione esercitata da un determinato soggetto, sia fisico che giuridico, la sua formazione, ecc.

- **"Identificativi o sensibili"**: sono i dati personali che permettono l'identificazione diretta dell'interessato, e comprendono:
  a. fotografie, radiografie, video, suoni, impronte digitali, ecc.;
  b. informazioni relative al profilo creditizio, alla retribuzione, ecc.;
  c. informazioni relative alla salute di un soggetto, alla sua vita sessuale, alla partecipazione ad associazioni di categoria, a partiti, all'iscrizione a un sindacato, cartelle cliniche, rilevazioni di presenze, ecc.

I soggetti della privacy sono:
- il "**titolare**": la persona fisica, la persona giuridica, la Pubblica Amministrazione e qualsiasi altro ente, associazione od organismo cui competono, anche unitamente ad altro titolare, le decisioni in ordine alle finalità, alle modalità del trattamento di dati personali e agli strumenti utilizzati, ivi compreso il profilo della sicurezza;
- il "**responsabile**": la persona fisica, la persona giuridica, la Pubblica Amministrazione e qualsiasi altro ente, associazione od organismo preposti dal titolare al trattamento di dati personali;
- gli "**incaricati**": le persone fisiche autorizzate a compiere il trattamento dei dati dal titolare o dal responsabile.

Il codice privacy individua e tutela i dati:
- ***personali***, relativi a persone fisiche e/o giuridiche, enti o associazioni identificati o identificabili anche indirettamente;
- ***anonimi***, vale a dire le informazioni che, in origine o a seguito di indagini, possono essere associate a un interessato identificato o identificabile;
- ***identificativi***, cioè utili all'identificazione diretta dell'interessato;
- ***sensibili***, cioè idonei a rivelare l'etnia, l'orientamento sessuale, filosofico, religioso o di altro genere, le opinioni politiche, l'adesione a partiti, sindacati, associazioni od organizzazioni di ogni natura, lo stato di salute e la vita sessuale;
- ***giudiziari***, cioè informazioni inerenti le qualità di un imputato o di indagato, il casellario giudiziario, l'anagrafica relativa alle sanzioni amministrative dipendenti da reato ed eventuali carichi pendenti;
- ***statistici***, come le informazioni contenute nelle banche dati.

Il **Garante** è l'autorità che controlla e tutela la privacy, e lavora in piena autonomia di giudizio e valutazione.

Tocca a te

Esprimi la tua opinione sull'utilità della privacy e perché a volte, specialmente in adolescenza, viene violata. Riporta le tue considerazioni sul quaderno e confrontale con quelle dei tuoi compagni.

Lezione 11: La visita guidata in un servizio

La visita guidata all'interno di un servizio è il primo approccio all'esperienza di tirocinio

La visita guidata in un servizio è, solitamente, un momento conclusivo della conoscenza del territorio, dei servizi, delle loro funzioni e finalità. La visita guidata deve essere preparata in modo accurato tenendo conto delle caratteristiche del servizio e dell'utenza.

Durante la visita, oltre ad osservare l'edificio che ospita il servizio è importante chiedere informazioni sull'organizzazione del lavoro, sulle attività che vengono svolte, sul personale che vi lavora, sul numero di utenti e sul numero degli operatori che vi lavorano. Ogni operatore coinvolto nell'assistenza svolge delle mansioni ben precise, che vengono coordinate da una RAA o da un responsabile del servizio.

La visita viene fatta in piccoli gruppi per non turbare gli utenti del servizio

La classe durante la visita al servizio viene divisa in piccoli gruppi che effettuano la visita con diversi punti di partenza per evitare di disturbare gli utenti e di rompere la routine tanto rassicurante per gli ospiti che presentano particolari problematiche.

Per evitare che la visita risulti frettolosa e non appaghi le curiosità, che sono un ottimo vettore per acquisire nuove conoscenze, è opportuno utilizzare delle schede di osservazione preparate in classe. Alla fine della visita sarebbe opportuno stilare un cartellone riassuntivo con i dati salienti.

Ipotesi di domande da fare agli operatori di un Gruppo Appartamento per persone con disagio psichico

Quali studi ha fatto per riuscire a fare questo lavoro?
Da quanto tempo fa questo lavoro? Lo cambierebbe?
Quale motivazione l'ha spinta a intraprendere questo lavoro? È stata una sua scelta?
Prima di svolgere questo lavoro ne ha fatti altri in questo settore?
Quali conoscenze bisogna possedere per svolgere questo lavoro?
È soddisfatto del lavoro che fa? Le capita a volte di spaventarsi?
In base a quali malattie o problematiche le persone vengono inserite in un Gruppo Appartamento?
Ci sono persone che riescono a superare il disagio mentale? In che modo?
Cosa fate per aiutare le persone con disagio psichico? Quali sono le principali difficoltà che manifestano?
Come fate a capire quali sono i loro bisogni?
Come viene organizzata la giornata? Vengono svolte delle attività? Quali e quando?
Quando organizzate delle uscite, quali sono le vostre mete? Le persone vengono volentieri o solo perché costrette?
Vi capita spesso di organizzare feste o particolari attività?
Può descrivere la sua prima esperienza con gli utenti del Gruppo Appartamento?
Le piace il suo lavoro? Cosa apprezza in particolar modo? C'è qualcosa che fa poco volentieri o che trova più difficile?
Quali competenze si devono avere per costruire un buon rapporto con persone con disagio psichico?
Lei che rapporto ha con loro? Come si comporta nei loro confronti? Loro come si rapportano con voi operatori?
Questo lavoro l'ha portata a modificare il suo carattere?
Nei momenti in cui queste persone vanno in crisi, come le gestite?

Ipotesi di domande per conoscere gli utenti e l'organizzazione di un centro protetto

Cosa si deve fare per poter accedere a questo servizio?
Il servizio è solo residenziale o accoglie al suo interno un centro diurno?
Ci sono dei posti che vengono utilizzati per "interventi di Sollievo"?
Quante persone ospita la struttura?
Quanti operatori vi lavorano?
Vengono svolte attività di animazione? Con che frequenza?
Sono previsti dei PAI per tutti gli ospiti?
Gli ospiti del servizio partecipano anche ad attività che vengono attuate nella zona o rimangono sempre nel servizio?
Quando vengono svolte attività ricreative all'interno del servizio partecipano anche persone del territorio?
La struttura è divisa in nuclei?
Gli utenti hanno camere singole?
Come è scandita la giornata all'interno della struttura?
I familiari hanno libero accesso o le loro visite vengono limitate in determinati orari?
I familiari come reagiscono davanti all'aggravarsi della non autosufficienza del proprio caro?

Ipotesi di domande da fare agli operatori di una Casa Famiglia per adolescenti

Quali studi ha fatto per riuscire a fare questo lavoro?
Da quanto tempo fa questo lavoro? Lo cambierebbe?
Che rapporto ha con i ragazzi della casa famiglia? È difficile comunicare con loro?
Le piace il suo lavoro? Cosa apprezza in particolar modo? C'è qualcosa che fa poco volentieri o che trova più difficile?
Quali competenze si devono avere per costruire una buona intesa con i ragazzi?
Prima di svolgere questo lavoro ne ha fatti altri in questo settore?
Come viene organizzata la giornata? Vengono svolte delle attività? Quali e quando?
Ci può descrivere quali situazioni hanno alle spalle i ragazzi ospiti della Casa Famiglia?
Quale messaggio educativo e affettivo viene trasmesso a questi ragazzi?
Quali aspetti del carattere è importante sviluppare per relazionarsi con ragazzi di questo tipo?
Quali sono le regole che vigono all'interno della Casa Famiglia? Che rapporto hanno i ragazzi con le regole della casa?
Come affrontano il mondo esterno (scuola, amici, compagni, ecc.) questi ragazzi?
Quali sensazioni ed emozioni ha provato la prima volta che ha lavorato qui?

Tocca a te

Crea una griglia che metta in risalto i servizi che vengono offerti agli ospiti di un centro protetto.

APPENDICE
Il tirocinio e il contratto

Lo stage è un'esperienza lavorativa sul campo.

Lo studente viene chiamato "attore" del tirocinio.

Si definisce "contratto" l'individuazione delle aspettative reciproche tra studente e tutor, e con la sua stesura ciascuno degli "attori" (tutor e alunno) si assume le proprie responsabilità e i propri impegni.

Nel contratto devono essere chiariti:

- gli obiettivi;
- i compiti assegnati allo stagista e al tutor;
- i metodi e gli strumenti per condurre l'esperienza;
- il metodo e i tempi di verifica.

Gli obiettivi del tirocinio devono essere stabiliti tenendo conto del carattere dello studente, dei suoi bisogni formativi e delle caratteristiche della struttura ospitante.

L'organizzazione del lavoro è costituita da quattro elementi fondamentali:

1. gli obiettivi da raggiungere e le attività da svolgere per raggiungerli;
2. gli strumenti da utilizzare (per esempio: videocamera, fotocamera, registratore, diario, ecc.);
3. le persone che sono coinvolte;
4. la struttura organizzativa, che deve assegnare ad ogni individuo coinvolto un ruolo ben definito, cioè deve distribuire ai vari componenti un lavoro da svolgere finalizzato al raggiungimento di un determinato obiettivo. A volte i bisogni e gli obiettivi dell'utente sono in contrasto con i bisogni dell'organizzazione.

Nell'organizzazione ognuno è uguale agli altri, in quanto i diritti sono gli stessi per tutti, e al tempo stesso è diverso in quanto individuo con un'identità propria.

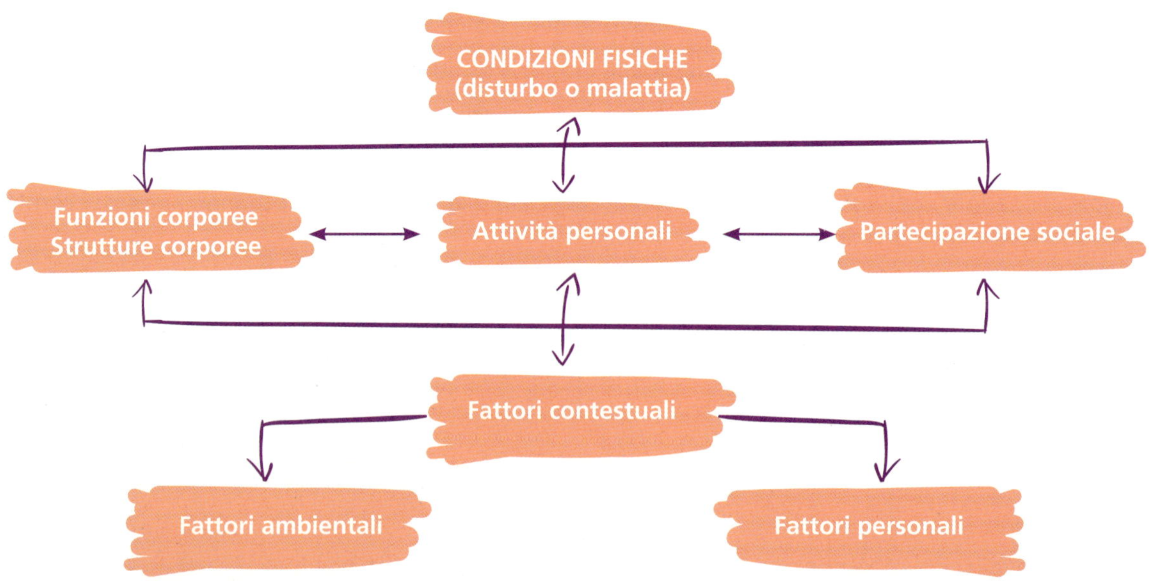

Circolarità dei processi di azione e retroazione

ALTERNANZA SCUOLA-LAVORO
DIARIO DI BORDO

Nome ....

BREVI INDICAZIONI PER CONOSCERE E CAPIRE MEGLIO LA REALTÀ AZIENDALE

Perché... perché

Ci sono almeno tre buoni motivi per impegnarsi nel tirocinio?
Individua 3 buoni motivi per cui ritieni che valga la pena impegnarsi per capire meglio la realtà aziendale in cui sei inserito durante l'esperienza di tirocinio.

1. ....

....

....

2. ....

....

....

3. ....

....

....

Sotto sono elencati alcuni buoni motivi per cui vale la pena di impegnarsi per comprendere meglio le esigenze dell'azienda e il proprio ruolo lavorativo, rafforzando la motivazione alla scelta.

Le affermazioni che seguono corrispondono ai tuoi punti di vista?
1. Scoprire le proprie risorse e i propri punti deboli.
2. Far emergere le proprie potenzialità.
3. Comprendere meglio il lavoro degli operatori.
4. Conoscere meglio noi stessi e l'azienda ospitante.
5. Farsi apprezzare in azienda.
6. Migliorare le proprie capacità.

COSA SI INTENDE PER AZIENDA?

"L'azienda è un sistema che interagisce con l'ambiente esterno, dal quale riceve delle risorse che trasforma in servizi per i propri clienti".
QUALI SONO LE PRINCIPALI FUNZIONI AZIENDALI?

Ecco alcune indicazioni relative alle principali funzioni di una azienda.
- DIREZIONE: consiste nel prendere le decisioni. È la funzione svolta generalmente dal "capo".
- INFORMATIVA: consiste nel proporre i propri servizi al mercato. I risultati ottenuti dipenderanno sia dalle capacità recettiva/ricreativa dell'azienda che dalla qualità del servizio.
- ACQUISTI: è la funzione inerente l'acquisto delle materie prime/attrezzature necessarie a migliore l'offerta fatta all'azienda.
- AMMINISTRAZIONE: è la funzione non collegata direttamente alla produzione aziendale. Si occupa della gestione dei costi aziendali.
- RICERCA E SVILUPPO: è la funzione che si occupa della ricerca necessaria per la realizzazione di nuovi servizi.

PROVA AD ANALIZZARE L'AZIENDA IN CUI SVOLGI IL TIROCINIO

- Utilizzando come traccia la griglia che trovi di seguito, prova ad analizzare l'azienda in cui ti trovi. Questo ti permetterà di conoscere meglio la tua azienda e le sue necessità.

Servizi e utenti dell'azienda

1. Che cosa offre?
....
....
2. A chi sono rivolti i servizi offerti?
....
....

Personale complessivo dell'azienda

1. Quante persone lavorano nell'azienda?
....
....
2. Che formazione e quale percorso scolastico hanno seguito?
....
....

Ausili e supporti di lavoro utilizzati in azienda

1. Quali sono gli ausili di lavoro principalmente utilizzati?

....

....

2. Da chi sono utilizzati?

....

....

Che cosa succede all'interno dell'azienda

1. Quali sono le relazioni di lavoro più frequenti?

....

....

2. Chi sono le persone coinvolte in tale relazione?

....

....

3. Come ti sembrano in generale il clima e i rapporti informali che si instaurano tra le diverse persone?

....

....

Problemi

1. Quali sono le difficoltà che più frequentemente si possono incontrare nell'azienda in cui sei stato inserito?

....

....

....

COMPRENDERE IL PROPRIO RUOLO LAVORATIVO

COSA SI INTENDE CON IL TERMINE "RUOLO"?

In linea generale si può dire che il ruolo è il comportamento che ci si aspetta dagli altri, e che deve essere adeguato al contesto di cui si occupano o lavorano.
In un'azienda, quando si parla di ruolo si fa riferimento a:

- regole di comportamento;
- compiti specifici;
- comprensione e accettazione da parte di tutti i membri dell'azienda;
- obiettivi chiari e mirati.

FAI UN'AUTOANALISI DEL TUO RUOLO LAVORATIVO

- Prova ad analizzare cosa fai in azienda rispondendo alle seguenti domande.

1. Quali sono le principali mansioni che svolgi in azienda?
....
....

2. Ti sembra che il tuo lavoro porti a dei risultati? Quali?
....
....

3. Con chi ti relazioni maggiormente nello svolgere il tuo lavoro?
....
....

4. La persona incaricata di svolgere il ruolo di tutor aziendale ti segue direttamente o delega ad altri tale funzione?
....
....

5. Il lavoro svolto da te durante il tirocinio ti sarà utile in futuro? A far cosa?
....
....

6. Quali sono le principali informazioni/nozioni che hai appreso a scuola e utilizzato sul lavoro
....
....

7. Quali sono i problemi e le difficoltà che hai incontrato?
....
....

8. Cosa hai appreso dal tutor aziendale?
....
....

9. Cosa hai appreso durante le lezioni degli esperti in classe?
....
....

10. Quali materie ti hanno aiutato durante il tirocinio?
....
....

SVILUPPA LE COMPETENZE

Seguendo la griglia di osservazione dei comportamenti del bambino in un asilo nido, costruiscine una riferita a una persona anziana.

Nome ....

	Sì	No	Da solo	Con aiuto	Aiutato totalmente
Si muove autonomamente.					
Conosce il suo posto.					
Sa usare il cucchiaio.					
Ha sviluppato la prensione.					
Conversa con gli altri bimbi.					
È sempre allegro e disponibile.					
Piange ogni volta che arriva all'asilo					
Beve dal bicchiere senza bagnarsi.					
Al momento del pasto fa i capricci.					
Assaggia volentieri cibi nuovi.					
È in grado di mangiare da solo.					
Fa il riposino pomeridiano senza capricci.					
Sottrae i giochi ai compagni.					

	Sì	No	Da solo	Con aiuto	Aiutato totalmente

▸ Individua la risposta esatta

1. **Il tirocinio è:**
   a. Un'attività ricreativa con caratteristiche sociale.
   b. Parte integrante del curricolo scolastico che si svolge presso enti convenzionati.

2. **L'operatore socio sanitario svolge il suo lavoro:**
   a. Come volontario.
   b. Ricevendo una retribuzione mensile.

3. **L'asilo nido è una struttura sorta dopo il varo della legge:**
   a. 1004 del 1975
   b. 1044 del 1971

ESERCIZI INTERATTIVI

Trascrivi in ordine corretto i seguenti termini

Saper fare • Saper essere • Sapere

Individua la risposta esatta

		V	F
1.	Il Tutor scolastico e il tutor aziendale possono essere la stessa persona.	☐	☐
2.	Confrontarsi con la realtà lavorativa permette all'alunno di valutare meglio la scelta fatta.	☐	☐
3.	Le varie tipologie di animazione vengono usate in base alle tipologie dell'utenza.	☐	☐
4.	Durante lo stage ci deve essere la copertura INAIL.	☐	☐
5.	Il tirocinio è un momento ludico dell'alternanza.	☐	☐
6.	La legge sulla privacy comprende i dati identificativi.	☐	☐
7.	Il tirocinio è parte integrante dell'alternanza.	☐	☐
8.	Una caratteristica del tirocinio è l'apprendimento nozionistico.	☐	☐
9.	La responsabilità del tutor riguarda sia l'ambito psicologico che quello assistenziale.	☐	☐
10.	Il gioca nell'uomo si struttura in modo diverso rispetto alla classe sociale.	☐	☐

Collega gli strumenti alle metodologie tenendo conto che alle metodologie possono essere collegati più strumenti

METODOLOGIE

A. Osservazione

B. Documentazione dell'esperienza

C. Verifica finale

D. Verifica in itinere

STRUMENTI DI LAVORO

1. Relazioni
2. Griglie
3. Videocamera
4. Computer
5. Compilazione della scheda di valutazione
6. Diario del tirocinio
7. Tutor
8. Analisi periodica sull'andamento
9. Momenti di riflessione in classe
10. Documentazione dell'esperienza svolta

METODOLOGIE			
A	B	C	D
....	....	....	....

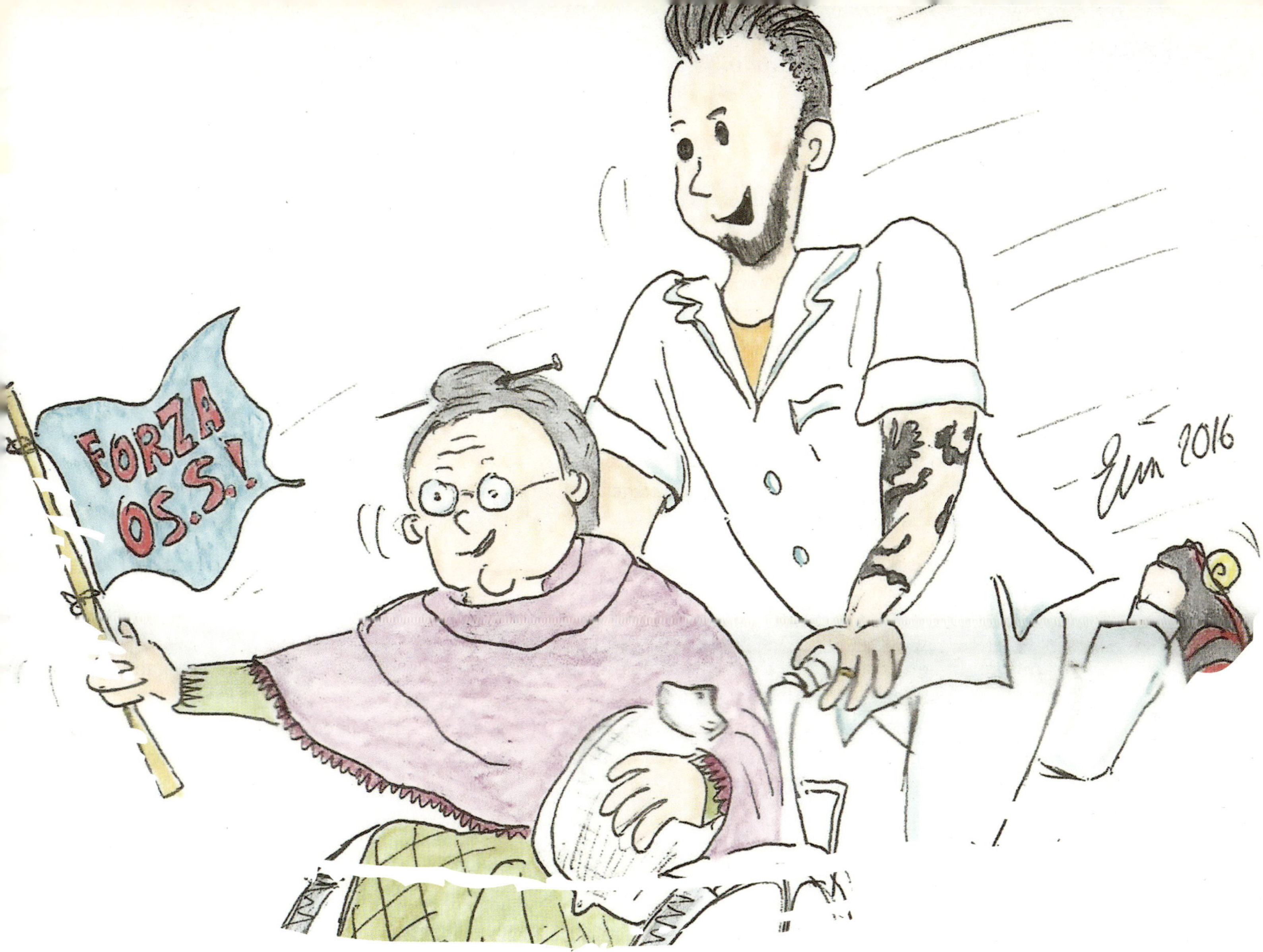

Capitolo 6
L'Operatore Socio Sanitario

- Questo capitolo completa la figura dell'OSS già affrontata, a grandi linee, nei capitoli precedenti, dando però un taglio operativo in ambito socio sanitario; pertanto è rivolto agli alunni che seguono il corso di formazione con qualifica regionale di OSS.

Nell'eBook, oltre agli esercizi interattivi, puoi trovare i seguenti approfondimenti:

- **PDF**: L'animazione; Il sistema del welfare; La legislazione nazionale e regionale; Patologie e animazione
- **PowerPoint**: La valutazione della qualità della vita nella residenza per anziani; La percezione del tempo per gli utenti; La governance in Emilia-Romagna; L'accreditamento.

L'operatore Socio Sanitario

La descrizione sintetica dell'OSS riporta: "L'operatore socio sanitario è in grado di svolgere attività di cura e di assistenza alle persone in condizione di disagio e di non autosufficienza sul piano fisico e/o psichico, al fine di soddisfarne i bisogni primari e favorirne il benessere e l'autonomia, nonché l'integrazione sociale"

La Conferenza Stato-Regioni del 22 febbraio 2001, illustrando la figura dell'OSS, evidenzia attività, contesti e competenze dell'OSS.

L'operatore socio sanitario svolge attività rivolte a:

- Soddisfare i bisogni primari della persona nell'ambito delle proprie aree di competenza, in un contesto sia sociale che sanitario.
- Favorire il benessere e l'autonomia dell'utente.

I contesti in cui opera sono operativi e relazionali

Contesto operativo: l'operatore socio sanitario svolge la sua attività sia nel settore sociale che in quello sanitario, in servizi di tipo socio-assistenziale e socio-sanitario, residenziali e semiresidenziali, in ambito ospedaliero e al domicilio dell'utente.

Contesto relazionale: l'operatore socio sanitario svolge la sua attività in collaborazione con altri operatori professionali proposti dall'assistenza sanitaria e a quella sociale, secondo la prospettiva del lavoro multi-professionale.

Alcune normative di riferimento in ambito socio-assistenziale sono:

- Legge n. 296/1958, istituzione del Ministero della Sanità.
- Legge n. 132/1968, riforma del sistema e degli enti ospedalieri.
- Legge n. 833/1978, istituzione del Servizio Sanitario Nazionale (SSN).
- D.M. del 10 febbraio 1984, identificazione dei profili professionali attinenti a figure parasanitarie nuove e atipiche.
- D.P.R. del 20 dicembre 1979, n. 761, disciplina dello stato giuridico del personale delle Unità Sanitarie Locali.
- D.Lgs del 19 giugno 1999 n.229, che ribadisce l'eliminazione della disuguaglianza nella fruizione dell'assistenza sanitaria sul territorio nazionale.

L'OSS lavora presso strutture o a domicilio o nel territorio

L'OSS può essere impiegato nei servizi di assistenza domiciliare, nei servizi a carattere semiresidenziale (centri diurni per anziani o disabili) e nelle strutture a carattere residenziale, come case di riposo, centri protetti, istituti per disabili, case albergo, ecc.

Lavora con disabili, anziani, malati cronici, minori in situazioni di difficoltà o a rischio di emarginazione, nuclei familiari in temporanea o permanente difficoltà e altre tipologie di soggetti che richiedono supporto sociale e/o sanitario.

Si occupa di animazione all'interno del servizio in cui lavora, in affiancamento all'animatore.

Lavora in équipe e in sinergia con altre figure professionali.

Effettua interventi volti a favorire la vita di relazione anche in collaborazione con altri operatori attraverso il coinvolgimento di vicini di casa e parenti, realizza interventi relativi ai singoli utenti, verifica e documenta il lavoro svolto, raccoglie dati e informazioni sui bisogni e sulle risorse relative ad un determinato contesto e/o soggetto.

Le attività principali previste dalla Conferenza Stato-Regioni del 22 febbraio 2001 per l'Operatore Socio Sanitario sono rivolte alla persona e al suo ambiente di vita

ALLEGATO A

Elenco delle principali attività previste per l'operatore socio sanitario

- **Assistenza diretta e aiuto domestico-alberghiero:**
  - assiste la persona, in particolare non autosufficiente e allettata, nelle attività quotidiane e di igiene personale;
  - realizza attività semplici di supporto diagnostico e terapeutico;
  - collabora ad attività finalizzate al mantenimento delle capacità psico-fisiche residue, alla rieducazione, riattivazione, al recupero funzionale;
  - realizza attività di animazione e socializzazione di singoli e gruppi;
  - coadiuva il personale sanitario e sociale nell'assistenza al malato anche terminale e morente;
  - aiuta la gestione dell'utente nel suo ambito di vita;
  - cura la pulizia e l'igiene ambientale.

- **Intervento igienico-sanitario e di carattere sociale:**
  - osserva e collabora alla rilevazione dei bisogni e delle condizioni di rischio-danno dell'utente;
  - collabora all'attuazione degli interventi assistenziali;
  - valuta, per quanto di sua competenza, gli interventi più appropriati da proporre;
  - collabora all'attuazione di sistemi di verifica degli interventi;
  - riconosce ed utilizza linguaggi e sistemi di comunicazione e relazione appropriati in riferimento alle condizioni operative;
  - mette in atto relazioni-comunicazioni di aiuto con l'utente e la famiglia per l'integrazione sociale ed il mantenimento e recupero dell'identità personale.

- **Supporto gestionale, organizzativo e formativo:**
  - utilizza strumenti formativi di uso comune per la registrazione di quanto rilevato durante il servizio;
  - collabora alla verifica della qualità del servizio;
  - concorre, rispetto agli operatori dello stesso profilo, alla realizzazione dei tirocini e alla loro valutazione;
  - collabora alla definizione dei propri bisogni di formazione e frequenta corsi di aggiornamento;
  - collabora, anche nei servizi assistenziali non di ricovero, alla realizzazione di semplici attività.

ALLEGATO B

Competenze dell'operatore socio sanitario

Nell'accordo del 22 febbraio 2001 sono descritte le competenze dell'OSS, raggruppate in 3 grandi aree: tecnica, professionale e relazionale

Competenze Tecniche

In base alle proprie competenze ed in collaborazione con altre figure professionali, sa attuare i piani di lavoro.
È in grado di utilizzare metodologie di lavoro comuni (schede, protocolli ecc.).
È in grado di collaborare con l'utente e la sua famiglia:

- nel governo della casa e dell'ambiente di vita, nell'igiene e cambio biancheria;
- nella preparazione e/o aiuto all'assunzione dei pasti;
- quando necessario, e a domicilio, nell'effettuare gli acquisti;
- nella sanificazione e sanitizzazione ambientale.

È in grado di curare la pulizia e la manutenzione di arredi e attrezzature, nonché la conservazione degli stessi e il riordino del materiale dopo l'assunzione dei pasti.
Sa curare il lavaggio, l'asciugatura e la preparazione del materiale da sterilizzare.
Sa garantire la raccolta e lo stoccaggio corretto dei rifiuti, il trasporto del materiale biologico sanitario e dei campioni per gli esami diagnostici secondo protocolli stabiliti.
Sa svolgere attività finalizzate all'igiene personale, al cambio della biancheria, all'espletamento delle funzioni fisiologiche, all'aiuto nella deambulazione, all'uso corretto di presidi, ausili e attrezzature, all'apprendimento e al mantenimento di posture corrette.
In sostituzione e appoggio dei familiari e su indicazione del personale preposto è in grado di:

- aiutare nella corretta assunzione dei farmaci prescritti e nel corretto utilizzo di apparecchi medicali di semplice uso;
- aiutare nella preparazione alle prestazioni sanitarie;
- osservare, riconoscere e riferire alcuni dei più comuni sintomi di allarme che l'utente può presentare (pallore, sudorazione ecc.);
- attuare interventi di primo soccorso;
- effettuare piccole medicazioni o cambio delle stesse;
- controllare e assistere la somministrazione delle diete;
- aiutare nelle attività di animazione e che favoriscono la socializzazione, il recupero ed il mantenimento di capacità cognitive e manuali;
- collaborare ad educare al movimento e favorire movimenti di mobilizzazione semplici su singoli e gruppi;
- provvedere al trasporto di utenti, anche allettati, in barella-carrozzella;
- collaborare alla composizione della salma e provvedere al suo trasferimento;
- utilizzare specifici protocolli per mantenere la sicurezza dell'utente, riducendo al massimo i rischi;
- svolgere attività di informazione sui servizi del territorio e curare il disbrigo di pratiche burocratiche;
- accompagnare l'utente per l'accesso ai servizi.

Competenze relative alle conoscenze richieste

- Conosce le principali tipologie di utenti e le problematiche connesse.
- Conosce le diverse fasi di elaborazione dei progetti di intervento personalizzati.
- Riconosce, per i vari ambiti, le dinamiche relazionali appropriate per rapportarsi all'utente sofferente, disorientato, agitato, demente o disabile mentale, ecc.

- È in grado di riconoscere le situazioni ambientali e le condizioni dell'utente per le quali è necessario mettere in atto le differenti competenze tecniche.
- Conosce le modalità di rilevazione, segnalazione e comunicazione dei problemi generali e specifici relativi all'utente.
- Conosce le condizioni di rischio e le più comuni sindromi da allettamento prolungato e immobilizzazione.
- Conosce i principali interventi semplici di educazione alla salute rivolti agli utenti e ai loro familiari.
- Conosce l'organizzazione dei servizi sociali e sanitari e quella delle reti informali.

Competenze relazionali
- Sa lavorare in équipe.
- Si avvicina e si rapporta con l'utente e con la famiglia, comunicando in modo partecipativo in tutte le attività quotidiane di assistenza; sa rispondere esaurientemente, coinvolgendo e stimolando al dialogo.
- È in grado di interagire, in collaborazione con il personale sanitario, con il malato morente.
- Sa coinvolgere le reti informali, sa rapportarsi con le strutture sociali, ricreative, culturali dei territori.
- Sa sollecitare ed organizzare momenti di socializzazione, fornendo sostegno alla partecipazione ad iniziative culturali e ricreative sia sul territorio che in ambito residenziale.
- È in grado di partecipare all'accoglimento dell'utente per assicurare una puntuale informazione sul servizio e sulle risorse.
- È in grado di gestire la propria attività con la dovuta riservatezza ed eticità.
- Affiancandosi ai tirocinanti, sa trasmettere i propri contenuti operativi.

ESTRATTO ALLEGATO C

Principali materie d'insegnamento

Area socio culturale, istituzionale e legislativa:
- elementi di legislazione nazionale e regionale a contenuto socio-assistenziale e previdenziale;
- elementi di legislazione sanitaria e organizzazione dei servizi (specifica normativa dell'OSS);
- elementi di etica e deontologia;
- elementi di diritto del lavoro e il rapporto di dipendenza.

Area psicologica e sociale:
- elementi di psicologia e sociologia;
- aspetti psico-relazionali ed interventi assistenziali in rapporto alle specificità dell'utenza.

Area igienico-sanitaria ed area tecnico operativa:
- elementi di igiene;
- disposizioni generali in materia di protezione della salute e della sicurezza dei lavoratori;
- igiene dell'ambiente e comfort alberghiero;
- interventi assistenziali rivolti alla persona in rapporto a particolari situazioni di vita e tipologia di utenza;
- metodologia del lavoro sociale e sanitario;
- assistenza sociale.

Igiene della divisa dell'OSS

L'igiene della divisa dell'OSS ha il fine di proteggere lo stesso operatore in un ambiente dove il rischio infezioni è elevato ed impedire che lui stesso divenga responsabile della trasmissione dell'infezione.
La divisa dell'OSS deve rispondere a precisi requisiti:

- il tessuto deve essere resistente a ripetuti lavaggi ad alte temperature e deve permettere la traspirazione;
- deve essere comoda, pratica e permettere, attraverso il colore, un'immediata identificazione della qualifica dell'operatore da parte dell'utente;
- la divisa comunica agli utenti l'immagine professionale dell'operatore, e se sporca trasmette un'idea di inaffidabilità e trascuratezza;
- deve essere composta da casacca a maniche corte poiché quelle lunghe possono intralciare il lavoro;
- deve avere pantaloni lunghi sia per il personale femminile che maschile;
- deve comprendere calzini, meglio se di cotone, scarpe antinfortunistiche e copricapo, quest'ultimo obbligatorio durante la distribuzione del cibo.

Codice deontologico dell'OSS

L'attività dell'OSS è centrata su diverse modalità relazionali, attraverso le quali egli aiuta la persona assistita a ottenere, conservare e incrementare il miglior stato di salute possibile. L'OSS lavora per promuovere, conservare, aiutare a ristabilire la salute della persona assistita, alleviare le sofferenze e preparare l'assistito la cui vita non può essere prolungata ad affrontare il termine dell'esistenza nel modo più sereno possibile.
L'OSS assiste tutte le persone attribuendo loro uguali diritti e considerazione indipendentemente dall'età, dal sesso, dalla nazionalità, dalla religione, dalla disabilità, dalle condizioni economiche e sociali, dalle specifiche cause di inabilità e malattia; egli non deve esprimere giudizi sulle persone e sui loro comportamenti.
L'operatore socio sanitario valorizza l'autonomia della persona, il suo modo di essere, le sue capacità di prendere decisioni, la sostiene nell'uso delle risorse personali, la stimola ad usare risorse sociali presenti nel territorio, evitando, fino a quando è possibile, l'insorgere di condizioni di dipendenza. L'OSS osserva il segreto professionale e il segreto d'ufficio come risposta alla fiducia che l'assistito e il servizio ripongono in lui.
L'OSS ha il diritto di essere informato e coinvolto nel progetto assistenziale, assicurando la riservatezza delle informazioni relative alle persone. Nella raccolta, nella gestione, nell'archiviazione e nel passaggio dei dati, si limita a ciò che riguarda il progetto d'aiuto. Riferisce ai suoi superiori qualsiasi circostanza che possa pregiudicare l'assistenza e la qualità delle cure; in quanto componente dell'équipe di lavoro, ha il dovere di prendere iniziative perché la persona riceva assistenza di qualità conforme all'etica.
L'OSS ha il dovere di tenersi aggiornato professionalmente al fine di poter erogare prestazioni assistenziali di qualità. Assume la responsabilità del proprio operato in conformità al proprio ruolo professionale, accettando di sottoporre il lavoro svolto alla verifica da parte degli operatori preposti.

Il consenso informato

Uno dei diritti del malato è quello di essere informato sul proprio stato di salute, sul decorso della malattia, sulle possibili terapie da attuare. Il malato, dopo essere stato informato in modo semplice e chiaro, decide liberamente se accettare o meno la terapia proposta esprimendo il proprio "consenso informato".

Il consenso informato è necessario se l'intervento cui il malato deve sottoporsi presenta rischi o complicazioni. L'informazione data al paziente diviene una prestazione sanitaria, allo stesso livello dell'accertamento diagnostico e dell'intervento terapeutico. Generalmente il medico che richiede il consenso informato trascrive sulla cartella del malato di averlo ampiamente informato, ciò perché l'informativa e il consenso avvengono solitamente in forma orale.

Il consenso informato scritto è obbligatorio in caso di trapianti di organi (DPR 16/06/1977), in caso di pazienti affetti da AIDS (L. 135 del 05/06/1990), per terapia con plasma derivati o emoderivati (DM 15/01/ 1991), per sperimentazione scientifica (DM 27/04/1992), per prelievo ed innesto di cornea (L. n. 201 del 12/08/1993), in caso di uso di medicinali al di fuori delle indicazioni autorizzate (L. n. 94 del 08/04/1998) e in caso di procreazione assistita (L n.40 del 19/02/2004).

In caso di figli minori il consenso deve essere firmato da entrambi i genitori; se il paziente è un minore, inoltre, compatibilmente con l'età e la sua capacità di comprendere, il medico deve prendere in considerazione anche l'opinione del malato ed è possibile arrivare a un consenso congiunto fra genitori e figlio minore. Qualora sussista un contrasto fra la volontà del minore e quella dei genitori sulla decisione di eseguire o meno il trattamento sanitario, la decisione spetta al giudice tutelare.

Percorso di programmazione degli interventi in ambito territoriale

Il Comune predispone e approva proposte di programmi sociali riferiti al proprio territorio

↓

La Conferenza di Zona valuta e seleziona i programmi in sede di approvazione del Piano di Zona

↓

I Comuni determinano e verificano lo svolgimento delle attività ad alta integrazione socio-sanitaria

↓

Attraverso il Piano di Zona ogni progetto ha assegnati:

- i finanziamenti (Comunali, Regionali, ASL);
- i soggetti attuatori (pubblici, privati, reti informali, ecc.);
- le modalità di realizzazione;
- gli obiettivi;
- i tempi di attuazione;
- i parametri di verifica.

La valutazione della qualità della vita nella residenza per anziani

I Piani di Zona devono essere coordinati con il PAL (Piano Attuativo Locale) in accordo con la città metropolitana o con la Provincia

↓

I Piani vengono inviati in Regione entro i termini previsti dal Piano Sociale Regionale
La ripartizione del Fondo Regionale per l'assistenza sociale è svolta dalla Regione

Reti di protezione sociale

La rete di protezione sociale comprende:

- Famiglia
- Volontariato
- Cooperazione sociale
- Organizzazioni private
- Altri soggetti di privato sociale

La rete ha una funzione di garanzia nei confronti dei vari soggetti che, non agendo in modo indipendente, hanno maggiori strumenti per affrontare e gestire situazioni di stress. Lo stress può dipendere sia da fattori personali che dalle relazioni sociali. La persona che ha una rete relazionale è più legata all'esistenza e ai desideri che la fanno sentire viva, si sente valorizzata nei rapporti sociali e, a seconda dalla funzione che svolge nella rete, cade meno facilmente in depressione e guarisce più rapidamente. I legami che si attivano e consolidano nella rete forniscono, ai soggetti che la compongono, risorse di tipo affettivo o psicologico, come il sostegno emotivo, la protezione, la sicurezza. Le reti di relazione possono diventare veri e propri sistemi di supporto per il soggetto bisognoso d'aiuto.
Due aspetti della rete interessano l'operatore sociale:

1. la forma e la densità delle reti intrecciate dagli utenti o l'esistenza di isolati nodi relazionali;
2. le modalità di reazione e riorganizzazione delle reti di fronte al sopraggiungere di un evento stressante che riguarda un membro.

Il sonno

Il sonno è un'attività della vita che permette di riposare mentre il corpo continua a funzionare anche se a un livello minore. Particolari stimoli possono interromperlo. Il sonno comprende 4-6 cicli, ognuno dei quali dura 90 minuti ed è diviso in 5 stadi.

- Primo stadio: la persona si è appena addormentata, stimoli leggeri possono svegliarla.
- Secondo stadio: è presente un rilassamento notevole, la persona addormentata può svegliarsi facilmente.
- Terzo stadio: il rilassamento è completo, diminuisce la frequenza del polso e se il sonno continua indisturbato passa direttamente allo stadio successivo.
- Quarto stadio: il soggetto dorme profondamente, non si sveglia con facilità e possono verificarsi episodi di sonnambulismo o di incontinenza.
- Quinto stadio: il sonno è leggero, si verificano la fase del sogno (sonno REM). Con l'avanzare dell'età il sonno REM diminuisce. Colui che si sveglia durante questo stadio ricorda sogni pieni di azione.

Il sonno è indispensabile alla salute dell'individuo

Una delle funzioni del sonno è quella di sostenere la salute. Durante il sonno aumenta la secrezione dell'ormone della crescita, che ha varie funzioni, fra cui la formazione di nuove cellule e la riparazione di altre. La formazione di nuove cellule non è importante solo per i bambini, ma anche per gli adulti, nel caso si debba riparare un danno subito (per es. una ferita).
La carenza di sonno che possiamo accumulare deve essere recuperata dormendo più a lungo del normale; la deprivazione completa del sonno porta diminuzione dell'efficienza, incoerenza, disorientamento e allucinazioni. La mancanza cronica del sonno può causare irritabilità e una minore resistenza alle infezioni.

L'accreditamento

Lo stato di riposo comprende il rilassamento degli arti, il raggiungimento di uno stato di calma e rilassatezza mentale.
I fattori che influenzano il sonno sono:
- *l'età*: i giovani dormono più degli adulti, mentre le persone anziane alternano periodi di sonno a periodi di veglia;
- *la temperatura corporea*: nel sonno si verifica una riduzione della temperatura corporea, poiché le funzioni dell'organismo sono molto ridotte, e ogni variazione sveglia la persona;
- *l'alimentazione*: pasti pesanti o assunzione di bevande con caffeina possono causare mancanza di sonno;
- *l'esercizio fisico*: il movimento svolto durante le ore di veglia favorisce il sonno, soprattutto nei bambini, mentre negli adulti favorisce la rigenerazione dell'organismo;
- *l'umore*: molte persone quando sono agitate non riescono a dormire, e l'insonnia è frequente negli stati depressivi;
- *la temperatura ambientale*: troppo caldo o troppo freddo incidono sulla qualità del sonno;
- *la casa*: dover dormire in più persone nella stessa stanza influisce sul sonno.

La salute è uno stato di completo benessere: fisico, psichico e sociale

La malattia è un processo evolutivo che consiste in una modificazione peggiorativa dello stato precedente. Secondo l'OMS "La salute è uno stato di completo benessere fisico, mentale e sociale e non semplicemente l'assenza di malattia e di infermità".

La prevenzione è un insieme di attività finalizzate a promuovere e conservare lo stato di benessere della persona e della collettività evitando l'insorgenza delle malattie

La prevenzione può essere primaria, secondaria e terziaria.

Prevenzione primaria: comprende tutte le misure di prevenzione volte ad impedire lo sviluppo di malattie. Lo scopo è quello di ridurre l'incidenza delle malattie ed evitare rischi per la salute. La prevenzione primaria comprende la somministrazione di vaccini e l'educazione sanitaria.

Prevenzione secondaria: si occupa di soggetti ammalati, anche se all'inizio della patologia. Lo scopo della prevenzione secondaria è quello di ottenere la guarigione o di limitare la progressione attraverso esami di diagnosi precoce, come screening (Pap Test), misurazione della pressione, ecc.

Prevenzione terziaria: consiste nel controllo clinico e terapeutico di malattie croniche, al fine di evitare la comparsa di complicazioni e di esiti invalidanti. L'invalidità è data dalla perdita parziale o totale della capacità psichica e fisica a compiere un'attività.

L'uso dei guanti rientra fra le disposizioni di protezione individuale; il loro utilizzo da parte del personale sanitario è obbligatorio.

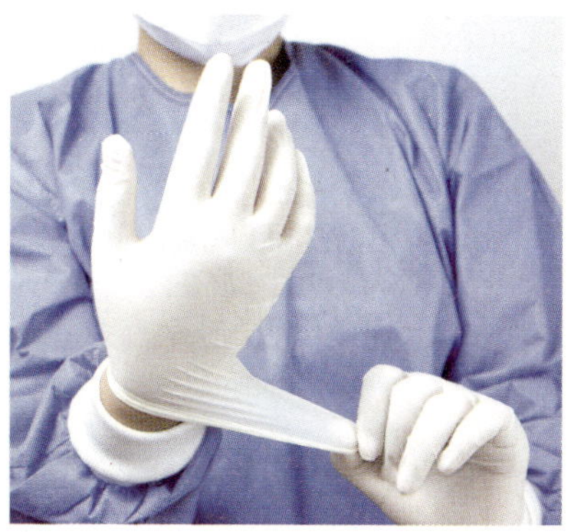

Utilizzo e tipologie di guanti:

igiene personale e bagno assistito → guanti in lattice monouso

rifacimento letti e maneggio biancheria sporca → guanti monouso

pulizie degli ambienti → guanti in gomma bicolore

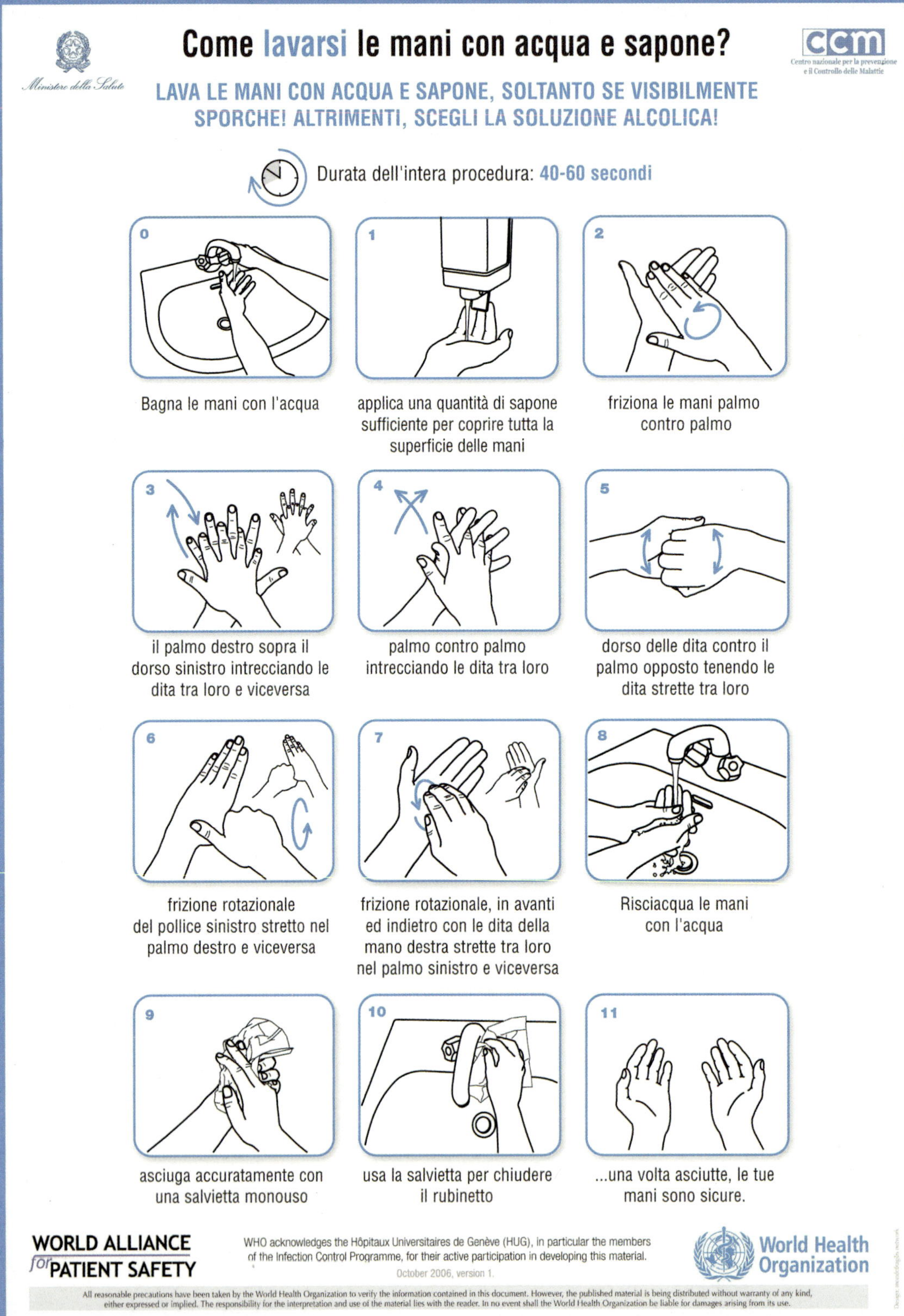
Ministero della Salute
Come lavarsi le mani con acqua e sapone?
ccm
Centro nazionale per la prevenzione e il Controllo delle Malattie
LAVA LE MANI CON ACQUA E SAPONE, SOLTANTO SE VISIBILMENTE SPORCHE! ALTRIMENTI, SCEGLI LA SOLUZIONE ALCOLICA!
Durata dell'intera procedura: 40-60 secondi
0
Bagna le mani con l'acqua
1
applica una quantità di sapone sufficiente per coprire tutta la superficie delle mani
2
friziona le mani palmo contro palmo
3
il palmo destro sopra il dorso sinistro intrecciando le dita tra loro e viceversa
4
palmo contro palmo intrecciando le dita tra loro
5
dorso delle dita contro il palmo opposto tenendo le dita strette tra loro
6
frizione rotazionale del pollice sinistro stretto nel palmo destro e viceversa
7
frizione rotazionale, in avanti ed indietro con le dita della mano destra strette tra loro nel palmo sinistro e viceversa
8
Risciacqua le mani con l'acqua
9
asciuga accuratamente con una salvietta monouso
10
usa la salvietta per chiudere il rubinetto
11
...una volta asciutte, le tue mani sono sicure.
WORLD ALLIANCE for PATIENT SAFETY
WHO acknowledges the Hôpitaux Universitaires de Genève (HUG), in particular the members of the Infection Control Programme, for their active participation in developing this material.
October 2006, version 1.
World Health Organization
All reasonable precautions have been taken by the World Health Organization to verify the information contained in this document. However, the published material is being distributed without warranty of any kind, either expressed or implied. The responsibility for the interpretation and use of the material lies with the reader. In no event shall the World Health Organization be liable for damages arising from its use.

L'équipe assistenziale è formata da un team professionale che in gruppo o singolarmente svolge le attività necessarie per la tutela della salute della persona assistita. Il team varia per numero dei componenti e per qualifica delle figure professionali coinvolte a seconda del contesto operativo/sociale o sanitario, del servizio e della tipologia di utenza.

Le figure professionali presenti nelle RSA

Le figure professionali che svolgono attività socio-sanitarie all'interno delle RSA sono:
- l'infermiere professionale;
- l'operatore socio-sanitario;
- il terapista della riabilitazione;
- il coordinatore.

Infermiere professionale D.M. 739/1994: identifica i bisogni di assistenza infermieristica, pianifica le attività, attua e valuta gli interventi assistenziali, garantisce che le prescrizioni vengano svolte in modo corretto, ecc.
OSS: assiste la persona non autosufficiente, provvede al trasporto di utenti allettati o in carrozzella, aiuta l'utente nella sua casa e si occupa di pulizia e igiene dell'ambiente, svolge attività finalizzate all'igiene della persona, al cambio della biancheria, all'uso corretto dei presidi, ecc.
Terapista della riabilitazione: collabora alla valutazione della disabilità, all'identificazione degli obiettivi terapeutici, all'attuazione degli interventi assistenziali, realizza attività di supporto diagnostico e terapeutico, ecc.
Coordinatore: si occupa di gestire operativamente l'area organizzativa di competenza, ha il ruolo di programmazione e verifica delle attività e dei servizi in carico. È una figura chiave dell'organizzazione cooperativa che unisce la gestione e il personale tecnico-operativo.

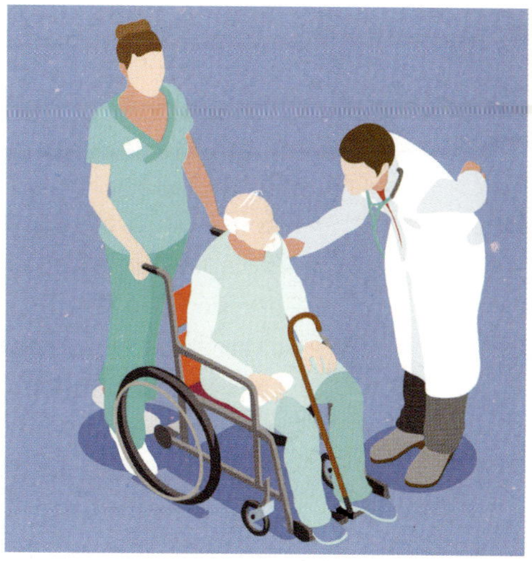

Il Dipartimento di Sanità Pubblica ha la finalità di prevenire le malattie, promuovere, proteggere e migliorare la salute e il benessere dei cittadini.
Il Dipartimento di Sanità Pubblica dell'Azienda ASL di Bologna si articola in quattro aree funzionali, che corrispondono agli ambiti di attività di cui si occupa:
1. Igiene e sanità pubblica;
2. Prevenzione e Sicurezza negli Ambienti di Lavoro;
3. Sanità Pubblica Veterinaria;
4. Analisi, Prevenzione e Promozione della Salute.

Il Dipartimento gestisce, fra le altre cose, il supporto tecnico agli Enti Locali e agli altri soggetti coinvolti, in particolare alla Conferenza Territoriale Sociale e Sanitaria, nella promozione della salute e nelle valutazioni di natura epidemiologica.
Il settore cura del malato è organizzato, in strutture ospedaliere, che secondo le diverse patologie si suddividono in:
- Unità Operative Semplici (UOS);
- Unità Operative Complesse (UOC).

La *struttura organizzativa* dell'azienda è caratterizzata:
- dalla divisione del lavoro;
- dal *gruppo*;
- dai meccanismi di coordinamento;
- dal decentramento.

Le strutture semplici (UOS) possono qualificarsi sia come "articolazioni interne della struttura complessa", sia come "strutture aventi valenza dipartimentale o distrettuale".
In generale, sono semplici le seguenti strutture:

- le ASL;
- l'Azienda Ospedaliera;
- il Policlinico Universitario;
- l'IRCCS (Istituto di Ricovero e Cura a Carattere Scientifico). Tale struttura è un ospedale nel quale vengono svolte attività di ricerca clinica e di gestione dei servizi sanitari, ed ha natura giuridica pubblica o privata.

Le Unità Operative Complesse (UOC) coordinano processi professionali di grande complessità e di integrazione, che sono individuati come prioritari dalla programmazione regionale o locale ed economicamente rilevanti. Per esempio: l'UOC "Salute in carcere" è stata costituita per assicurare la tutela della salute delle persone sottoposte a pene detentive e pertanto è finalizzata ad attuare percorsi di prevenzione e cura per i detenuti.

Il Piano Assistenziale Individuale (PAI)

Nelle strutture socio sanitarie per anziani, disabili, comunità riabilitative, ecc. il PAI è uno strumento indispensabile per la presa in carico e monitoraggio dell'ospite. Deve essere sintetico, di veloce lettura perché tutto il gruppo di lavoro dovrà averlo a disposizione. Per la stesura del PAI l'équipe deve raccogliere tutta la documentazione e le informazioni del nuovo ospite.
La prima settimana d'ingresso è un periodo di attenta osservazione da parte dell'équipe, che avrà il compito di integrare tutti i dati e le informazioni raccolti per definire quello che diventerà un progetto di vita per il nuovo assistito.
Il PAI può essere utilizzato anche come comunicazione esterna in caso di trasferimento ad altro servizio o struttura (esempio: dal Centro Diurno all'RSA) e costituisce un valido punto di partenza per il gruppo di lavoro che si prenderà cura del futuro assistito.
La famiglia deve essere informata sulla gestione assistenziale del proprio congiunto e partecipare alla stesura del PAI. La famiglia rappresenta l'elemento di continuità fra il servizio e l'assistito, è la sua memoria: per questo è necessario che il PAI contenga una sezione a essa dedicata.
Il PAI è uno strumento di valutazione dei risultati, di lavoro per la gestione quotidiana dell'ospite e di condivisione con i familiari.

Piano Assistenziale Individuale
↓
Unità di Valutazione Multidisciplinare (UVM)
↓
Problemi/bisogni
↓
Obiettivi
↓
Indicatori
↓
Area di intervento → Area sanitaria → attività suggerimenti, prescrizioni
→ Area riabilitativa → attività suggerimenti, prescrizioni
→ Area assistenziale → attività suggerimenti, prescrizioni

Schema di stesura di un PAI

Evitare di...	Sarebbe utile...
Problema/bisogno: descrivere più di un problema utilizzando aggettivi qualificativi che possono essere percezioni soggettive dell'OSS (es. svogliata, inappetente, ecc.).	Individuare il problema principale e concentrarsi su di esso. Essere sintetici. Avere a disposizione tutti i dati.
Obiettivo: essere troppo generici nella descrizione. Descrivere un obiettivo non misurabile. Creare e crearsi illusioni.	Specificare lo scopo da raggiungere. Scegliere un obiettivo misurabile e verificabile. Considerare l'obiettivo come una tappa.
Intervento: essere generici nella definizione dell'intervento.	Definire dettagliatamente ogni singola attività: chi fa cosa, dove, quando, come.
Tempi: darsi tempi lunghi.	Darsi tempi medio-brevi. Quantificare i tempi effettivi dell'intervento.
Verifiche in itinere: affidarsi sempre all'osservazione. Fare variazioni definitive all'intervento. Posticipare o anticipare.	Utilizzare test specifici, schede di valutazione create ad hoc dal personale. Riferire ogni variazione operativa che si rendesse necessaria.
Valutazione: abbandonare l'obiettivo senza tentare di modificarlo.	In caso di successo: passare alla tappa successiva, ridefinire l'obiettivo, riprogettare. In caso di fallimento: analizzare i motivi e individuare alternative. Riprogettare.

Esempio di scheda PAI

BISOGNO: ____

PROBLEMA	OBIETTIVO	RISORSE			INTERVENTI ASSISTENZIALI
		umane	materiali	dell'utente	

VERIFICA: ____

I bisogni degli ospiti, all'interno del servizio, sono esaminati dall'équipe che compila il PAI

Ad esaminare i bisogni degli ospiti accolti nel servizio c'è l'équipe della struttura, che può comprendere:

- *Direttore di struttura*: coordina la struttura sotto tutti gli aspetti amministrativi e sanitari. Il direttore di struttura è il punto di riferimento del personale, degli ospiti e dei familiari.

- *Direttore sanitario:* si occupa dell'assistenza degli ospiti e delle valutazioni periodiche dello stato di salute degli utenti. Il direttore sanitario coordina il personale medico e paramedico e controlla l'adeguatezza delle cure.

- *Fisioterapisti:* si occupano della fisioterapia finalizzata al recupero del movimento, al mantenimento e alla valorizzazione delle capacità residue. I fisioterapisti collaborano con infermieri, OSS e con l'équipe psico-socio-educativa al fine di promuovere il benessere dell'utente.

- *Équipe socio-educativa:* è composta da educatore, animatore e/o assistente sociale, che collaborano con i familiari nella programmazione del ricovero e nel processo di accoglienza. Al momento della presa in carico dell'ospite, cioè all'ingresso in struttura, vengono acquisite informazioni essenziali che permettono la compilazione del Piano Assistenziale Individualizzato (PAI). L'équipe, in collaborazione con l'OSS e il personale infermieristico e riabilitativo, lavora giornalmente accanto all'utente in una relazione basata sull'ascolto e sul benessere dell'utente.

- *Operatori socio-sanitari:* svolgono un'attività finalizzata a soddisfare i bisogni primari della persona. Le attività degli OSS riguardano l'assistenza all'assunzione dei pasti e all'igiene personale. Poiché gli operatori socio sanitari sono sempre presenti nelle strutture, essi diventano figure di riferimento per gli utenti.

- *Équipe multidisciplinare:* al momento dell'ingresso di un nuovo ospite, all'interno di un servizio, un'équipe multidisciplinare formata da tutti i servizi sanitari (medico, infermieristico, assistenziale, fisioterapico e di animazione) si riuniscono per analizzare la situazione e per programmare l'intervento.

- *Équipe assistenziale:* è costituita da un team di figure professionali che insieme o singolarmente svolgono la loro attività di tutela della persona assistita. Il team può variare nella sua composizione, sia per quanto riguarda i componenti sia per le figure professionali coinvolte.

L'équipe predispone il PAI (Piano Assistenziale Individualizzato) con il quale viene garantita ad ogni ospite un'assistenza su misura e personalizzata. Per la stesura del PAI vengono utilizzate scale di valutazione riconosciute a livello internazionale. A intervalli regolari l'équipe si riunisce per monitorare la situazione, valutare i risultati, apportare eventuali modifiche al piano d'intervento.

Gli anziani fragili

La Società italiana di Geriatria e Gerontologia definisce come anziani fragili i soggetti di età avanzata o molto avanzata, cronicamente affetti da varie patologie, con salute instabile, spesso disabili, in cui gli effetti delle malattie sono spesso accentuati da una precaria situazione socio-economica.
La fragilità è collegata all'invecchiamento e tende a presentarsi dopo i 75 anni di età. Al di là dell'età anagrafica, esistono alcuni elementi che possono causare la fragilità in età senile e non sono legati alla salute bensì a variabili fisiche, psicologiche e ambientali.

Quando l'anziano si trova in condizione di fragilità diviene molto importante la presenza di una rete di cura e di sostegno di cui possa beneficiare. La persona che presta tale cura, chiamato *caregiver*, è colui che si fa carico dell'anziano non autosufficiente ed è solitamente un familiare, un amico o un vicino di casa. Il caregiver prende il nome di *caregiver formale* se tale ruolo è assunto da un ausiliare, un OSS, un infermiere, ecc. mentre le badanti vengono definite *caregiver informali*.
La demenza rappresenta uno dei fattori principali di fragilità dell'anziano. Le cause che possono determinare una sindrome di demenza sono varie; per questo motivo si tende a usare il termine generico di "demenze". Le varie forme di demenza si caratterizzano per il progressivo regresso delle facoltà mentali, la modifica della personalità e del comportamento del soggetto e di conseguenza la riduzione dell'autonomia della persona.
La valutazione dei bisogni rappresenta il primo punto per guardare alla terza età in un'ottica educativa di potenziamento e valorizzazione delle risorse degli individui e dei gruppi al fine di progettare interventi di cura che promuovano la qualità della vita nella terza età.

Valutazione educativa dei bisogni degli anziani fragili

Servizi del territorio

Condizione di vita

Abitazione

vissuto, memoria, storia personale

Anziano/a

famiglia, caregiver, relazioni interpersonali

progettualità e prossimità con le figure a lui più vicine

ruoli sociali e ruoli professionali variabili sociali

variabili psicologiche strategie di aiuto e tipologie di intervento

variabili fisiche / condizioni di salute

La percezione del tempo per gli utenti

Analisi, riflessione e presa di decisioni sui dati raccolti attraverso gli strumenti di valutazione

SCHEDA DELLE OSSERVAZIONI
e raccolta dei dati

(comunicazione orizzontale con figure professionali dello stesso livello; comunicazione verticale fra responsabili, medici e operatori; comunicazione trasversale fra diverse figure professionali)

	Momento della giornata	Evento da osservare	Osservazioni
Osservazione di azioni di cura	Mattina	Momento dell'alzata	
		Distribuzione della terapia	
	Pranzo	Imbocco	
	Pomeriggio	Merenda	
	Sera	Messa a letto	
Osservazione di momenti comunitari	Vari (2/4 osservazioni)	PAI settimanale	
		Passaggio delle consegne	
		Ingresso di nuovi utenti	
Osservazione di situazioni critiche	Vari	Descrizione della persona osservata	

Dopo aver raccolto i dati sull'utente è opportuno fare un'analisi al fine di evidenziare punti di forza e criticità del servizio di cura dell'anziano in relazione agli standard definiti sotto forma di indicatori.

Individuazione dei punti di forza e delle criticità dei dati raccolti

Punti di forza	Punti di debolezza	Elementi da approfondire

Dopo aver analizzato i dati colonna per colonna, il team di lavoro deve:

- individuare fra i punti di forza gli elementi da valorizzare;
- individuare fra i punti di debolezza le possibili cause che hanno creato la situazione;
- approfondire gli elementi indicati nella terza colonna.

Analisi dei punti di forza e delle criticità dei dati raccolti

Elementi da valorizzare	Ipotesi sulla causa della criticità	Spunti da approfondire

Il gruppo di lavoro, con un approccio creativo, manifesta la libertà di espressione di ogni suo componente accogliendo tutte le proposte che vengono esposte spontaneamente.

Individuazione delle innovazioni dopo l'analisi dei dati raccolti

Strategia di miglioramento	Vantaggi	Svantaggi

Una volta stabilite tutte le strategie di miglioramento che il gruppo è riuscito ad elaborare, si passa ad esaminarle individuando i possibili vantaggi e svantaggi in modo da fare un'analisi delle idee emerse e selezionare quelle più efficaci e fattibili.

La rete dei servizi per l'anziano

La rete dei servizi per l'anziano deve avere come obiettivo:

- l'integrazione fra sociale e sanitario, fra i servizi, la famiglia e il volontariato. I Comuni svolgono la funzione di controllo;
- il lavoro secondo il PAI, progetto condiviso dagli operatori coinvolti nell'intervento, dall'anziano e dai familiari, garantendo spazi di confronto;
- la garanzia di un'adeguata differenza fra i servizi offerti, che devono essere adeguati al livello di domanda esistente sul territorio in merito a numero di posti letto, potenziamento dei servizi domiciliari ad opera dell'ASL e del Comune, sostegno delle attività assistenziali sia delle famiglie che delle badanti;
- la costruzione di modelli organizzativi flessibili che permettano di rispondere ai bisogni dell'utente e di adattare l'organizzazione alle risorse dell'anziano;
- l'equità nei criteri di accesso ai servizi in base alla necessità e all'urgenza di assistenza.

L'assistenza domiciliare integrata ADI offre:

- visite del medico di famiglia, programmate secondo le condizioni della persona;
- assistenza infermieristica che risponde ai bisogni assistenziali e terapeutici;
- assistenza alla persona, igiene e mobilizzazione fornite in collaborazione con i Servizi Sociali;
- ausili per l'incontinenza, come pannoloni, cateteri, traverse, ecc.;
- farmaci forniti del servizio e prescrivibili dall'ASL;
- fornitura di ausili, come deambulatore, letto ortopedico, carrozzina, ecc.;
- materiale di medicazione, come garze, disinfettanti, ecc.;
- trasporto per esami diagnostici, visite specialistiche, ricoveri in day hospital.

Confronto tra diversi modelli di metodologie professionali

Fasi	Metodo scientifico	*Problem solving*	Processo di assistenza infermieristica
1. Accertamento e analisi dei dati	Osservare la realtà e definire il problema	Osservare e identificare il problema	Raccogliere dati e formulare un'iniziale valutazione
2. Diagnosi: individuazione dei problemi e formulazione di ipotesi	Formulare ipotesi	Definire il problema	Diagnosi infermieristica
3. Identificazione degli obiettivi e pianificazione degli interventi	Raccogliere dati	Formulare un piano d'intervento	Pianificare
4. Attuazione: messa in atto del progetto assistenziale	Progettazione di un'idea che dia risposta al problema	Attuare il piano d'azione	Attuare il piano d'azione
5. Valutazione dell'efficacia del progetto assistenziale	Verificare le ipotesi	Valutare i risultati	Valutare i risultati

L'OSS osserva e collabora alla realizzazione dei bisogni e delle migliori condizioni rispetto al rapporto rischio/danno dell'utente.
Valuta, per quanto di sua competenza, gli interventi più appropriati da proporre.
Collabora all'attuazione degli interventi assistenziali, realizza semplici attività di supporto diagnostico e terapeutico e collabora anche nei servizi assistenziali non di ricovero.

Esempio di Piano assistenziale

Roberta, 85 anni, vive con Margherita che, dietro consiglio del medico curante, la ricovera in ospedale a causa della frattura del femore che l'ha costretta a letto per vari mesi. Attualmente ha una lesione da decubito e la febbre per un'infezione virale.

Fasi	Infermiere	OSS
Accertamento **Raccolta dati** **Valutazione finale**	Durante l'accertamento nella fase di ricovero, l'infermiere prende atto della presenza di una piccola lesione nell'area sacrale. Rileva e verifica eventuali altre lesioni cutanee. Rileva la temperatura corporea e la pressione del sangue.	Osserva la cute. Osserva se c'è arrossamento o lesione. Osserva l'espressione e il colore del volto di Roberta. Informa il personale infermieristico.
Diagnosi **Identificazione del problema**	Cute non integra a seguito di immobilità e si evidenzia una lesione da decubito nell'area sacrale. Valutazione della lesione Valutazione di rischio. Controllo dell'infezione virale e dei suoi effetti su Roberta.	L'OSS informa l'infermiere che la paziente si muove poco, ha mangiato poco, ecc. La febbre, nonostante le terapie, continua ad attestarsi sui 38°.
Pianificazione	Per ottenere la guarigione della lesione cutanea in dieci giorni, l'infermiere pianifica i seguenti interventi: 1. girare Roberta ogni due ore; 2. utilizzare un presidio anti decubito; 3. far assumere una dieta iperproteica e ipercalorica; 4. coprire l'area arrossata con una medicazione trasparente; 5. applicare medicazioni; 6. monitorare lo stato della lesione. Per la febbre si decide di continuare la somministrazione dell'antibiotico per 5 giorni.	Collabora alla pianificazione degli interventi. Riferisce ciò che ha osservato su Roberta. Propone interventi di sua competenza. Controlla e riferisce sullo stato di salute anche in relazione all'infezione virale.
Attuazione	Gli interventi previsti vengono realizzati per dieci giorni. Registrazione nella cartella clinica di quanto: 1. eseguito; 2. rilevato; 3. valutato; 4. ottenuto con le medicazioni.	Esegue gli interventi a lui/lei attribuiti, e cioè: 1. effettua la mobilizzazione secondo prescrizione; 2. osserva la cute durante le cure igieniche; 3. gestisce il presidio antidecubito; 4. somministra la dieta prescritta; 5. mantiene la cute pulita e asciutta; 6. registra gli interventi eseguiti.
Valutazione	Alla fine dei 10 giorni l'infermiere verifica che nell'area interessata dalla lesione la cute si presenti integra e annota l'esito nella cartella clinica. Roberta è guarita anche dell'infezione virale.	Osserva la cute guarita, lo stato generale di salute e riferisce al presidio infermieristico.

Gli strumenti da usare per la valutazione sono le scale di valutazione standardizzate, che hanno lo scopo di:

- rilevare e quantificare i problemi del paziente;
- definire l'intervento più appropriato e personalizzato;
- misurare e valutare i risultati ottenuti;
- comunicare in modo oggettivo agli altri operatori le informazioni sul paziente;
- individuare l'intervento assistenziale più adatto alla dimissione.

Molte sono le scale usate, fra le quali:

La scala di Branden: prevede 6 indicatori: percezione sensoriale, attività motoria, umidità, nutrizione, frizione e scivolamento.

Katz Adl Scale: valuta l'indipendenza del soggetto in sei funzioni fondamentali della vita quotidiana, come fare il bagno nella vasca, vestirsi, usare i servizi igienici, ecc.

Scala IADL: rivela l'autonomia del paziente in base ad attività complesse, come l'uso del telefono, fare acquisti, usare mezzi di trasporto, ecc.

Scala di Tinetti: valuta l'equilibrio e l'andatura e consente di evidenziare molti dei fattori che determinano il rischio di cadute.

Scala Conley: è composta da sei fattori che classificano il rischio di caduta ed individuano un valore soglia di due punti su dieci per indicare la presenza di rischio.

Scala BADL: controlla le attività della vita quotidiana.

Prende il nome di PLI il Piano di Lavoro individualizzato, che serve a valutare tutti gli strumenti che si stanno usando nell'esecuzione del Piano Assistenziale Individualizzato.

Erogazione del servizio

Evento	Protagonisti	Documentazione
Stesura del PAI	Coordinatore del servizio, RAA, OSS, medico, infermiere, fisioterapista, familiare	Scheda PAI
Attività assistenziali	RAA, OSS, infermiere	PLI Scheda su: • bagni • mobilizzazione • alimentazione • cadute accidentali • uscite • ecc.
Scadenza obiettivo PAI	Coordinatore del servizio, RAA, OSS, infermiere, fisioterapista, medico, familiare	Nuova scheda PAI e/o revisione della scheda

Il welfare e i gruppi di intervento multidisciplinari in cui sono organizzati i servizi socio sanitari

I gruppi operativi multidisciplinari si suddividono in base alla loro organizzazione.

I servizi socio sanitari si suddividono in:

- area disabilità (gruppo per interventi sulla disabilità);
- area anziani e non autosufficienza (UVM per anziani e persone non autosufficienti);
- area salute mentale (gruppo per interventi sulla salute mentale);

- area infanzia, adolescenza e famiglie (gruppo per interventi per abusi, maltrattamenti, abbandono);
- area adulti (gruppo per adozioni);
- area tossicodipendenza (gruppo operativo per le tossicodipendenze).

Il gruppo multidisciplinare si occupa di stilare la diagnosi funzionale, strumento interdisciplinare che descrive la situazione della persona nel suo contesto di vita. La diagnosi funzionale è dinamica perché viene ridefinita periodicamente; essa ha lo scopo di dare risposte mirate ai bisogni specifici della persona, mette in evidenza i deficit della persona, ma soprattutto le potenzialità sulle quali si deve far leva per attuare l'intervento.
Le diverse tipologie di disabilità, le differenti gravità di danno e le particolari caratteristiche di ogni soggetto richiedono interventi specifici.
I gruppi multidisciplinari rappresentano la congiunzione tra il territorio e l'ospedale affinché sia garantita la continuità assistenziale tra i due.
La valutazione multidisciplinare ha il compito di accertare il grado di autonomia, di decadimento cognitivo, psicologico, sociale, e stabilire pertanto la necessità di assistenza sanitaria e infermieristica anche considerando le risorse economiche e le reti di supporto.

Interventi rivolti alle persone con disabilità

Gli interventi rivolti alle persone che presentano disabilità sono:
- prestazioni economiche previste dalla L104/92;
- prestazioni integrative, che comprendono assistenza scolastica, trasporto sociale, assistenza domiciliare;
- prestazioni sostitutive, come centri di socializzazione, centri residenziali, residenze sanitarie per disabili (RSD), case famiglia, comunità alloggio;
- attività socio ricreative, cioè servizi finalizzati a far superare la solitudine;
- attività socio terapeutiche e riabilitative, come inserimento lavorativo, formazione professionale, cooperative di solidarietà sociale.

Interventi rivolti alle persone anziane

Al bisogno di assistenza degli anziani rispondono i seguenti servizi:
- Domiciliari: *assistenza domiciliare sociale* con intervento di sostegno psicosociale e di cura alla persona, *assistenza domiciliare diretta* erogata direttamente dall'ASL o dall'ente locale sulla base di quanto è previsto dal regolamento, *assistenza domiciliare indiretta* erogata attraverso assegni di cura o contributi versati ai familiari per soddisfare i bisogni assistenziali dell'anziano, ospedalizzazione domiciliare, ADI.
- Semiresidenziali: centri diurni, *day hospital*, centri diurni Alzheimer.
- Residenziali: casa di riposo, casa albergo, casa protetta, comunità alloggio protetta, residenza sociale, RSA, RSA di cura e di recupero. Nei centri Alzheimer la creazione di giardini odorosi privi di ostacolo aiuta la persona anziana con demenza a muoversi senza incontrare ostacoli.
- Ricreativi e culturali, cioè servizi come l'università della terza età, la banca del tempo, il volontariato, finalizzati a stimolare nuovi rapporti e dare un senso al tempo libero.

Interventi rivolti alle persone con disagio psichico

L'équipe che si occupa della persona con problemi psichiatrici è composta da medici psichiatri, psicologi, assistenti sociali, educatori, infermieri e OSS.
I compiti svolti sono di assistenza ambulatoriale, interventi a domicilio, rapporti a fini terapeutici con nuclei familiari o con gruppi, formulazione di piani d'intervento individualizzati e integrati, avviamento di programmi specifici di recupero e riabilitazione, reinserimento sociale e lavorativo, sensibilizzazione dell'opinione pubblica sul tema della salute mentale, ecc.

L'OMS ha individuato varie funzioni del Dipartimento Salute Mentale (DSM), come:
- curare e recuperare le condizioni di normalità dell'individuo;
- ridurre il disagio e la disabilità avendo come obiettivo il miglioramento e non la guarigione;
- prevenire le ricadute con un'adeguata profilassi;
- prevenire l'insorgenza della malattia;
- aumentare le competenze della persona.

Gruppi multidisciplinari nell'area minori e famiglia

L'équipe è composta da assistente sociale, psicologo ed educatore, ed affronta i problemi dell'abuso, del maltrattamento e dell'abbandono. Si occupa anche di adozioni e di affidamento familiare oltre alle situazioni di disagio delle famiglie multiproblematiche.
I suoi interventi sono mirati a:
- azioni di promozione al fine di privilegiare le attività di informazione, consapevolezza e conoscenza;
- azioni di prevenzione al fine di sostenere le famiglie nelle loro molteplici funzioni di cura ed educazione;
- azioni di tutela al fine del reinserimento nel contesto sociale delle famiglie con gravi problemi sociali.

I gruppi multidisciplinari, oltre a sostegno e aiuto, svolgono anche controllo laddove la famiglia non riesce a garantire la cura e la crescita dei figli.

Gruppi multidisciplinari nell'area delle tossicodipendenze

I SerT rappresentano modelli organizzativi a carattere interdisciplinare, istituiti con la legge 162/1990 per affrontare il problema della dipendenza da sostanze stupefacenti. Il compito del SerT è quello di aiutare le persone che vogliono uscire da qualsiasi forma di dipendenza. L'intervento sociale si identifica in attività di prevenzione, riabilitazione e reinserimento sociale.

Gli strumenti dell'OSS in ambito sociale sono:
- l'ascolto attivo (ascoltare più che parlare al fine di comprendere i bisogni degli altri);
- saper osservare (è importante osservare tutto ciò che non viene detto ma che si manifesta attraverso il comportamento non verbale);
- tenere un atteggiamento empatico (è essenziale comprendere ciò che l'altro sente, vive e soffre);
- mettersi al servizio della persona (l'OSS aiuta la persona a trovare le soluzioni più appropriate ai suoi problemi);
- tenere un atteggiamento "maieutico", cioè mettere il soggetto in condizioni di acquisire, attraverso il dialogo, la consapevolezza di sé, al fine di aiutarlo a esprimere le proprie qualità arrivando a formulare riflessioni sul suo stato.

Le strategie metodologiche più importanti per l'OSS sono:
- il *problem solving* (risoluzione del caso);
- il *coping* (capacità di affrontare e risolvere i problemi);
- l'*empowerment* (essere in grado di fare);
- i concetti di rete e il sistema familiare.

Il ***problem solving*** è il percorso per la risoluzione dei problemi. Il problema deve essere riconosciuto e gestito nel modo appropriato; ciò non accade se si inseriscono ostacolo emotivi che impediscono la ricerca e l'attuazione di strategie alternative per far fronte alla situazione. La soluzione di un problema presuppone una valutazione globale della persona e della sua situazione, dei suoi stili di vita e comportamenti. Le strategie per risolvere il caso guidano l'OSS consentendogli di trovare soluzioni adeguate ai problemi, in quanto egli tende a sbloccare le energie e le risorse delle persone attivando tutti gli strumenti idonei, come l'ascolto attivo, ecc.

Abbiamo così il ciclo del processo del *problem solving*:
- **percezione, definizione, analisi;**
- **produzione di alternative, valutazione, decisione;**
- **progettazione, attuazione, ritorno dell'informazione.**

Il ***coping*** è definito anche tecnica per affrontare i problemi utilizzando tutte le strategie cognitive e comportamentali che vengono attuate per affrontare la situazione. Si tratta di una strategia fondamentale per raggiungere il benessere, e rende l'individuo protagonista nei confronti della situazione e non soggetto passivo. Nell'adattamento alle nuove situazioni di vita si possono mettere in atto *strategie adattive*, che permettono al soggetto di lasciarsi andare agli eventi accettando le nuove situazioni di vita, oppure le *strategie disadattive*, che bloccano e influiscono negativamente sul benessere della persona e sulla qualità della sua vita. Il *coping* può essere *basato sul problema* con l'obiettivo di migliorare o modificare la situazione personale attraverso la richiesta d'aiuto, oppure *basato sulle emozioni*, che si pratica di fronte a un evento stressante in cui la persona attiva meccanismi di difesa come aggressività, regressione, depressione, ecc.
Abbiamo così:
Persona → **Azione** → **Problema/Compito** (strategie del *coping*);

Persona → **Problema** → **Soluzione** (relazione tra *coping* e *problem solving*).

L'***empowerment***, cioè l'essere in grado di fare, è la capacità di sviluppare le proprie risorse individuali in modo da elevare il benessere personale, che è determinato dalla soddisfazione dei propri bisogni.
Per *empowered* si intende l'individuo o la comunità che ha il potere di essere in grado di fare. Il soggetto *empowered* è una persona che può migliorare le proprie capacità relazionali, professionali e personali e che ha maggiore possibilità di adattamento e di autonomia nelle azioni, mentre una persona *depowered* vive la vita con rassegnazione, pessimismo e senza aspettative per il futuro.
Gli interventi e le azioni incentrati sull'*empowerment* sono mirati a rafforzare o sviluppare il potere di scelta dei singoli migliorandone le competenze e le conoscenze, con finalità non solo di carattere terapeutico-riparativo ma anche di sviluppo e promozione.
Le caratteristiche dell'*empowerment* sono:
Favorire la crescita costante → **Aumentare il senso di potere personale del soggetto.**

Le **reti** di un individuo sono la somma delle sue reti temporali (relazione tra le diverse generazioni di una famiglia estesa) e spaziali (relazioni tra amici, amici di famiglia, vicini di casa, colleghi di lavoro, ecc.). Per *reti sociali* si intendono tutti quei rapporti che una persona instaura con gli altri: familiari, parenti, amici, colleghi di lavoro (*reti informali primarie*), associazioni e volontariato (*reti informali secondarie*), servizi erogati da enti pubblici e/o privati (*reti formali*). Le *reti di supporto* sono quelle che producono il supporto sociale (vicinanza, senso di appartenenza, sicurezza, ecc.). Le persone ne beneficiano per il solo fatto di essere all'interno di una rete. Le *reti di fronteggiamento* producono l'assistenza di cui una persona può fruire in quanto ha richiesto un intervento da parte di qualcuno.
Abbiamo così:

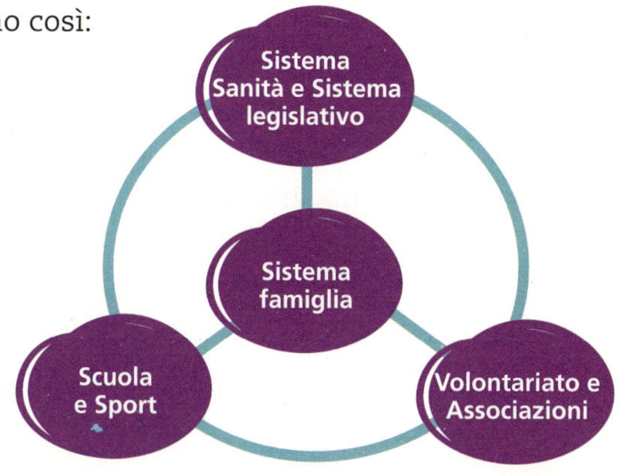

L'animazione

L'animazione

Per stimolare la ripresa o il mantenimento delle capacità cognitive dei degenti è importante anche la cura dello spirito basata sull'intrattenimento, l'animazione e le attività ludiche. Prendersi cura dell'anziano non può prescindere dal coinvolgimento attivo della persona in un'occupazione piacevole del suo tempo, finalizzata a stimolare le capacità percettive grazie ad attività manuali e alla comunicazione col personale e con gli altri ospiti.
La ludoterapia serve a migliorare l'umore degli utenti, a facilitare un'apertura verso una vita sociale e relazionale quanto più possibile normale. Lo scopo è aiutare gli utenti a coltivare i rapporti interpersonali e valorizzare le abilità di ognuno impiegandole secondo le capacità individuali.
Con la *Terapia Occupazionale* oppure la *ROT* si possono avere sia interventi strutturati che interventi del tutto informali inseriti nella quotidianità (vedi pagina 316).

I servizi sono concepiti per modificare il meno possibile le abitudini casalinghe dei degenti, dalla dieta personalizzata alle attività quotidiane, che comprendono:

- lettura e commento dei giornali;
- proiezione di film;
- cruciverba;
- Santa Messa;
- organizzazione di feste;
- ginnastica;
- giochi cognitivi all'interno dell'attività del "momento al bar" (giochi di parole, memory, ecc.);
- gioco del bowling o delle bocce;
- attività musicale e canora;
- il gioco della tombola;
- laboratori creativi / attività occupazionali;
- momenti di dialogo individuale e sostegno emotivo;
- scambi intergenerazionali;
- gruppi di dialogo;
- laboratori sulle storie di vita;
- giochi e visite;
- redazione di un giornalino.

Le attività di stimolazione sensoriale comprendono:

- *laboratori manuali e ricreativi*, manipolazione di materiali, uso di tecniche diverse, cucito, laboratorio di cucina, giardinaggio;
- *attività grafico pittoriche*, che possono essere collegate a quelle sensoriali e comprendono l'uso del colore con la creazione finale di un unico prodotto;
- *attività musicali*, come l'ascolto della musica, il canto, la costruzione di piccoli strumenti musicali o l'attuazione di giochi musicali;
- *attività legate all'immagine* attraverso l'uso della fotografia, la visione di diapositive o dvd;
- *attività di lettura* attraverso la lettura del quotidiano o di un libro scelto insieme;
- *attività centrate sul corpo*, che prevedono ginnastica e psicomotricità, giochi di squadra e tornei;
- *attività di festa* attraverso momenti gioiosi come le feste di compleanno, le feste a tema, ecc.;

- *attività rivolte all'esterno* della struttura, e cioè le uscite, le gite, il mercato, ecc.

Nelle attività l'anziano può apparire:

- *partecipe*: segue con partecipazione e attenzione le attività e interviene attivamente nel gruppo;
- *partecipe distratto*: è interessato e partecipe, nonostante la sua attenzione a volte si rivolga altrove (l'anziano difficilmente riesce a concentrarsi per parecchio tempo su un'attività);
- *osservatore*: l'anziano non interviene direttamente e non contribuisce ad arricchire l'attività, ma dimostra un certo interesse;
- *indifferente*: quando preferisce fare altro senza impedire agli altri di svolgere l'attività;
- *ostile*: quando assume atteggiamenti ostili nei confronti dell'attività proposta, caso nel quale sta all'animatore capire i motivi del rifiuto e decidere come agire in proposito;
- *assente*: non è in grado di partecipare alle attività o comprendere ciò che accade intorno a lui a causa di patologie, come ad esempio la demenza.

L'animatore deve osservare il numero di presenze alle attività svolte e rilevare eventuali aiuti da parte di altri ospiti o del personale attraverso la compilazione del *Diario settimanale* che permette di riassumere le attività giornaliere e di fare un consuntivo delle attività giornaliere e del lavoro settimanale, dando la possibilità di riflettere sul proprio intervento.

L'organizzazione delle residenze per anziani è spesso a forte impronta ospedaliera ed è pertanto inevitabile che i residenti assumano il ruolo di malati. Per evitare ai soggetti che vi risiedono la prospettiva di una residenza passiva è necessario sviluppare le loro capacità residue, stimolandoli a conservare il più a lungo possibile la loro indipendenza.

Il servizio dovrà pertanto organizzare attività non solo per curare deficit funzionali, ma anche per promuovere situazioni finalizzate a potenziare le capacità dei residenti in modo da sollecitare l'autonomia. L'anziano, in uno spazio abitativo adeguato, con una corretta alimentazione e buona cura della persona, vivrà in condizioni di sicurezza e potrà partecipare ad attività creative e/o collaborare con il personale. Il lavoro di sviluppo delle capacità residue potenzia l'autonomia della persona anziana.

La diminuzione delle capacità fisiche, mentali o sociali porta a:

- essere classificati come incapaci da parte degli operatori socio sanitari;
- assumere il ruolo di persona malata o dipendente;
- percepirsi come persona malata o dipendente.

Continuare un'esistenza soddisfacente porta a:

- sentirsi sicuri e sostenuti;
- mantenere un ruolo sociale;
- perseguire obiettivi di sviluppo personale.

L'OMS nel 1996 ha pubblicato dei principi per promuovere l'attività fisica fra le persone anziane affermando che è possibile iniziare ad apprezzare l'attività fisica e a raccoglierne i benefici a qualunque età. Svolta con regolarità, essa produce miglioramenti fisici, psicologici, sociali e culturali significativi negli individui di tutte le età, includendo anche persone con limiti e incapacità particolari.

Patologie e animazione

L'attività fisica dovrà variare in funzione dello stato di salute dell'individuo.
Il livello dello stato di salute può essere così classificato:

- individui sani: persone in buona salute che possono svolgere regolarmente attività fisica e non hanno problemi nei movimenti;
- individui non sani ma indipendenti: anziani in salute fisica non buona ma indipendenti, soggetti che non praticano un'attività fisica adeguata;
- Individui non sani e dipendenti: anziani con cattiva salute, che non sono in grado di vivere in maniera indipendente per varie ragioni.

Le APA: attività fisiche adattate

Il termine APA comprende un'area interdisciplinare che racchiude l'educazione fisica, la danza, lo sport, il fitness e la riabilitazione per persone con svantaggi o disabilità.
L'APA fornisce programmi di attività fisica rivolti al miglioramento della qualità della vita delle persone al di là della disabilità e dell'età.
Il grande vecchio residente in una struttura protetta è spesso una somma delle condizioni psico-fisiche di disabilità che richiedono un intervento adatto.

La presenza psichica

La comparsa di patologie cerebrali, circolatorie e sensoriali, a volte aggravate dal rifiuto della vita, possono determinare casi di vera e propria "assenza mentale".
L'efficacia del movimento dipende dalla consapevolezza dell'importanza che esso riveste da parte di chi lo esegue. È importante iniziare ogni lezione con un tipo di stimolazione che richieda l'impegno delle facoltà mentali al fine di risvegliare o mantenere la presenza psichica, mediante esercizi di padronanza del movimento e di coordinazione.
È importante risvegliare e mantenere la presenza psichica, poiché essa è finalizzata a mantenere:

- padronanza di movimento;
- attenzione – memoria;
- prontezza di riflessi.

L'autonomia essenziale

Per autonomia essenziale si intende la capacità di soddisfare i bisogni primari di alimentazione, di igiene personale, di utilizzo dei servizi e di spostamento, anche con ausili.
Nel grande vecchio l'autosufficienza è compromessa dal sommarsi di più fattori fisiologici e degenerativi, dalla comparsa di patologie osteoarticolari e circolatorie. Con piccoli esercizi, mirati alla flessibilità articolare, a sollecitare le fasce muscolari e all'equilibrio si ottengono benefici il cui riscontro stimola la persona a frequentare corsi di ginnastica.
Recuperare e mantenere l'autonomia essenziale è utile per:

- arti superiori;
- arti inferiori;
- equilibrio.

Le funzioni fisiologiche primarie

Attivare e favorire le funzioni primarie è un processo che si ottiene attraverso l'attività:

- respiratoria;
- circolatoria;
- uro-intestinale.

Tali funzioni possono essere favorite da attività specifiche.

- *Attività respiratoria*. Visualizzare l'aria che esce permette all'anziano di ottenere un ricambio di ossigeno profondo, di prendere coscienza dell'afflusso dell'aria nei polmoni, della propria respirazione e di utilizzarla in modo completo e corretto.
- *Attività circolatoria*. Si sprona l'anziano a percepire sensazioni, a provocarle e a manifestarle.
- *Attività uro-intestinale*. Gli esercizi di contrazione delle fasce perianali aiutano a prevenire e migliorare l'incontinenza.

La socialità

La socialità può essere stimolata aiutando la persona anziana a ritrovare la propria identità personale, anche nel confronto con il gruppo e con lo stabilire nuove relazioni.
Nelle strutture solitamente si finisce con il privilegiare l'utenza invece dell'utente: viene pertanto sacrificata l'individualità finendo a lungo andare con il mettere in crisi l'identità della persona stessa. È molto importante valorizzare le capacità residue, educando il soggetto a utilizzarle nel migliore dei modi.
Stimolare e favorire la socializzazione porta a migliorare:

- l'identità personale;
- il gruppo;
- l'interrelazione.

Per far sì che l'animazione possa esplicare tutte le sue potenzialità è necessario che al centro sia posto l'utente invece delle attività; ciò richiede che l'animatore sia in grado di adattare le sue competenze e le sue tecniche alla situazione, partendo da un'approfondita conoscenza dell'altro attraverso il dialogo.

Obiettivi di un intervento di animazione in una residenza per anziani

Obiettivi mirati sulla persona:

- migliorare il benessere personale, sviluppando la possibilità di espressione, la creatività e la manifestazione delle emozioni;
- stimolare le abilità manuali, favorendo il rilassamento e il miglioramento dell'umore;
- favorire la consapevolezza dei propri bisogni, incentivando il recupero e il mantenimento dell'autonomia;
- rallentare o prevenire il decadimento psico-fisico riattivando le capacità sensoriali, di socializzazione e cognitive.

Obiettivi mirati sull'ambiente:

- creare un ambiente favorevole in cui l'anziano può sentirsi a proprio agio e favorire lo sviluppo delle potenzialità;
- contrastare il senso di disagio e la passività di molti anziani.

Obiettivi a valenza sociale:

- favorire la partecipazione degli anziani alle decisioni che lo riguardano;
- favorire la socializzazione tra gli anziani, con i familiari e con l'esterno;
- favorire il collegamento con l'esterno sia in senso ambientale (tramite gite) sia in senso storico sociale, per esempio con la lettura e commento del giornale.

La terapia occupazionale (TO) e la ROT

Si definisce terapia occupazionale (TO) la tecnica terapeutica che utilizza attività, individuali e di gruppo, finalizzate a promuovere in una persona con disabilità fisica, psichica o sensoriale il massimo livello di autonomia fisica, sociale e psicologica. Viene considerata utile per gli anziani che vivono in una RSA, centri protetti, a domicilio, al fine di conservare l'indipendenza nelle funzioni corporee e nelle capacità mentali e decisionali.

La ROT (*Reality Orientation Therapy*) è una terapia cognitiva per la demenza; essa ha l'obiettivo di migliorare l'orientamento personale, temporale e spaziale del paziente demente attraverso l'utilizzo di varie tipologie di stimoli: verbali, visivi, scritti, musicali, ecc. I pazienti che utilizzano questa terapia sono affetti da demenza o presentano un decadimento di livello lieve o lieve-moderato, soprattutto se privi di deficit sensoriali.

Nella ROT si distinguono due modalità terapeutiche tra loro complementari: informale e formale.

La *ROT informale* è rappresentata da un processo di stimolazione continua effettuato dai familiari, che forniscono al paziente, durante la giornata, informazioni relative a spazio e tempo al fine di mantenerne l'orientamento (data, giorno, mese, orario, colori diversi, ecc.).

La *ROT formale* consiste in sedute giornaliere di circa 45 minuti condotte in gruppi di 4-6 persone omogenee per grado di deterioramento cognitivo, in cui un tecnico di riabilitazione impiega una metodologia standardizzata. I pazienti vengono sollecitati a fornire risposte alle domande oppure a svolgere semplici compiti.

La terapia psicomotoria sviluppa le facoltà espressive del soggetto.

I vuoti di memoria più frequenti nell'anziano si manifestano nel:
- ricordare i nomi propri;
- ricordare dove sono gli oggetti;
- ricordare numeri di telefono appena letti o sentiti;
- ricordare parole;
- ricordare informazioni riferite;
- riconoscere volti;
- perdere il filo del discorso;
- dimenticare appuntamenti;
- ecc.

Gli esercizi che vengono fatti con i programmi di *Memory Training* (PMT), cioè esercizi riabilitativi di addestramento della memoria che dimostrano significativi miglioramenti, riguardano:
- percezione e attenzione;
- associazioni semplici, come colori, marca, prodotto;
- stimolazione sensoriale, come i giardini odorosi;
- analisi delle abilità quotidiane semplici, come classificazioni, previsioni di situazioni;
- vocabolario comprendente contrari, combinazioni di parole, acrostici, ecc.
- sintesi;
- prassia (atto motorio controllato);
- ragionamento astratto tramite proverbi;
- calcolo;
- rievocazione.

La musicoterapia (MT) serve a facilitare progetti di integrazione sociale, spaziale e temporale dell'individuo.

Viene usata in ambito geriatrico con pazienti:

- dementi o psicotici;
- emiplegici e cerebrolesi;
- con insufficienza respiratoria;
- anziani istituzionalizzati;
- gravi, con sindrome di immobilizzazione.

Gli obiettivi della terapia sono:

- favorire l'interazione e la socializzazione;
- stimolare l'immaginazione attiva;
- stimolare motivazioni e ricordi;
- favorire il rilassamento, il benessere e il divertimento;
- favorire la coordinazione dei movimenti e il senso del ritmo;
- facilitare l'apprendimento;
- aumentare l'autostima.

La ginnastica dolce si basa sui seguenti metodi:

- il metodo Feldenkrais, cioè la consapevolezza attraverso il movimento;
- la tecnica Alexander, basata sull'auto-osservazione;
- l'Eutonia, attraverso il movimento organico e naturale;
- l'Ideokinesi, basata sull'immaginazione e sullo studio dei gesti e degli atteggiamenti;
- il Sistema Body-Mind Centering, basato sullo studio del movimento;
- l'Antiginnastica, finalizzata alla rieducazione posturale.

Il metodo organizzativo dell'animazione

L'animatore sociale è colui che si occupa della relazione; i suoi interventi sono rivolti a persone di ogni età, con fragilità sociale, disagi psichici, disabilità, ecc.

L'animazione segue un metodo di organizzazione che tiene presente alcuni fattori:

- l'accoglienza è incondizionata, il dialogo empatico in ogni situazione;
- nessuno educa se stesso, nessuno educa un altro ma ci educhiamo insieme;
- il gruppo deve essere formato da pochi elementi;
- elasticità nel processo educativo;
- gradualità nei passaggi di cambiamento.

Il progetto di animazione che si intende avviare deve essere caratterizzato da:

- continuità rispetto alle attività svolte in precedenza;
- continuità rispetto alle attività straordinarie proposte all'interno del servizio, come ad esempio gite, feste di carnevale, ecc.
- conoscenza, osservazione e ascolto della storia personale degli ospiti.

Costruiamo insieme un progetto di animazione all'interno di un Centro protetto diviso per nuclei

Attività di animazione: *"Riattivare con allegria"*

Premessa

L'attività motoria apporta benessere sia al fisico che alla psiche, e la ginnastica dolce è finalizzata a mantenere le capacità residue e stimolare il recupero parziale di abilità fisiche che possono migliorare le condizioni di vita all'interno della struttura.

Destinatari del progetto

Il progetto è rivolto agli ospiti della struttura che hanno effettuato terapie riabilitative al fine di mantenere gli obiettivi raggiunti con la riabilitazione. Il progetto è rivolto anche agli ospiti con deficit cognitivo di grado lieve o moderato che vogliono fare movimento, anche se non ne hanno particolare bisogno.

Personale coinvolto

Animatori, fisioterapisti, OSS.

Risultati attesi

- Mantenere la mobilità delle articolazioni e la capacità di coordinazione.
- Stimolare l'attenzione seguendo in modo corretto le sequenze degli esercizi.
- Creare una situazione piacevole che incida positivamente sull'umore della giornata.
- Favorire la socializzazione.

Svolgimento del progetto

La ginnastica viene svolta in una sala facilmente accessibile, luminosa e spaziosa (sala polivalente) per facilitare l'accesso agli ospiti in carrozzina.
Gli incontri si svolgono il martedì e il venerdì dalle 10 alle 11 (si preferisce la mattina perché gli ospiti hanno più energie e capacità di concentrazione).
L'attività può essere svolta in piedi per chi ha autonomia, da seduti per tutti gli altri.
Si esegue un'attività con la mobilizzazione segmentata delle diverse parti del corpo: testa, collo, mani, spalle, braccia, gambe e piedi. Altre attività possono essere legate ai laboratori: lavori a maglia, ritaglio di addobbi, piegare tovaglioli, avvolgere un gomitolo, giocare a carte. Tutte queste attività favoriscono e formano un gruppo specifico a seconda del grado di capacità residue dei partecipanti.
Il progetto avrà durata semestrale, da settembre a marzo; nel semestre successivo si svolgerà il progetto "Insieme in allegria"

Modalità e strumenti di verifica intermedia e finale

- L'attività viene svolta sempre nella sala polivalente.
- Riunione del gruppo PAI.
- Scheda di inserimento del progetto "Riattivare con allegria" nel PAI.
- Compilazione del foglio presenze ai progetti.

Modalità di diffusione del progetto

- Comunicazione ai familiari tramite il giornalino mensile del Servizio di animazione sociale.
- Comunicazione ai familiari durante la presa visione del PAI.
- Cartelloni fotografici e proiezione di videoclip.
- Mostre periodiche.
- Informazioni inserite nel sito della struttura.

Se valutiamo il progetto "Insieme in allegria" e consideriamo il laboratorio di canto con il "Karaoke" possiamo descrivere le attività come segue.

Attività svolta:
L'attività di questa mattina è stata il karaoke. Operatori, animatori e ospiti hanno cantato canzoni famose, come l'Inno di Mameli, Azzurro, ecc.
La musica può aiutare gli anziani a distrarsi, a essere più felici, a rilassarsi e a ricordare.
Nel pomeriggio c'è stata la stimolazione cognitiva e sono state mostrate agli ospiti foto di attori famosi: loro dovevano individuare chi erano.

Strumenti utilizzati:
Karaoke: microfono e testi per le canzoni.
Stimolazione cognitiva: foto di attori famosi.

Conoscenze teoriche necessarie nell'attività:
- Capacità di intrattenere.
- Capacità di mettersi in gioco.
- Capacità di cantare.

La governance in Emilia-Romagna

Il sistema del welfare

L'organizzazione sanitaria e assistenziale

L'organizzazione sanitaria e assistenziale si basa su quattro punti:

1. Tutela della salute come diritto fondamentale dell'individuo

I servizi sanitari sono stati attivati per dare risposte al crescente bisogno sanitario della popolazione.
Nel 1978 viene istituita la legge 833, i cui principi fondamentali sono:
- diritto alla tutela della salute;
- interventi uguali per tutti i cittadini;
- uguaglianza e uniformità dell'assistenza sanitaria.

L'USL, diventata ASL con la privatizzazione, svolge il ruolo di prevenzione, diagnosi e cura.
Con la revisione del titolo V della Costituzione viene assegnato alle Regioni il potere legislativo in ambito sanitario.
Il decreto legislativo 229 del 1999, denominato anche "Riforma Ter" o Legge Bindi (dopo la legge 833/78 e il decreto lgs. 502/92), mantiene inalterati i principi fondamentali della legge 833/78 e migliora l'organizzazione del sistema sanitario, rendendolo più efficiente ed equo.

La legislazione nazionale e regionale

Il SSN assicura:
- Livelli essenziali e uniformi di assistenza definiti dal Piano Sanitario Nazionale.
- Prestazioni sanitarie, comprese nei livelli essenziali di assistenza, garantite a titolo gratuito o con partecipazione alla spesa.

Alle Regioni spetta la responsabilità di assicurare la prevenzione, la cura e la riabilitazione nei livelli essenziali di assistenza.
Allo Stato spetta la vigilanza su tutto il territorio nazionale dei livelli essenziali di assistenza.
I livelli essenziali di assistenza comprendono:
- *assistenza sanitaria collettiva in ambiente di vita e di lavoro;*
- *assistenza distrettuale;*
- *assistenza ospedaliera.*

I LEA (Livelli Essenziali di assistenza) vengono definiti periodicamente (ogni tre anni) in base al PSN (Piano Sanitario Nazionale) e alle risorse finanziarie.

PSN:
- Ha durata triennale e viene predisposto dal Governo e adattato entro il 30 novembre dell'ultimo anno in cui è in vigore.
- Indica:
  a. aree prioritarie di intervento anche ai fini delle disuguaglianze territoriali;
  b. livello essenziale di assistenza da assicurare;
  c. progetti finalizzati al miglioramento della qualità dell'assistenza;
  d. progetto/obiettivo da realizzare attraverso l'interazione funzionale e operativa dei servizi sanitari e servizi sociali degli enti locali;
  e. esigenze di continua formazione del personale;
  f. linee guida del percorso diagnostico-terapeutico per un continuo esame e una valutazione della pratica clinica.

Piano Socio-Sanitario Regionale (PSSR):
- Rappresenta il piano strategico degli interventi per gli obiettivi di salute e il funzionamento dei servizi della popolazione della Regione anche in riferimento degli obiettivi del PSN.

2. Competenze Regionali (art. 2)

Le Regioni e le Province Autonome:
- Hanno funzione legislativa e amministrativa in materia di assistenza sanitaria ospedaliera.

Le Regioni:
- Garantiscono l'organizzazione dei servizi.
- Garantiscono le attività rivolte alla tutela della salute.
- Stabiliscono i criteri di finanziamento delle ASL e delle aziende ospedaliere.
- Suddividono il territorio in ASL.
- Stabiliscono i criteri per l'articolazione delle ASL in Distretti

La legge regionale:
- Istituisce e disciplina la conferenza permanente per la programmazione sanitaria e socio sanitaria regionale. Essa prende visione del Piano Sanitario Regionale (PSR) e controlla la realizzazione di esso da parte delle Aziende e delle aree metropolitane.

3. Organizzazione delle Aziende Sanitarie Locali

Le ASL garantiscono i livelli essenziali di assistenza.
Le ASL si costituiscono in aziende con potenzialità giuridica pubblica e autonomia imprenditoriale.
L'organizzazione e il funzionamento delle ASL sono disciplinati con atto aziendale di diritto privato.
Le aziende orientano la propria attività ai criteri di efficacia, efficienza ed economicità, e al rispetto del vincolo di bilancio.
I contratti di fornitura di beni e servizi sono appaltati o contrattati direttamente secondo le norme di diritto privato.

4. Il Distretto

La Legge regionale:
- Disciplina l'articolazione dell'ASL in Distretti.
- Assicura i servizi di assistenza primaria relativi alle attività sanitarie e socio sanitarie.
- Coordina le attività con i dipartimenti dei servizi aziendali e dei presidi ospedalieri.
- Programma delle attività territoriali e determina le risorse per l'integrazione socio sanitaria e le quote spettanti a Comune e ASL. Gestisce inoltre la localizzazione dei servizi a gestione diretta.

Il Distretto garantisce:
- Assistenza specialistica ambulatoriale.
- Servizi di prevenzione alla tossicodipendenza.
- Consultori per le attività e la tutela dell'infanzia, delle donne e delle famiglie.
- Servizi ed attività rivolti ad anziani e disabili.
- Attività e servizi di assistenza domiciliare integrata.
- Servizi e attività per la patologia HIV.
- Articolazione di dipartimenti della salute mentale.

La Regione Emilia Romagna ha creato una rete capillare e ricca di Servizi sociali e sanitari a causa delle molteplici esigenze legate a una popolazione anziana e disabile in continuo aumento e con bisogni diversificati.
Se la persona anziana ha bisogno di servizi sociali e sanitari, deve rivolgersi al medico di famiglia e all'assistente sociale del Comune di residenza. Nonostante queste due figure abbiano competenze diverse, sono in collegamento fra loro.
Dall'assistente sociale, che può avere l'ufficio presso il Comune o presso il Distretto, si possono avere informazioni relative a pratiche burocratiche o ai seguenti servizi:
- *Servizio di assistenza domiciliare* (SAD) fornito da operatori specializzati che si recano a domicilio della persona anziana o disabile per igiene personale o alzata quotidiana, bagno, mobilizzazione della persona allettata, fornitura dei pasti, trasporti presso strutture sanitarie e vari altri accompagnamenti, disbrigo di pratiche ed acquisti, come la spesa settimanale.
- *Servizi ricreativi e culturali*, come Centri sociali, Centri anziani autogestiti, Università della terza età, orti sociali che svolgono funzioni di aggregazione, di divertimento e di stimolo al bagaglio culturale della persona.
- *Servizi offerti da associazioni di volontariato*, come il trasporto di persone non in grado di camminare, di compagnia e svolgimento di commissioni.

- *Servizio assistenza anziani* (SAA), dove le persone qualificate valutano i bisogni dell'anziano ed eventualmente attivano un team di professionisti UVG per predisporre un percorso personalizzato.
- *Orientamento nella rete dei servizi*, con informazioni su:
  - Centri diurni, al cui interno vengono organizzate attività ricreative e riabilitative;
  - Strutture residenziali, di cui fanno parte le Case protette e l'RSA, dove possono essere ricoverate le persone che non possono essere assistite al loro domicilio;
  - Servizi per persone con demenza per consulenze su problemi specifici;
  - Invalidità civile o Assegno di accompagnamento: se l'anziano ha bisogno di ausili (sedia a rotelle, pannoloni, ecc.), si può richiedere all'ASL il riconoscimento dell'invalidità civile.

È competenza del medico di famiglia disporre l'attivazione dei seguenti servizi:

- Assistenza domiciliare integrata (ADI) quando l'assistenza coinvolge operatori di diversi servizi sanitari e sociali che seguono insieme l'assistito.
- Assistenza infermieristica domiciliare (SADI), che effettua prestazioni infermieristiche quali:
  - controllo urina (catetere vescicale);
  - gestione accessi venosi (analisi del sangue);
  - gestione dispositivi per la terapia del dolore;
  - educazione sanitaria per un uso corretto degli ausili, per la mobilizzazione della persona allettata al fine di prevenire le piaghe da decubito;
  - sostegno quando l'impegno è troppo gravoso e la famiglia rischia di andare in crisi.
- Visite specialistiche sia ambulatoriali che domiciliari

L'Assistente domiciliare

La pensione spesso è contraddistinta da un ritiro dalle relazioni sociali e dalla vita pubblica; ciò ha ripercussioni sulla condizione sociale dell'anziano, che finisce per non essere preso nella dovuta considerazione.
Fin quando l'anziano è autosufficiente e vive indipendente dai figli, si instaura con loro un rapporto non assiduo, ma nel momento in cui l'anziano diventa non autosufficiente i familiari devono riallacciare con lui un legame più stretto, determinato dalla condizione di bisogno.
Il ricorso all'assistenza è una situazione che l'anziano non accetta di buon grado, e molte volte vi si oppone per diffidenza o paura di non essere più padrone della propria casa.
L'assistente in Italia è spesso una persona straniera, che parla un'altra lingua, ha abitudini diverse e cucina in modo differente. Questa situazione inizialmente può provocare ostilità, per cui l'assistente deve dimostrare comprensione, pazienza e impegno per farsi accettare.
Vivere in casa di altri e rapportarsi con persone che non si conoscono richiede grande delicatezza. L'assistente dovrà rispondere alla richiesta di assistenza secondo i modi e le forme più opportuni per la famiglia che gli ha affidato l'incarico.
La qualità del primo incontro tra la persona anziana e l'assistente e fondamentale per la riuscita dei rapporti futuri. È importante avere un atteggiamento accogliente e rispettoso senza però trattare l'utente come un bambino.
Non bisogna avere paura di toccare una persona anziana sia per aiutarla ad alzarsi che a camminare, sia in un momento di commiato, sconforto o depressione. Se l'anziano apprezza il contatto, e questa modalità è gradita, è corretto utilizzarla perché fa sentire comprensione e calore.

Quando si comunica con l'anziano è importante verificare che abbia capito bene il messaggio che si intende trasmettere, poiché solitamente nella vecchiaia si ha una diminuzione dell'udito.
L'assistente ha anche la funzione di stimolare gli interessi dell'anziano di cui si prende cura e di rafforzarne le capacità, anche se sono in parte compromesse. Chiedergli di raccontare, magari con l'aiuto di foto o filmati, è un'importante forma di stimolazione della memoria e crea un rapporto intimo e di fiducia fra chi racconta e chi ascolta.
La lettura del giornale, di una rivista o il racconto di quello che è successo a un conoscente o ciò che accade nel mondo contribuisce a rafforzare il rapporto relazionale fra assistente e anziano.
Modi per stimolare l'utilizzo delle facoltà mentali dell'anziano possono essere anche dei giochi, come il cruciverba o le carte.
Le relazioni con l'ambiente esterno possono essere stimolate uscendo di casa per passeggiare, per fare la spesa e per favorire l'incontro con altre persone che si trovano in situazioni analoghe.

RICAPITOLANDO

L'Operatore Socio Sanitario

L'impegno dell'Operatore Socio Sanitario (OSS), è quello di assistere giorno dopo giorno, talvolta per anni, persone in difficoltà, come anziani non autosufficienti, disabili, pazienti psichiatrici, malati terminali, prendendosi cura di loro nella quotidianità e nel tempo. I gesti necessari per aiutare gli utenti nelle funzioni basilari della vita (lavarsi, vestirsi, mangiare, dormire, muoversi) sono apparentemente semplici, ma in realtà richiedono molta cura e attenzione per essere realizzati con coscienza e responsabilità.
L'umanizzazione dei servizi socio sanitari è essenziale, e tale principio è stato ribadito dalla legge 328/2000. Curare la persona, non solo la sua malattia, significa che il personale, in primo luogo i medici, gli infermieri e tutti coloro che hanno un approccio diretto con la persona in difficoltà, devono assumersi l'onere di aggiornare le proprie competenze sul piano psicologico e relazionale, incentivando un cambiamento profondo dell'etica professionale e della considerazione di chi ha bisogno del loro aiuto. È essenziale conoscere il vissuto delle persone che vengono loro affidate in modo da trovare adeguati e idonei punti di aggancio.
Chiunque si sia trovato in una condizione di fragilità, anche temporanea, ha ben presente l'importanza di essere accudito con professionalità fin dalle prestazioni di base, considerate elementari e quindi spesso date per scontate, talvolta perfino sottovalutate. Il desiderio di prendersi cura dell'altro e le doti umane che rendono possibile essere di aiuto sono indispensabili per l'assistenza di base, per le proprie competenza e professionalità.
L'OSS è un operatore dell'area socio sanitaria chiamato a svolgere una serie di interventi integrati di:

- assistenza diretta alla persona;
- aiuto complementare alle attività di assistenza e tutela svolte da altri operatori per il miglioramento delle condizioni di vita, igieniche e relazionali dell'assistito nei servizi domiciliari e nelle strutture tutelari, protette, ecc.

Le figure di Addetto all'assistenza di base (ADB, figura in ambito sociale) e di Operatore tecnico dell'assistenza (OTA, figura in ambito sanitario) sono state trasformate in OSS e gradualmente ne verranno sostituite.

Chi è?

L'Operatore Socio Sanitario aiuta le persone a soddisfare i propri bisogni fondamentali. Favorisce il benessere e l'autonomia di coloro che vivono una condizione di difficoltà a casa, in ospedale o nelle strutture residenziali dove vivono. Per questo collabora con altri operatori professionali che lavorano in servizi che si occupano di assistenza sanitaria e sociale.

Cosa fa?

L'Operatore Socio Sanitario deve saper capire le necessità della persona con cui lavora, valutare cosa le serve e dare delle risposte adeguate.

Le sue attività sono quindi rivolte alla persona e al suo ambiente di vita. Deve svolgere soprattutto attività di aiuto attraverso interventi igienico-sanitari e di carattere sociale, quindi:

- lavora con il personale sanitario e sociale e contribuisce al progetto assistenziale rivolto alla persona;
- osserva e collabora alla rilevazione dei bisogni e delle condizioni che possono danneggiare ulteriormente la persona in difficoltà;
- aiuta la persona e i suoi familiari ascoltandoli, osservandoli e comunicando;
- assiste ed aiuta la persona nelle attività quotidiane di igiene personale e di governo della casa;
- realizza attività semplici in aiuto alle attività infermieristiche e tecnico-sanitarie;
- si occupa di favorire le relazioni tra le persone e nei gruppi, anche attraverso attività di animazione.

Il lavoro professionale dell'Operatore Socio Sanitario all'interno dei servizi di aiuto alla persona richiede anche:

- la collaborazione alla verifica della qualità del servizio;
- la trasmissione della propria esperienza alla persona ed alla sua famiglia;
- un continuo aggiornamento professionale.

Con chi lavora?

Lavora con persone che vivono in una condizione di disagio sociale o che sono malate: anziani con problemi sociali e sanitari, famiglie, bambini e ragazzi problematici, persone disabili, adulti in difficoltà o con problemi psichiatrici, degenti in ospedale.
Collabora con altri operatori di differenti professionalità, ma che hanno le stesse finalità: medici, psicologi, infermieri, assistenti sociali, educatori, fisioterapisti, famiglie degli assistiti e associazioni di volontariato.

Dove lavora?

L'Operatore Socio Sanitario svolge il proprio lavoro nei settori sanitari e sociali. Può quindi lavorare in ospedale e negli altri servizi sanitari, nei servizi sociali (comunità alloggio, residenze per anziani, centri diurni, ecc.) o a casa della persona.

Sapere, saper fare, saper essere, saper diventare

Cosa deve sapere?

L'Operatore Socio Sanitario deve conoscere le problematiche del disagio sociale e le tecniche di intervento, delle quali sono parte integrante la conoscenza delle principali patologie fisiche, psichiche e sociali. È di fondamentale importanza la sua capacità di istituire una relazione umana con la persona che, in situazione di difficoltà, ha anche bisogno di accoglienza, sostegno e comprensione.

Cosa deve saper fare?

L'Operatore Socio Sanitario deve saper lavorare in un gruppo nel quale confluiscono più professionalità. Deve saper individuare quei bisogni che la persona in difficoltà spesso non riesce ad esprimere e saper documentare il proprio lavoro in modo utile anche per gli altri operatori. Deve relazionarsi positivamente con la persona per limitarne il disagio rispettandola e rispettando l'etica del proprio ruolo professionale.

Cosa deve saper essere?

L'Operatore Socio Sanitario deve saper essere persona che ascolta un'altra persona, attraverso una comunicazione attiva ed empatica, la comprensione dei bisogni dell'utente, della famiglia, del *caregiver* e delle figure importanti della sua vita (vicini, parenti, amici ecc.). Deve fare da tramite per provvedere ai bisogni e alle necessità della persona.

Cosa deve saper diventare?

L'Operatore Socio Sanitario deve saper diventare mezzo per raggiungere un fine, cioè quello di evitare il disagio sia psichico che fisico, oppure di ridurlo.

Gli ambiti di assistenza

Le persone di cui si prende cura l'OSS sono:

- persone adulte con disabilità gravi, con sofferenza psichica o con precedenti problemi legati alla malattia mentale;
- persone anziane;
- nuclei familiari nei quali vivono persone a rischio, portatori di disabilità fisica e/o psichica oppure minori allontanati dalla famiglia e collocati in strutture residenziali (comunità-alloggio, istituti ecc.).

Le competenze dell'OSS

L'OSS si occupa di:

- organizzazione del lavoro;
- intervento sull'ambiente di vita dell'utente,
- sia in ambito sanitario che sociale;
- aiuto alla persona e alle famiglie;
- relazione.

L'OSS e l'animazione

L'OSS deve:

- leggere il PAI prima di fare qualsiasi attività;
- tenere presente che l'intervento è finalizzato all'integrazione e alla socializzazione;
- aiutare la persona coinvolta nell'attività a svolgere gli esercizi richiesti dall'animatrice.

L'intervento nell'ambiente di vita dell'utente

Quella dell'OSS è la figura professionale più indicata negli interventi a domicilio di quei pazienti allettati per malattie croniche e/o mentali, disabili, di piaghe da decubito, al fine di consentire un'assistenza integrata proprio a favore delle fasce più deboli, come gli anziani non autosufficienti.

L'aiuto alla persona e alla famiglia

Il lavoro dell'OSS al domicilio dei pazienti, con la supervisione del medico di medicina generale e dell'infermiere, può consentire una gestione accurata del malato cronico. Attraverso l'intervento dell'OSS, infatti, viene fornito alle famiglie un supporto reale anche nella direzione di un'educazione sanitaria più efficace, tale da ridurre sensibilmente il ricorso all'ospedalizzazione. Spesso i familiari dei pazienti sono impacciati di fronte al malato, non sanno come sollevarlo adeguatamente dal letto, come lavarlo, come imboccarlo, come cambiarlo, come stimolarlo ai fini di un recupero quando questo è possibile. Si sentono abbandonati, ma soprattutto inadeguati e impreparati e cercano nella struttura pubblica o nelle residenze protette (RSA) un supporto, anche se temporaneo. È importante invece che la famiglia torni ad occuparsi dell'individuo malato, assicurando il più possibile una gestione a domicilio. Sarebbe auspicabile poter tornare a morire tra le mura domestiche, dove il malato ritrova il suo ambiente, le sue abitudini, i suoi ritmi e le persone care che possono fargli visita senza vincoli di orario e dove lui ha davvero la percezione di sentirsi a casa propria.

La relazione

L'OSS può occupare una posizione relazionale privilegiata: da un lato si trova a stretto contatto con il paziente e i suoi familiari, dall'altro è il referente dell'infermiere e del medico di base. Egli può trovarsi a far da tramite tra pazienti, famiglie, infermiere e medico di famiglia, individuando i bisogni reali e discutendo in équipe l'utilità degli interventi e il loro calendario. Gli interventi devono essere effettuati a casa dell'anziano, operando una distinzione tra i bisogni assistenziali, sociali, infermieristici e gli interventi strettamente attinenti al medico. È proprio a causa di questa delicata posizione che l'OSS si potrebbe trovare a rivestire un ruolo rilevante nell'assistenza domiciliare. È impensabile che un familiare faccia da *caregiver* per un periodo lungo se non adeguatamente supportato da figure professionali competenti, dalle quali si senta realmente sostenuto, senza cadere in depressione. Spesso i servizi sociali si avvalgono del contributo di volontari che non hanno, però, la professionalità necessaria alla gestione di pazienti che richiedono esperienza e competenza.

OSS e disabilità

Negli ultimi anni l'attenzione sul tema della disabilità ha acquistato sempre maggiore interesse da parte di operatori di questo settore fino a decretare l'anno 2003 come l'anno europeo della disabilità. Tale determinazione è servita a fare il punto sui lavori svolti, sulle ricerche scientifiche portate avanti in campi anche differenti da quello psicologico e sugli argomenti ancora da trattare ed approfondire, sulla necessità di avere un linguaggio comune in modo da riuscire a comunicare e ad evitare ogni possibile confusione derivante da termini usati per descrivere menomazioni, disabilità ed handicap che, ancora oggi, generano forme di pregiudizi ed emarginazione. È sempre più pressante il bisogno di dare importanza a queste tematiche, ai servizi che si occupano di disabilità e di riabilitazione, in modo da tenere sotto monitoraggio gli enti stessi, le associazioni, le strutture pubbliche e quelle private al fine di avere un costante aggiornamento sulla qualità della vita degli operatori dei servizi, delle persone e delle famiglie dei disabili, sugli obiettivi raggiunti e sul lavoro che deve essere ancora svolto. Il lavoro di ricerca si basa sulle tematiche relative alla soddisfazione degli operatori, alla qualità della loro vita nei servizi socio sanitari pubblici, nelle strutture private convenzionate dal Servizio Sanitario Nazionale come Centri diurni o Centri occupazionali al fine di conoscere il livello di soddisfazione degli operatori nel lavoro che svolgono quotidianamente a stretto contatto con le persone con disagio, con lo scopo di prevenire il *burn out* e di controllare la qualità del servizio per verificare se sono l'azienda rispetta gli standard prefissati.

L'OSS e il Servizio Sanitario Nazionale e Sanitario privato (Case di cura private)

L'OSS è presente anche nell'ambito sanitario, presso le strutture ospedaliere, nell'assistenza a domicilio degli utenti, e svolge un'attività di assistenza di base e di supporto al personale infermieristico nelle diverse attività assistenziali erogate.

Principi etici dell'OSS

Gli Operatori Socio Sanitari agiscono tenendo conto dei seguenti principi etici:

- **Principio di autonomia**
  È il diritto del paziente di decidere su ciò che riguarda gli interventi eseguiti sulla propria persona, cioè il diritto di essere informato e di rifiutare gli interventi. L'OSS porta a conoscenza dell'utente il tipo di soluzione da mettere in atto, gli spiega la necessità di attuarlo ma non influisce in nessun modo sulla decisione del paziente.

- **Principio di beneficio**
  L'OSS compie tutte le azioni necessarie per ottenere il massimo beneficio per il paziente, ma non ha le competenze per compiere scelte autonome riguardo la salute della persona; ha però il compito importantissimo di riferire all'équipe di persone qualificate per trovare giuste soluzioni di cura.

- **Principio di giustizia**
  L'OSS si occupa di più pazienti contemporaneamente; decide in modo autonomo come distribuire il proprio tempo tenendo conto della necessità di ognuno di loro. La distribuzione equa delle proprie risorse non significa tuttavia una ripartizione "in parti uguali", ma basata sulle reali necessità di aiuto e assistenza.

ESEMPIO DI SIMULAZIONE DI PROVA PRATICA

Lungodegenza

SITUAZIONE SOCIO-FAMILIARE

Luisa e Beatrice sono due sorelle, ex insegnanti, pensionate, che vivono insieme in un piccolo appartamento nel centro di Ancona.

Luisa non si è mai sposata, ha 77 anni, soffre di diabete e il mese scorso si è fratturato il femore ed è rimasta in ospedale nel reparto di lungodegenza perché la sorella, Beatrice, ha 73 anni, è rimasta vedova da sei anni, senza figli, non può occuparsi di lei perché ha un po' di difficoltà nella deambulazione, non ha mai preso la patente e non può garantire a Luisa tutta l'assistenza necessaria.

SITUAZIONE CLINICA

La paziente in seguito alla frattura del femore è ricoverata nel reparto di Lungodegenza. Ha iniziato la riabilitazione, ma per gli spostamenti, utilizza ancora la carrozzina gestendola autonomamente. La glicemia instabile che l'affligge non richiede terapie, ma una corretta alimentazione.

Dopo avere rilevato la glicemia e la pressione arteriosa, verrà praticata l'igiene del mattino, poi si procederà all'alzata.

Viene presentata la paziente al terapista della riabilitazione che sostituisce momentaneamente il fisioterapista del reparto.

PROVA

- Lettura della consegna e informazione sull'utente.
- Relazione con l'utente, e con le altre persone presenti in stanza.
- Valutazione della situazione ambientale.
- Eseguire rilevazione della glicemia e della pressione arteriosa.
- Corretta sistemazione del materiale.
- Esecuzione delle manovre richieste.
- Valutazione dei fattori di rischio.
- Definizione del menù.
- Corretto passaggio delle consegne.

TEMPO A DISPOSIZIONE: 15 min.

Corso Operatore Socio-Sanitario

ISTITUTO ....

CLASSE : .... **a.s.** ....

Candidato	
Corso OSS	RiF.DL 911/2015 Regione Emilia Romagna
Obiettivo	Certificato di qualifica OSS al termine del percorso quinquennale di Operatore socio-sanitario.
Tipo di accertamento	Tramite Evidenza ed esame finale.
Documentazione a supporto alla richiesta di accertamento	Formalizzazione: Struttura valutativa e Evidenza del percorso formativo.

Firma del Coordinatore di Classe

....

Firma del Responsabile della Formalizzazione e Certificazione

....

Lì.. Timbro scuola

Ipotesi di DOSSIER DELLE UNITÀ DI APPRENDIMENTO per Metodologie operative

<table>
<tr><th colspan="4">QUALIFICA REGIONALE</th><th colspan="5">UNITÀ DI APPRENDIMENTO E VALUTAZIONE</th></tr>
<tr><th></th><th colspan="3">UC REGIONALE (Emilia-Romagna) 1. Promozione benessere psicologico e relazionale della persona</th><th colspan="5">OGGETTO DI OSSERVAZIONE: Promozione benessere psicologico e relazionale della persona</th></tr>
<tr><th></th><th>CAPACITÀ</th><th>CONOSCENZE</th><th>INDICATORI</th><th>UDA (Unità di apprendimento)</th><th>MODALITÀ DI SVOLGIMENTO DELL'UDA</th><th>VALUTAZIONE</th><th>DATA</th><th>MODULO FORMATIVO/ MATERIA/DOCENTE</th></tr>
<tr><td rowspan="4">Competenza UC 1

Promozione benessere psicologico e relazionale della persona</td><td rowspan="4">1. Stimolare le capacità espressive e psico-motorie dell'assistito attraverso attività ludico-ricreative e favorendo il mantenimento delle abilità residue.

2. Impostare l'adeguata relazione di aiuto, adottando comportamenti in sintonia con i bisogni psicologici e relazionali dell'assistito, compreso il sostegno affettivo ed emotivo.

3. Sostenere processi di socializzazione ed integrazione favorendo la partecipazione attiva ad iniziative in ambito residenziale e non.

4. Incoraggiare il mantenimento ed il recupero dei rapporti parentali ed amicali.</td><td rowspan="4">1. Tecniche comunicative e relazionali in rapporto alle diverse condizioni di malattia/disagio e dipendenza, con particolare riferimento alle situazioni di demenza.

2. Strumenti informativi per la registrazione e/o trasmissione di dati.

3. Principali tecniche di animazione individuale e di gruppo.

4. Principali tipologie di utenza e problematiche di servizio.

5. Principi comuni e aspetti applicativi della legislazione vigente in materia di sicurezza.

6. La sicurezza sul lavoro: regole e modalità di comportamento (generali e specifiche).</td><td rowspan="4">1. Realizzazione di attività ludico-ricreative.

2. Sostegno e compagnia all'assistito.

3. Attuazione di interventi di stimolo alla partecipazione sociale.

4. Assistenza informativa sullo stato di salute dell'assistito alla famiglia e ai servizi.</td><td>A. Attività di animazione presso strutture socio-assistenziali.</td><td>A. Progettazione di un'attività ludico-ricreativa all'interno di un servizio con ospiti in situazione di demenza.</td><td></td><td></td><td>METODOLOGIE OPERATIVE
ESPERTO
STAGE</td></tr>
<tr><td>B. Intervento di sostegno e compagnia dell'assistito, coerenti con i bisogni psicologici e relazionali dell'assistito.</td><td>B. Analisi di un caso socio assistenziale: predisposizione di una scheda informativa individuazione dei bisogni emergenti e formulazione di ipotesi di interventi di sostegno e compagnia.</td><td></td><td></td><td>METODOLOGIE OPERATIVE

(Con eventuale ampliamento di tematica e coinvolgimento di PSICOLOGIA)</td></tr>
<tr><td>C. Interventi per stimolare la partecipazione sociale.</td><td>C. Simulazione di una comunicazione fra gruppi su una problematica relativa alla sicurezza, con una messa a fuoco sul ruolo dell'OSS all'interno di un servizio.</td><td></td><td></td><td>METODOLOGIE OPERATIVE

(Con eventuale ampliamento di tematica e coinvolgimento di PSICOLOGIA)</td></tr>
<tr><td>D. Attività di relazione con la famiglia dell'assistito e con i sevizi.</td><td>D. Predisposizione di un protocollo di comunicazione con la famiglia dell'assistito e di un report per i servizi.</td><td></td><td></td><td>METODOLOGIE OPERATIVE

(Con eventuale ampliamento di tematica e coinvolgimento di PSICOLOGIA)</td></tr>
</table>

RISULTATO ATTESO: Relazione d'aiuto impostata in sintonia con i bisogni psicologici e relazionali dell'assistito

N.B. L'Unità di apprendimento (UDA) per la Regione prende il nome di EVIDENZA

	QUALIFICA REGIONALE			UNITÀ DI APPRENDIMENTO E VALUTAZIONE				
	UC REGIONALE 3. Assistenza alla salute della persona			OGGETTO DI OSSERVAZIONE: Assistenza alla salute della persona				
	CAPACITÀ	CONOSCENZE	INDICATORI	UDA (Unità di apprendimento)	MODALITÀ DI SVOLGIMENTO DELL'UDA	VALUTAZIONE	DATA	MODULO FORMATIVO/ MATERIA/DOCENTE
Competenza UC 3 **Assistenza alla salute della persona**	1. Comprendere ed applicare le indicazioni definite dal personale preposto circa l'utilizzo di semplici apparecchi medicali e per l'aiuto all'assunzione dei farmaci. 2. Riconoscere i parametri vitali dell'assistito e percepirne le comuni alterazioni: pallore, sudorazione, ecc. 3. Adottare le procedure ed i protocolli previsti per la raccolta e lo stoccaggio dei rifiuti, il trasporto del materiale biologico, sanitario e dei campioni per gli esami diagnostici. 4. Applicare, secondo i protocolli definiti, tecniche di esecuzione di semplici medicazioni od altre minime prestazioni di carattere sanitario.	1. Strumenti informativi per la registrazione e/o trasmissione di dati. 2. Tecniche e protocolli di intervento e di primo soccorso. 3. Caratteristiche e sintomi rilevanti delle principali patologie fisiche e neurologiche. 4. Principali protocolli e piani di assistenza anche individualizzati e loro utilizzo. 5. Tecniche di igiene e sicurezza negli ambienti di vita e di cura dell'assistito. 6. Principi comuni e aspetti applicativi della legislazione vigente in materia di sicurezza. 7. La sicurezza sul lavoro: regole e modalità di comportamento (generali e specifiche).	1. Esecuzione di misure non invasive di primo soccorso. 2. Rilevazione e segnalazione di dati ed informazioni significative sullo stato di salute dell'assistito. 3. Raccolta, stoccaggio e trasporto di rifiuti e materiale biologico e sanitario 4. Attuazione di procedure e di semplici prestazioni di carattere sanitario	2a. Stato di salute dell'assistito: parametri vitali, sintomi delle principali patologie fisiche e neurologiche. 2b. Menomazione, disabilità, handicap: definizioni, normativa di riferimento per la tutela dei diritti. 2c. Il paziente psichiatrico e altre tipologie di disturbo mentale. 2d. I servizi per le persone con disabilità. 2e. L'osservazione e la raccolta dei dati dell'utente per la progettazione di un piano di intervento.	A. Analisi di un caso: riconoscimento delle varie tipologie di disabilità/profilo di utenza e individuazione del servizio o intervento coerente con i bisogni dell'assistito. B. Analisi guidata di un Pai e di una scheda di osservazione per la rilevazione dei dati dell'assistito			METODOLOGIE (Con eventuale ampliamento di tematiche e coinvolgimento di PSICOLOGIA + CSM)

RISULTATO ATTESO: Relazione d'aiuto impostata in sintonia con i bisogni psicologici e relazionali dell'assistito

IPOTESI DI UNITÀ DI APPRENDIMENTO - Prova semi-strutturata
Assistenza alla salute della persona

Organizzazione della prova
1 Prova sarà strutturata a risposte aperte, chiuse a risposta multipla, vero/falso, completamento.
2 Elaborato scritto sull'analisi del PAI e osservazione

Esecuzione
Registrazione presenti sull'apposito registro e consegna della prova durante la quale non è permesso comunicare con i compagni o chiedere aiuto al docente. Il tempo massimo assegnato è di 55 minuti.

Oggetto di valutazione UC3
Parte 1: prova semi-strutturata: capacità 2; conoscenze 3, 4; tempo 20 minuti
Parte 2: elaborato scritto : capacità 2; conoscenze 3, 4; tempo 35 minuti

Disciplina coinvolta: Metodologie operative

Criteri di valutazione: griglia sottostante

COMPETENZA UC 3	Assistenza alla salute della persona				
INDICATORI	**TITOLO E CARATTERISTICA DELL'UDA**	**MODALITÀ DI PRODUZIONE**	**VALUTAZIONE FORMATIVA**	**VOTO PARZIALE**	**VOTO TOTALE**
2. Rilevazione e segnalazione di dati ed informazioni significative sullo stato di salute dell'assistito.	2a. Stato di salute dell'assistito: parametri vitali, sintomi delle principali patologie fisiche e neurologiche. 2b. Menomazione, disabilità, handicap: definizioni, normativa di riferimento per la tutela dei diritti. 2c. Il paziente psichiatrico e altre tipologie di disturbo mentale. 2d. I servizi per le persone con disabilità. 2e. L'osservazione e la raccolta dei dati dell'utente per la progettazione di un piano di intervento 2f. Analisi di un PAI tramite la lettura dei documenti	2. a, b, c, d TEST semi-strutturato 2. e, f Elaborato scritto Analisi guidata di un PAI dell'assistito e della relativa scheda di osservazione.	2. a, b, c, d da 1 a 100 2. e, f da 1 a 100		
La valutazione è espressa in centesimi: 1-59 Insufficiente; 60-69 Sufficiente; 70-79 Buono; 80-89 Distinto; 90-100 Ottimo.					

Progettazione della prova di una sezione della competenza UC3

CAPACITÀ UC 3	INDICATORE	RISULTATO ATTESO	VALUTAZIONE	DATA	MATERIA/DOCENTE
1. Comprendere ed applicare le indicazioni definite dal personale preposto circa l'utilizzo di semplici apparecchi medicali e per l'aiuto all'assunzione dei farmaci. 2. Riconoscere i parametri vitali dell'assistito e percepirne le comuni alterazioni: pallore, sudorazione, ecc. 3. Adottare le procedure ed i protocolli previsti per la raccolta e lo stoccaggio dei rifiuti, il trasporto del materiale biologico, sanitario e dei campioni per gli esami diagnostici. 4. Applicare, secondo i protocolli definiti, tecniche di esecuzione di semplici medicazioni od altre minime prestazioni di carattere sanitario.	Rilevazione e segnalazione di dati ed informazioni significative sullo stato di salute dell'assistito.	1. Saper descrivere la situazione clinica dell'assistito in un linguaggio tecnico corretto (conoscenza dei concetti di menomazione, disabilità, handicap e diverse tipologie di disabilità) 2. Saper individuare i bisogni dell'assistito. 3. Conoscere i servizi per diverse tipologie di bisogno/disagio (es. disturbo mentale, alcolismo, tossicodipendenza) 4. Saper individuare interventi/servizi coerenti con il bisogno dell'assistito. 5. Saper analizzare un PAI per compilare una scheda di rilevazione dei dati dell'assistito			METODOLOGIE

Formalizzazione della competenza

COMPETENZA UC 3		
Abilità minime	**Conoscenze essenziali**	**Voto non inferiore a 75% complessivo delle abilità e conoscenze. Per superare la prova è necessario avere 3 indicatori sufficienti su 4.**
Individuare la tipologia di servizio adatta all'utente problematico. Descrivere e contestualizzare i concetti di bisogno, malattia, disturbo mentale. Utilizzare le indicazioni ricevute sull'utente per individuare i reali bisogni dell'assistito.	Le varie tipologie di servizi in ambito socio assistenziale. Tipologie di disturbi fisici o psichici. Definizione di malattia, disturbo, disagio e bisogno. Tecniche di osservazione. Procedure di progettazione.	☐ SI ☐ NO

Criteri di valutazione dell'unità di apprendimento

UC 3	INDICATORI	Livello 1 Ottimo/distinto	Livello 2 Buono	Livello 3 Sufficiente	Livello 4 Insufficiente
Assistenza alla salute della persona	2. Rilevazione e segnalazione di dati ed informazioni significative sullo stato di salute dell'assistito.	È in grado di rielaborare in modo chiaro e pertinente le informazioni sullo stato di salute dell'assistito e di usare un linguaggio appropriato. È capace di trovare una soluzione adeguata e pertinente ai bisogni dell'utente in rapporto al proprio ruolo lavorativo. Sa dare risposte in modo sicuro e adeguato alle richieste elaborando i contenuti anche con collegamenti. Sa utilizzare le tecniche di osservazione per trovare risposte ai bisogni dell'utente. È in grado di interpretare un PAI e di collegare i contenuti dello stesso ai comportamenti dell'assistito.	È in grado di rielaborare in modo chiaro e pertinente le informazioni sullo stato di salute dell'assistito e di usare un linguaggio corretto. Trova una soluzione adeguata e pertinente ai bisogni dell'utente in rapporto al suo ruolo lavorativo. Sa dare risposte adeguata e pertinenti alle richieste. Sa utilizzare le tecniche di osservazione e trova risposte ai bisogni dell'utente. È in grado di comprendere un PAI e di collegare i contenuti ai bisogni dell'assistito.	È in grado di elaborare le informazioni sullo stato di salute dell'assistito e di usare un linguaggio corretto. È capace di trovare una soluzione adatta ai bisogni dell'utente e in rapporto al suo ruolo lavorativo. Sa dare risposte alle richieste in modo essenziale. Utilizza semplici tecniche di osservazione. Non sempre riesce a trovare risposte adeguate ai bisogni dell'utente. È in grado di leggere un PAI e non sempre riesce a collegare correttamente i contenuti ai comportamenti dell'assistito.	Non è in grado di rielaborare le informazioni sul grado di salute dell'assistito e non sa elaborare. Non riesce a trovare una soluzione ai bisogni dell'utente e a riconoscere i compiti in rapporto al suo ruolo lavorativo. Non riesce a fornire risposte alle richieste che vengono fatte. Non è in grado di utilizzare le tecniche di osservazione e di trovare risposte ai bisogni dell'utente. Non riesce a comprendere un PAI e a collegare i contenuti dello stesso ai comportamenti dell'assistito.